개정판

자폐스펙트럼장애
A to Z

Σ 시그마프레스

자폐스펙트럼장애 A to Z, 개정판

발행일 | 2011년 2월 15일 초 판 1쇄 발행
2011년 6월 15일 초 판 2쇄 발행
2016년 3월 10일 개정판 1쇄 발행

저자 | 양문봉, 신석호
발행인 | 강학경
발행처 | (주)시그마프레스
디자인 | 김경임
편집 | 이호선

등록번호 | 제10-2642호
주소 | 서울특별시 영등포구 양평로22길 21 선유도코오롱디지털타워 A401~403호
전자우편 | sigma@spress.co.kr
홈페이지 | http://www.sigmapress.co.kr
전화 | (02)323-4845, (02)2062-5184~8
팩스 | (02)323-4197

ISBN | 978-89-6866-682-7

자폐스펙트럼장애? 일반인에게는 익숙하지 않은 말일 것이다. 자폐증과 다른 병일까? 자폐증보다 가벼운 병인가? 그렇다면 치료방법이 좀 더 많거나 치료가 쉬울까? 가족들이 흔히들 걱정하는, 즉 정상인 수준으로 살아갈 수 있을까?

　나 역시 20여 년간 소아의 정신질환을 치료해 왔음에도 이 문제들에 대한 답은 여전히 어려운 게 사실이다. '자폐(自閉)'라는 말이 주는 의미는 매우 간단함에도 불구하고 이 질환은 복잡하고 그 원인이 아직 불분명하며, 학자들도 자폐증이 뇌의 질환일 것이라는 것 외에는 밝힌 것이 별로 없다. 그에 비하여 환자와 가족들은 치료에 대하여 많이 기대하고 효과가 확실하지 않은 다양한 치료에 매달린다.

　이런 시점에서 두 저자는 이 책을 통하여 자폐증 및 자폐스펙트럼장애와 관련하여 논란이 되고 있는 여러 가지 문제들에 대하여 깊이 있고 균형잡힌 해답을 내놓으려 하고 있다. 그들은 임상의사들이 가장 어려워하는 진단에 관하여 그리고 의료적 도움과 치료에 대하여 실제적인 지침을 주고 있다. 신석호 박사는 '자폐'라는 단어와 매우 친숙한 전문가이다. 즉 탄탄

한 기초교육과정을 거쳐 실력 있는 소아정신과 의사로서 활동하면서 많은 자폐아동들, 그 가족들과 의사소통을 하며 경험을 쌓아 왔다. 다시 말해 그에게 자폐는 전부인 셈이다.

양문봉 박사는 자타가 공인하는 자폐학 박사이다. 그의 교육학적 업적의 대부분이 자폐인들을 대상으로, 즉 자폐인들을 위한 것들이기 때문이다. 그는 수십 년의 시간을 자폐 아동들 및 부모와 함께 해 왔다. 이 책에서 자폐 아동들을 어떻게 교육시키고 키우며, 어떻게 치료하여 성인이 되기 위한 준비를 어떻게 해야 하는지 그들의 부모들에게 알리고 있다. '자폐아동보다 하루라도 더 살고 싶어 하는 그들의 어머니들'에게 무엇이 절실한지 너무도 잘 알고 있기 때문에 가능한 일이다.

이 책이 자폐스펙트럼장애의 모든 것을 담고 있다고 말할 수는 없다. 허나 국내에 여태껏 나온 수많은 자폐 서적들을 모아도 이 책보다 실제적인 도움이 될 자폐 가이드북은 아직 없다. 두 저자의 전문적인 경험들을 넘어서 자폐인들에 대한 사랑이 넘치는 책이기 때문이다. 감히 이 책을 자폐스펙트럼장애를 가진 환아와 가족에게 골고루 나누어 주고 싶은 햇빛이라고 말하고 싶다.

송동호
(연세의대 소아정신과 교수, 세브란스어린이병원 소아정신과장,
전 대한 소아청소년 정신의학회 이사장)

많은 분들이 사랑해 주고 아껴 주신 본 저서의 초판을 출간한 지 벌써 5년 가까이 지났다. 그동안 지속적으로 발표되어 온 새로운 이론과 학설들, 각종 새로운 통계들이 축적되는 상황을 직시하면서 어느 순간부터 개정판에 대한 필요성을 느끼기 시작했다. 그렇지만 잠시 더 기다렸다가 보다 더 중요하고 많은 정보를 더 모아서 개정판을 내자고 합의하였던 바, 지금까지 기다려왔다가 이제는 그 시기가 되었다고 동의하게 되어 개정판을 발행하게 되었다.

그동안에 있었던 가장 중요한 변화는 DSM-5가 발표되었다는 것이다. 초판이 출간될 때는 DSM-IV-TR의 진단기준에 의거하여 저술했고, 본 개정판은 2013년에 발표된 DSM-5의 새로운 진단기준과 병명을 반영하였다. 또한 유병률에 대한 새로운 시각들을 접하게 되어 이를 개정판에 첨가했다. 아울러 5년 사이에 주치료로 불리는 다수의 치료체계들에 대해서 좀 더 시대적 상황으로 진화된 모습과 내용들을 추가였으며, 의학적인 영역에서도 새로운 내용들을 추가하면서 본 개정판이 보다 더 현실감각에 맞고 더 첨예한 전문성과 세련된 모습을 갖추게 되었다고 자부한다.

앞으로도 최신 연구에 대한 탐색과 열정 그리고 독자들의 자문과 서평을 겸허히 수용함으로써 더욱 탁월한 저서로 거듭날 수 있도록 최선을 다하겠다.

2016년 2월 5일

양문봉, 신석호

자폐스펙트럼장애를 가진 사람들은 일반 사람들과 다르다고 생각하는 사람들이 많다. 그러나 실상은 전혀 그렇지 않다. 그들 역시 일반 사람들이 겪는 애환을 동일하게 경험하고 있으며 일반 사람들이 느끼는 모든 감정을 다 느끼며 살아가고 있다. 일반 사람들이 성취할 때 기쁨을 느끼듯이 그들도 행복할 때 동일한 감정을 느낀다. 일반 사람들이 슬플 때 우는 것처럼 그들도 슬플 때 눈물을 흘린다. 그들은 절대 정서적으로 차단된 건조한 환경에서 살아가는 것이 아니다. 일반 사람들과 동일하게 자신이 속한 삶의 현장에 대해 애착을 갖고 열정적으로 그리고 동시에 희로애락을 경험하며 살아간다. 절대 그들은 다르지 않다.

다만 세상을 바라보는 시각은 다르다. 그들은 사물을 바라보는 방식, 자신의 의사를 전달하는 방식, 주변에서 일어나는 사건에 대한 해석의 관점이 일반 사람들과 다르다. 그래서 시각의 차이로 인하여 서로 의사소통을 하는 데 갈등을 겪는 경우가 종종 있다. 그렇지만 그들이 마음의 문을 닫고 자신의 폐쇄된 세계 속으로 피해서 숨는 것이 아니다. 상대의 시각과 관점을 서로 좀 더 이해할 수만 있다면 상대의 세계관과 견해를 정확하게 파악할 수 있는데 그런 점에서 미흡함이 있었던 것이 사실이다. 그래서 좀 더 그들을 알 필요가 있다. 그들의 특성, 시각, 세계관, 문제점, 필요성 등에 대해서 조직적으로 분석하여 좀 더 그들에게 다가갈 수 있을 때 그들과 철저하게 교감하는 것이 가능해지는 것이다.

자폐스펙트럼장애라는 명칭이 의미하듯이 각 개인이 갖고 있는 세계관과 시각은 무척 다양하다. 각각의 개인은 다양한 필요와 기능과 기술을 갖고 있다. 지금까지는 자폐증이라고 진단받은 모든 사람을 동일한 동종 그룹(Homogenous Group)으로 간주하여 일괄적으로 효과를 보일 수 있는 기적적 치료체계를 추구해왔던 것이 사실이다. 이러한 경직된 치료적 접근이 지난 20여 년간의 치료체계의 발전을 답보상태에 머물게 만들었던 것이다. 마치 한 주간 물리치료를 받고 진전되듯이 혹은 10일간의 항생제 경구복용으로 치료가 될 것을 기대하듯이 말이다. 자폐스펙트럼장애 아동을 치료하는 전문가나 양육자들은 획기적인 치료법이 소개되어 모든 자폐스펙트럼장애 아동들에게 빛을 제시해 줄 희소식을 은근히 기다려 왔던 것이 사실이다. 하지만 자폐스펙트럼장애라는 명칭에서 나타나듯이 이는 분명 다종적 증후군 그룹(Heterogeneous Group)이다. 때문에 많은 사람들에게 일관성 있게 보편적인 치료적 효과를 주는 치료법은 존재하지 않는 것이다.

그렇다면 효과적인 치료법이 전혀 존재하지 않는다는 말인가? 절대 그렇지 않다. 보편적으로 일관성 있게 많은 사람들에게 적용할 수 있는 획기적인 치료법을 찾기 힘들어도, 특정한 어느 한 개인에게 최고의 효과를 나타내는 최적의 치료중재법은 엄연히 존재하고 있다. 그러한 치료중재법으로 인해 자폐스펙트럼장애를 가진 적지 않은 아동들이 성인이 되어 자활하는 사례가 꾸준히 늘고 있다.

그러한 치료중재법에는 어떤 것이 있는가? 이 책에서 소개하려는 것이 바로 이 치료법들이다―응용행동분석, TEACCH, IEP, Choice 치료중재, 치료육지법! 사실 서문을 통해서 이러한 치료법에 대해 정확한 그림을 설명하기란 쉽지 않다. 그러나 한 가지 분명하게 말할 수 있는 것은 이러한 치료중재법들은 뛰어난 치료적 효과를 내는 것은 사실이지만 그 자체가 기적적인 치료중재법은 아니라는 것이다. 왜냐하면 이 책에서 소개할 치료중재법과 치료중재체계는 순식간에 괄목할 만한 큰 효과를 발휘하는 것이 아니고 장기간 꾸준하게 실행할 때 발전을 목격할 수 있으며, 한 사람의 노력뿐만 아니라 여러 사람들의 헌신적인 팀워크가 필요하기 때문이다. 게다가 최대한 과학적으로 검증된 방법에 철저히 의존해야 하기에 깨어서 분석하고 늘 연구하는 자세를 경주해야 한다. 그럴 때 땀을 흘린 만큼 성과를 거둘 수 있다.

특별히 전 세계적으로 자폐스펙트럼장애 치료를 위해 활동하는 각종 다양한 치료 전문가들 중에서 가장 열정적으로 활약하는 직종의 전문가가 바로 특수교육가와 소아정신과 의사일 것이다. 그래서 정통 응용행동분석과 특수교육학을 전공한 나는 소아정신의로서 탁월한 전문성을 발휘해 온 신석호 박사와 한국자폐협의회를 설립하였고, 이 시기에 이 책을 공동 집필하게 된 것은 큰 의미가 있다고 생각한다.

특히 1990년 초 같은 시기에 굴지의 치료교육시설과 의료시설들이 밀집한 미국의 보스턴에서 신석호 박사와 함께 임상적 경험을 쌓았던 것도 이번에 한 팀이 되는 데 큰 역할을 했다고 믿는다. 아울러 그동안 밀알연구소, 한국자폐협의회, 한국자폐스펙트럼장애 학술대회, 한국자폐학회 등 다양한 학회와 학술대회에서도 같이 힘을 합해 왔다. 앞으로 그러한 협력이 집필과 세미나로 결실을 맺을 것을 약속 드린다.

이 자리를 빌어 늘 나의 든든한 후원자이며 멘토이신 홍정길 목사님께 감사를 드린다. 아울러 미국에 머물 때 위로와 사랑을 아낌없이 베풀어 주시고 항상 기도로 섬겨주신 데이빗 로스 목사님께도 감사를 드린다. 게다가 이 귀한 책이 출간되기까지 협력하여 주신 (주)시그마프레스의 강학경 사장님에게 감사를 드린다.

또한 오늘의 내가 있기까지 늘 같은 분야의 길을 걸으면서 헌신적으로 내조하여 온 서정민 치료교실 실장과 나의 보배로운 딸 양진아에게 감사를 드린다.

앞으로 자폐스펙트럼장애를 가진 친구들이 세상과 따뜻한 교감을 나누고 자활할 수 있는 그날까지 연구열정을 놓지 않을 것을 약속 드린다.

2011년 1월
양문봉

*나*는 성인정신과 전문의가 된 후, 추가적으로 미국에서 소아정신과 수련 과정에 들어가 소아 발달도 공부할 수 있는 기회를 가졌으면 하는 생각을 하면서, 미국의사시험인 USMLE 등 미국으로 가기 위한 제반 준비를 시작하였다.

1995년 5월에 New York University Medical Center의 소아청소년 정신과에서 research fellow로서 자폐증의 연구에 참가할 수 있었다. 이는 당시 자폐증에 관련하여 주요 논문들을 검토하면서 내가 속해 있던 NYU Medical Center의 research program director였던 J. Gerald Young 박사의 도움으로 어떻게 자폐증을 진단하고 여러 복잡한 문제들을 해결할 것인가에 눈을 뜨는 중요한 기회였다. Young 박사가 발달의 지체가 있는 아동들을 진료할 때, 옆에 앉아 자폐증의 진단기준에 맞는지를 따져 보고, 진단 및 치료계획을 제시하는 것들을 배울 수 있었다. 또한 소아정신과 임상 전임의들이 듣는 제반 강의에 참여하면서, 겨우 소아정신과에 입문하는 기회를 가진 것이었다.

미국병원체계에서 visiting research fellow로서 배움의 한계를 절실하게 깨닫게 된 후, 정식으로 소아정신과 전문의 수련을 받기로 결심을 더 굳히게 되었다. 이를 위하여 미국의사시험인 USMLE(United States Medical Licensing Examination)을 합격한 후, 몇 군데의 Child and Adolescent Psychiatry Residency Program에 응시하여 미국 동부 여러 지역을 돌아다니면서 인터뷰를 하였다.

Boston University Medical Center에서 소아정신과 정식 전임의로서 일하는 동안 동료 미국소아정신과 전임의들과 같은 월급을 받으면서 같은 책임을 가지고 일했기 때문에 그만큼 긴장이 되었다. 비록 영어가 많이 늘었다고는 하나, 미국인 동료들에게 뒤처지지 않기 위하여 배 이상의 시간과 노력을 투자해야만 했다

미국에서 보낸 기간 동안에 특히 자폐증 관련분야와 소아의 발달에 대하여 최신 지견을 가질 수 있게 되었다. 동료 소아 정신과의사들이 내가 자폐증에 관심이 많고 깊은 지식을 갖고 있다는 사실을 알고 난 후, 자폐증 환자는 나로 하여금 모두 보도록 배려해 주어서 당시 많은 자폐증 환자들을 접할 수 있었다.

미국에서 귀국한 후, 개인 클리닉을 운영하면서 자폐증을 비롯한 발달의 문제를 가진 아동들을 많이 진료하였다. 내가 미국에서 동료들과 자폐증에 대하여 보편적으로 논의하였던 내용들이 우리나라에서는 최신 지견으로 받아들여지고, 그에 대한 많은 설명이 있어야 이해되는 분위기였기 때문에 귀국 초기에는 약간 당황스럽게 느껴지기도 하였다. Stanley Greenspan의 자폐증 치료모델인 'Floortime'을 국내에 최초로 소개하기도 하였다. 최근에는 많이 개선이 되었지만, 당시에는 '자폐'라는 용어에 대하여 부모님들이 매우 예민하게 반응을 하였다. 예를 들어, 미국에서

진료를 할 때는 보호자에게 자폐증상을 설명하면서, 진단적으로 전반적 발달장애와 자폐스펙트럼장애를 혼용하여 자연스럽게 사용하였다. 그러나 우리나라에서 부모들에게 진단명으로 자폐증 또는 자폐스펙트럼장애라는 용어를 사용하자, 심하게는 '자폐'라는 나쁜 표현을 하였다고 부모에게 욕을 먹는 경우도 있었다.

그동안 자폐스펙트럼장애의 전문가로서 임상과 교육에서 꾸준하게 역할을 해오다가, 금년 동료 소아정신과 의사들과 함께 자폐스펙트럼장애에 관한 연구학회를 창립하게 되었다. 이를 계기로, 자폐스펙트럼장애 관련 업무에 종사하는 치료사, 공부하는 학생, 부모들을 대상으로 한 책을 써보고 싶은 욕구가 생겼다. 그리고 이번에 특수교육 박사로서 미국에서 자폐증 전문치료교육기관에서 많은 경험을 쌓으신 양문봉 박사님과 함께 자폐스펙트럼장애에 대한 서적을 출간하게 되었다. 나는 자폐스펙트럼장애에 대해 의학적인 관점에서 다양한 소견들을 기술하였으며, 양문봉 박사님은 치료교육이 올바르게 시행되기 위하여 무엇을 할 것인가의 관점에서 저술하였다. 자폐스펙트럼장애 분야의 두 전문가가 서로 보완하여 각자의 장점을 부각시키는 결과물이 이 책이라 할 수 있겠다.

아직도 자폐스펙트럼장애에서 충분하게 연구되지 못한 분야들이 존재하고, 우리나라에서는 미국 등 선진국에 비하여 시스템이나 연구 및 교육 여건이 많이 부족한 것이 현실이다. 특히 우리나라의 임상에서 기존의 정보들이 정리되지 못하고 혼돈된 상태로 이해되어, 진료 현장에서 부모님들이 어떻게 하는 것이 자녀에게 최선인지를 제대로 가이드 받지 못하고 고민에 빠져야 하는 경우들이 많다. 이번에 출간하는 책이 이러한 혼돈을 조금이나마 개선했으면 하는 바람이다.

이 책을 쓰는 동안 가족과 함께 시간을 보내지 못하였지만, 옆에서 묵묵히 내조를 해 준 아내와 두 딸에게 고마움을 전하고 싶다.

2011년 1월

신석호

제 1 장

자폐스펙트럼장애의
개요

양문봉

01

자폐스펙트럼장애의 개요

1. 자폐스펙트럼장애는 무엇인가

일반적으로 자폐스펙트럼장애(Autism Spectrum Disorder)는 사회적 의사소통의 문제 및 제한되고 반복적인 양상을 보이는 행동 등을 특징으로 하는 핵심적인 증상을 보이며, 이런 상태를 정의하는 질적인 장해는 개인의 발달수준이나 정신연령에 비해 명백하게 일탈되어 있다. 현재 자폐스펙트럼장애는 뇌의 생물학적 결함(neurobiological defect)을 가지는 뇌신경의 발달장애로 이해하고 있다.

❖ 예 1 유치원 놀이시간이 되었다. 뒷마당 모래 터에서 5세 반에 속한 아동들은 삼삼오오 둘러앉아 성이나 특이한 구조물을 함께 쌓

기도 하고 고운 모래의 감각을 느끼기 위해 자기 손을 모래 속에 파묻어 보기도 하면서 모래의 매력에 흠뻑 빠져 있다. 하지만 철호는 홀로 꽃밭 부근에서 무언가를 탐색하는 듯 심각한 표정으로 펜스를 따라 이리저리 다니고 있었다. 때로는 잠시 멈추어 두 손을 불끈 쥐고는 양 귀 옆에 올리고 떠는 듯한 손짓을 반복(자기자극행동)하고는 다시 탐색에 들어간다. 선생님이 아동들에게 점심시간을 알리자 모래놀이에 열중하던 아동들은 경쟁하듯이 식당으로 뛰어 들어간다. 선생님은 여전히 바쁘게 탐색하고 있는 철호를 불러 보지만 평소와 마찬가지로 반응이 없다. 결국 선생님은 철호의 손을 잡고 식당에 데리고 들어갔다. 작년에 실시한 자폐증 평정검사에 의해 중도-경증 자폐증으로 판명된 철호를 위해 최근 유치원에서 도우미에 대한 요구의 목소리가 높아지고 있다.

❖ **예 2** 영수의 가족들은 1년을 유예했지만 내년에는 영수를 일반 초등학교에 입학시켜야 할지 아니면 특수학교 초등부에 입학시킬지 고민 중이다. 영수는 4세 때까지는 엄마 아빠와 함께 놀이도 하고 기본적인 대화도 하면서 일반 아동들과 거의 구분이 되지 않을 정도로 잘 자라왔는데, 어느 날부터 말을 멈추기 시작했다. 그보다 더 큰 문제는 가족들이 불러도 반응하지 않고 같이 놀이를 해도 홀로 있기를 더 선호하는 것 같다는 것이었다. 최근에는 보이는 것들을 정렬하는 것 같아 무언가 정리기술을 배웠다고 생각했는데, 이것이 자주 느끼는 좌절감의 주요 요인이 되었다. 평소에 하던 일이나 스케줄을 조금이라도 바꾸거나 식탁의 자리나 수저 위치를 조금이라도 바꾸면 이내 텐트럼(격분행동)으로 이어진다. 몇 해 전만 해도 엄마 아빠를 따르면서 형성된 관계가 이제는 붕괴되면서 부모들이 느끼는 상실감이 너무도 크다.

❖ **예 3** 올해 13세가 되는 철수는 표현언어능력이 거의 없지만 어

느 정도의 수용언어능력을 가진 중증 자폐스펙트럼장애 아동이다. 특수학교에 다니는 철수는 자주 양 주먹을 쥐고는 자신의 관자놀이 부근을 가격하는 자해행동을 보인다. 자신이 원치 않는 일이 주어질 때 흔히 나타나는데, 때로는 주변에서 싫어하는 소리가 들려올 때에도 나타났다. 최근 자해행동의 빈도가 잦아지면서 그의 얼굴과 눈 부위가 점점 부어 오르거나 뻘겋게 멍이 들자 주치의가 실명의 위험을 지적하기에 이르렀다. 그러다 보니 학급교사는 이러한 행동이 나타날까 봐 철수에게 과제를 주는 것을 꺼리기 시작했다. 요즘에는 통계적으로 오전에 다발적으로 자해행동이 나타나고 있어서 오전 수업시간 내내 철수의 양팔에 부목을 착용시킨 상태에서 수업을 진행하고 있다.

❖ 예 4 올해 초등학교 특수반 1학년에 입학한 경수는 수업시간이나 쉬는 시간에 무언가에 깊이 몰두하는 듯한 표정을 짓기 시작하면 주변에서 이름을 불러도 잘 대꾸하지 못할 때가 많다. 그렇지만 다른 친근한 상황에서는 적절하게 반응할 때도 많다. 수업시간에 선생님에게 누구보다도 많은 질문을 하는데, 같은 주제의 질문을 반복하거나 아니면 질문의 내용도 다른 또래들이 전혀 관심 없는 분야의 내용 일색이다. 예를 들어, 화산폭발과 원자탄의 원리에 대해서 묻거나 유로철도 스케줄에 대한 질문을 던진다. 무언가 만족스럽지 못한 상황을 접할 때 자기 허벅지를 꼬집는 버릇이 있어서 늘 허벅지에 멍이 들어 있거나 상처가 나 있다. 어느 날 경수의 특이한 행동특성을 간파한 담임교사가 부모에게 전문가 상담을 받기를 요청했다. 처음에 방문한 소아정신과 전문의는 딱히 진단을 내리기 어렵다고 하여, 다른 소아정신과에 가서 재검사를 받은 결과, 경수는 비전형 자폐증(atypical autism, PDD-NOS, 상세불명의 전반적 발달장애)으로 진단을 받은 바 있다.

앞에서 소개한 철호, 영수, 철수, 경수가 보인 증후군을 자폐스펙트럼 장애라고 한다. 발달지연(developmental delay)의 한 유형으로 알려진 자폐스펙트럼장애는 행동조절능력, 학습, 사회적 상호작용, 의사소통을 담당하는 뇌의 중요 기능의 발달에 영향을 주는 신경학적 장애로 학계에서 정의를 내리고 있다. 과거에 세분화되어 불리던 자폐성 장애, 아스퍼거 장애, 소아기 붕괴성 장애, 비전형 자폐증(상세불명의 전반적 발달장애)을 모두 한 범주에 넣고 '자폐스펙트럼장애'라고 명명하고 있는 것이다. DSM-IV-TR에서는 자폐스펙트럼장애와 유사한 용어인 전반적 발달장애(pervasive developmental disorder)를 채택하여 사용하였지만 이미 10여 년 전부터 학계에서는 '자폐스펙트럼장애'라는 용어를 널리 사용해 왔다. 2013년 5월에 출간된 『DSM-5』에서는 전반적 발달장애에 속한 아스퍼거 장애, 소아기 붕괴성 장애, 비전형 자폐증이라는 용어를 더 이상 사용하지 않고 '자폐스펙트럼장애'로 통일하여 사용하고 있다.

최근에 유병률 통계수치가 높아지고 자폐스펙트럼장애에 대한 인식도 확장되면서 진단율이 점점 높아지고 있는 추세다. 그런데 자녀가 자폐스펙트럼장애 진단을 받은 부모는 해답이 궁색할 수밖에 없는 수많은 질문을 던지면서 낯선 '자폐증'이라는 세계를 향한 길고 도전적인 여정을 걸어야 할 것이다. 그런 여정 중에 자녀의 효과적인 치료를 위해서 필요한 만남들이 앞에 놓여 있다. 그들은 탁월한 진단 전문가를 만나야 하고, 전문적인 치료임상 전문가와 과학적인 방법으로 가르치는 특수교육 기관을 만나야 하며, 서로 격려하며 공감대를 형성하는 지지그룹을 만나야 할 것이다.

2. 자폐스펙트럼장애에 관한 FAQ

자녀가 자폐스펙트럼장애로 진단받은 부모들이 보이는 즉각적인 반응은 바로 당혹감일 것이다. 그러면서 그 당혹감은 쉴 새 없이 쏟아내는 질문들로 표현될 것이다. 그리고 그런 질문에 대해 얻어진 해답은 긴 치료여정을 떠나기 위해 준비해야 할 가장 필요하고 중요한 사전정보들이 될 것이다. 다음은 자폐스펙트럼장애 진단 직후에 가장 많이 던지는 질문들이다.

1) 자폐스펙트럼장애가 도대체 무엇인가

현재까지 유아자폐증, 자폐증, 자폐성장애, 전반적 발달장애라는 용어가 점점 범주가 넓어지면서 자폐스펙트럼장애로 변천하기에 이르렀다. 자폐스펙트럼장애는 앞선 모든 용어를 포함하기 때문에 이제는 보편적인 용어로 정착되었다. 자폐스펙트럼장애는 특별히 사회적 의사소통 능력 부재와 행동적 매너리즘과 연관된 뇌기능의 발달지연으로 야기된 증후군이다.

따라서 자폐스펙트럼장애 아동은 사회적 상호작용에 필요한 의사소통 능력이 부재하여 사회생활에 어려움을 호소한다. 아울러 특정 행동에 집착하거나 반복하기도 하고 일상적 스케줄이나 패턴의 일부 혹은 전체적인 변화를 거부한다. 따라서 이러한 특성을 역으로 잘 살린 교육공간을 만들면 효과적인 학습결과를 만들어 낼 수 있다. 즉 특정한 패턴이나 정해진 스케줄에 따른 교육환경 아래에서 아동들이 더 적절히 반응한다. 그러면서 일정이나 상황의 변화가 예상되면 미리 변화에 대비해 충분히 준비할 수 있도록 유도하면 거부감을 불식시킬 수 있다.

2) 왜 '스펙트럼'을 붙였는가

2000년대 이후에 보편적으로 사용하는 개념인 자폐스펙트럼장애는 자폐증상을 보이는 환자들 가운데, 아주 가벼운 상태의 자폐증 환자가 한쪽의 끝에 위치하고 다른 끝에는 전형적이고 심한 형태의 자폐증을 연속선상으로 연결하여 그 사이에는 다양한 증상들과 기능 수준을 보이는 자폐증 환자군이 존재한다고 간주한다. 이렇듯 자폐스펙트럼장애라는 개념은 자폐증상의 환자군을 하나의 스펙트럼의 관점에서 보아 전형적인 자폐증인 자폐성 장애(autistic disorder), 비전형적 자폐증(PDD, NOS or atypical autism) 또는 아스퍼거 증후군을 구분하여 진단할 필요가 없다고 생각하고 있다.

자폐스펙트럼장애를 가진 아동 중에는 그 누구도 똑같은 특성과 증후군을 가진 아동이 없다. 각각 서로 다른 신체생리학적 특성, 살아온 환경, 가계의 유전인자, 교육환경 등의 조건들이 조합되기 때문에 일부 아동은 중증의 성향을, 어떤 아동들은 가벼운 성향을 보일 수 있는 것이다. 마치 햇빛이 프리즘을 통과하면 다양한 색깔로 펼쳐져 보이는 스펙트럼처럼 자폐스펙트럼장애를 가진 아동들도 증상적 특성, 성향, 프로필이 각양각색으로 보이기 때문에 자폐증이라는 말에 스펙트럼이라는 용어를 첨가하여 사용하기 시작한 것이다.

사실 자폐스펙트럼장애라는 용어는 자신의 딸이 자폐증으로 진단되자 이 분야에서 열정적으로 활약하기 시작한 영국의 정신과 의사인 로나 윙(Lorna Wing)이 1981년 자신의 저서에서 처음으로 사용하였다. 로나 윙도 이러한 다양한 프로필과 특성을 염두에 두고 사용했던 용어였다.

3) 자폐스펙트럼장애의 유병률이 늘어나는데, 이는 유행병인가

20년 전 학계에서는 자폐증의 유병률을 1만 명 중 4명으로 발표했다. 최근 미국질병통제국(Center for Disease Control, CDC)에서 110명 중 1명의 유병률을 발표함에 따라 통계상으로 10년 사이에 무려 10배 이상 증가된 것으로 나타났다. 현재 학계에서는 보편적 유병률을 110명당 1명(이는 2009년 통계이며 2004년 통계인 166명당 1명의 유병률도 여전히 우세하게 수용)으로 수긍하고 있다. 이는 에이즈, 당뇨병(diabetes), 암, 이 세 가지 병의 진단 수를 합친 것보다 더 많은 아동들이 올해 자폐스펙트럼장애로 진단될 것을 의미한다. 이런 증가된 통계수치에 근거하여 미국의 한 지역 주요 일간지는 '유행병-자폐증'에 대한 기사를 싣기까지 했다. 과연 최근에 자폐스펙트럼장애를 가진 사람들의 수가 폭발적으로 늘어난 것일까? 답은 '아니다'이다. 미국정신의학회『DSM-III』에 의한 자폐증에 대한 진단기준이 무척 엄중했고 범주도 좁은 데 반하여,『DSM-IV』에서는 진단 범주를 확실하게 확장시킨 것이 사실이다. 게다가 진단기준도 객관성을 갖게 되었다.『DSM-5』에서는 '자폐스펙트럼장애'라는 용어가 관련 학계와 임상기관에 정착되면서 질환에 대한 이해가 더 넓어지게 된 것이다. 게다가 오랫동안 자폐증 인식을 위한 홍보활동(autism awareness)을 꾸준히 펼쳐오면서 일반 사람들의 자폐증상에 대한 인지도가 높아져서 과거에 숨겨진 진단이 표면에 드러나게 된 것도 유병률 증가에 기여하고 있다. 또한 1990년 초부터 미국 공립학교에서 자폐아동에 대한 통계보고의 의무화를 시작으로 더 정확한 통계수치를 확보하게 된 것도 유병률 증가에 기여했다. 그런데 무엇보다도 가장 중요한 것은 학계와 교육 및 임상 분야에서의 치료교육 필요성에 대한 인식 변화이다. 자폐스펙트럼장애 진단은 암 진단과 전혀 다르다. 암으로 진단받은 사람은 확실하게 치료에 들어가야 하지만 음성으로 판명되면 전혀 치료를 받을 필요가 없는 경우와 다르게, 자폐증으로 진단을 받은 아동뿐만 아니라 자폐증으로 진단받지 않았다 할지라도 자폐 성향을 가진 사람이라면 누구라도 일정 수준의 치료를 받아야 성인이 되어 사회에서 자활할 수 있다. 그러한 인식 변화의 일환으로 고기능 자폐와 비전형 자폐에 이르기까지 진단의 범주를 확장하게 된 것이다.

최근 남녀 유병률 비율에서도 4 : 1 정도로 남자가 높은 것으로 알려져 있다. 약체염색체증과 같이 남성들에게만 영향을 주는 증후군도 이런 남녀 유병률 차이에 일조하고 있으며, 여아들에게만 발병한다는 레트증후군이 '자폐스펙트럼장애'의 진단에서 빠지면서 남녀 유병률 차이가 더 커질 것으로 예측되고 있다.

4) 자폐스펙트럼장애는 어떻게 진단받는가

자폐스펙트럼장애는 미국정신의학회에서 발간한 『DSM-5』에 기술된 기준에 따라 진단되고 있다. 현재 『DSM-5』에 기록된 두 영역(첫째, 사회적 의사소통, 둘째, 반복 및 상투적 행동 매너리즘 및 관심 패턴)에 열거된 증상들을 충족하면 자폐스펙트럼장애로 진단된다(제2장 참조). 실제적으로 임상에서 자폐스펙트럼장애의 진단과정은 전문적인 훈련을 받은 소아청소년 정신과 전문의가 부모로부터 아동의 상태 및 발달과정에 대하여 정보를 청취를 하고 아동과 부모가 상호적으로 놀이하는 모습을 자세하게 관찰한 후, 자신의 경험과 지식을 바탕으로 임상적인 진단을 내리게 된다. 하지만, 정확한 진단을 내리는 데 뒷받침이 되는 특별한 스크린도 구를 같이 사용하기도 한다.

- 자폐증 진단인터뷰-개정판(Autism Diagnostic Interview-Revised, ADI-R)
- 자폐증 진단관찰스케줄(Autism Diagnostic Observation Schedule, ADOS)
- 아동기 자폐증평정척도(Childhood Autism Rating Scale, CARS)
- 아동을 위한 자폐증 체크리스트의 개정판(Modified CHAT-Revised)
- 메이자폐경향체크리스트(May Autistic Tendency Checklist)

그러나 앞서 열거한 검사와 테스트는 진단을 위해서 실시하지만, 진단과 더불어 치료교육적 차원까지 고려한다면 발달장애아동 교육을 위한 『에듀비전 커리큘럼 가이드 테스트』(양문봉 저)와 『PEP-R』(심리교육프로필테스트-개정판)(Eric Schopler 저)과 같은 아동 프로필 테스트를 병행하는 것도 중요하다.

5) 자폐스펙트럼장애를 위한 가장 효과적인 치료방법은 무엇인가

자폐스펙트럼장애를 위한 가장 효과적인 치료방법으로 인지치료, 언어치료, 작업치료, 감각치료, 음악치료, 심리치료, 놀이치료, 약물치료, 운동치료 등이 소개되어 왔다. 그러나 자폐스펙트럼장애라는 용어가 설명하듯이 아동 모두에게 일률적으로 적용할 수 있는 최적의 치료란 존재하지 않는다. 앞서 소개한 치료들은 아동의 특성에 따라 선별적으로 선택될 수 있는 보조치료가 될 수 있다.

현재까지 학계에서 받아들이고 있는 최선의 치료방법은 '스펙트럼' 과 '발달지연' 의 특성을 모두 영합하는 '아동의 개인적 특성을 반영하면서 다양한 기술영역(skill domains)들을 포함하여 구안된 개별화 교육프로그램(Individualized Educational Plan, IEP)에 의해 운영되는 집중적 조기중재' (제3장 참조)이다. 여기에서 가장 중요한 세 가지의 필수 개념은 '개인적 특성', '다양한 기술영역', '개별화 교육프로그램' 이다. 어느 하나도 제외되어서는 안 된다. 이렇게 철저하게 고안된 치료교육을 응용행동분석(Applied Behavior Analysis, ABA)의 체계에 의해서 운영하는 것이 가장 효과적인 것으로 평가받고 있다. 개인의 특성대로 다양한 기술영역을 포함한 IEP에 의한 치료교육을 응용행동분석 체계로 운영하는 것이 주된 치료가 되며 여기에 보조적으로 아이의 특성에 따라 인지, 언어, 작업, 음악, 놀이, 심리, 운동, 미술, 감각 치료 등을 추가적으로 포함시킬 수 있다.

중요한 것은 자폐스펙트럼장애 아동에게 주치료(IEP에 의한 집중적 조기중재) 없이 보조치료(개별치료－인지, 언어, 음악, 미술, 운동, 작업치료 등)를 실시하는 것만으로는 큰 효과를 기대할 수 없다는 것이다. 자폐스펙트럼장애의 특성은 아동이 일상생활을 해나가는 데 필요한 '모든 기술영역에 발달지체의 영향을 미쳤다' 는 점이며, 이는 다양한 영역의 치료교육이 우선되어야 할 필요가 있다는 것을 의미하기 때문이다. 이러한 주치료(IEP에 의한 집중적 조기중재)를 특히 조기에 실시할수록 더욱 효과적이라는 것은 이미 학계에서 인정하고 있다.

6) 집중적 조기중재는 얼마나 일찍 시작해야 하나

학계에서 집중적 조기중재(early intervention)는 만 3세 이전에 시작한 교육과 치료교육을 의미한다고 보고하고 있다. 아울러 조기중재가 효과가 있는 증후군의 리스트 중에 자폐스펙트럼장애가 가장 앞에 위치하고 있다. 최근에는 조기 진단기준이 만들어져서 18개월 이전에 진단받는 경우가 많기 때문에 과거에 비해서 조기중재의 시작점이 훨씬 앞당겨지고 있는 추세이다.

최근 미국의 국립건강원(National Institute of Mental Health, NIMH)은 실험 결과, 조기(2~3년)에 가장 적절하고 치밀하게 운영되는 교육을 2년간 받으면 자폐스펙트럼장애를 가진 아동들이 크게 개선되는 효과를 보인다고 발표했다.

또한 보스턴 교육당국에서 집중적 조기중재를 받아왔던 아동이 그렇지 않은 아동들에 비해 후에 추가적인 치료서비스를 받을 필요가 없음을 입증했다고 발표했다.

따라서 집중적 조기중재의 효과는 엄청나다. 그런데 이러한 조기중재 및 치료교육의 필요성을 인식하기 위해서는 조기진단이 무엇보다도 중요하다. 그렇다고 조기에 교육의 기회를 잃었다고 실망할 필요는 없다. 지금이라도 시작하는 것이 가장 중요함을 인식할 필요가 있다.

7) 어중간한 기능수준을 보이는 자폐스펙트럼장애 아동의 대처방안

만 6세 이전의 학령전기 아동이 자폐스펙트럼장애의 진단기준에 해당할 때, 아동의 기능수준에 따라 고기능 및 저기능의 자폐스펙트럼장애로 구분할 수 있다. 치료방식 역시 크게 보아 고기능 자폐아동과 저기능 자폐

아동을 위한 방식으로 나누어 적용해야 한다. 여기서 고기능 자폐아동은 만 6세경에 검사를 시행하였을 때, 적어도 IQ 71 이상이면서 언어발달이 정상 아동에 비하여 다소 부족하더라도 상당 수준의 언어적 표현이 가능해야 한다.

명백하게 고기능의 자폐스펙트럼장애에 해당하는 경우들을 제외하고는, 일반적으로 자폐아동은 소아정신과 전문의에 의하여 조기에(만 24~36개월경부터) 자폐스펙트럼장애로 진단이 되면, 자폐아동을 위한 집중적 조기중재(early intensive behavioral and educational intervention)에 가능한 한 빨리 들어가서 집중적으로 치료교육을 시행하여 아동이 가진 잠재력을 최대한 키우는 것이 자폐아동의 경과와 예후에 절대적으로 중요하고 알려져 있다.

집중적 조기중재 프로그램은 자폐스펙트럼장애의 치료교육에 있어 학계에서 가장 효과적인 기법으로 알려진 응용행동분석(ABA) 방식을 채택하여 시행하는 것이 중요하다. 치료중재 프로그램은 각 아동을 위한 개별화된 교육프로그램(IEP)을 만들어서 개인에게 적합한 치료중재 방식을 적용하여야 한다.

아동의 기능수준이 많이 떨어지는 아동들은 ABA에 입각한 집중적 조기중재 프로그램을 권고했을 때, 해당 부모님들은 별다른 저항없이 치료적인 권고를 받아들이고 있다. 하지만, 아동의 기능수준이 고기능의 자폐스펙트럼장애에는 못 미치지만, 부모의 입장에서 기능수준이 많이 떨어진다는 의미의 저기능 자폐스펙트럼장애라는 개념은 쉽게 받아들이기가 어려운 어중간한 수준의 자폐아동들이 존재한다.

어중간한 기능수준을 보이는 자폐아동의 부모님들은 우선적으로 명심해야 할 점이 있다. 자폐아동을 기능수준에 따라 고기능과 저기능으로 나누었을 때, 어중간한 자폐아동들은 저기능의 범주에 해당한다는 것이다. 굳이 저기능의 자폐스펙트럼장애에 대항하는 아동들을 세분하자면, 기능수준이 많이 떨어지는 저기능과 어중간하게 떨어지는 저기능으로 나누어 볼 수는 있겠으나, 결국은 어중간한 기능수준의 아동들 역시 저기능의 자폐스펙트럼장애 범주에 해당한다는 점을 인식해야 한다.

따라서, 어중간한 기능수준의 자폐아동들은 치료방식 역시 저기능의 자폐스펙트럼장애에 해당하는 방식을 적용해야 하는 것이다. 응용행동분석(ABA)에 입각한 집중적 조기중재에 들어가 2년 이상 적절한 치료교육을 받아서 아동이 가진 잠재력을 최대한 개발하여 만 6세경에 고기능의 자폐스펙트럼장애의 기준에 들어가는 것이 일차적인 목표라고 할 수 있겠다. 기능수준이 많이 떨어지는 저기능과 어중간하게 떨어지는 저기능으로 나누어 자폐아동의 치료방식을 보았을 때, 기본적인 치료방식과 치료에 투자하는 시간 등은 동일하지만, 아동에게 가르치는 교육내용에서 어중간한 아동들은 상대적으로 수준이 높다는 점이 주요한 차이라고 할 수 있다.

어중간한 기능수준을 보이는 학령전기의 자폐아동을 위한 제3의 특별한 치료방식은 없으며, 집중적 조기중재에 들어가서 적절한 서비스를 받는 것이 현재까지의 가장 과학적이고 적합한 방법이라고 할 수 있다.

8) 조기에 자폐스펙트럼장애를 발견할 수 있는 방법

자폐스펙트럼장애를 조기에 발견하는 것이 중요한 이유는 조기에 치료하면 효과가 클 뿐 아니라 이를 방치하게 되면 사회적 자극이 차단되어 사회성 지체라는 불이익을 겪게 되기 때문이다. 그래서 자폐스펙트럼장애의 성향을 조기에 발견하기 위해 중요한 네 가지 사항을 염두에 두어야 한다. 첫째, 자라면서 나이에 따른 성장기준을 살펴야 한다. 둘째, 아동의 행동을 기민하게 관찰해야 한다. 셋째, 청각검사를 부가적으로 실시해야 한다. 넷째, 아기가 자폐행동과 유사한 행동을 보인다고 해서 모두 자폐증은 아닐 수 있기에 정확한 진단이 필요하다. 다음은 조기에 자폐스펙트럼장애를 발견할 수 있는 단서들이다.

- 보통 5개월에 시작하는 옹알이를 하는지 살펴보라.
- 6~9개월에 시작하는 눈맞춤이 구사되는지 살펴라. 일반적으로 이 시기에 엄마가 웃어주면 미소로 반응하기 시작하는데, 자폐아동은 웃는 엄마를 피하는 듯한 인상을 줄 정도로 눈맞춤에 서툴다.
- 만약 아이가 뜻은 몰라도 소리 낸 음을 엄마가 따라 하면 이에 대해서 반응하고 상호작용함으로써 까꿍놀이와 같은 놀이가 가능해지는데, 자폐아동은 이런 반응이 부재하다.
- 일반적으로 10개월이 될 때 이름을 부르면 돌아보거나 반응하는데 자폐아동은 이런 반응에 인색하며 뭔가에 집중하느라 대답하지 않는 것처럼 보인다.
- 일반적으로 감각에 대해서 민감해지는 이 시기에 자폐아동들은 큰 소리에 과잉반응을 보이고 촉각적으로 자신에게 손을 대거나 앉거나 하는 것을 피하려고 하며, 때로는 고통에 대해 둔감한 반응을 보이기도 한다.
- 자폐아동들은 선호하는 사물이나 사물의 한 파트에 집착하기 시작하

며 이로 인하여 주변 아동이나 가족에게 관심을 줄 여유가 없어 보인다.

- 무의미한 반복행동, 즉 자기자극행동(self-stimulatory behavior)을 보인다. 앞뒤로 상체를 움직이기, 손 젖히기, 몸 돌리기 등과 같은 동작들이다.

- 어떤 패턴을 고집하는데, 예를 들어 사물을 일렬로 줄 세우거나, 일정한 스케줄의 변동을 거부하는 행동을 보인다.

- 18개월에는 12개 정도의 단어를 사용하고 2년이 되면 두 단어의 구를 구사하게 되는데 자폐아동들은 이런 언어능력이 지체되어 있다.

- 어떤 자폐아동들은 18~24개월까지 정상적으로 발달하는 것처럼 보이다가 이 시기에 멈추거나 퇴행하는 것이 목격되기도 한다.

3. 자폐스펙트럼장애의 증상적 특성

일반적으로 학계에서 자폐스펙트럼장애의 특성을 설명할 때 언어 및 의사소통의 지체, 사회성 지연, 행동적 매너리즘의 세 가지 증상적 중심축을 제시해왔다. 그러나 언어구사능력을 보유하고 있는 고기능 혹은 경계선 자폐증, 아스퍼거 증후군, 비전형자폐군의 아동과 성인들을 대거 자폐스펙트럼장애 범주에 포함시켰기 때문에 언어 및 의사소통의 지체를 더 이상 중심축으로 보지 않고 있다. 최근에는 사회적 의사소통/상호작용의 지체와 행동적 매너리즘, 두 가지의 중추적 증상을 중심으로 조명하고 있는 추세이다. 그러면서 자폐스펙트럼장애 아동들은 두 가지의 중추적 증상을 공유하고 동시에 다음에 소개하는 외향적인 다양한 특성들 중 일부 혹은 대부분을 포함한 아동의 프로필로 설명될 수 있다.

1) 사회적 특성

대인관계를 형성하는 데 장애가 있고, 자신의 생각과 행동 반경을 개인적 관심사 이상으로 확장하는 데 어려움이 있다. 따라서 타인과의 감정을 교환하는 경우가 드물며 일반인들의 생각과 감정, 관심을 의식하기가 어렵다. 무리 속에 들어가면 대인관계보다는 사물에 대해 더 관심을 보인다. 따라서 사람들이 모이는 곳에서 아무런 거부반응 없이 참여할 수는 있지만 그 안에서 타인과의 상호작용이 거의 관찰되지 않으며, 환경이나 주위에 흩어진 사물에 대한 탐색에 열중하는 경향이 있다. 어쩌면 사람의 불쾌한 자극으로 인하여 사람에 대한 관심을 차단하려는 속성이 작용한 것일 수도 있다. 그에 따라 사회성을 유지하기 위해서는 준비단계에서 기본적인 상호작용 기술을 습득해야 하는데 사람과의 관계에 대한 관심이 부재하기 때문에 기본적인 기술조차 습득할 기회를 갖지 못할 가능성도 높다. 사회적 상호작용에 대해 관심이 없고, 그에 대한 기술도 습득하지 못한 상태에서는 사람에게 눈길을 주지 않게 된다. 결국 사람과의 눈맞춤 기술이 지체되는 것이다.

이렇게 사회성 기술이 지체되면서 다음의 두 가지 면에서 일반 아동들과 달리 특이한 점을 보인다.

첫째, 자신의 행동에 대해 다른 사람이 어떻게 보는가에 대해 무관심하다. 이를 사회적 참고 능력(social referencing) 장애라고 정의한다. 이러한 참고 능력이 지체되어 있기 때문에 타인에게 불편을 주는 부적절한 행동을 거리낌없이 행사하게 된다. 반면에 자기가 어떤 공적을 행하고도 타인으로부터 칭찬을 받거나 감탄을 받는 일에 그다지 흥미를 갖지 않는다. 이것이 타인과 교감을 어렵게 하는 원인이 된다.

둘째, 타인의 입장을 헤아리는 데 어려움이 있다. 이러한 장애를 최근 학계에서는 마음이론(theory of mind)으로 설명한다. 이 이론은 여러 가지 상황에서 다른 사람과의 사회적 관계를 얻기 위해서는 서로의 감정이 교환되어야 함을 기본으로 한다. 그러나 타인의 입장이 되어 보는 데 어려움이 있거나 혹은 다른 사람의 심정을 이해하는 데 문제가 있는 사람들은 진정한 사회적 관계형성에 큰 어려움을 겪게 된다. 많은 자폐스펙트럼장애 아동들은 이러한 마음이론 능력이 부족하다. 이러한 사회적 장애로 인하여 최근에는 자폐스펙트럼장애 아동의 사회성을 '마음맹(mind blindness)'이라고 표현하기에 이르렀다.

2) 행동적 특성

타인과의 상호작용이나 교제가 부재하고 자신의 요구를 표현하는 데 어려움이 있다면 스트레스가 크게 축적되어 상투적이며 의미 없는 반복적인 행동과 사회적으로 적절한 기준을 벗어난 부적응 행동을 보이기 마련이다. 그중에서 특히 매너리즘이나 자기자극행동이 두드러지게 나타나는데, 심할 경우에는 학습에 큰 지장을 초래할 뿐만 아니라 사회적으로 소외되는 가장 큰 요인 중 하나가 되기도 한다.

이 외에도 자폐스펙트럼장애 아동들은 각기 다른 종류의 수많은 부적절 행동을 보이는데, 여기에는 지시불이행, 자해행동, 공격행동, 파손행동, 무절제한 자위행동, 소리치기, 부적절한 물건 사용, 부적절한 식사 행동, 공공 혼란 행동, 야간 혼란 행동, 이탈 행동, 절도 행동, 부적절한 혀나 입 장난, pica(먹지 못하는 사물을 입에 대는 행동), 주의력 산만 행동들이 있다.

  중요한 것은 사람이 기계와 다르기 때문에 보이지 않던 여러 가지 부적절 행동들이 언제 나타날지 예측할 수 없으며, 이미 고쳐진 것으로 알고 있던 부적절 행동이 어느날 갑자기 다시 시작될 수도 있다는 것이다. 이와 같은 행동적 매너리즘과 부적절 행동이 외견상 구별하기 힘든 자폐스펙트럼장애·아동이나 발달장애 아동의 신분을 공공장소에서 쉽게 노출시키게 하는 것이다.

3) 감각적 특성

자폐스펙트럼장애 아동들은 외부에서 유입되는 감각적 자극을 뇌로 전달하거나 혹은 유입된 자극에 대해 적절히 반응하는 데 장애를 보인다. 이런 점이 앞에 서술한 자폐스펙트럼장애의 주요 증상에 대한 원인적 설명이 될 수도 있다. 자폐스펙트럼장애나 발달장애 아동은 작동하는 선풍기를 계속 응시하거나 같은 소음을 반복하여 내며 물줄기를 쏟아내는 물레방아 주위를 좀처럼 떠나지 못한다. 시각이나 청각 혹은 촉각적 유입에 대한 반응에서 일반 아동들과는 사뭇 다른 점들이 관찰된다. 이는 특정 감각기관이 지극히 예민하거나 혹은 둔감하게 기능하기 때문이기도 하다. 그러나 또 다른 특이점은 같은 감각일지라도 불균형한 감각유입(sensory input)의 구도를 보이고 있다는 점이다. 예를 들어 아동이 주변의 비교적 큰 소음에는 그다지 관심을 보이지 않다가 바로 뒤에서 좋아하는 사탕 봉지를 벗기는 미세한 소리에 즉각적으로 반응하는 것이 종종 발견된다. 과대 선택적 감각유입(over-selective sensory input)이 그 원인이라고 말한다. 혹은 꽉 안았을 때는 잠잠히 있던 아동이 누군가 그의 팔뚝을 살짝 스쳤을 때 무척 괴로워하는 표정을 짓는 것을 흔히 관찰할 수 있다. 그 외에도 몸의 균형을 유지하는 전정감각계 혹은 미세 동작을 무의식적으로 유지하는 고유 수용계에서도 유입된 감각을 통합하여 기능하는 것이 어렵기 때문에 부적절한 반응을 보인다. 즉 내리막길을 내려오는 데 어려움과 부자연스러움을 보이거나 높은 곳에서 중심을 잡고 자세를 갖추는 것이 쉽지 않다. 고유 수용계(proprioceptive)의 통합적 기능이 있어야 수월하게 수행할 수 있는 글쓰기나 계단 오르기에 서투름을 보이기도 한다. 때에 따라서는 이런 반응의 일환으로 까치발로 걷는 것도 발견할 수 있다. 또한 적지 않은 수의 아동들이 고통에 대해 둔감한 반응을 보이는 경향이 있다. 이와 관련하여 온도 감각에 대해서도 비슷한 반응을 보인다. 뜨거운 컵을 만져도 태연스럽게 내려놓기도 하고, 맨발로 차가운 눈 위를 걸어도 발이 시리다고 보채지 않는 경우를 자주 목격할 수 있다.

4) 언어/의사소통 특성

자폐스펙트럼장애 아동들은 사회적 상호작용의 기술이 부족할 뿐 아니라 교제에 관심이 없으며, 당연히 사람과의 의사소통에도 관심을 보이지 않는다. 의사소통은 사회적 활동 기회를 제공하는데, 이를 회피하면 당연히 언어 지체를 수반하게 된다.

의사소통장애는 정도에 따라서 다양한 양상을 보인다. 기능이 높은 아동의 경우 발화는 어느 정도 가능하지만 계속적인 대화 유지 능력이 부족하거나 대화를 하더라도 주제가 자신의 이익과 관심사에만 한정되는 경향을 보인다. 또한 발화할지라도 문법 실수가 자주 눈에 띄거나 같은 단어의 반복 사용이 흔하게 관찰된다. 영어권에서는 대명사를 혼동하는 경우가 발화가 되는 자폐스펙트럼장애 아동에게서 현저하게 나타난다. 우리말은 대명사나 주어를 대체로 생략해서 사용하기 때문에 이런 대명사 혼용현상은 자주 목격되지 않는다. 또한 아동들은 같은 말이나 상대의 말을 반복하는 경향을 보인다. 일반적으로 이를 반향어라고 말하는데 반향어는 세 가지로 나뉜다. 첫째, 타인의 말을 따라 하는 즉각 반향어(echolalia), 둘째, 혼자서 중얼거리는 지연적 반향어(delayed echolalia), 마지막으로 자기가 방금 한 말의 일부를 반복하는 패럴레리아(paralalia)이다. 이와 같은 반향어를 사용하는 아동에 대해 때때로 발화하는 데 도움이 되기도 하지만 한편으로는 정상적인 언어 발달에 지장을 초래하는 경우도 있다. 따라서 반향어가 행동적 집착성에 의한 것인지 아니면 발달적인 것인지를 주의 깊게 관찰한 후에 행동치료나 발화훈련 중 어떤 것을 제시할지를 결정해야 한다.

5) 규칙성과 일상에 대한 집착 특성

자폐스펙트럼장애 아동들은 사회성 및 의사소통 능력과 연관된 사회적 인지능력 부족으로 자신이 위치한 환경과 사회적 분위기를 인지하는 데 어려움이 있다. 이는 곧 심리적 부담감이나 불안감으로 다가오게 된다. 따라서 이를 극복할 수 있는 방어기제가 작용하는데 이는 곧 일과성, 규칙성 혹은 루틴에 의존하는 것이다. 아동들이 스케줄에 민감하고 해오던 관습에 의존하거나 집착하는 이유가 바로 여기에 있다. 따라서 일과와 스케줄에서의 일탈은 곧 방어기제의 해체이며 안정감의 붕괴를 의미한다. 작게는 초조함을 느끼고 크게는 공포감으로 다가오게 되어 텐트럼행동으로 이어질 수 있다. 그러나 이러한 루틴 의존 행동을 학습상황에 적용할 수도 있다. 규칙적 일과와 스케줄에 의한 학습환경과 구조 속에서 교육을 운용하면 아동이 더 안정된 분위기에서 한층 개선된 학습효과를 창출할 수 있다.

6) 놀이 특성

자폐스펙트럼장애 아동들이 보이는 놀이 특성은 사회성 특성과 밀접하게 연관되어 또래와의 놀이 능력이나 상상 능력 지체의 유형으로 나타난다. 일반적으로 또래와의 놀이 능력을 습득하지 못하는 주된 이유는 사회적 이해 부족과 사회적 상호작용의 지체이기도 하지만 상상놀이(imaginative play)의 부재와도 연관이 있다. 이를테면 유아기 때의 놀이는 다른 아동과 함께 상상력을 이용한 역할 놀이(role play), 즉 소꿉놀이, 가상 전쟁 놀이 등으로 구성되어 있는데, 아동이 상상력을 사용할 수 없다면 또래와의 놀이는 오래 지속되기 어려울 것이다. 그래서 자폐스펙트럼장애 아동이 적절한 사회적 문맥에서 사회성을 증진시키고 또래 놀이를 최적화하기 위해 사회적 협력 활동과 상호작용(floortime) 프로그램을 적용할 필요가 있다.

7) 정서적 특성

템플 그랜딘은 일상적으로 자폐스펙트럼장애 아동들이 정서 면에서 크게 지체되어 있다는 주장은 분명히 잘못된 사실이라고 역설해 왔다. 그녀는 자폐스펙트럼장애를 갖고 있었던 사람들이 써낸 수기나 자서전을 통해, 그들은 유아기 때의 기억을 되살리면서 분노, 두려움, 심적 괴로

움, 희열, 만족감, 동정심 등을 충분히 느꼈었다고 소개해 왔다. 즉, 자폐스펙트럼장애를 갖고 있는 사람들도 일반 사람과 마찬가지로 자신의 감정에 기복이 있으며, 그러한 감정을 표현하는 데 어려움이 없다는 것이다. 그렇지만 정서적인 측면과 관련되어 자폐스펙트럼장애를 가진 사람들이 보이는 독특한 특성은 일반 사람들에 비하여 특정 일을 결정할 때 이성적인 사고체계를 사용하기보다는 감정적인 면에 더 호소하는 경향이 있다는 것이다. 또 다른 특징으로는 대인관계에서 보이는 현격한 수치심과 감정이입(empathy)의 지체를 들 수 있다. 자폐스펙트럼장애 아동이 보이는 독특한 정서적 특성은 다음과 같다.

첫째, 대인관계에서 보편적으로 수치심을 갖고 있다. 특히 고기능 자폐스펙트럼장애 아동 혹은 성인들은 사회적 상호작용 능력이 부족하기 때문에 의식적이든 무의식적이든 대인관계를 형성하는 과정에서 수치심을 만성적으로 보이고 있다. 따라서 이런 수치심을 보상하기 위한 방법으로 자신이 집착하거나 탁월함을 나타내는 일이나 과제를 제시하고 과시할 목적으로 돌발적으로 의사소통의 문을 열게 된다. 이런 돌발적 의사소통 방식은 사회적 관심사를 공유하기보다 일방적인 대화로 이끌어가는 성향이 있어 이내 의사소통은 종결되고 사회적 상호작용도 실패로 돌아가게 함으로써 결국 사람들의 모임이나 교제권에서 자신을 격리시키는(social withdrawal tendency or marked aloneness) 결과로 나타나게 된다. 이러한 현상은 쳇바퀴 돌 듯 자폐스펙트럼장애를 가진 사람에게 계속적인 수치심을 증가시키는 요인이 된다.

둘째, 감정이입의 지체를 보인다. 자폐스펙트럼장애를 가진 사람들에게 있어서 가장 독특한 정서적 특성 중 하나는 동정심, 동감과 같은 감정이입이 어렵다는 것이다. 즉 타인이 갖고 있는 감정을 이해하고 이에 대응하여 같은 감정을 공유하여 상대와 질적인 연대를 갖는 데 어려움이 있다. 이는 이미 자폐스펙트럼장애 아동들이 타인의 감정을 읽거나 타인의 입장을 이해하는 능력인 마음이론의 지체와 함께 주의하기(joint attention)의 지체와 깊은 연관성을 갖고 있다.

8) 인지적 특성

일반적으로 자폐스펙트럼장애 아동들은 인지 능력 중 특정 영역이 지체된 것으로 알려져 있다. 지체된 영역들은 기억 기능(memory function), 근육 운동 기술과 감각적 기능 통합(motor and perceptual integration), 언어 이해력(verbal understanding), 추상 개념화(abstraction), 순서 개념(sequencing), 시간적 정보 이해(temporal information), 상징 이해와 상징 놀이(symbols in play and activities), 유기적 연관성(organization), 보편화 혹은 일반화(generalization) 등이다. 자폐스펙트럼장애 아동의 이러한 인지적 지체의 주요 요인으로는 감각적 문제(perceptual problems)를 유발하는 뇌의 생물학적 기능장애(organic brain dysfunction)로 보고 있다. 자폐스펙트럼장애 아동들에게 나타나는 이러한 인지적 지체로 인하여 보이는 두드러진 인지적 특성은 다음과 같다.

첫째, 시각적 사고이다. 자폐스펙트럼장애 아동들은 짝 맞추기와 같은 시각적, 공간적, 감각적 과제나 활동에는 높은 기능 수준을 보이지만 언어적 표현과 이해력 영역 같은 비공간적 혹은 비시각적 영역에서는 크게 지체를 보인다. 이런 인지적 특성을 기초로 하여 오랜 시간 동안 그림이나 이미지를 보게 하는 것이 자폐스펙트럼장애 아동이 기억하거나 학습하는 데 큰 도움을 줄 수 있어서 실제 교육 현장에서 많이 사용되고 있다.

특히 이러한 인지적 특성을 템플 그랜딘은 자신의 경험을 바탕으로 '시각적 사고(visual thinking)'라는 용어를 사용하게 되었는데, 그녀의 삶에서 모든 개체의 개념을 생각하고 이해하려 할 때 그 이미지를 같이 떠올려야 했기 때문이다. 이런 시각적 사고는 단지 개념적인 사고 능력의 지체로만 해석하기보다는 오히려 지적 천재성을 가진 사람들에게서도 볼 수 있는 현상이기도 하다. 따라서 수정해야 할 영역으로 생각하기보다는 이를 통하여 효과적으로 학습할 수 있는 인지적 학습통로로 적용할 필요가 있다.

둘째, 자폐스펙트럼장애 아동들은 긴 내용이나 다단계의 언어적 정보를 처리하는 데 어려움이 있다는 것이다. 말하자면 지시된 과제가 단순한 내용이면 쉽게 수행할 수 있지만, 지시 내용이 여러 가지의 단계가 포함되면 혼란스러워 한다는 것이다. 따라서 언어적 지시를 내리기보다는 글이나 그림으로 목록화된 지시사항을 제시하면 훨씬 더 잘 반응할 수 있게 된다.

셋째, 집착 및 충동성이다. 학계에서는 자폐스펙트럼장애 아동들이 유아기에 보이는 특정 활동과 사물에 대한 집착 현상이 오히려 학습 면에서 장점으로 사용될 수 있다는 이론을 제시하였다. 아동이 집착하는 특정 사물이나 활동을 학습자료로 사용하면서 오히려 학습 효과의 증진을 가져올 수 있고, 미래의 직업훈련의 기회로도 사용될 수 있다. 예를 들어, 템플 그랜딘은 자신의 모형 비행기에의 집착이 오히려 수를 세는 데 사용되면서 학습효과를 높이게 되었다고 피력했다.

9) 서번트 특성

'서번트(savant)'는 프랑스어로서 '알다(knowing)'의 의미에서 파생되어 나온 말로 특별한 지적 능력과 재능을 가진 자폐스펙트럼장애 아동을 지칭할 때 사용되기도 한다. 또한 현재 기네스북에 기록된 역사상 최고의 IQ지수를 가진 미국의 유명한 칼럼니스트인 마릴린 서번트(Marilyn vos Savant)를 연상하며 사용되기도 한다. 사실 모든 자폐스펙트럼장애 아동들이 서번트의 특성을 보이지는 않지만 일부 아동들은 그러한 성향을 지니고 있다. 영화 〈레인맨〉의 주인공과 같은 서번트는 일반 사람의 두뇌로는 풀 수 없는 수학적 난제를 순식간에 풀거나 바닥에 떨어진 이쑤시개의 숫자를 순간적으로 알아맞히기도 한다. 이는 뛰어난 그래픽 메모리 능력을 통해 가능한 것이다. 어떤 서번트는 수십 년 전의 어느 날이 무슨 요일인지 바로 알아맞히기도 한다. 얼마 전 인터넷 동영상으로 소개되면서 화제가 되었던 자폐 서번트인 스티븐 윌트셔(Stephen Wiltshire)는 헬기를 타고 로마 시내를 한 차례 둘러보고는 화실로 돌아와 화폭에 로마 시내의 수백 개의 건물과 도로를 세세한 부분까지 그대로 그려내는 탁월한 그래픽 메모리 능력을 과시했다.

어린 나이의 자폐스펙트럼장애 아동들 중 일부는 또래의 일반 아동들은 선을 긋거나 낙서하는 정도에 머물러 있을 때 구체적인 사실화를 그려내기도 하고 3D 입체 정물화를 묘사하기도 한다. 일부 아동들은 일반 아동들은 아직 수도 세지 못할 나이에 1~100까지 수 개념을 마스터하기도 한다. 또한 일반 아동들은 두세 쪽의 퍼즐 맞추기도 힘들어하는 어린 나이에 200조각의 퍼즐을 맞히기도 한다. 일부 자폐 서번트들은 또래의 일반 아동에게서 기대할 수 없는 수준으로 악기를 연주할 수 있고, 또래보다 3~5세 수준 위의 독해력을 보이기도 한다.

사실 자폐스펙트럼장애 아동들의 프로필을 잘 분석해보면 서번트 수준은 아니더라도 누구든지 특별한 영역에 재능이 있다는 사실을 발견하게 된다. 사실 개별화 교육프로그램(IEP)을 구안할 때 이러한 서번트적 특성과 패턴을 잘 이용한다면 자폐아동의 학습 효과를 크게 증진시킬 수 있을 것이다.

4. 자폐 아동의 학습 특성 및 양상

일반적으로 자폐스펙트럼장애 아동들을 위한 IEP를 구안하면서 교육방법과 전략을 세울 때 세 가지 측면의 인지적 프로필 특성을 참고해야 한다. 첫째, 인지적 수준의 지체성 혹은 지연성이다. 일반 아동들의 발달 수준에 비하여 전반적으로 지체된 현행 수준을 보인다. 이때 프로필 테스트를 통해서 아동의 인지적 수준과 프로필을 밝혀서 아동의 프로필 현행 수준에 맞는 교육프로그램을 세워야 할 것이다. 둘째, 인지적 수준의 불균형성이다. 일반 아동들은 각 기술영역별 현행 수준에 있어서 평균 범주에서 크게 벗어나지 않는 경향이 있지만 자폐스펙트럼장애 아동들은 영역별로 발달 수준이 크게 차이가 날 수 있다. 이러한 불균형적인 프로필 현행 수준을 영합하기 위한 프로그램 수립이 필요한데, 가장 현행 수준이 낮거나 시급한 기술 영역부터 우선순위를 두면서 프로그램의 중량을 차등적으로 정해 최대한 아동의 균형적 발달을 도모할 필요가 있다. 셋째, 인지적 독특성이다. 자폐적인 학습특성이라도 적절한 각도에서 활용하면 오히려 학습적 강점이 될 수도 있기 때문이다. 따라서 이를 정확히 숙지할 수 있다면 개별화 프로그램의 교육 전략을 계획할 때 귀한 참고 자료가 되고 아동을 지도하는 데 큰 도움이 될 수 있다.

1) 선택적 학습도와 역량

자폐스펙트럼장애 아동은 일반 사람들이 수월하다고 판단되는 내용을 학습하는 데에는 상당한 어려움을 보이다가도 일반인들은 도저히 해내기 어려운 과제를 손쉽게 척척 해내는 경우가 많다. 또한 반복해서 외우는 능력을 요하는 과제, 숫자나 도형에 관련된 내용 그리고 자신이 가장 선호하는 사물이나 과제에 대해서 너무도 빠른 속도로 학습할 수 있다. 그러나 한번 익힌 정보나 지식을 수정하는 것은 쉽지 않다. 이러한 특성으로 인하여 자폐스펙트럼장애 아동들 중에는 일반적인 사람들이 중요하게 여기는 내용이나 학과에는 별로 관심을 보이지 않지만 누구나 무가치하다고 생각하는 내용에 대해서는 뛰어난 열정과 학습 능력을 발휘하는 아동이 적지 않다. 즉, 자폐스펙트럼장애 아동들의 학습 능력 발휘도는 아동의 선호도에도 크게 비례하기에 아동의 선호도를 평가하는 것은 IEP 수립을 위해 중요한 과제이다. 또한 주로 공간적인 개념과 시각적 큐를 사용하는 학습 활동 시간에 주로 학습 능력이 높게 나타나는 경향이 있다. 반면에 청각적인 지시나 설명으로 이루어져 있거나 상징적인 내용이나 시간의 흐름을 나타내는, 즉 시제에 대한 내용을 다루는 교육내용에서는 학습도가 크게 지체되는 것으로 평가받게 된다.

2) 언어와 개념에 대한 이해력

언어 이해력 지체가 자폐스펙트럼장애 아동에게는 학습하는 데 가장 큰 방해 요소가 되고 있다. 그중에서도 추상적인 내용이나 상징적인 내용과 같이 머릿속에 영상을 떠올리기 어려운 개념들을 이해하는 데 난항을 겪는다. 치료교육 및 재활을 포함하여 '교육활동'에 있어서 가장 중요한 요소가 교사와 학생 간의 긴밀한 의사소통임을 누구나 동의한다. 이런 점에서 자폐스펙트럼장애 아동들은 교육상 가장 불이익의 요소를 소지하고 있는 셈이다. 그래서 최근에 와서 비언어적 교육방법(non-verbal educational method)인 응용행동분석 방법이 언어 이해력이 지체된 자폐스펙트럼장애 아동들에게는 이상적인 치료교육 모델로 인정받고 있다. 아울러 아동에게 언어적 지시를 내리거나 상황을 설명할 필요가 있을 때 시각적 큐를 표현하는 그림 카드를 병행하여 사용할 경우 큰 효과를 기대할 수 있을 것이다.

3) 충동성

아동이 충동성(compulsiveness)을 보인다면 일반적으로 집착적인(obsession) 특성과 밀접하게 연관되어 있다. 이러한 충동성과 집착성은 아동의 특정 생활 스타일들을 패턴화하거나 의식화(ritualization)시키는 경향이 있다. 예를 들어, 아동이 학교에서 하굣길에 늘 은행에 들러서 고객의 순서를 나타내는 모니터의 숫자를 지켜보는 패턴이 형성될 수 있고, 매일 같은 시간에 놀이터에 나갔다가 돌아오는 길에 같은 아이스크림 가게에 들러서 늘 같은 종류의 독특한 토핑을 얹은 아이스크림을 먹는 패턴이 형성되기도 한다. 그래서 집착하던 것이나 패턴이 된 일이 다른 곳에서 목격되면 충동적으로 접근하거나 손에 넣으려는 경향을 보인다. 이러한 집착성과 충동성에 의해 형성된 의식화된 생활 패턴이 깨지면 좌절감 혹은 텐트럼으로 이어지기도 한다. 이러한 충동성과 집착성은 아동이 새로운 환경과 패턴에 적응하는 데 어려움을 주는 단점도 있지만 때로는 장점으로 작용할 수 있다. 예를 들어, 아동에게 잠에 들기 전에 이를 닦고 세수하며 잠옷을 갈아입는 세 가지 일련의 과제를 정해진 일과로 패턴화시키면 아동이 매일 수행하는 데 어려움이 없다.

4) 충동적 표현의 자제력

충동적 특성을 지닌 자폐스펙트럼장애 아동은 적절치 않은 상황과 시점에서 주제와 관련이 없는 내용의 이야기를 충동적으로 불쑥 꺼내거나 말하려는 성향이 있다. 이로 인하여 종종 여러 사람들의 대화의 맥을 끊어 놓거나 학교에서 수업의 진행을 중단시키는 경우가 자주 관찰된다. 이러한 충동성은 현재 집중하고 있는 주제와 관계 없는 내용을 떠올리면서 느닷없이 다른 내용의 학습으로 옮겨가게 되는 자제력 부재의 특성으로 인하여 야기되는 것이다. 이런 특성이 자폐스펙트럼장애 아동이 학습할 때 하나의 주제의 과제에 지속적으로 집중하는 데 어려움을 준다. 때로는 이런 특성이 언어를 거의 제한적으로 사용하는 아동들에게 간혹 한두 단어를 문맥에 관계 없이 갑자기 중얼거리는 지연적 반향어로 표현되면서 듣는 사람들로 하여금 아동의 의도가 무엇인지 정확히 파악하지 못해 당황하게 만들기도 한다.

5) 산만성

자폐스펙트럼장애 아동들은 주변에서 일어나는 사소한 소리나 시각적 자극으로 인해 너무 쉽게 주의가 산만해지는 경향이 있다. 학습 지장을 초래하는 이러한 산만성(distractibility)의 한 예는 주어진 과제나 활동에 한동안 몰두하던 아동이 갑자기 옆 방에서 컴퓨터 키보드 두드리는 소리가 들리면 이내 주의를 빼앗기고 마는 경우이다. 이러한 특성으로 인하여 아동은 다른 사람들이 거의 관심을 두지 않는 특이한 사물이나 일들을 유별나게 선호하게 된다. 이울리 아동이 주변의 특정 지극들에 주의를 빼앗기다 보니 다른 사람들에게 관심을 둘 수 없고 이름을 불러도 반응을 하지 못하는 경우가 발생한다. 이와 같이 산만성은 아동이 장시간 과제에 집중하는 데 가장 큰 지장을 주고 있기 때문에 아동의 학습 능력과 집중력을 늘리기 위해 환경적인 구조 변경이 필요하다. 소음의 수준을 줄이기 위해서 흡음 장치 역할을 하는 융단을 깔아 놓거나 커튼을 설치하는 것이 좋으며, 벽의 장식 중에서 색이 짙거나 아동이 집착하는 시각적 자극을 주는 것들을 제거하는 것이 좋다. 단순한 교실 구조를 유지하거나 다른 아동의 활동 장면들을 차단할 수 있는 파티션을 설치할 경우 아동의 산만성을 어느 정도 차단시켜서 학습 효과를 향상시킬 수 있다.

6) 터널비전식 집중력

앞서 소개한 대로 산만성을 갖고 있는 자폐스펙트럼장애 아동들은 미미하고 주변 맥락에 무관한 자극과 사소한 일에도 특별한 관심을 보일 뿐 아니라 집착하기도 한다. 그러다 보니 자신이 집착하는 대상 이외의 사물, 사람, 환경에는 관심을 차단하는 경향을 보이는데, 이를 터널비전이라고 부른다. 이러한 터널비전식 집중력은 단지 산만성에만 기인한 것이 아니라 너무 많은 감각적 자극에 대한 생존적 반응의 일환으로도 나타난다. 즉 청각적 민감성을 보이는 아동은 주변의 크고 다양한 소음이 너무 부담스럽게 느껴지기 때문에 그러한 소음에 대한 관심을 차단하기 위한 방편으로 어떤 특정한 일이나 사물에 몰두하는 터널비전식 집중력을 발휘한다. 소란스러운 환경에서 책을 읽기가 어렵지만 일단 책에 몰두하게 되면 자연스럽게 주변의 소음을 느끼지 못하게 되는 것과 마찬가지 원리인 것이다. 때로는 이러한 터널비전식 집중력이 학습에 도움이 될 때도 있다. 예를 들어, 풍경화의 그림 중에서 특정한 사물이나 새혹은 나무를 지목하라고 하면 일반 아동에 비하여 훨씬 빠르게 찾아낼수 있다. 이러한 성향은 서번트 아동들에게서 종종 관찰되는데, 오래 전에 갔던 도서실 서고에서 특정한 책 두 권의 위치가 서로 바뀐 것을 발견하고는 이내 수정해 낼 수 있는 것도 터널비전식 집중력의 한 예가 된다.

7) 혼란성

산만성과 터널비전식 집중력의 특성은 자폐스펙트럼장애 아동이 주변 환경에 대한 폭넓은 지식이나 정보를 얻는 데 어려움을 갖게 한다. 이러한 환경과 상황에 대한 정보 및 지식의 부재는 아동에게 생활 속에서 일어나는 사건, 장면, 상황을 내용 그대로 정확하게 이해하기 어렵게 만든다. 이것을 바로 혼란성(confusion)이라 부른다. 예를 들어, 기뻐하고 행복한 상황을 오히려 공포스럽고 불행한 상황으로 잘못 해석할 수 있다. 일반 사람들에게는 짜증스럽게 만드는 사건이 발생해도 상황을 이해하지 못한 아동은 여전히 편안한 마음가짐을 갖고 있을 가능성이 높다. 이러한 혼란성은 불안감이나 여러 가지 스트레스 반응(stress responses) 형태로 나타나기도 한다. 한 예로 아동이 평소대로 집으로 가는 도중에 진열된 하찮은 그림 한 점이 불편했던 과거의 한 사건을 떠올리게 한 까닭으로 아이는 불안에 떨며 울음을 터뜨리는 행동을 할 수 있다. 이렇게 자폐스펙트럼장애 아동이 혼란성으로 인해 초조하거나 불안한 심리상황에 들어서면 상동 행동이나 자기자극행동을 통하여 이를 보상하고 중립화시키려고 한다.

8) 시간 개념의 이해력

자폐스펙트럼장애 아동들은 가시적 공간적 개념을 이해하는 능력이 강한 반면 가시적이지 않은 추상적인 시간적 개념 인지력은 약하다. 시간의 개념에 대한 이해(understanding of time)가 부족하면 사건이 일어난 순서를 이해하는 것도 어려울 것이다. 만약 일의 순서를 이해하는 데 어려움이 있다면 어떤 의미에서 원인과 결과에 대한 개념을 이해하기도 어려워진다. 이러한 시간과 순서 개념들에 대한 이해의 부재는 결국 아동으로 하여금 시간 관리를 하는 데 큰 어려움을 겪게 하고 어떠한 활동이나 사건에 대하여 미리 준비한다거나 그 사건의 결과를 예측하는 일을 더욱 어렵게 할 것이다. 이러한 이유에서 자폐스펙트럼장애 아동들이 종종 위험의식을 느끼지 못하고 무모한 일을 감행하기도 한다. 따라서 추상적인 개념이지만 생활에서 가장 중요한 시간 개념을 이해하기 위해서는 필연적으로 시계와 시간표와 같은 매개체를 사용할 필요가 있다. 때로는 시간표의 틀에 얽매이거나 집착하지 않도록 시간에 따라서 변동될 수 있는 여지를 허용하며 가르쳐야 한다. 이와 관련된 방법으로는 시간표에 따른 활동 시간의 변동을 미리 예측할 수 있다면 시간표상에 두 가지 활동을 같이 기재하여 상황에 따라 둘 중 하나를 선택할 수 있는 여지를 설명하는 것이다.

9) 순서 개념

자폐스펙트럼장애 아동들은 시간개념 이해력 지체로 인해 이와 연관성이 있는 순서 개념을 이해하는 데에도 어려움을 갖게 된다. 순서 개념이 부족하기 때문에 어떤 일련의 순서적인 과제를 행할 때 중간 부분부터 시작하는 것이 무척 어렵다. 처음부터 끝까지 순서대로 하는 일련의 과제를 하나의 과제로만 인식하기 때문에 중도에 하던 일을 중단하고 휴식을 취한 다음에 다시 돌아와서 그 다음부터 순서대로 과제를 행하는 것이 어렵다. 일례로 아동이 이제 하나에서 열까지 정확히 순서대로 수를 셀 수 있지만 다섯 다음에 오는 숫자를 물으면 대답하지 못할 가능성이 있다. 그것은 그 아동이 순서대로 학습한 것은 기계적인 순서대로 기억한 것이지 순서의 개념에 따라 이해하고 기억한 것이 아니기 때문이다.

10) 우선순위 설정

자폐스펙트럼장애 아동들이 생각하는 우선순위의 기준은 일이나 사물의 가장 긴급하고 중요한 사안보다는 아동 자신이 일이나 사물에 대해 갖고 있는 관심도가 될 것이다. 자신이 가장 즐기고 선호하는 만년필 뚜껑이 가장 가치 있는 물건이 될 수 있고 반면에 객관적으로 가치가 있는

금이나 현금 혹은 값비싼 스테레오라도 그가 관심이 없다면 무용지물로 여겨질 것이다. 어떤 아동은 학교에 갈 때 부모가 가방 속에 잘 챙겨준 연필, 노트, 가위, 풀과 같은 학용품을 바닥에 부어 놓고 온갖 종류의 펜 뚜껑만 가득 넣고 등교하기도 한다. 이런 경향은 사물뿐 아니라 여러 가지 과제에서도 동일하게 적용된다. 당장 긴급한 과제에 우선순위를 처리하지 않고 전혀 중요치 않아 보이는 일에 집착을 보인다. 이러한 우선순위 설정(prioritization) 능력의 부재는 곧 학습과 관리 능력 부재로 이어지고 학교나 사회생활에 지장을 초래하게 된다.

11) 일상적 패턴과 의식

관리 능력이 지체된 자폐스펙트럼장애 아동들은 대처하는 과제나 활동에 대해 혼란감을 느끼기 마련이며, 자신들의 지체된 영역을 보충하기 위해 특정한 패턴이나 정형화된 생활 일과를 설정하여 어느 정도 안정성을 유지하려는 경향이 있다. 그러나 아동이 자신의 관리 능력 부재를 보충하려는 한 방편으로 이런 일정한 패턴이나 일과에 안착하려는 보상심리이지만 시간이 지나면서 정해진 패턴에 점점 집착해 가는 성향을 보이게 된다. 예를 들면, 아동이 갖고 있는 놀이기구들이 일렬로 정돈되어야 만족하는 것도 이러한 성향에 속한다. 자기 책상이나 방에 먼지 하나 없이 너무 깔끔하게 정돈되어 있다거나 거실의 책들이 모두 제자리에 꽂혀 있어야 안심을 하게 된다. 그런데 이러한 아동의 패턴에 대한 철저한 집착 성향은 일상생활에서 일어나는 다양한 사건과 상황에 대한 대처능력을 약화시키기 때문에 결코 기능적이거나 실제적이지 못하다.

12) 시각적 사고와 상상

이미지를 머릿속에 그리면서 생각하는 것을 시각적 사고(visual thinking)라고 부른다. 이러한 특이한 사고 체계를 갖고 있는 자폐스펙트럼장애 아동들은 상징성을 갖고 있는 말이나 글이 마치 제2 외국어와 같이 느껴지게 된다. 말하자면 어떤 말을 듣거나 글을 읽었을 때 그 말이나 글이 직접 뇌에 수용되는 것이 아니라 각각에 해당하는 그림이나 영상으로 번역된 후에 비로소 차례대로 수용되는 것이다. 일반 사람들은 어떤 사물을 생각할 때 먼저 일반적인 개념을 생각하고, 그러고 나서 구체적으로 사고할 필요가 있을 때 구체적인 이미지에 대해 생각하는 것이 일반적인 수순이다. 그러나 자폐스펙트럼장애 아동들은 반대로 먼저 구체적인 사물을 생각해 내고, 그러고 나서 머릿속에 그려낸 여러 가지 사물의 실체들을 총체적으로 정리한 후 비로소 일반적인 개념을 형성할 수 있는 것이다. 그렇기 때문에 자폐스펙트럼장애 아동들이 생각하는 일반적인 개념은 지금까지 경험했던 구체적인 사물들의 집합체라고 생각할 수 있다. 즉 아동이 갖고 있는 '소파'의 일반적인 개념은 그 아동이 지금까지 앉아 보았던 소파들의 집합적 개념이라는 것이다. 만약 최근에 색다른 소파에 한 번 더 앉아 보았다면 그 아동이 기존에 가지고 있는 '소파'라는 일반 개념에 새 소파의 이미지가 추가되면서 개념이 다소 수정된다. 다시 말하면, 새 소파의 최근 경험에 대한 새 정보가 기존의 일반적 개념의 '소파' 데이터 뱅크에 추가되는 셈이다. 따라서 이러한 시각적 사고 방법은 당연히 추상적 개념을 이해하거나 상상하는 데에 큰 어려움을 준다. 추상적 개념은 구체적인 영상을 갖고 있지 않기 때문이다. 이런 어려움을 극복하기 위한 최선의 방법이 있다면 개념과 깊은 연관성이 있는 구체적 사물의 영상을 연결시켜서 이해하는 것이다. 이러한 시각적 사고 체계에 능한 많은 자폐인들이 언어적 기술은 떨어지지만 시각적, 공간적 기능에서 탁월한 재능을 보이는 것은 바로 이런 이유에서다. 퍼즐이나 그림카드 그리고 천연색 그림이 담겨 있는 각종 잡지를 선호하게 되고 도표로 그려진 대중교통망이나 각종 텔레비전 광고, 상업적 간판에 적힌 로고나 숫자에 깊은 관심과 재능을 보이게 되는 것이다. 이러한 탁월한 재능을 소유한 사람들은 남들이 입체적인 설계를 실행하는 데 없어서는 안 되는 3D 기능을 가진 컴퓨터 프로그램이 굳이 필요 없을 정도이다. 이미 그들의 머릿속에는 입체적으로 설계된 도면이 정확히 입력이 되어 기억되어 있기 때문이다.

5. 자폐스펙트럼장애의 유형

광범위하고 다양한 특성을 보이는 자폐스펙트럼장애를 특정한 몇 가지의 유형으로 분류한다는 것은 쉬운 일이 아니다. 아동의 지적 수준, 기술 수준, 기능 수준, 언어 수준, 의료적 특성, 생리학적인 특성 등 어느 하나의 기준에 의하여 분류할 수 있겠지만 전반적인 특성을 고려하여 분류할 수 있는 기준을 정한다는 것이 가장 어렵다. 그러나 자폐스펙트럼장애 아동에 대한 이해의 폭을 넓히거나 실제적으로 효과적인 치료교육에 대한 계획을 세우는 데 아동에 대한 프로필을 작성할 때 이러한 유형별 분류가 큰 도움이 될 수 있다. 유형을 나눌 때 두 가지 조건을 유념할 필요가 있다. 첫째, 구체적이고 절대적인 분류 기준은 없다는 것이다. 둘째, 모든 아동들이 어느 한 유형에만 전적으로 속하기보다는 얼마든지 다른 유형에도 해당될 수 있는 일부 속성을 가질 수 있다.

학계에서는 일반적으로 세 가지의 유형으로 나누는데, 이는 아동의 최적의 IEP 구안과 학습체계 구축에 가장 유익한 분류방법으로 여겨지고 있다. 또한 교육환경 내에서 적절한 소그룹 분반을 위해서도 가장 유익한 지침을 제시할 수 있다.

1) 고기능 유형

비교적 아스퍼거장애 혹은 고기능 자폐아동, 비전형 자폐아동들이 고기능 유형(high functioning verbal category)에 속하는데, 대부분이 일정 수준의 언어구사 능력을 보유하고 있으며, 통합적 교육환경에 속해 교육받고 있다. 그러면서 사회적 활동영역의 지체로 인해 통합 상황에서 다양한 이슈의 중심이 될 가능성이 있다. 아울러 성인기에 이르면서 주류사회에 진출하기 위한 사전 직업재활계획 프로그램이 절실하게 필요한 유형이다.

이러한 유형의 아동들에게는 IEP를 구안할 때 기초적 생활기술들을 포함하는 '발달기술 도메인(developmental skill domains)' 의 내용보다는 '사회적 인지기술 도메인(social-cognitive skill domains)' 의 내용을 많이 포함시킬 필요가 있다(제3장 참조). 그러면서 주로 운용과 관리 기술을 포함한 '실행기능(executive skill domain)' 과 사회성 기능을 향상시키는 '마음이론(ToM) 기술' 도메인의 내용으로 구안된 커리큘럼에 중점을 둘 필요가 있다. 그러면서 더불어 발달기술 도메인에 속한 '직업기술영역' 과 '학습기술영역' 의 내용들을 포함시키는 것이 유리할 것이다.

2) 비언어구사 유형

일반적으로 고전적인 자폐 성향을 가지고 있는 아동들이 이 유형에 속하게 되는데 대부분이 언어 구사 능력이 없으며, 필요에 따라 그림, 수화, 전자기기 등의 확장적 언어방식을 사용한 의사소통(augmentative communication) 방식에 의존한다. 특수반이나 특수학교에서 일대일 혹은 소그룹에 속하여 고도의 구조적인 교육환경에서 집중적인 특수교육을 받을 필요가 있다. 따라서 비언어구사 유형(non-verbal category)에 속한 아동들은 '사회적 인지기술 두메인' 보다는 '발달기술 도메인' 에 속한 교육과정을 IEP에 대거 포함시키는 것이 유리하다. 소근육 대근육 기술영역, 그림언어교환의사소통체계(Picture Exchange Communication System, PECS)를 중심으로 한 언어프로그램, 가내기술 및 자조기술을 포함한 전반적 생활기술에 관련된 교과과정을 포함시키는 것이 유리하다.

3) 퇴행 유형

일반적으로 영아기 혹은 유아기 초반의 기능이 유아기 중후반보다 오히려 뛰어난데, 시간이 지나면서 단기적 혹은 장기적 퇴행이 일어난다. 조기에 진단을 받고 즉시 교육을 시작하면 다른 유형의 아동들보다 가장 큰 효과를 거둘 수 있다. 그러나 교육 시기가 늦추어질수록 더 큰 퇴행의 속도와 탄력으로 인해 기능 수준이 급속도로 떨어지게 된다. 최근 객관적인 진단기준이 세워지고 치밀한 검사도구들이 개발됨에 따라 조기진단이 가능하고 그에 따라 치료중재 시기가 빨라짐으로써 이 유형에 속한 아동들이 과거에 비하면 그 수가 줄어들었고, 비교적 고기능성의 경향을 보이고 있다.

일반적으로 퇴행 유형의 아동들은 전반적으로 고기능의 인지 능력을 보유하면서 퇴행이 일어나는 첫 과정이 언어부재이기 때문에 퇴행 유형의 아동들은 주로 '인지기술도메인'에 속한 교육과정을 IEP에 포함해야 하며 아울러 '발달기술영역'에서는 언어훈련과 PECS의 내용을 포함시킬 필요가 있다.

6. 자폐스펙트럼장애 기원과 역사적 배경

자폐스펙트럼장애에 관한 내용, 즉 정의, 인식, 태도, 진단, 치료방식 등은 시대의 흐름에 따라 크게 변천되어 왔다. 그래서 역사적 배경을 통해 전반적인 변화과정과 흐름을 숙지하면 현재의 자폐스펙트럼장애에 관련된 정보를 유기적으로 연계하여 이해할 수 있을 것이다. 아울러 자폐스펙트럼장애의 진단과 용어의 기원도 살펴볼 수 있다.

1) 고대

20세기에 들어서서 만들어진 자폐증이라는 용어가 아직 언급된 적이 없지만 고대의 구전과 역사적 기록 혹은 이야기 속에서 자폐증으로 유추할 만한 내용들을 만날 수 있다. 고대 이집트에서는 기벽적인 행동을 보이는 특별한 아동들을 신이 보내주신 아이라고 하여 아이를 재단 위에 설치한 권좌 위에 앉히고 아이를 향해 예배했다는 이야기들이 구전으로 전해지고 있다. 요정이 인간의 아이를 훔쳐간 후 대신 요정 아이(fairy child)로 바꾸어 남겨두었다는 이야기 속에서도 자폐증에 대한 묘사를 추정할 수 있다.

2) 중세

12세기와 13세기 초에 활동한 프란체스코 성인(Saint Francis of Assisi)이 저술한 『작은 꽃(Fioretti di Santo Francesco d'Ascesi)』은 1864년에 처음으로 출간되었다. 이 책에서 그는 제자 중 한 사람인 주니퍼 수사를 소개하고 있는데, 상동행동, 백일몽, 집착행동을 보인 점으로 미루어 자폐스펙트럼장애를 가진 것으로 유추해 볼 수 있다.

3) 아베롱의 야생소년 빅터

1801년 프랑스인 의사 이타르(Jean-Marc-Garpard Itrad) 박사는 아베롱 숲 속에서 홀로 살아왔던 탓에 언어를 전혀 사용하지 못했고, 사람들과의 사회적 접촉도 전혀 없었던 야생소년 빅터(Victor)를 교육시키기로 결심했다. 일반 아동과 다른 성향의 빅터를 치밀하게 교육하면서 발전상황을 기록하기 시작한 것이 특수교육의 효시가 되었다. 이타르 박사는 빅터가 다음과 같은 특성을 보였다고 소개했다. 빅터는 언어(verbal and non-verbal) 구사 능력이 없었고, 감각기능에 이상이 있었으며, 발달지체적 행동을 보였고(백일몽, 논밭을 뛰어다니는 행동, 자극에 대한 무반응, 상동행동 등), 놀이기구를 기능적으로 조작하지 못했다.

발달지연을 보이던 빅터에게 발달 촉진을 유도하는 학습과정의 연구 실험을 수행하면서 이타르 박사는 특수 교육의 아버지(the father of special education)로 알려지게 되었다. 그의 연구결과로 특수교육적 기본 지침과 교육철학을 제시하게 되면서 세강(Edouard Seguin)과 몬테소리(Maria Montessori)와 같은 탁월한 제자들도 배출하게 되었고 지금까지도 특수교육의 방법론에 큰 영향을 미치고 있다.

4) 폴 유진 블루러

스위스 정신과 의사인 폴 유진 블루러(Paul Eugen Bleuler, 1857~1939) 박사가 정신의학 분야에 쏟은 열정은 대단했는데, 특히 정신분열병(schizophrenia)이라는 용어를 처음 사용한 사람이 그였다. 1922년, 그는 적지 않은 정신분열병 환자들이 '현실과의 거리감'을 갖고 있음을 간파하고 이러한 유사한 증후군을 가진 사람들에 대해서 처음으로 라틴어인 '오티스무스(autismus)'라는 용어를 사용하기 시작했다. 이는 후에 우리말로는 자폐증, 영어로는 'autism'이라는 용어가 되었다. 'autism'은 원래 헬라어인 '아우타스(autos)'에서 기인한 것으로, '자신'이라는 뜻이다. 사실 그가 처음으로 '자폐증'이라는 말을 만들어 사용했지만, 실제로는 자폐증 환자들을 대상으로 사용한 것이 아니라 자폐증과 유사한 증상을 가진 정신분열병 환자들을 대상으로 사용한 용어였다. 후에 소아정신과 의사인 카너 박사가 정식으로 자폐증 환자를 대상으로 이 용어를 사용하기 시작했다.

5) 레오 카너

미국 존스홉킨스 병원의 소아정신과 의사였던 오스트리아 출신의 레오 카너(Leo Kanner, 1894~1981) 박사가 어느 날 11명의 특이한 증상을 가진 환아들을 치료하게 되었다. 그는 아이들에게서 공통적인 특성을 발견하게 되었는데, 그것은 사회적 상호작용의 문제, 변화에 대한 초조함, 좋은 기계적 기억력, 지연 반향어, 특정 감각 자극에 대한 지나친 예민성, 취식 문제, 자발적 행동의 한계성, 지적 잠재력 등이었다. 특히 그는 이런 아동들이 지적이고 능력 있는 가문에서 더 많이 발생했다고 믿었다.

현재와 같이 자폐스펙트럼장애의 세 가지 중추적 증후군에 대한 지식
이 아직 알려지지 않았던 당시에 그가 최초로 자폐스펙트럼장애의 핵심
적 증후군을 간파하고 이를 체계화시킨 것이다. 카너가 제시한 이러한 진
단 기준은 오늘날 우리가 사용하고 있는 진단기준의 초석이 되었다. 그는
정식으로 자폐아동들에 대해서 최초로 '자폐증(autism)'이라는 용어를
사용하기 시작했다.

6) 한스 아스퍼거

카너가 미국에서 활동하면서 11명의 '고전적인 자폐아동'들의 연구에
매진하던 때 오스트리아 빈의 아동병원에서 한스 아스퍼거(Hans Asperger,
1906~1980) 박사는 4명의 특별한 성향을 보이는 남아들을 대상으로 연
구하고 있었다. 1944년에 그는 4명의 아동들이 공통적으로 독특한 증상
들을 갖고 있는 것을 발견하였는데, 그것은 동감하는 능력 부재, 친밀한
관계 형성 능력 부재, 일방적인 언어구사, 특정한 것에 대한 집착, 어눌한
몸놀림 등이었다. 그는 그 아동들을 '자폐정신병질(autistic psychopaths)'
이라고 명명했다. 그가 사용한 'autistic'이라는 용어는 헬라어인 '아우타
스(αὐτὰς)'에서 빌렸고, 'psychopaths'는 '성격장애(personality disease)'
에서 빌려 만든 것이다. 후에 그는 이들을 '작은 대학교수(little professors)'
라고 부르기도 했는데, 특정 분야에 대해서 깊은 조예가 있음을 발견했기
때문이다. 후에 영국의 정신과 의사인 로나 윙 박사가 그의 이름을 따서
'아스퍼거 증후군'이라는 말을 처음으로 사용하기 시작하였고 지금은
그 이름이 학계에서 정식으로 채택되어 사용되고 있다.

7) 부르노 베텔하임

오스트리아 출신의 미국 심리학자였던 부르노 베텔하임(Bruno Bettelheim, 1903~1990) 박사는 프로이트, 정신분석, 정서장애 분야에서 인정받는 탁월한 석학이었다. 프로이트의 영향을 크게 받았던 그는 대상관계이론을 자폐증에 적용하기 시작했다. 특히 그의 저서인『빈 요새(Empty Fortress)』에서 세 치료세션을 소개하고 있는데, 그는 치료세션 중이던 아동들을 모두 자폐증이라고 진단했고, 자폐증은 그들의 어머니들이 자녀에 대한 냉정한 양육태도에서 기인한다고 설명했다. 그의 의견에 의하면 어머니가 자녀에게 베풀어야 할 사랑과 배려에 인색할수록 아이는 외부로 향한 마음을 차단하고 점점 내면으로 향하게 만들어서, 결국 자폐적 행동 성향으로 발전하게 된다는 것이다. 그러면서 그는 '냉장고 어머니(refrigerator mother)'를 언급했던 첫 번째 사람이 되었고 그의 이론은 의료계 전반에 큰 영향을 미치게 되었다. 당시 자폐아동들이 보이는 '사회성 지체'(지금은 발달지체의 현상으로 보고 있음)를 비정한 양육환경과 양육태도의 결과로 야기된 부작용으로 보게 되었다. 따라서 자폐아동의 치료를 위해 소아정신과를 방문하면, 아동을 치료하기 전에 부모가 먼저 치료받고 교정받기를 권하는 것이 당시의 공식적 치료였다.

그의 이론은 자폐스펙트럼장애에 대한 올바른 치료 체계를 연구 정립하는 데 큰 지장을 주었다고 후대 사람들은 혹평하고 있다. 그의 이론 발표 후에 자폐아동의 치료에 있어 최우선자가 되어야 할 부모들을 오히려 병증 원인 제공자로 인식하게 만들어 진단과 동시에 부모들을 아동들과 분리시켜 치료센터에 보내는 경우가 잦아졌다. 부르노 베텔하임 박사는 결국 1990년 자살로 생애를 마감했다.

8) 자폐부모협회

대상관계이론이 대세였던 1960년에 들어서면서 학계는 새로운 자폐증의 발달적 원인론에 접근하기 시작하였다. 자폐증에 관한 생화학적 연구보고들이 이어지고 철저하게 검증된 연구결과들이 발표되면서 그동안 학계를 지배하던 '냉장고형 부모' 이론과 프로이트에서 시작한 대상관계이론이 그 위상을 잃기 시작했다. 그런 가운데 미국과 영국에서 부모들사이에서 자녀들의 주권을 다시 찾고 자신들의 요구가 관철될 수 있는 통로를 만들자는 목소리가 높아지게 되었다. 드디어 1962년에 영국에서는 전국자폐협회(National Autistic Society)가 자폐아동의 부모이기도 한 소아정신과 의사 로나 윙 박사와 여러 부모들을 중심으로 결성되었다. 이러한 물결은 미국에까지 영향을 주어 1965년 미국에서도 미국 자폐부모협회(Autism Society of America)가 설립되었다. 각 주와 도시마다 지역협회가세워졌고 현재 전 세계 곳곳에 네트워크를 형성할 정도로 크게 성장하였다. 최근에 만들어진 자폐권익단체(Autism Speaks)는 자폐스펙트럼장애를 가진 사람들이 일상생활에서 겪는 이슈들을 일반 사회에 각성시키기 위한 '자폐 인식 행사(Autism Awareness)'를 광범위하게 추진하면서 그들의 질적인 삶을 재고하고 지속적인 서비스 확보를 위한 협력사업에 힘쓰고 있다. 아울러 치료, 교육, 연구, 동호회에 대한 최신 정보를 제공할 뿐 아니라 이러한 사업들의 질적 향상을 위한 노력을 경주하고 있다.

9) 미국 특수교육법

1975년에 미국은 세계에서 유래를 찾아볼 수 없을 정도의 획기적인 특수교육법(Education for All Handicapped Act, EHA)을 통과시켰고, 이는 후에 더 발전적이고 업그레이드 된 특수아동교육법인 IDEA(Individuals with Disabilities Education Act)로 거듭나게 되었다. 이 법의 내용은 (1) 특수 아동들이 일반학교 내에서 교육을 받도록 의무화한 법 조항을 첨가하면서 일반 아동과 분리하여 살아갈 필요가 없음을 강조하였고, (2) 통합이라는 교육철학을 부각시키면서 특수교육을 일반교육의 한 부분으로 인정함과 동시에 (3) 국가에서 무상으로 교육 서비스를 제공하는 것이었다. 이는 일선 학교의 풍속도가 달라지는 계기가 되었다. 과거에는 당연히 시설이나 보호기관에 가야 했던 특수아동들이 이제는 일반 공교육현장에서 목격되기 시작했고, 학교의 물리적 구조도 이들의 욕구를 채우기 위한 건축양식으로 개조되기 시작했다. 이 법안이 통과되면서 공교육현장뿐 아니라 일반 공공건물이나 시설도 장애를 가진 사람들이 불편함 없이 출입할 수 있도록 설비개선이 이루어지게 되었다.

이 특수교육법(EHA)이 통합교육(integration), 주류화(mainstream), 탈시설화(deinstitutionalization), 최적의 무상교육(most appropriate education), 완전수용(zero reject)의 중요 교육철학을 중심으로 제정된 명실상부한 최고의 교육법으로 탄생하게 되면서 교육학 역사에 새로운 획을 긋는 계기가 되었다. 결국 미국의 이러한 특수교육철학은 각 나라로 큰 영향을 미치기 시작했다. 우리나라의 '특수교육진흥법'과 '장애인 등에 대한 특수교육법'도 그 형태를 미국 특수교육법에서 벤치마킹한 것으로 평가되고 있다. 후에 미국 특수교육법은 수용 대상 아동의 나이(태생에서 21세까지)와 장애영역(13개 영역)을 확장하고 이상적 특수교육을 더 현실화시킨 IDEA법으로 발전하였다.

10) 자폐스펙트럼장애 용어의 탄생

리트보(Edward Ritvo, UCLA 명예교수)와 로나 윙의 연구를 통해 더욱 다양하고 광범위한 자폐 성향의 사람들을 접하게 되면서 좁은 의미의 '자폐증'의 용어보다는 넓은 범주의 의미를 가진 '자폐스펙트럼장애'의 사용이 제안되었다. 자폐스펙트럼장애 용어의 최초 사용자는 이미 아스퍼거 증후군이라는 용어를 처음으로 사용했던 영국의 소아정신과 의사인 로나 윙 박사였다. 곧 학계에서 이 용어를 도입하여 각종 저널 속에서 보편적인 용어로 사용되어 왔다. 특히 자폐스펙트럼장애 용어 사용을 보편화하는 데 미국 UCLA의 에드워드 리트보 박사의 연구가 큰 역할을 했다. 본래 그는 자폐증과 유전과의 연관성을 연구하는 과정에서 자폐아동들을 연구소로 데리고 온 부모들 중 일부가 자기자극행동이나 상체 흔들기와 같은 행동적 매너리즘의 자폐성향을 보이는 것을 우연히 관찰하게 되었다. 이로 인해 관련 부문에서 최초로 경증 자폐증 사례연구를 실시하는 계기가 된 것이다. 리트보 박사는 '11명의 자폐 성향을 가진 부모(eleven possibly autistic parents)'의 연구결과를 제시하며, 고기능과 높은 지능을 바탕으로 사회에서 성공적인 삶을 살아가는 일반인들 중에도 숨겨진 자폐증상을 가진 사람들이 많이 있다고 주장하였다. 그의 연구에 탄력을 받아 제안된 자폐증상의 진단 대상의 한계가 비사회적 중증 고전적 자폐증의 경직된 기준을 벗어나 일반 사람들에게까지 그 스펙트럼 범위가 확장되었다.

따라서 새로운 '자폐스펙트럼장애' 용어의 도입은 앞으로 많은 변화를 함축하고 있다. 과거 전형적인 자폐성 장애과는 다르게 진단되었던 고기능의 전반적 발달장애나 비전형 자폐증 그리고 아스퍼거 장애들도 포함하게 된 것이다. 자폐스펙트럼장애의 유병률도 변화하여 과거에는 1만 명에 4명 내지 5명의 유병률이 1만 명 중 15명의 유병률로 증가했다가, 현재는 68명 중 1명의 유병률에 이르게 된 것이다. 이러한 용어의 변화는 두 가지 점에서 큰 의미를 부여하고 있다.

첫째, 자폐증으로 진단받은 아동들 중에는 증상적 특성이나 기능 수준이 전적으로 같은 아동들이 거의 존재하지 않을 정도로 개개인이 독특성을 갖는다. 둘째, 이러한 이유에서 아동을 위한 치료 및 교육을 위한 프로그램이나 커리큘럼(IEP)을 일괄적으로 구안하여 실행해서는 안 된다. 즉, 아동의 특성, 기능 수준, 인식 능력에 가장 적합한 치료 교육 프로그램과 커리큘럼을 개별적으로 만들어야 한다. 말하자면 자폐스펙트럼장애 아동들 사이에는 내용이 전적으로 일치된 IEP가 존재하지 않는다는 것이다.

11) 미국국립보건연구원

자폐부모협회와 학계가 연계하여 자폐스펙트럼장애 연구의 활성화를 촉구하는 다양한 활동의 결과로 1981년 미국 의료 부분에서 가장 중요한 연구기관인 미국 국립보건연구원(National Institute for Health, NIH)이 연구원 내에 자폐증 연구를 위한 전문부서를 설치하도록 결정했다. 그동안 학계와 자폐부모협회는 유병률 면에서 소아암, 뇌성마비, 소아당뇨병 등의 타 분야를 앞질렀던 자폐증 분야에 대해서 학계와 의료계에서 전혀 관심 밖이라고 탄원서를 올렸던 것이다. 결국 그들의 요구사항이 수용되었고, 급기야 정부 차원에서 정식으로 자폐증 연구부서를 설립하여 과학적인 연구과제를 수행하기 시작했다. 이후 자폐증에 대한 원인, 의료 및 생화학적 치료, 유전적 연구가 활발해지면서 이 분야 연구결과 보고와 학적 정보들이 엄청난 속도로 늘어나게 되었다. 1980년과 1990년에 이르러서는 엄격하게 통제된 구조적 교육환경에서 실험하여 가장 효과적인 행동 치료와 학습방법에 대한 추적 연구활동도 활발하게 일어나면서 자폐스펙트럼장애 부문의 연구활동 황금기를 맞이하게 되었다.

12) 미국정신의학회의 진단과 통계요람

DSM-III-R에서 DSM-IV로 진단기준이 수정되면서 자폐증에 대한 새로운 인식이 시작되었다. 이전 버전의 DSM(Diagnostic Statistic Manual)에 의하면 적지 않은 수의 자폐아동들의 지적 수준(IQ)이 정신지체 수준으로 저평가를 받아왔는데, 여러 과학적이며 검증된 연구실험의 결과에 근거하여 이런 점에 대해 재평가하게 되었다. 그 결과 많은 수의 아동들이 높은 지적 수준을 보유하고 있다는 사실들을 발견하게 되어 자폐증과 낮은 지능과 연결시키는 설명 부분이 DSM에서 삭제되었다. 또한 고기능군의 자폐스펙트럼장애 아동들이 일반 사회에 진출하여 자활하는 통계수치가 증가하고 있다고 보고되면서 DSM-IV의 버전에서는 자폐증에 대한 설명 부분에서 치료불가(incurable) 속성을 삭제하였다. 현재의 공식적인 진단기준은 DSM-5(미국정신의학)이다. 2013년 5월에 출간된 DSM-5에서는 자폐성 장애(autistic disorder), 아스퍼거 증후군, PDD, NOS, 소아기 붕괴성장애 등의 진단명을 없애고, 자폐스펙트럼장애에 포함시키고 있다. 최근에 가파르게 상승하는 유병률도 다른 요인보다는 DSM의 진단기준이 보다 객관성을 갖게 되었기에 더 많은 아동들이 진단을 받게 된 것이 증가요인으로 분석되고 있다.

13) 미래 전망

앞으로 유병률과 진단율이 더욱 증가될 것으로 사려된다. 과거에는 자폐증, 자폐성 장애라는 용어를 사용하다가 이제는 자폐스펙트럼장애라는 용어가 정식으로 채택되면서 진단기준이 좀 더 객관성을 확보하였기에 유병률이 더욱 높아질 것이 확실시된다. 아울러 앞으로 정부는 장애인의 주류화(mainstreaming)를 목표로 구안된 커리큘럼을 강화하려 노력함으로써 성인이 된 후 기능적으로 살아가는 데 도움을 주는 성인교육 시설과 직업재활 시설 확장을 정부 주도로 실현할 것으로 사려된다.

따라서 일반 치료교육 시설, 특수학교, 일반학교 특수반에서 중학교부터 고등학교 과정에 걸쳐 진행되는 Job Coach에 의한 직업재활훈련 프로그램을 확장하여 심도 있게 실시해야 할 것이다. 대부분의 자폐스펙트럼장애 아동들이 성인이 되면서 부모에게만 의존할 수 없기에 자폐성인 지원정책의 일환으로 정부 차원에서 운영하는 그룹 홈, 포스터 홈과 같은 공동생활 시설이 확충될 것이다. 아울러 각종 자폐협력 및 지지단체들은 독립적인 생활이 가능한 성인들이 좀 더 자신의 성공적인 자활의 삶을 유지할 수 있도록 지역 주민들로부터 이해와 지지를 받기 위한 폭넓은 자폐 인식 홍보가 지역사회마다 필요할 것이다.

과거에는 다른 아동 질환들보다 인식이 터무니없이 부족하다보니 정부 보조와 연구 보조가 가장 적게 책정되었던 것이 사실이다. 그러나 이제는 자폐스펙트럼장애에 대한 인식이 여타 아동 질환에 못지않게 높아졌을 뿐 아니라 높은 유병률로 인한 진단 아동의 증가로 인해 정부의 연구 및 시설운영 보조 및 각계 재정 보조가 크게 늘어나게 될 것이다. 또한 다양한 기관의 활발한 재활서비스 제공과 아울러 연구기관들의 효과적인 치료 방법에 관한 긍정적인 연구결과들이 양산될 것으로 예견되고 있다. 그에 따라 앞으로 다양한 개별화 교육프로그램(IEP)에 의한 치료교육과 아울러 의료계와 각계의 학계가 복합 전문 분야의 팀(multidisciplinary team)을 이루어 접근하면서 과거보다 더 높은 성공률과 자활률을 기록하게 될 것이다.

7. 자폐스펙트럼장애에 대한 편견과 허구

1980년대를 기점으로 미국 국립보건연구원(NIH)은 집중적으로 자폐연구에 박차를 가하면서 각 관련 학계를 끊임없이 지원하기 시작했다. 그런 지원 분위기에 편승한 자폐부모회의 열정적인 활동에 힘입어 자폐스펙트럼장애 아동을 위한 다양한 치료 중재 프로그램들이 소개되고 이러한 서비스를 제공하는 치료 및 특수교육기관들이 많이 늘어났다. 그러나 검증되지 않은 치료법을 정식 치료라 하며 비교육적이고 비과학적으로 운영을 하는 기관들도 덩달아 늘어났다. 학술적인 기초와 배경 없이 주장하는 사람들과 그들이 운영하는 기관에서 설파한 주장으로 인하여 자폐스펙트럼장애 영역에 수많은 거짓이론들과 편견이 창궐하였다. 따라서 자폐스펙트럼장애에 대한 바른 이해를 돕기 위해 다음과 같은 허구와 편견적 내용을 점검해보는 것도 필요하다고 생각한다.

1) 자폐증은 치료가 불가능하며 평생 누군가의 도움을 받으며 살아가 야 한다

과거 심층적인 학술 연구활동이 보편화되지 않았던 시기에 무지했던 많은 학자들은 자폐증에 대한 정의를 내릴 때 이러한 내용을 반드시 첨부했던 적이 있었다. 따라서 당시 자폐아동에게는 치료나 교육이라는 개념은 의미가 없고 진단받자마자 당연히 시설에 수용되어야 한다는 편견이 팽배했었다. 이제는 자활에 성공한 수많은 자폐인들이 커밍아웃 하는 것이 목격되기도 하며, 미국 자폐부모협회에서 개최하는 연례컨퍼런스의 마지막 저녁에는 성공적인 자폐인들이 주재하는 포럼이 열리기도 한다. 현재는 미국 자폐부모협회의 헌장 속에 다음과 같은 말을 쓰고 있다. "자폐증은 치료될 수 있다. …… 조기 진단과 조기 치료 교육은 아동의 미래 발달에 가장 중요한 일일 것이다."

2) 자폐증은 전염병이자 유행병이다

한때 일란성 쌍둥이 연구 결과들이 발표되면서 한 아동이 자폐아면 다른 아동도 자폐아동이 될 가능성이 높다는 연구결과를 잘못 해석하여 전염병으로 언론에 발표된 적이 있다. 유전적 요소도 어느 정도 입증된 바 있어 특별한 가정 내에 자폐아동의 발생률이 높은 것은 사실이지만 그렇다고 전염되는 것은 아니다. 이러한 잘못된 주장과 더불어 최근의 유병률 증가 정보를 취재하던 어느 주요 일간지 기자가 '자폐증은 유행병이다' 라는 기사를 게재함으로써 이러한 편견 조성을 부추기기도 했다. 앞서 소개한 대로 진단기준의 범위가 넓어지고 진단기준의 높은 객관성으로 말미암아 유병률 통계가 늘어났을 뿐이지 결코 유행병이 아니다. 따라서 자폐증은 전염병도, 유전병도, 유행병도 아니다.

3) 자폐스펙트럼장애 아동은 위험해서 가까이 가면 안 된다

자폐스펙트럼장애를 가진 사람들은 공격적이어서 다른 사람에게 위해를 가할 것이라는 편견은 사실에 근거하지 않고 있다. 연구실험에 의하면 자폐스펙트럼장애 아동들 중에 공격적인 성향이 있는 아동은 소수에 불과하고 절대 먼저 공격하는 사례는 더욱 드물다. 오히려 대부분은 늘 수줍고 겁이 많은 것으로 보고되고 있다. 또한 타인을 상해하는 경우보다는 자신을 해하는 경우가 더 많은 것으로 알려져 있다.

4) 자폐스펙트럼장애는 무감각하고 냉정한 부모에 의해서 야기된다

이는 이미 앞에서 설명했던 대로 자폐스펙트럼장애는 성격장애나 정신적 질환으로 접근하지 않고 발달지연으로 보아야 한다. 학계에서도 자폐스펙트럼장애는 아동의 뇌기능 발달의 지연이나 생화학적 영향이 가장 큰 원인으로 보고되고 있다. 따라서 무감각하고 냉정한 부모 원인론은 이미 과학적 원인론이 입증될 때 폐기된 내용이다.

5) 자폐스펙트럼장애 아동들은 눈물샘이 없다

사람들은 자폐스펙트럼장애 아동들은 자신이 느끼는 감정과 애절함을 표현할 수 있는 방법인 눈물을 전혀 흘리지 않기 때문에 눈물샘이 없다고 생각한다. 이는 편견이며, 자폐스펙트럼장애 아동들은 일반 아동들과 동일하게 자신의 아픔과 감정을 얼마든지 눈물로 표현한다. 때때로 표현하는 방식이 다소 다를 수 있을 뿐이다.

6) 자폐스펙트럼장애 아동들은 늘 정서적으로 불안해서 속수무책이다

자폐스펙트럼장애 아동들이 심리적으로 불안하고 초조함을 보이는 경우가 많이 있지만 늘 정서적으로 불안한 상태를 유지하는 것은 결코 아니다. 때로는 일반 아동들처럼 즐겁고 기쁜 마음을 표현하며, 정서적으로 평안함을 보이기도 한다. 분노행동인 템퍼 텐트럼(temper tantrum) 행동을 심하게 보이는 경우도 있지만 결코 조절할 수 없는 것이 아니다. 텐트럼을 일으키는 상황을 이해하면 언제든지 중지시키거나 예방할 수 있다.

7) 자폐스펙트럼장애 아동이나 성인들은 천편일률적으로 똑같다

자폐스펙트럼장애 아동들은 DSM-IV-TR에 기술된 정해진 기준을 공유하는 것은 사실이지만, 진단된 아동들은 성격, 유형 및 특성면에서 결코 한 종류의 범주로 묶을 수 없을 정도로 다양하다. 우리는 이것을 스펙트럼이라고 부르는데, 자폐스펙트럼장애라는 같은 진단명을 갖고 있어도 어떤 아동은 고기능일 수 있고 일부 아동은 저기능일 수 있다. 어떤 아동들은 학습에 어려움이 있지만 어떤 아동들은 학습능력이 뛰어나기도 하다. 일부 아동들은 언어와 말의 사용이 어려운데 어떤 아동들은 이에 대한 어려움이 없을 수 있다.

8) 자폐스펙트럼장애 아동들은 빌 게이츠 혹은 레인맨과 같다

영화 〈레인맨〉과 〈머큐리〉가 소개되면서 일반 사람들은 자폐스펙트럼장애 아동 모두가 특출한 재주를 갖고 있다고 믿기 시작했다. 사실 발달지연의 일환인 자폐스펙트럼장애는 각 영역의 발달에서 불균형을 보일 수 있기에 특정 분야가 다른 분야보다 뛰어날 가능성이 높은 것은 사실이다. 그러나 자폐스펙트럼장애를 가진 아동과 성인 중 10%만이 특정 분야에서 일반 사람들보다 다소 독특한 재능을 소유하고 있고, 서번트(천재적 재능 소유자)를 보이는 수치는 전체의 1%에 불과하다.

9) 백신주사가 자폐스펙트럼장애를 일으킨다

지난 수년간 학계에서 MMR(홍역, 볼거리, 풍진 혼합백신) 접종이 자폐스펙트럼장애를 유발한다는 이론이 제기되면서 이에 대한 과학적인 검증 열풍과 수많은 집단 소송의 목소리가 봇물처럼 쏟아지기 시작했다. 하지만 현재까지도 과학적으로 검증된 바가 없으며, 오히려 이런 이론에 영향을 받아서 MMR 1차 접종시기를 놓쳐 어린 영아 때에 견디기 어려운 홍역이나 풍진에 노출되어 뇌 손상이나 자폐스펙트럼장애가 발생한 사례가 보고되고 있다. 더욱이 최근에 발달된 진단도구들의 소개로 조기 진단의 시기가 당겨졌고, MMR 1차 시기 전에 이미 자폐스펙트럼장애로 진단받는 아동의 수가 증가하면서 백신접종 연관설은 근거가 없는 것으로 여겨지고 있다. 특히, 2000년대 초반 미국에서는 의회의 결의에 의하여 예방주사를 만드는 데 사용하는 수은 파생물인 Thimerosal의 사용을 금지하였음에도 불구하고, 여전히 자폐스펙트럼장애의 유병율은 높아지고 있다.

10) 자폐스펙트럼장애 아동들은 자기 세계에 갇혀 산다

자폐스펙트럼장애 아동들이 조개껍데기 속에서 사는 것처럼 자기 세계에 갇혀 있다고 표현하는 것은 비전문가들이 아동의 외부적 특성만을 보고 표현한 비과학적인 묘사이다. 특정한 사건이나 사물에 집중하거나 때로는 집착하는 와중에 외부의 자극을 간과할 때도 있고, 언어 및 의사소통의 기술이 부족해서 자신의 표현을 상대에게 충분히 이해시키지 못할 경우가 있기 때문에 자기 세계에 갇혀 사는 것으로 오해받고 있는 것이다. 하지만 실제로 자폐스펙트럼장애 아동들은 아동의 욕구와 표현을 잘 이해하는 전문가, 교사나 부모들과 함께 과제나 놀이활동을 할 때 폭넓게 상호작용을 한다.

11) 자폐스펙트럼장애 아동들은 껴안거나 접촉하는 것을 싫어한다

외부인이 갑자기 접근하거나 혹은 지나친 접촉에 대해서 꺼리는 경향이 있지만 항상 싫어하는 것은 아니다. 오히려 아동들이 먼저 신체적 접촉을 원할 때도 많으며 적지 않은 수가 부모나 교사와의 친밀한 스킨십을 즐기기도 한다.

12) 자폐스펙트럼장애를 가진 사람들은 단명한다

자폐스펙트럼장애 아동이나 성인들이 적절한 치료중재를 받지 못하면 자기의 수명대로 살지 못하는 것은 여타의 질병이나 증후군을 앓는 사람들과 다를 바가 없을 것이다. 과거 치료에 대한 필요성을 깨닫지 못하던 인식 부재의 시대에 자폐스펙트럼장애인들이 단명했던 사례가 없었던 것은 아니다. 그러나 자폐스펙트럼장애는 퇴행성 질환이 아니다. 생활환경과 교육환경에서 받는 수많은 학습기회와 자극에 힘입어 꾸준히 기능이 향상되고 발달할 뿐 아니라 건강관리를 잘하면 일반인들과 별다른 차이 없는 수명을 갖는 것은 이미 널리 알려진 사실이다.

13) 자폐스펙트럼장애는 지적인 가정에서 많이 발생한다

과거 한동안 이 편견이 진리처럼 받아들여졌던 것이 사실이다. 실제로 부모와 가족에 대한 통계수치도 상당히 많은 수가 지적인 직업활동에 종사하는 가족에서 발생하는 것으로 소개되었다. 그러나 일반적으로 통계에 응하는 가족들은 치료 현장에 노출된 가족들이 중심이 될 수밖에 없었고, 자녀를 치료받게 하는 가족은 자연히 지적으로 혹은 교육적으로 높은 수준의 구성원일 가능성이 높았다. 최근 학계에서는 자폐스펙트럼장애를 심인성 증후군으로 보지 않고 신체생리학적 증후군으로 보기 때문에 유병률이 경제 및 교육 수준, 인종, 문화, 국가, 언어에 관계 없이 고르게 분포하는 것으로 보고되고 있다.

8. 성공적인 치료중재를 위한 10대 전략

자폐스펙트럼장애 아동의 부모나 치료중재를 담당하는 전문가들이 성공적인 치료중재를 제공하기 위해서 기억하고 지켜야 할 중요한 우선순위 전략들은 다음과 같다.

1) 아동이 먼저다

과거에 우리는 자폐아라는 용어를 많이 써왔고 이는 아동이라는 일반적인 용어와 차별적인 개념을 갖고 사용하는 습관을 만들어 냈다. 그래서 자폐라는 편견을 갖고 바라보게 되는데, 여기서 우리는 아동이 자폐아이기 전에 한 인격체임을 명심해야 한다. 따라서 아동에 관한 내용을 설명할 때는 아동에 대한 진단명을 최소화하고, 최대한 아동의 이름으로 호명하려는 노력이 필요하다.

2) 내가 알고 있는 것보다 아동이 알고 있는 것이 먼저다

최근 인터넷 정보들이 홍수를 이루고 수많은 전문서적들의 출간으로 인해 많은 전문가와 부모들은 관련 분야와 아동에 관한 엄청난 양의 정보를 숙지하고 있거나 최신예 지식으로 무장되어 있다. 그런데 전문가나 부모들이 정작 아동이 알고 있는 것이 무엇인지에 대해서는 무지한 경우가 많다. 사실 최적의 치료중재와 교육을 제시하기 위해서는 아동이 어느 정도 알고 있고 어떻게 학습하고 있는지에 관한 현행 수준을 인지하는 것이 가장 중요하다. 따라서 아동의 지식과 정보의 수준과 특성을 아는 것이 먼저다.

3) 부모와 전문가의 팀워크가 먼저다

아동이 진단을 받고 나서 치료중재를 접하기 시작할 때부터 부모들은 전문가들을 만나기 시작한다. 아동의 최적의 교육환경과 서비스를 위해서 가장 중요한 것은 부모와 전문가가 팀워크를 이루는 것이다. 일반적으로 진단을 받고 나면 부모는 모든 치료교육을 전문가에만 맡기고 일선에서 한 발짝 물러나는 경향이 있는데 중요한 교육적 결정을 내리는 데 있어 부모는 최대한 참여자가 되어야 하고 전문가들은 부모들의 적극적인 참여를 이끌어내야 한다.

부모는 치료세션에서만 아동을 만나는 전문가나 교사들에게 아동의 세세한 일상생활의 특성, 욕구 등 세밀한 정보를 제공할 수 있다. 반면에 많은 아동 사례를 통해 아동이 보이는 특정 행동과 심리적 특성이 정상범주인지 아닌지에 대한 분별과 경험에서 우러난 다양한 아이디어를 갖고 있는 전문가와 교사들은 자신의 아동에 대해서만 경험이 있는 부모에게 풍부한 식견을 제공해줄 수 있다. 따라서 부모와 전문가와의 협력과 팀워크는 성공적인 치료중재를 위해서 중요하다.

4) 모든 아동에게 동일하게 적용되는 효과적인 치료중재는 존재할 수 없다

자폐스펙트럼장애 아동들은 각각 독특성을 갖고 있다. 특정 분야에 대한 각기 다른 장점과 능력을 보유하고 있는데, 이를테면 사회성 및 언어 능력 수준과 선호하는 학습방법이 각자 다르고 각 영역별로 현재 습득하고 있는 생활과 인지 기술 수준도 아동마다 다르다. 따라서 한 특정 치료중재법이 스펙트럼처럼 다양한 아동들에게 모두 효과를 끼치기는 어렵다. 그래서 시중에 마치 만병통치약처럼 광고되는 치료법은 크게 주의할 필요가 있다.

따라서 스펙트럼과 같은 아동들의 독특성에 영합하기 위해서는 각 아동의 장점과 단점 및 각 영역별로 습득한 기술 수준의 프로필을 평가하고 그 평가자료에 근거한 아동만을 위해 구안된 개별화 교육프로그램(IEP)에 의해서 교육하는 방법이 가장 효과적이다. 그렇게 하기 위해서 아동에 대한 진단과 프로필을 잘 숙지할 필요가 있다.

5) 자폐스펙트럼장애 아동에게 내려진 진단과 프로필 내용을 잘 숙지해야 한다

가장 효과적인 치료중재법은 앞서 설명했듯이 아동만을 위해서 구안되었고 아동에게 가장 적절한 개별화 교육프로그램에 의해 실행하는 치료교육이다. 그런데 최적의 개별화 교육프로그램은 아동에 대한 정확한 진단과 아울러 아동의 강점과 약점을 파악하고 선호하는 학습적인 방식을 잘 묘사하는 프로필 테스트에 의해서 가능하기 때문에 진단내용과 프로필 내용을 잘 숙지할 필요가 있다.

6) 기록을 잘 보관해야 한다

아동에 대한 진단, 평가, 진료, 교육, 치료 기록을 잘 보관하고 있으면 서비스 이용이 좀 더 용이해지고 중복검사의 시간을 절약할 수 있다. 새롭게 치료를 담당한 다양한 전문가나 의사들에게 아동의 발육과정 기록과 성인이 될 때까지의 교육과정 기록은 중요한 정보자료가 될 수 있다.

7) 사회성 기술은 학습하는 것이다

많은 사람들은 일반적으로 아동이 나이를 먹어가면서 사회성 기술을 자동적으로 습득하는 것으로 착각한다. 사실 현대를 살아가는 모든 사람들은 사회성 기술을 배우고 습득하기 위해 부단히 노력해왔고 지금도 노력하고 있다. 그래서 자폐스펙트럼장애 아동들이 일생동안 사회성에 대한 교육을 끊임없이 받는 것이 중요하다. 사회성 문제는 자폐스펙트럼장애 아동들만의 문제가 아니라 현대를 살아가는 모든 사람들의 문제이고 풀어 나가야 할 숙제임을 알아야 한다.

8) 자폐스펙트럼장애의 예후는 밝아지고 있다

자폐스펙트럼장애 아동과 부모에게 가장 중대한 현안이 있다면 아마도 치료중재의 예후일 것이다. 현재 치료중재의 예후는 한 세기 전보다 훨씬 나아졌다. 과거에는 대부분의 자폐스펙트럼장애 아동과 성인 대부분이 수용 시설에서 살았다. 그러나 현재는 다양한 발전된 치료중재 서비스의 수혜로 증상들이 현저히 개선되고 있으며, 성인이 되어 직업을 얻어서 독립적으로 살아가는 사례들이 늘어가고 있다. 이러한 자활의 확률은 증후군의 정도와 혜택 받은 치료중재의 질에 비례하고 있다. 따라서 아동을 위한 치료교육과 중재의 열정은 지속되어야 한다.

9) 내가 알고 있는 정보가 검증된 것인가

현재 습득한 지식과 정보가 과학적으로 검증된 것인가를 늘 점검할 필요가 있다. 검증되지 않은 정보는 결국 아동에게 해를 입히기 때문이다. 특히 인터넷이나 텔레비전에서 전달하는 정보는 개인적인 경험과 수기, 인터뷰에 기인하여 검증성이 취약하기 때문에 깊은 신뢰를 보내지 말아야 한다. 그리고 저술서를 읽기 전에는 저자의 전문성과 신뢰도를 늘 점검해야 한다. 아울러 다양한 전문가를 만나서 효율적인 협력관계를 이끌어내기 위해서는 자폐스펙트럼장애 관련 법률, 정부 관련 기관과 약어 명칭 그리고 각 분야의 다양한 용어에 대한 지식을 숙지할 필요가 있다.

10) 자폐스펙트럼장애에 대한 지식습득은 계속되어야 한다

수집한 정보와 지식들은 지속적으로 변할 뿐 아니라 늘 새로운 사실과 연구보고들이 발표되고 있기에 정보수집과 지식습득은 완료형이 아니고 진행형임을 기억해야 한다. 더욱 중요한 것은 정보수집과 지식습득은 자신의 성취감을 위해서가 아니고 아동의 필요에 의해서 이루어져야 함을 기억해야 한다. 그리고 늘 변화에 민감한 자세로 지식습득은 계속되어야 한다.

제 2 장

자폐스펙트럼장애의
진단 및 평가

신석호

02

자폐스펙트럼장애의 진단 및 평가

1. 자폐스펙트럼장애의 진단기준

자폐스펙트럼장애는 사회적 의사소통의 문제와 제한되고 반복적인 양상을 보이는 행동 등을 특징으로 하는 핵심적인 증상을 보이고 있다. 현재 자폐스펙트럼장애는 뇌의 기능적인 면에서 생물학적 결함을 갖는 뇌신경의 발달장애(neuro-developmental disorder)로 이해하고 있다.

자폐스펙트럼장애는 진단적 개념의 불확실성뿐만 아니라 발달상의 문제가 아동에 따라 매우 다양하고 개인차가 존재한다. 그러다 보니 진단과정에서 아동을 평가하고 정확한 진단을 내리기가 쉽지 않은 경우가 많다. 대개 아동이 나이가 들수록 자폐스펙트럼장애를 보다 정확하게 진단하기가 용이한 것은 사실이지만, 늦은 나이까지 정확한 진단을 내리

는 것을 유보하는 것이 정당하다는 의미는 결코 아니다. 왜냐하면 소아
정신과 전문의에 의하여 조기에 자폐스펙트럼장애로 진단이 되면, 자
폐스펙트럼장애 아동을 위한 집중적 조기중재 프로그램(early intensive
behavioral and educational intervention program)에 가능한 한 빨리 들어가
서 그 아동에게 적합하고 체계적인 특수교육을 받는 것이 절대적으로
중요하기 때문이다. 또한 얼마나 효과적으로 치료교육을 받느냐에 따
라 나중에 자폐스펙트럼장애 아동이 보이는 기능의 수준이 천양지차라
는 사실은 이미 정설로 굳어졌다.

　발달장애 아동에 대한 경험이 있는 임상가들은 전형적인 자폐 증상들
을 보이는 경우, 비교적 어렵지 않게 구별할 수 있다. 자폐스펙트럼장애
는 현재 아동이 보이는 행동 유형과 과거 발달 과정에서의 경과에 근거
하여 내리는 임상적인 진단으로, 이 진단의 신뢰도나 일치도는 상당히
높은 편이라 할 수 있겠다. 그럼에도 불구하고 아동의 나이가 어린 경우
에는 발달지연을 보이는 다른 종류의 장애들과 구분하기가 까다로울 때
가 많다. 임상적으로 만 18개월부터 전형적인 자폐스펙트럼장애의 경
우는 진단이 가능해지며, 보다 어린 나이에 정확한 진단을 내리기 위한
노력을 해야 한다. 이때, 초기 진단과정에서 보다 명확한 경과를 얻을
수 있도록 도움을 주고자 ADI-R, ADOS, CARS 등 다양한 평가도구를
이용하기도 한다. 또한 자폐스펙트럼장애를 진단하여 다른 종류의 발
달장애와의 차이를 정확하게 식별해내는 의학적인 검사(medical test)는
없지만, 자폐스펙트럼장애와 관련된 많은 행동들이 다른 의학적 질환
에서도 유사하게 나타날 수 있기 때문에 다른 가능한 의학적 원인을 배
제하기 위하여 검사를 시행하게 된다.

얼마 전까지 자폐성 장애의 진단기준은 미국정신의학회에서 제정한 DSM-IV-TR(2000)이었다. 여기에서는 전형적인 자폐 증상을 보이는 자폐성 장애와 발병 연령이 늦은 경우, 비전형적인 증상, 충분한 진단 준거에는 도달하지 못하는 정도의 증상을 보이는 비전형적인 자폐증을 PDD, NOS로 구분하여 진단하는 것이 특징이며, 전반적 발달장애라는 범주 안에 여러 장애들을 포함하였다.

1) 전반적 발달장애(Pervasive Developmental Disorder)

- 자폐성 장애(autistic disorder)
- 레트 장애(rett's disorder)
- 소아기 붕괴성 장애(childhood disintegrative disorder)
- 아스퍼거 장애(asperger's disorder)
- 상세불명의 전반적 발달장애(비전형적 자폐스펙트럼장애 포함) [Pervasive Developmental Disorder Not Otherwise Speicified(PDD, NOS)]

2) 자폐성 장애(Autistic Disorder)의 진단기준(DSM-IV-TR)

(1) A, B, C에서 총 6개(또는 그 이상) 항목, 적어도 (A)에서 2개 항목, (B)와 (C)에서 각각 1개 항목이 충족되어야 한다.

　A. 사회적 상호작용에서의 질적인 장해가 다음 항목들 가운데 적어도 2개 항목으로 표현된다.

　　a. 사회적 상호작용을 조절하기 위한 눈 마주치기, 얼굴 표정, 몸 자세, 몸짓과 같은 다양한 비언어적 행동을 사용함에 있어서 현저

한 장해

    b. 발달 수준에 적합한 친구 관계 발달의 실패

    c. 자발적으로 다른 사람들과 기쁨, 관심, 성공을 나누지 못함(예 : 관심의 대상을 보여 주거나 가져오거나 지적하지 못함).

    d. 사회적으로나 감정적으로 서로 반응을 주고받는 상호교류의 결여

B. 질적인 의사소통 장해는 다음 항목들 가운데 적어도 1개 항목으로 표현된다.

    a. 구두 언어 발달의 지연 또는 완전한 발달 결여(몸짓이나 흉내내기 같은 의사소통의 다른 방법에 의한 보상 시도가 수반되지 않음)

    b. 적절하게 말을 하는 경우라도 다른 사람과 대화를 시작하거나 지속하는 능력의 현저한 장해

    c. 발달 수준에 적합한 자발적이고 다양한 가상적 놀이나 사회적 모방 놀이의 결여

C. 제한적이고 반복적이며 상동증적인 행동이나 관심, 활동이 다음 항목들 가운데 적어도 1개 항목으로 표현된다.

    a. 강도나 초점에 있어서 비정상적인, 한 가지 이상의 상동증적이고 제한적인 관심에 집착

    b. 특이하고 비효율적인 틀에 박힌 일이나 의식에 고집스럽게 매달림

    c. 상동증적이고 반복적인 동작성 매너리즘(예 : 손이나 손가락으

로 딱딱 때리기나 틀기 또는 복잡한 몸 전체 움직임)

    d. 대상의 부분에 지속적으로 몰두

(2) 다음 영역 가운데 적어도 한 가지 영역에서 기능이 지연되거나 비정 상적이며, 3세 이전에 시작된다.

    A. 사회적 상호작용

    B. 사회적 의사소통에서 사용되는 언어

    C. 상징적 또는 상상적 놀이

(3) 장해가 레트 장애 또는 소아기 붕괴성 장애로 잘 설명되지 않는다.

현재의 공식적인 진단기준은 DSM-5이다. 2013년 5월에 출간된 『DSM-5』에서는 자폐성 장애, 아스퍼거 증후군, PDD, NOS, 소아기 붕괴성장애 등의 진단명을 없애고, 자폐스펙트럼장애에 포함시키고 있다. 레트 장애는 어려서만 일시적으로 자폐적인 증상을 보이고 신경계 질환으로 보아야 하며, DSM-5에서는 그 진단명이 빠졌다. 또한, 전반적 발달장애(pervasive developmental disorder)라는 용어 대신 자폐스펙트럼장애를 새로운 용어로 공식적으로 사용한다.

DSM-5 : 자폐스펙트럼장애

A. 다음과 같은 증상이 분명히, 현재 혹은 과거에, 다양한 맥락에 따른 사회적 의사소통 및 사회적 상호작용에 지속적인 결함이 있다.
  1. 비정상적인 사회적 접근 및 정상적인 상호 대화의 실패에서부터 흥미, 정서, 애정의 공유감소, 사회적 상호작용을 시작하거나 반응하기의 실패에 이르기까지 사회-정서적 상호성에서의 결함.
  2. 언어적 및 비언어적 의사소통의 통합 부족에서부터 비정상적

인 눈 맞춤과 몸짓언어 혹은 몸짓의 이해와 사용의 결함, 얼굴 표정의 부족 및 비언어적 의사소통에 이르기까지 사회적 상호 작용을 위해 사용되는 비언어적 의사소통 행동의 결함.

3. 다양한 사회적 맥락에 맞는 적응 행동의 곤란에서부터 상상놀이를 하거나 친구 사귀기의 곤란, 또래에 대한 관심 부재에 이르기까지 관계를 맺고, 유지하고, 이해하기 등의 결함.

B. 다음과 같은 증상 중 2개 이상이 분명히, 현재 혹은 과거에, 제한되고 반복적인 행동, 흥미 혹은 활동을 보인다.

1. 상동적이거나 반복적인 근육운동, 물건 사용, 혹은 말(예 : 단순 운동적 상동행동, 장난감 일렬로 늘어놓기나 물건 뒤집기, 반향어, 특이한 표현 등)

2. 동일성 고집, 융통성 없이 틀에 박힌 일의 집착, 혹은 언어적/비언어적 의식화된 행동(예 : 사소한 변화에 극도의 고통, 전환 곤란, 엄격한 사고, 의식적인 인사, 같은 길로 가려고 하거나 매일 같은 음식을 먹으려는 욕구)

3. 관심사의 강도나 세기가 비정상적이고 아주 제한되어 있거나 고정되어 있음(예 : 유별난 물건에 대한 강한 애착이나 몰입, 과도하게 고집스런 관심)

4. 감각자극에 대한 과잉행동 혹은 과소행동 혹은 그 환경의 감각적인 면에 유별난 관심(예 : 통증/온도에 대한 무관심, 특정 소리나 옷감에 대한 혐오 반응, 과도하게 물건 냄새 맡기와 만지기, 불빛이나 움직이는 것에 대한 시각적 매료)

C. 이런 증상들이 초기 발달기에 나타난다(그러나 사회적 의사소통 요구가 제한능력보다 커야 나타날 수 있고, 혹은 나중에 학습된 전략으로 가장될 수 있다).

D. 이런 증상들이 사회, 직업 혹은 기타 중요한 현 기능에서 임상적

으로 커다란 손상을 일으킨다.

E. 이런 문제들은 지적장애나 광범위성 발달지연으로 설명할 수 없다. 지적장애와 자폐스펙트럼장애는 흔히 동시에 나타나며, 지적장애와 자폐스펙트럼장애의 공존장애 진단을 위해서는 사회적 의사소통이 일반 발달수준의 기대치보다 저하되어야 한다.

공지 : DSM-IV의 진단기준에서 자폐성 장애, 아스퍼거 증후군, 상세 불명의 전반적 발달장애(PDD, NOS)로 진단된 환자들은 DSM-5에서는 자폐스펙트럼장애로 진단되어야 한다. 또한, 자폐스펙트럼장애의 진단기준에는 해당하지 않지만, 사회적 의사소통에 결함을 보이는 경우들은 사회적 의사소통장애의 진단을 위하여 재평가되어야 한다.

자폐스펙트럼장애의 진단기준에 있어 DSM-5는 DSM-IV-TR과 비교하여 몇 가지 중요한 변화를 보이고 있다.

a. 아스퍼거 증후군(장애), PDD, NOS, 소아기 붕괴성 장애의 진단명이 없어지고, 자폐스펙트럼장애의 범주로 포함되고 있다. ➡ ADOS-G와 ADI-R은 전형적인 자폐증인 자폐성 장애와 보다 가벼운 상태의 개념으로 PDD, NOS를 구분하여 진단하지 않고 스펙트럼의 개념으로 진단하고 있다. 또한, ADOS-G와 ADI-R는 자폐스펙트럼장애와 아스퍼거 증후군을 구별하여 진단하는 면에 있어 한계가 있어 구분하기가 어렵다. 일반적으로 고기능 자폐증과 아스퍼거 증후군은 질환의 경과가 유사하다. 학령기 이전에는 증상의 차이가 어느 정도 있다는 주장이 있으나, 학령기를 지나 청소년기나 성인기로 갈수록 증상 구분이 어렵고, 두 질환에서 시행하는 치료방법은 별 차이가 없다.

즉, 동일한 장애로 보아야 한다는 의미이다.

b. 레트 장애는 DSM-5의 자폐스펙트럼장애 범주에서 진단분류가 사라질 예정이다. 이는 레트장애가 어려서 짧은 기간만 자폐증상을 보이며, MECP2 유전인자의 돌연변이가 근본 원인으로 알려져 있고, 진단적으로는 신경계 질환으로 보아야 할 듯하다.

c. 전반적 발달장애(pervasive developmental disorder)라는 용어 대신 자폐스펙트럼장애를 진단의 새로운 용어로 공식적으로 사용한다.

d. DSM-5의 자폐스펙트럼장애(autism spectrum disorder)의 진단범주에 아스퍼거 장애가 포함되면서, 자폐성장애의 진단기준에서는 '언어발달의 지연' 항목이 빠졌으며, 사회적 의사소통(social communication)의 장해로서 포괄적으로 설명한다. 임상적으로 부모나 당사자의 회상에 의하여 어려서의 언어발달 지연을 확인하기가 어렵다는 점을 기술하고 있다. 연구 결과에서 보면, 아스퍼거 증후군의 지능검사에서 언어성 지능과 동작성 지능과의 차이에서 언어성 지능이 더 낮을 수도 있는 등, 일관되지 않은 결과를 보인다.

아마도 아스퍼거 증후군을 보이는 성인들이나 보호자들은 아스퍼거 증후군이 자폐스펙트럼장애에 포함이 되는 DSM-5에서의 변화를 불편하게 받아들일 수 있다.

e. DSM-IV-TR에서는 자폐증상이 만 3세 이전에 발현되어야 한다는 나이의 제한이 있었으나, DSM-5에서는 나이 기준을 유아기(early childhood)라고만 기술하고 있다.

자폐스펙트럼장애로 여겨지는 증상들은 앞에서의 진단기준 이외에도 많고 다양하다. 그러나 아동을 자폐스펙트럼장애라고 진단하게 하는 핵심적인 증상을 구분하는 것이 진단 과정의 혼돈을 줄이는 방법들 중 하나이다. 최근에 자폐스펙트럼장애 아동의 여러 문제들 중 사회적 의사소통의 장해를 가장 의미 있는 자폐적인 특성으로 파악하고 있으며, 사회적 의사소통의 중요한 요소들은 정서적 상호교류(affective reciprocity), 함께 주의하기(joint attention), 마음의 이론(theory of mind) 등 세 가지로 자폐스펙트럼장애 아동에게 결여되어 있는 중요한 기능으로 보고 있다.

2. 자폐스펙트럼장애의 진단 및 평가에서의 혼돈 원인

부모들이 자녀를 데리고 소아정신과를 찾는 이유는 아동이 말로 표현하는 것이 늦고, 말을 잘 이해하지 못하며, 불러서 반응하는 것이 떨어지고, 혼자 노는 모습을 보이는 등 사회성 발달이 늦으면서, 인지기능 역시 떨어지는 것으로 보이기 때문이다. 이런 상태를 '발달지연(developmental delay)' 되었다고 한다. 즉, 발달지연이나 발달지체는 진단명이 아니라, 아동의 상태에 대한 표현일 뿐이다. 왜 아동에게 발달지연이 발생했는지에 대한 원인을 찾는 과정이 진단과정이다. 자폐스펙트럼장애의 특징이 매우 다양하기 때문에 훈련기간이 짧고 경험이 적은 임상가들에게는 진단이 어려울 수 있다. 자폐증에 대한 경험이 많은 소아정신과 의사를 찾는 것이 정확한 진단을 내리는 과정에서 매우 중요하다. 정확한 진단을 내리는 것은 유사한 여타 문제들과 자폐증을 구분하는 것에도 중요할 뿐 아니라, 적절하고 효과적인 교육과 치료 프로그램 계획을 세우는 데 있어서도 기본이 된다. 그러므로 현실적으로 정확한 진단을 위하여 자폐증에 정통한 전문가가 아동의 발달력에 대한 자세한 정보 청취와 더불어 아동이 혼자 노는 모습을 관찰하고, 엄마와 아동이 같이 상호적으로 노는 모습을 보는 것이 반드시 필요하다.

가령 만 4세가 된 철수는 혼자서 놀 때는 자신이 좋아하는 자동차를 굴리거나 블록을 쌓기도 하는데, 이때 철수의 문제가 무엇인지를 판단하기란 쉽지 않다. 혼자 노는 철수를 보면서, 엄마는 아이가 그저 혼자 놀기를 좋아하는 것으로 해석하는 경향이 있다. 엄마가 다가가서 함께 놀이를 하려고 시도하면, 갑자기 철수의 놀이 양상이 바뀌는 것처럼 보인다. 엄마의 시도에 반응하지 않고, 눈을 맞추려는 노력이나 상호적인 놀이가 성공적으로 이루어지지 않으며, 앞에 앉아 있는 엄마가 마치 없는 것처럼 행동한다. 엄마가 상호적으로 놀이하려는 노력에도 불구하고, 철수와 엄마 사이에는 정서적으로 연결이 안 되어 있는 듯하다.

전문가로 불리는 사람들이나 부모들이 아동의 상태에 대하여 설명할 때, 용어상의 혼돈감이 심하다고 생각한다. 이러한 용어상의 혼돈을 피하는 것이 초기 진단과정에 있어서 자폐스펙트럼장애 아동을 가진 부모들이 자녀의 상태에 대하여 정확한 개념을 빨리 갖도록 도움을 주는 길이라고 생각한다. 초기 진단에서 용어의 혼란감이 진단 자체에도 부정적인 영향을 미치는 경우들을 자주 볼 수 있다.

1) 자폐스펙트럼장애

자폐스펙트럼장애(autism spectrum disorder)는 자폐 증상을 보이는 환자들 가운데, 아주 가벼운 상태의 자폐증 환자가 한쪽의 끝에 위치하고 다른 끝에는 전형적이고 심한 형태의 자폐증 환자가, 그 둘을 연속선상으로 연결한 사이에는 다양한 증상들과 기능 수준을 보이는 자폐증 환자군이 존재한다고 간주한다. 이렇듯 자폐 증상의 환자군을 하나의 스펙트럼의 관점에서 보는 자폐스펙트럼장애 개념은 전형적인 자폐증인 자폐성 장애(autistic disorder)와 비전형적 자폐증(PDD, NOS)으로 구분하여 진단할 필요가 없다고 생각한다. 로나 윙(Lorna Wing)은 가벼운 자폐 증상이나 아스퍼거 증후군을 포함시키는 경우 유병률이 약 1만 명당 91명에 이른다고 주장하기도 하였다. 초기 미국에서는 자폐스펙트럼장애를 autism spectrum disorder로 사용하고, 영국에서는 autistic spectrum disorder를 사용하는 등 약간의 차이가 있었으나, 최근에는 autism spectrum disorder로 정리되었다.

2) 자폐성향

우리나라에서 자주 사용하는 표현 중 하나가 자폐성향(autistic tendency)이다. 소아정신과 의사를 비롯하여 전문가들이 흔히 사용하는 이 단어는 자신의 자녀를 처음 진단 받는 부모들에게는 약간 덜 충격적으로 들릴 수도 있겠으나, 진단적으로는 매우 모호한 표현이다. 왜냐하면 아동이 진짜 자폐증이 아니더라도 일시적으로 자폐 성향을 보이는 경우도 있으므로 정확한 진단에 도움이 되지 않기 때문이다. 실제로 미국에서 소아정신과 진료를 할 때, 소아정신과 의사나 전문가가 자폐성향이 있다거나 자폐적(autistic)이라는 표현을 쓸 때에는 자폐스펙트럼장애의 경우에만 사용하고 있다.

3) 유사자폐

유사자폐가 한때 '반응성 애착장애' 라는 질환의 동의어로 사용되기도 했었다. 아마도 진짜 자폐증은 아니면서 자폐 증상과 유사하다는 의미로 사용된 듯하다. 그러나 자폐 증상과 유사하게 보이는 발달장애가 여러 종류이므로 정확한 진단을 내리는 데 전혀 도움이 안 된다고 하여도 과언이 아니다. 그러므로 자폐증에 관련한 전문가들이 '유사자폐' 라는 표현을 사용하지 않는 것이 옳다고 생각한다.

4) 전반적 발달장애

과거에는 상당수의 전문가들이 자폐증을 보이는 아동들을 진단함에 있어서 전반적 발달장애(pervasive developmental disorder)라는 표현을 사용하였다. DSM-IV-TR에서는 전반적 발달장애가 자폐성 장애와 비전형적인 자폐증을 의미하는 PDD, NOS를 포괄하는 범주(category)의 용어로 사용하였다. 현실적으로 많은 사람들이 자폐스펙트럼장애와 전반적 발달장애를 거의 같은 개념으로 받아 들였다. 전문가들이나 부모들은 자폐증이라는 진단을 내리는 것이 심한 낙인(stigma)을 찍는 것이라는 생각을 갖고 있기 때문에 실제적인 부모와의 상담과정에서 '자폐' 라는 표현을 직접적으로 사용하는 것을 피하기 위하여 전반적 발달장애라는 용어를 선택한다. 또한 그냥 '발달장애' 라는 표현을 쓰거나, '유사자폐' 내지는 '자폐 끼' 가 있다는 식의 용어를 사용함으로써 진단과정을 통하여 부모가 아이의 상태에 대하여 조기에 인식할 기회를 놓치거나 애써 외면해버려서 적절한 치료 시기를 늦추게 된다. DSM-5에서는 전반적 발달장애의 용어가 사라지고, 자폐스펙트럼장애로 대체하여 사용하고 있다.

한편 발달이 늦고 증상이 유사하여 자폐스펙트럼장애와 구별하여 신중하게 진단하는 문제들이 존재한다.

- 청력 자체에 문제가 있는 경우 : 아이가 말이 늦으면, 진단의 종류에 상관 없이 청력 자체가 정상인지를 확인하기 위하여 우선적으로 청력검사를 받는 것이 필요하다. 가끔 난청으로 인하여 언어발달의 지연을 비롯하여 발달지체를 보이는 경우가 있다.
- 발달성 언어장애(혼합형 수용-표현 언어장애) : 뇌 기형 등의 구조적인 병변이 없으면서 언어의 발달이 늦는 경우이다. 영유아가 태어난 후, 두뇌의 발달(특히 언어중추 부위)이 미성숙해서 뚜렷한 구조적인 병변이 없음에도 불구하고, 또래의 타 아동들에 비하여 언어발달이 늦은 경우이다. 유전적인 요인도 일부 작용하는 것으로 알려져 있다. 발달지연의 원인으로 가장 흔하며, 약 4% 정도의 발생빈도를 보이고 있다.
- 혼합형 수용-표현 언어장애는 또래의 정상 아동에 비하여 수용언어(언어 이해력)나 표현언어(언어 표현력) 수준이 모두 떨어진다. 상대적으로 경한 수준의 언어장애를 보이는 경우는 정서적 상호교류나 가장놀이 등이 정상에 가깝고 비교적 쉽게 자폐증과의 차이를 감별할 수 있다. 그러나 어린 아동이 혼합형 수용-표현 언어장애와 정신지체(심한 인지기능의 장애)를 동시에 보일 때 기능 수준의 저하로 사회성이나 인지기능의 발달이 매우 뒤떨어져 마치 자폐스펙트럼장애와 유사하게 보이기도 한다.
- 의학적 상태와 관련한 심한 정신지체 : 언어, 사회성 그리고 인지기

능 등이 모두 떨어져 있는 정신기능의 발달지체로서, 많은 경우 뇌의 구조적인 기형, 유전질환, 선천성 대사질환 등이 있거나, 갓난아기 때 뇌 감염을 앓아 그 후유증으로 심한 정신지체를 보이기도 한다.

- 특수한 형태의 소아 간질(Landau-Kleffner syndrome) : 말을 잘 하던 아동이 밤에 잠을 자다가 간질 발작을 하기 시작하면서 언어가 퇴행되는 경우이다. 수면뇌파로 확진이 가능하다. 영아 연축(infantile spasm) 역시 자폐스펙트럼장애와 유사하게 보일 수 있다.

- 반응성 애착장애 : 아이가 극도로 열악한 환경에서 양육된 경우로서, 엄마와 아이 사이의 애착형성이 비일관적이고 지리멸렬한 경우이다. 즉, 부모(주로, 엄마)가 아이를 지속적으로 학대하거나 돌보지 않고 오랫동안 방치하는 등의 극히 잘못된 보살핌으로 인하여 아이가 정서적으로 심하게 위축되고, 가끔 발달지체를 보이기도 한다. 그러므로 미국에서는 아이에게 반응성 애착장애라는 진단이 내려지면, 그 아이의 부모는 주정부 기관인 아동보호기구(child protective services)로부터 아이에게 어떤 잘못을 해서 양육환경이 나쁘게 되었는지에 대하여 조사를 받게 된다. 말하자면, '부모가 몹쓸 사람'이라는 뜻이다. 통계적으로 이 질환은 매우 흔치 않다고 알려져 있다. 개인적인 견해로는 우리나라에서는 반응성 애착장애의 진단을 지나치게 많이 남발한다는 느낌이다. 정확한 진단하에 적절한 치료가 시작되었다면, 반응성 애착장애 증상을 보이던 아동은 약 6개월 이내에 현저한 호전을 보일 것이다.

3. 영유아기에 자폐스펙트럼장애를 의심해 볼 수 있는 초기 특성

일반적으로 자폐스펙트럼장애는 매우 어린 나이에 시작되는 것으로 알려져 있다. 영유아 시기에는 다양한 자폐스펙트럼장애 증상들을 보이는데, 영유아가 불확실하게 또는 거의 눈맞춤을 하지 않거나, 양육자인 부모를 제외하고는 다른 사람들을 보면서 거의 미소를 짓지 않을 때가 많다. 의사소통을 위하여 사용되는 다양한 비언어적 의사소통기술들, 얼굴표정, 제스처 등이 매우 제한적이어서 모든 상황에서 한 가지 표정만을 자주 보이기도 한다.

부모가 영유아의 발달에 대하여 걱정하기 시작하는 데에는 두 가지 양상이 있다. 첫 번째, 부모는 영유아가 눈맞춤을 안 한다고 호소하는 등 태어난 직후부터 또는 얼마간 시간이 지나면서부터 아기가 사회적 상호작용에 대한 관심이 결여되어 있다며 걱정한다. 언어 역시 명백한 발달이 보이지 않으며 심지어는 전혀 말을 못하는(mute) 경우도 있다. 두 번째, 부모들에 의하면, 영유아가 생후 첫 1년(심지어는 2년) 동안은 정상적으로 발달했음을 보고하기도 한다. 이 경우, 부모들은 자녀의 언어가 최소한 1년 동안은 정상적으로 발달하다가 생후 12~18개월 사이에 퇴행했다고 주장하는 경우가 많은데, 상당수의 부모는 영유아가 5~10개의 단어를 배운 후에 언어의 발달이 멈추었다고 보고하고 있다.

정상적으로 영유아는 생후 7~9개월 경에는 양육자의 생각이나 느낌을 공유하고 욕구를 이해하게 되는 기본적인 토대를 이루게 된다. 특히 영유아는 주 양육자인 엄마와 눈을 맞추면서 웃거나, 엄마가 유도하는 옹

알이나 언어의 표현에 정서적으로 반응하고, 이에 엄마는 자녀와의 상호 작용을 더욱 발전시키기 위하여 아기의 감정 상태에 맞추어 민감하게 조율하려는 노력을 한다. 여기서 이루어지는 정서적 상호교류(affective reciprocity)는 사회적 상호작용과 의사소통을 조절하기 위하여 비언어적 행위(눈맞춤, 얼굴표정, 몸짓)들을 적절하게 사용하는 성향을 뜻하는 것으로 알려져 있다. 엄마나 전문가는 자폐스펙트럼장애를 보이는 영유아와 상호적인 놀이를 하는 과정에서 정서적인 교류를 제대로 느끼지 못하게 되며, 이런 경우에는 영유아가 더 어렸을 때 가능했던 놀이의 방식을 찾아 눈높이를 낮추는 것도 중요하다. 이 시기부터 나타나는 정상적인 기능인 부모를 쳐다보고 팔을 뻗어 부모가 자신을 안아주기를 기대하는 모습은 자폐스펙트럼장애 영유아들에게는 나타나지 않는다. 엄마나 전문가는 자폐스펙트럼장애의 여부를 판단하는 상호적인 놀이과정, 대상 아동과의 눈맞춤, 얼굴표정, 미소 등을 통하여 상호적인 관심과 관계형성을 유지하면서, 얼마나 정서적인 상호교류가 가능한지를 확인하는 것이 중요하다.

생후 10개월이 지나면서, 영유아는 양육자인 엄마를 안전한 기지(secure base)의 역할로서 이용할 뿐만 아니라 낯선 사람이나 새로운 장난감을 만났을 때 엄마의 얼굴을 살피면서 표정이나 몸짓을 통하여 새로운 상황에 대한 단서로서 활용하기 시작한다. 첫돌 무렵 영유아들은 새로운 환경이나 불확실한 상황을 이해하기 위하여 양육자의 얼굴에서 나타나는 표정이나 감정의 변화 혹은 몸짓 등 시각적인 정보를 사용하는 데 익숙해진다. 즉, 첫돌을 앞둔 영유아는 낯선 환경에 부딪히게 될 때, 엄마를 쳐다보면서 이 상황을 어떻게 대처해야 하는지에 대한 반응을 얻으려는 시도를 한다. 이때 엄마가 미소로 영유아의 탐험을 북돋아주면 영유아는 기쁜 표정을 지으며 내적으로 자신감을 얻어 자신의 탐험을 계속하게 된다. 이러한 영유아의 기능을 사회적 참조(social referencing)라고 한다. 이는 생후 12개월 경 성숙되는 기능으로, 향후 아동의 감정조절능력과 사회적 상호작용의 발달에 기여하는 것으로 알려져 있다. 그러나 자폐스펙트럼장애를 보이는 영유아는 첫돌 경에 낯선 환경에 있다 하더라도, 양육자인 엄마의 표정이나 몸짓 등을 낯선 상황을 이해하기 위한 단서로 이용하지 못한다. 새로운 상황에 그냥 움츠러들거나 위험성에 대한 경계심 없이 그냥 달려들 수 있다.

만 14~15개월 경 자폐스펙트럼장애 영유아는 보이는 사람에 대한 관심, 미소 짓기, 말을 할 때 반응하기 등의 능력이 떨어져서 향후 자폐스펙트럼장애 진단의 가능성을 높이게 된다.

지금까지의 연구결과에 따르면, 생후 6개월의 영유아에서는 자폐스펙트럼장애의 진단을 예측할 만한 발달상의 차이가 나타나지 않지만, 생후 12개월 경은 이러한 차이점이 두드러지기 시작하는 시기라고 볼 수 있겠다. 실제로 자폐스펙트럼장애로 진단된 아동의 첫돌 무렵을 찍은 비디오의 모습을 관찰했을 때, 그 당시 이미 자폐스펙트럼장애 증상을 확실하게 보였다는 연구 보고가 있다. 이를 바탕으로 12개월 경에 자폐스펙트럼장애를 진단하기 위하여 신뢰도가 높고 민감한 검사도구들이 개발되어 보다 조기에 진단할 수 있는 길이 열리리라 기대한다.

영국 케임브리지대학교의 배런 코헨(Baron-Cohen)은 걸음마기 아동을 위한 자폐증 체크리스트(CHecklists for Autism in Toddlers, CHAT)라는 간단한 평가도구를 이용하여 생후 18개월의 영유아가 가상 놀이와 함께 주목하기를 보이지 못하는 경우 나중에 자폐스펙트럼장애를 나타내기 쉽다고 하였다. 이러한 소견들로 인하여, 임상적으로 자폐스펙트럼장애에 경험이 많은 전문가도 만 18개월이 지나서야 비로소 진단이 가능해진다.

함께 주의하기(joint attention)는 생후 18개월에 정상적으로 획득하는 능력으로, 이 시기에 자폐스펙트럼장애를 보이는 영유아는 이 능력이 결여되어 있는 것이 특징이다. 함께 주의하기는 자신과 타인이 동일한 대상에 대해 공통적으로 주의하고 있는지를 나타내는데, 지적하는 대상에 대한 상대방의 마음과 자신의 마음 상태를 구분할 수 있게 된다. 자폐스펙트럼장애 아동은 상대방의 시선 방향을 확인하고, 자신의 시선을 그곳에 맞추는 시선 검토(gaze monitoring)를 하지 않는다. 이는 시선의 방향, 고개의 움직임, 상대방의 가리키기 몸짓을 따라 하는 영유아의 능력으로, 함께 주의하기에서 상대방에 반응하는 기술이다. 또한 자신이 보고 있는 대상을 다른 사람이 보도록 하기 위하여 손가락으로 그 대상을 가리키면서 상대방의 눈을 살피는 서술적 지적(proto-declarative pointing)을 하지 못한다. 이는 영유아가 상대방과의 협응된 관심을 자발적으로 시작하기 위하여 눈맞춤 또는 가리키기나 보여 주기 등을 사용하는 것으로 함께 주의하기 능력을 시작하는 기술이다.

가상 놀이(pretend play)는 사물을 다른 것으로 가상하고 노는 놀이를 하기 시작할 때인 생후 18개월에 마음의 표상적 특성을 이해하게 된다고 본다. 바나나를 전화기로 여기고 가상 놀이를 하는 영유아가 마음속으로 '이것은 실제로는 바나나지만 전화기를 나타내는 것으로 하자'라고 생각한다고 간주한다. 즉 가상 놀이를 하는 영유아는 자신이 속으로는 바나나를 전화기로 표상하고 있다는 것을 이해한다는 것이다. 실제적으로 전문가가 진단 과정에서 흔히 사용하는 가상 놀이는 티 파티(tea party)로서, 전문가는 차 주전자를 기울여 자신의 찻잔과 아동의 찻잔에 차를 따라주는 시늉을 한다. 이때, 아동이 찻잔을 마시는 모습을 보이거나 또 다른 찻잔에 차 주전자로 차를 따르는 시늉을 한다면, 아동이 가상 놀이를 할 수 있는 능력이 있다고 파악한다. 그러나 자폐스펙트럼장애 아동들은 가상 놀이를 할 수 있는 능력이 결여되어 있다. 그들은 서로 주고받는 사회적 놀이를 거의 하지 못한다. 또한 만 1~2세의 자폐스펙트럼장애 영유아는 특징적으로 부모와 같이 친밀한 대상들의 몸동작을 모방하지 못하는 양상을 보인다.

만 1~2세 자폐스펙트럼장애 영유아가 보이는 또 다른 특성으로 비전형적인 감각조절행동들이 나타나며, 사물을 입에 가져가거나 빨기, 시각적인 주의집중을 하는 양상이나 감각적인 과민성을 자주 보인다는 것이다. 자폐스펙트럼장애 아동들은 다양한 감각조절 이상들을 특징적으로 보이는데, 소리나 촉각에 굉장히 예민하거나 아니면 반대로 과소반응을 보이기도 하고, 감각전달체계 정보처리과정의 이상을 보이기도 한다. 추가적인 중요한 증상들로서 운동기능(motor tone과 motor planning)의 이상과 감정조절의 어려움을 보이고 있다. 특징적으로, 소리나 빛, 냄새, 신체적 접촉과 같은 외부자극에 과대하게 민감하거나 둔감하게 반응하는 경우가 많다는 것은 잘 알려져 있다.

정상적인 발달과정에서 만 4세 이후에 획득되는 인지기능인 '마음의 이론(theory of mind)'은 상대방이 어떻게 생각하고 느끼는지에 대하여 아동이 이해하는 능력으로서 자폐스펙트럼장애 아동은 이 능력이 손상

받는다. 결과적으로, 자폐스펙트럼장애 아동은 자신을 둘러싼 주위환경에서 벌어지는 일들을 이해하지 못하고 자신과 관련된 인물들(부모, 선생님들)이 생각하는 것이 무엇인지를 추정하지 못한다. 아동은 사회적 대화에 내재하는 규칙(implicit rule)을 이해하지 못한다고 알려져 있다. 또한 자신과는 다른 타인의 감정이나 의도를 적절하게 이해하지 못해 타인의 행동이나 의사소통 내용을 예상할 수 없기 때문에 결과적으로 언어의 사회적 이용에 문제가 발생하게 된다. 자폐스펙트럼장애 아동이 사회적 맥락에서 적절하게 의사소통하는 능력이 떨어지는 점은 마음의 이론 이상 (deficit in theory of mind)과 관련이 있다.

4. 자폐스펙트럼장애를 위한 평가도구

자폐스펙트럼장애 아동의 예후가 좋기를 기대한다면, 조기에 발달장애 전문 클리닉을 방문하여 아동의 상태에 대한 진단과 적합한 치료를 받는 것이 매우 중요하다. 자폐스펙트럼장애는 원칙적으로 발달장애에 경험이 많은 여러 분야의 전문가들, 가능하다면 소아정신과 의사, 심리학자, 언어치료사, 특수교사, 작업치료사 등 발달장애에 전문적인 지식을 가진 여러 전문가로 구성된 팀(multi-disciplinary team)이 아동을 평가하는 것이 이상적이다. 우리나라에서는 현실적으로 발달장애에 대한 경험이 많은 소아정신과 의사나 전문가를 찾는 것이 정확한 진단을 내리는 데 있어 임상적으로 필요한 과정이다.

　진료실에서 소아정신과 의사는 45~50분 동안의 초기 진료에서 아동의 상태에 대하여 관찰하면서 부모와 함께 아동의 문제점과 발달 과정에 대하여 문진을 하고 부모가 하는 여러 질문에 대하여 대답한다. 부모는 많은 질문을 하기를 원하거나 진료의 과정에서 필요하다고 생각되면, 이러한 상담을 1~2회 더 갖기도 한다. 소아정신과 의사와의 진료상담 후, 아동에게 필요하다고 생각되는 여러 검사들을 시행하게 된다. 소아정신과 클리닉이나 대학병원에서 시행하는 종합적인 심리검사에는 지능검사, 사회 성숙도 검사, VMI나 BGT와 같은 신경심리검사, 정서영역에 대한 투사 검사 등이 포함된다고 할 수 있다. 또한 언어평가(화용 기술에 대한 평가), 운동기능을 포함하는 작업 기능 평가, 특수교육 평가 등이 자폐스펙트럼장애 아동을 정확하게 이해하기 위하여 시행되어야 한다.

지능검사를 통하여, 언어를 매개로 한 청각적 정보전달과정이나 시지각/공간적 정보전달 과정에 대해 파악하여 각 아동의 인지적인 상태(cognitive profiles)에 따라 장점과 약점을 명확하게 이해해야 한다. 아동의 전반적인 기능 수준을 평가하여, 치료기관에서 제공하는 서비스에 적합한지를 판단하기 위하여 인지기능의 평가는 필수적이다. 예를 들어보면, 어려서부터 자폐스펙트럼장애의 가능성을 의심하고 여러 치료교육을 받아 오던 철수(만 7세)가 정확한 진단과 장애등록을 위하여 발달장애를 전문으로 하는 소아정신과 클리닉을 방문하였다. 기능 수준이 많이 떨어져 보이는 철수를 바라보면서, 부모는 철수가 장애등록 1급을 받을 수 있는지를 내게 물었다. 나는 자폐성 장애는 여러 사항들을 고려해야 하지만, 철수가 시행하는 지능검사에 국한하여 쉽게 풀어 설명해주었다. 만약 철수가 검사의 내용을 전혀 이해하지 못하여, 대부분의 검사 문항에서 실패를 하고 소검사항목을 실시할 수 없으며, 검사의 결과가 중도의 정신지체 수준(IQ 34 이하)으로 떨어질 때, 자폐성 장애 1급을 주게 된다. 또한 자폐성 장애 3급은 진단기준에 의한 자폐증을 보이고, 검사결과 지능지수가 71 이상인 경우에 주도록 되어 있으며, 고기능 자폐증이나 아스퍼거 증후군이 이에 해당된다고 할 수 있다. 참고적으로, 고기능 자폐증을 보이는 아동들에게 웩슬러 아동용 지능검사(Wechsler Intelligence Scales for Children, WISC)를 시행하였을 때, 자폐아동은 WISC 검사에서 동작성 지능이 언어성 지능보다 높이 나오는 경향이 있다. 소검사 항목에서 이해(Comprehension), 차례 맞추기(Picture Arrangement)의 항목이 낮은 점수를 보이며, 토막 짜기(Block Design), 숫자(Digit span)의 항목은 상대적으로 우수한 점수를 보인다는 연구보고가 있었다. 자폐스펙트럼장애에 있어 사회적인 상황에서 적응하는 능력에 대한 평가는 심리/교육 평가에서 매우 중요한 요소인데, 현재 우리나라에서는 사회성숙도 검사(Social Maturity Scales)를 하지만, 미국에서 주로 시행하는 Vineland Behavioral Adaptive Scales에 비하여 충분한 정보를 얻지 못한다고 알려져 있다. 그러다 보니, 실제 임상에서는 사회성숙도 검사의 결과를 참고사항 정도로 보는 경향이 있다.

자폐스펙트럼장애에 대한 언어평가는 표현 및 수용언어의 발달 정도, 의사소통 능력을 파악하기 위한 사회적 상호작용과 관련하여 소통하는 능력(화용언어)을 측정하게 된다. 특히 검사 과정에서 상황에 적절한 비언어적 의사소통기술을 보이는지를 평가해야 하며, 응시, 몸짓, 얼굴표정 등을 유심히 관찰해야 한다. 고기능 자폐증이나 아스퍼거 증후군의 경우 연령에 비하여 비유나 은유적 표현, 유머를 적절하게 구사하는지를 살펴보아야 하고, 상대방의 말로부터 피드백을 잘 이용하는지 등을 평가하며, 특정 주제에 집착하여 반복적으로 얘기하는지를 파악하여야 한다.

작업기능 평가는 손의 미세근육운동 기술이나 글쓰기 기술, 시각-운동 협응 능력 및 대근육 운동기능(motor planning), 각종 감각조절 이상에 따른 평가 등이 포함되어야 한다.

평가과정을 마친 후, 소아정신과 의사나 전문가는 초기 진료상담에서의 소견과 검사결과를 바탕으로 부모에게 아동의 상태에 대하여 설명하고, 자폐스펙트럼장애의 진단을 내리게 되며, 향후의 치료계획을 상의한다.

그동안 자폐스펙트럼장애와 다른 유형의 발달장애를 구분하고 평가를 하는 데 도움을 주는 다양한 진단 평가도구들이 개발되었다. 이러한 도구들이 임상적으로 매우 유용한 것은 사실이며, 특히 자폐증 진단면담(ADI-R)과 자폐증 진단관찰 스케줄(ADOS-G)들은 진단에 대한 정보를 제공하기도 한다. 그러나 이러한 진단평가도구들은 전문가들이 임상적인 판단을 하는 데 있어 도움을 주는 것이 주 목적이며, 어떠한 도구도 자폐스펙트럼장애에 경험이 많은 전문가들의 세심한 임상적 평가를 대체할 수 없다.

1) PEP-R

PEP-R(Psycho-Educational Profile-Revised)은 미국 노스캐롤라이나대학교의 에릭 쇼플러와 동료들(Schopler et al., 1990)에 의해 제작된 평가 프로필로서 먼저 만들어졌던 PEP를 개정한 것이다. 이 평가도구는 자폐스펙트럼장애나 연관된 발달장애를 가진 아동들을 발달적 측면에서 평가하는 검사도구로 PEP-R에 의해 얻어진 점수들은 각 아동들의 개별화 교육 프로그램이나 계획을 수립할 때 적절하게 사용될 수 있다. 이 검사도구는 학령기전 기능 수준을 보이는 아동들 혹은 만 1~7세까지의 생활연령 아동들에게 적합하게 사용될 수 있다. 그리고 7~12세까지의 아동에게도 유익한 정보를 제공할 수 있다. 그러나 만약 12세 이상의 아동이라면 메시보브 박사 팀(Mesibov, 1988)이 고안한 AAPEP(Adolescent and Adult Psycho Educational Profile)를 사용하는 것이 유리하다고 알려져 있다. 특히 이 검사도구는 아동의 전반적인 발달 프로필에 대한 정보를 제공하기 위해서 발달척도(developmental scale)를 포함하였고, 자폐스펙트럼장애의 행동적 특성들을 진단하고 그 정도를 알 수 있도록 행동 척도(behavioral scale)를 포함시켰다.

2) 자폐증 진단면담

자폐증 진단면담(Autism Diagnostic Interview-Revised, ADI-R)은 아동의 일차 양육자와의 면담을 통해 다른 유형의 발달장애로부터 PDD를 감별, 진단하는 데 필요한 특징적 행동들의 자세한 묘사를 얻기 위하여 만들어졌다. 주요 진단적 특징에 초점을 맞추지만, 연관된 다른 행동들도 포함하며 초기 4~5년 동안의 발달이정표의 세부정보를 얻을 수 있다. 이는 아동의 행동을 직접 관찰하여 평가하는 ADOS와 상호보완적 도구로 이용된다. 그러나 부모로부터 얻는 정보에 의존하므로 부모가 자신의 자녀에 대하여 갖고 있는 선입견에 의하여 큰 영향을 받을 수 있다. ADI-R을 제대로 마치는데, 약 2시간이 소요되므로 실제적인 임상상황에서 사용하기에 어려움이 크다고 할 수 있다. 또한 만 2세 이하의 발달연령을 보이는 발달지체 아동을 자폐증으로 지나치게 많이 진단하여 변별력이 떨어지는 경향이 있다. ADI-R은 숙련된 면담기술과 면담자의 상세한 지식에 크게 의존하므로 철저한 훈련이 필수적이다.

(1) 사회적 상호작용(Reciprocal Social Interaction)

B1 : 사회적인 상호작용을 조절하는 비언어적 행동의 어려움(failure to use eye-to-eye gaze, facial expression, body posture and gesture to regulate social interaction)

B2 : 또래관계의 어려움(failure to develop peer relations)

B3 : 즐거움을 공유하는 능력의 결여(lack of shared enjoyment)

B4 : 사회–정서적 상호 교류의 결여(lack of socio-emotional reciprocity)

(2) 의사소통 능력(Communication)(for all subjects)

C1 : 구어의 결여 또는 지연 그리고 제스처를 통하여 보상하는 것의 실패(lack of, or delay in, spoken language and failure to compensate through gesture)

C4 : 다양하고 자발적인 가장놀이 또는 사회적 모방놀이의 결여(lack of varied make-believe or social imaginative play)

C2V : 대화의 상호소통을 시작하거나 유지하기의 실패(relative failure to initiate or sustain conversational interchange)(for verbal subjects)

C3V : 상동적이거나 반복적이거나 개인의 특유한 언어(stereotyped, repetitive or idiosyncratic speech)

(3) 제한된 관심범위나 유별난 행동(Repetitive Behaviors and Stereotyped Patterns)

D1 : 포위된 듯한 몰두 또는 관심의 한정된 패턴(encompassing preoccupation

or circumscribed pattern of interest)

D2 : 비기능적인 일상 또는 의식에 대하여 드러나는 강박적인 집착
(apparently compulsive adherences to nonfunctional routines or rituals)

D3 : 상동적 또는 반복적인 운동성 매너리즘(stereotyped and repetitive
motor mannerisms)(score highest)

D4 : 사물의 부분 또는 재료의 비기능적인 요소에 대한 몰두(preoccupations
with part-objects or nonfunctional elements of materials)

3) 자폐증 진단관찰 스케줄

자폐증 진단관찰 스케줄(Autism Diagnostic Observation Schedule-Generic,
ADOS-G)은 ADOS와 Pre-Linguistic Autism Diagnostic Observation
Scale(PL-ADOS)을 통합하여 발전시켰다. ADOS-G의 Module 1, 2가 PL-
ADOS를 의미한다. PL-ADOS는 비언어적인 아동을 대상으로 하는 관
찰척도로 만 2~5세의 비자폐적 발달지체와 자폐스펙트럼장애를 구분
하는 데 효과적이다. 그러나 부모와의 상담이 빠져 있어서 ADI-R을 이
용한 부모 상담이 보충되어야 한다. ADOS-G는 전형적인 자폐증인 자
폐성 장애와 보다 가벼운 상태의 개념으로 PDD, NOS를 구분하여 진단
을 할 수 없다. ADOS-G를 통하여 정확한 진단을 내리기 위하여 이 평가
도구에 대한 충분한 훈련이 선행되어야 한다.

ADOS-G Module 1, 2, 3, 4의 전반적인 평가는 전 척도를 통한 아동의
행동을 근거로 이루어져야 한다. 다섯 가지의 주된 영역에 따라 이루어
진다 ─ 언어와 의사소통, 호혜적 사회적 상호작용, 놀이, 전형적 행동
과 제한된 흥미, 기타 이상행동.

여기에서는 Module 1에 대하여 간략히 설명하겠다.

■ Module 1은 PL-ADOS에 기초하며, 언어 전 단계의 아동을 대상으로 한다. 각 영역의 내용은 다음과 같다. 말이 없거나 간단한 구가 가능한 대상으로, 구조화된 과제활용을 사용하여 채점하며 각 척도는 0, 1, 2, 3점으로 채점된다.

  A. 언어와 의사소통(language and communication)

    a. 반향언어가 아닌 언어의 전반적 수준

    b. 다른 사람을 향한 언어화 빈도

    c. 음성화나 발화시의 억양

    d. 즉각적 반향어

    e. 상동증적이며, 특이한 단어와 구

    f. 의사소통을 위해 타인의 신체를 이용

    g. 지적하기

    h. 몸짓

  B. 호혜적 사회적 상호작용(reciprocal social interaction)

    a. 비정상적 눈맞춤

    b. 반응으로 하는 사회적 미소

    c. 타인을 향한 얼굴표정

    d. 사회적 관계 도중에 아동의 시선과 다른 행동들 간의 통합

    e. 상호작용에서 공유된 흥미(share)

    f. 이름에 대한 반응

    g. 요청하기

h. 주기

i. 보여 주기

j. 함께 주의하기(joint attention)에 대한 자발적 주도

k. 함께 주의하기에 대한 반응

l. 전반적인 사회적 상호작용의 질

C. 놀이(play)

a. 사물의 기능놀이

b. 상상력 있는 놀이

D. 정형화된 행동과 제한된 흥미(stereotyped behavior and restricted interests)

a. 놀이도구와 사람에 대한 이상한 감각적 흥미

b. 손, 손가락 등 반복 움직임

c. 자해행동

d. 상동행동이나 이상한 반복적 흥미에 고착

E. 기타 이상행동(other abnormal behavior)

a. 과잉활동

b. 분노발작, 공격성, 부정적 행동

c. 불안

DSM-5에서는 아스퍼거 증후군(장애)의 진단명이 없어지고, 자폐스펙트럼장애로 포함시키고 있다. 그 이유는 그동안 자폐스펙트럼장애의 진단에 있어 평가도구인ADOS-G와 ADI-R의 사용으로 진단의 정확성이 상당히 높아지고, ADI-R/ADOS는 상호보완적 평가도구로 이용되고 있다.

일반적으로, ADI-R/ADOS는 전형적인 자폐증인 자폐성 장애와 보다 가벼운 상태의 개념으로 PDD, NOS를 구분하여 진단하지 않고 스펙트럼의 개념으로 진단하고 있다. 또한, ADI-R/ADOS는 자폐스펙트럼장애와 아스퍼거 증후군을 구별하여 진단하는 면에 한계가 있어 구분하기가 어렵다. 고기능 자폐증과 아스퍼거 증후군은 질환의 경과가 유사하다. 아스퍼거 증후군은 유치원 및 초등학교 시기에는 고기능 자폐증의 양상과 다르게 나타나서 증상의 차이가 어느 정도 있으나, 학령기를 지나 청소년기나 성인기로 갈수록 증상 구분이 어렵고, 두 질환에서 시행하는 치료방법은 별 차이가 없다. 즉, 동일한 장애로 보아야 한다.

임상적으로 흔히 사용되는 평가도구로는 미국 노스캐롤라이나대학교의 에릭 쇼플러(Eric Schopler) 교수 팀이 제작한 자폐아동평정척도(Childhood Autism Rating Scale, CARS)가 있다. CARS는 주로 자폐스펙트럼장애 아동들을 대상으로 제작된 것이며 자폐스펙트럼장애를 가진 아동을 진단하거나 자폐스펙트럼장애 아동을 여타 발달장애 아동과 구별해내는 데에도 사용될 수 있다. 뿐만 아니라 아동의 정도를 비자폐(non-autistic), 경증(mild), 중증도(moderate-severe)로 구별해내는 데에도 사용될 수 있다. 그러나 CARS를 시행하는 검사자에 따라 검사 결과의 편차가 크다고 알려져 있으며, 비교적 전형적인 자폐 증상을 평가하는 경향이 높아 최근에 보편적으로 받아들이는 자폐스펙트럼장애의 개념에는 맞지 않는 부분이 많다는 비판이 있다.

걸음마기 아동을 위한 자폐증 체크리스트(CHecklist for Autism in Toddlers, CHAT)는 생후 18개월 경에 아동의 발달을 평가하기 위하여 시행하는 선별 검사로서 함께 주의하기(joint attention)와 가상놀이(pretend play)에서 동시에 장해가 있으면, 만 2세가 지나서 자폐증으로 진단될 가능성이 높다는 보고가 있었다. 그러나 이 도구는 비전형적인 자폐증이나 아스퍼거 증후군 등과 같이 경미한 증상들에 대한 민감도가 낮은 편으로, CHAT를 이용하여 자폐스펙트럼장애를 선별하려는 그동안의 시도는 대부분 실패하였다.

2009년 아동을 위한 자폐증 체크리스트의 개정판(Modified CHAT-Revised)이 출간되어 임상적으로 많이 사용하고 있다.

4) 자폐스펙트럼장애와 관련하여 시행되는 의학적 및 생물학적 검사

아동의 자폐스펙트럼장애를 포함하여 기타 여러 가지 발달적인 문제나 유형들을 찾아내고 그와 연관된 각종 여타 장애나 질환에 대한 평가와 진단을 위해서 종합적인 검사를 아동의 나이에 알맞게 실시하는 것이 중요하다. 정기적으로 검진을 받으면서 그 발달과정이나 발달속도를 살펴보며, 신체적, 의료적, 신경생물학적 발달지체의 양상이나 그 장애유형을 판별하는 데 도움을 받을 수 있다.

- 염색체 및 DNA 분석 : 염색체 및 DNA 분석을 통한 검사법은 유전적 이상으로 발생된 발달지체(예를 들어, 다운증후군)나 자폐스펙트럼장애를 진단할 목적으로 사용된다. 자폐스펙트럼장애에서 성염색체인 X염색체의 구조적 이상에서 발생하는 취약 X염색체 증후군(fragile X syndrome)을 진단하는 경우에 흔히 사용한다. 이외에도 자폐 증상과 유사한 특성을 보이는 결정성 경화증(tuberous sclerosis), Prader-Willi 증후군, Angelman 증후군, Williams 증후군 등을 진단하

는 데에도 유용하다.

- 뇌파검사(electroencephalography, EEG) : 뇌파검사는 일반적으로 간질 증세나 뇌 손상을 진단하기 위해서 사용한다. 깨어 있는 상태에서 측정할 경우 약 30분이 소요되며, 저기능의 자폐스펙트럼장애에서는 불가피하게 수면뇌파를 측정하는 경우가 꽤 있다.

- 자기공명영상검사(MRI) : 모든 자폐스펙트럼장애 아동에게 통상적인 검사로 추천되지는 않으며, 경련성 질환이나 다른 신경학적 이상이 있는 경우에 시행한다.

- 청력 검사(hearing test) : 정상적으로 발달하는 아동은 청각적인 감각을 갖고 태어나며, 소리의 크기를 구별할 수 있다. 임상에서 아동이 부르는 이름이나 소리 자극에 반응을 하지 않을 때는 두 가지 경우를 생각할 수 있다. 하나는 청각장애를 갖고 있을 때이며, 둘째는 발달의 과정에서 자폐적인 특성의 하나인 상호작용의 어려움으로 인하여 반응하지 않을 수 있다. 따라서 청각장애의 원인 여부를 판단하기 위하여 청각검사를 실시하는 것이 필요하다. 과거에는 부적절한 과정의 청력검사만으로 자폐스펙트럼장애 아동이 청각장애로 잘못 진단된 사례가 있었다.

- 소변 검사 : 자폐스펙트럼장애에서는 요산(uric acid)과 칼슘(calcium)을 비롯하여 신체 내에서 분해가 어려운 각종 펩타이드(peptide) 혹은 아미노산의 수준을 측정하는 데 주로 실시된다.

- 혈액검사(blood work-up) : 혈액검사는 페닐알라닌(phenylalanine), 요산, 젖산, 피루빅산(pyruvic acid) 등의 혈중 농도를 측정하여 선천성 대사 이상의 가능성을 판단하는 데 사용한다. 자폐스펙트럼장애

의 5% 미만에서 대사성 질환을 동반하는 것으로 알려져 있다.

자폐스펙트럼장애의 진단은 필요한 평가도구(ADOS-G, ADI-R)를 실행하여 정확한 진단을 내리는 것이 도움이 되겠지만, 현실적으로 충분한 경험과 지식을 바탕으로 소아정신과 의사가 조기에 임상적 진단을 내리는 것이 매우 중요하다. 일반적으로 소아정신과 전문의에 의하여 조기에 자폐증으로 진단이 되면, 자폐아를 위한 집중적인 조기치료교육 프로그램에 가능한 한 빨리 들어가서 그 아동에게 적합하고 체계적인 특수교육을 받게 하는 것이 필수적이다.

5. 초기 진단 과정에서 부모가 극복해야 할 일

일단 자신의 자녀가 자폐스펙트럼장애라는 진단을 받으면, 부모는 '내 아이를 도와주기 위하여 내가 할 일은 무엇일까?'를 고민한다. 대체로 다음 단계는 적합한 치료교육을 어떻게 시킬 것인가이다. 자폐스펙트럼장애 분야에서 전문가들이 인정하는 것은 적절한 공공교육과 조기에 시행된 치료프로그램의 발달이 아동의 능력을 높이는 데 중요하다고 지적하고 있다. 이 말은 어린 나이에 진단을 받는 즉시 집중적 조기중재를 시작할수록 효과는 좋다는 의미이다.

일반적으로 자폐스펙트럼장애 아동의 대부분에게 효과적으로 증명된 치료법은 수년 동안 아동의 발달 및 기능 수준을 향상시키도록 체계화된 교육프로그램이다. 미국 공교육 시스템에서 제공하는 자폐스펙트럼장애 아동을 전문적으로 치료 교육하는 기관에서는 응용행동분석을 기본으로 시행하는 집중적 조기중재 프로그램들이 주를 이루고 있으며, 추가적으로 언어치료와 작업 치료 등이 아동들에게 제공되고 있다. 경험이 많은 특수교사 및 치료사들로부터 적절하고 다양한 서비스를 제공받을 수 있는 미국의 자폐스펙트럼장애 조기중재프로그램에서는 평균 일주일에 25시간 정도의 서비스를 개별화된 치료계획표에 따라 시행한다. 즉, 이러한 프로그램들이 자폐아동을 위한 치료교육에 필수적이면서도 기본적인 치료방식이라고 할 수 있겠다. 공교육 시스템에서 제공하는 치료교육 프로그램 이외에도 추가적으로 고려할 수 있는 치료방식들이 존재한다. 미국 자폐스펙트럼장애 아동의 부모들은 기본적으로 가장 필요하다고 알려져 있는 일주일에 20시간 이상의 필수적인 집중적인 조기중재프로그램을 공교육 시스템으로부터 서비스 받으면서, 추가적으로 주류 치료방식이지만 공교육 시스템에서는 서비스를 제공하지 않는 여타 치료방식(floortime, PECS, 감각통합훈련 등)들을 추구하는 경우가 많고, 종종 비주류 대체요법을 고려하기도 한다.

우리나라에서는 자폐스펙트럼장애의 진단을 받은 후 조기에 집중적인 치료를 시작하는 특수학교 유치원이 일부 있지만, 프로그램의 수가 부족하고, 내용에서도 크게 각광을 받지는 못하는 듯하다. 사설 조기교육 중재 프로그램들은 많이 존재하지 않으며, 그중 상당수가 눈높이가 높아진 부모들의 기대를 만족시키지 못하고 있다. 자폐스펙트럼장애로 조기에 진단을 받아 치료교육을 시작하는 경우에 있어 대부분의 부모는 적합한 가이드를 받지 못하는 때가 많다. 만약 조기에 자폐스펙트럼장애의 치료를 시작하는 것에 대하여 국가에서 개입하여 개별화된 치료계획(IEP)을 수립하여 방향성을 제시하고, 선진국처럼 전적으로 담당하지는 못하더라도, 치료의 기본적인 틀만이라도 제공할 수 있다면 획기적인 발전이 가능하리라 생각한다.

자폐스펙트럼장애의 치료에 있어서 부모의 역할이 매우 중요하며, 우선적으로 부모는 자녀가 적합한 조기중재 프로그램에 들어갈 수 있도록 최선의 노력을 해야 하며, 다른 부모들이나 인터넷 등으로부터 여러 가지 관련 정보를 모아야 한다. 부모들은 그것을 엄밀히 조사하고 합당한 이유를 파악하며 자기 아이의 필요에 알맞은 교육적인 결정을 내리는 것을 배워야 한다. 또한 부모가 자신의 자폐스펙트럼장애 아동인 자녀와의 관계를 통한 경험과 부모를 위한 제반 교육들을 통하여 부모 역시 중요한 치료 주체의 하나라는 사실을 인식하고 그들 자신이 자폐스펙트럼장애의 준전문가가 되도록 노력해야 한다. 특히 부모는 자폐스펙트럼장애 아동의 문제행동에 적절하게 대처하는 행동치료적 접근에 대하여 익숙해져야 한다. 아동을 사랑으로 양육한다는 생각으로, 적절한 통제 없이 지나치게 허용적으로 대하는 것은 반드시 피해야 할 방식이다.

자폐스펙트럼장애의 초기 진단 후에 가능한 한 빨리 마음을 추스르고 아동을 위하여 제시된 치료계획을 일관성 있게 지속적으로 시행하는 인내와 노력이 부모가 가져야 할 중요한 요소이다. 즉, 자녀에게 단시간에 어떠한 가시적인 변화를 가져오려는 조급함을 버리는 것이 치료 초기에 필요하다.

자녀가 자폐스펙트럼장애라는 진단을 받게 된 부모들은 매우 당황하고 혼란에 빠지기 쉽다. 이러한 이유 때문에 미국이나 영국에서는 전국적인 규모의 부모 조직과 자조 모임(self-help group)이 만들어졌다. 우리나라의 경우 자생적인 조직이 태동하고 있으며, 현재 (사)한국 자폐인사랑협회에서는 체계적인 전국 조직을 갖추기 위하여 노력하고 있다. 부모와 전문가들이 앞으로 함께 노력해야 할 부분이다.

부모를 비롯하여 자폐스펙트럼장애 아동의 주위에 있는 사람은 심신이 녹초가 되어버리고 만다. 얼마나 힘든 하루하루인지 능히 짐작할 수가 있다. 그러나 시간이 지날수록 자폐스펙트럼장애 아동의 증상이나 문제행동이 호전되는 경향이 있으므로 부모들은 힘을 내서 노력해야 한다. 아동의 증상이 호전되기 위한 몇 가지 전제 조건은 다음과 같다.

첫째, 아동의 발달 정도나 상태에 맞추어 대응하도록 부모를 교육하는 것이다. 그러니까 부모의 입장에서는 인내 또 인내라는 느낌이 들지도 모른다. 그러므로 처음부터 어려운 일이나 쉽게 하지 못할 일에 도전하지 말고, 오히려 쉽고 가능한 것을 찾아내어 부모가 자녀와 함께 해내고, 이루어낸 성과에 대하여 충분하게 함께 기뻐하는 것이 필요하다. 자폐스펙트럼장애 아동은 그 과정에서 부모를 의식하면서 행동하는 방법을 알게 되고, 자신이 이루어낸 일에 자신감이 생기면서 서서히 주위와의 관계형성이 가능하게 되는 것이다.

둘째, 자녀가 신경질적이거나 기분이 안 좋을 때는 꾸짖거나 때리지 말고, 차분해질 때까지 안아주거나 조금 떨어져서 진정될 때까지 기다리는 것이 좋다. 안정된 상태이거나 뭔가 잘될 것 같은 때에 자녀가 한 가지라도 철저하게 이해하고 수행하도록 노력하는 것이다. 부모는 끈질긴 것이 이긴다는 마음으로 힘을 내야하며, 자녀와 함께 할 수 있는 것을 하나하나 늘려가도록 노력한다.

셋째, 부모와의 관계를 돈독히 하기 위하여 자녀에게 스킨십을 많이 해야 한다. 부모는 자녀를 대하는 태도에 일관성을 갖도록 노력해야 한다. 가장 바람직하지 않은 것은 부모 자신은 잘하지 못하면서, '매로 다스리면 좋다' 라든가 또는 '심리적인 충격요법이 좋을 거야' 하는 검증되지 않은 말을 듣고 그런 것을 무분별하게 따르는 것이다.

넷째, 신뢰할 수 있는 전문가의 조언과 지도를 꾸준하게 받는 것이 필요하다. 아동이 발달하는 과정은 길며, 연령 및 시기에 따라 적합하게 시도해야 하는 방식들이 존재한다. 부모들은 이러한 부분들을 구체적이고 세심하게 질문하고 조언을 얻을 수 있는 전문가와 지속적으로 상담해야 한다.

마지막으로 아무리 어렵거나 피곤하다 할지라도, 자폐스펙트럼장애 아동의 부모는 서로를 위로하고 존중하며, 사이 좋게 지내야 한다.

6. 고기능 자폐증과 아스퍼거 증후군

1) 고기능 자폐증

자폐스펙트럼장애의 기능 수준과 예후는 만 5~6세경에 검사된 IQ와 언어구사능력에 의하여 결정적으로 좌우된다고 알려져 있다. 따라서 자폐스펙트럼장애의 치료에서 가능한 한 빨리 소아정신과를 방문하여 정확한 진단을 받아 아동의 상태에 적합한 집중적인 조기 특수교육이 필요하다는 기본적인 치료 원칙이 중요한 것이다. 학령기에 해당하는 자폐스펙트럼장애 아동이 지능검사(WISC)를 시행하여 IQ 71 이상(70 이하는 정신지체에 해당하는 지능이다)을 보이는 경우를 광범위한 의미의 고기능 자폐증에 해당한다고 할 수 있겠다.

일반적으로 IQ 70 이하를 정신지체, 71~84는 정상 범주도 아니고 정신지체도 아니라고 하여 경계선 지능(borderline intellectual functioning)이라 부르며, IQ 85 이상을 정상 범주(IQ 100이 그 연령대에서 딱 평균이다)에 해당한다고 할 수 있다. 엄밀한 의미의 고기능 자폐증은 IQ 85 이상(정상범주 이상에 해당)이면서 자폐스펙트럼장애라고 진단 받은 아동이지만, 보편적으로 IQ 71 이상의 자폐스펙트럼장애 아동을 고기능 자폐증이라 부르고 있다. 고기능 자폐증은 말 그대로 기능 수준이 높은 자폐증으로 볼 수 있지만, 정신지체 이상의 지능을 보이는 자폐증(autism without mental retardation)으로 정의할 수도 있다.

2) 아스퍼거 증후군

유아 자폐증을 최초로 기술한 레오 카너(Leo Kanner)와 같은 시대에 활동했던, 비엔나의 소아정신과 의사 한스 아스퍼거(Hans Asperger, 1944)는 정상적인 지능과 언어 발달이 되어 있으나, 자폐와 유사한 행동(autistic-like behavior) 및 사회적 기술과 의사소통 기술의 심한 결함(marked deficiencies in social and communication skills)을 갖고 있는 네 소년들의 행동 양상에 대해 기술된 논문을 출간하였다.

아스퍼거는 카너 증후군과 비슷하지만, 몇 가지 중요한 차이점을 관찰했다. 카너가 보고한 11명의 소년 중 3명은 전혀 말을 하지 못했고, 나머지 아이들도 거의 의사소통을 하지 못했으나, 아스퍼거의 사례에서는 소년들이 마치 작은 어른(little adult)처럼 말을 잘 했다. 아스퍼거는 전반적인 운동 통합 능력(gross motor coordination)과 미세한 운동 기술(fine motor skill)이 모두 떨어지는 양상을 보인다고 하였으나, 카너는 전자는 불량하고 후자는 매우 우수하다고 보았다. 카너는 기계적인 학습 (learning by rote)을 시키는 것이 자폐아를 발달시키는 가장 좋은 방법이라고 했지만, 아스퍼거는 자신의 환자들은 추상적으로 생각하는 사람들이므로, 자발적으로 성취 가능하다고 보았다. 아스퍼거는 자신이 정리한 증례들을 자폐성 정신장애(autistic psychopathy)라고 명명하였다.

영국의 저명한 소아정신과 의사인 로나 윙(1981)은 아스퍼거가 정립한 개념을 영어권에서 본격적으로 연구하여 아스퍼거 증후군(asperger syndrome)이라는 신조어로 정리하였다. 아스퍼거는 만 3세 이전에는 이 질환을 진단하기 어렵다고 했으나, 윙은 만 2세 이전에 이미 몇 가지의 뚜렷한 특징을 보인다고 보고하였다. 윙의 노력으로 아스퍼거 증후군이 영어권으로 알려지게 되었다.

그동안 아스퍼거 증후군에 대한 진단 기준이 다양하여 아스퍼거의 진단기준, 윙의 기준, 길버그(Gillberg)의 기준, ICD-10(WHO 제정)의 기준, Szatmari의 진단기준, DSM-IV-TR 등 여러 진단 기준들이 논의되었다.

3) 아스퍼거 장애 진단 기준(DSM-IV-TR, 2000)

A. 사회적 상호작용에서의 질적인 장해가 다음 가운데 적어도 2개 항목으로 표현된다.

　a. 사회적 상호 작용을 조절하기 위한 눈 마주침, 얼굴 표정, 몸 자세, 몸짓과 같은 여러 가지 비언어적인 행동을 사용함에 있어서 현저한 장애

　b. 발달 수준에 맞는 친구 관계 발달의 실패

　c. 다른 사람과 함께 기쁨, 관심, 성취를 나누고자 하는 자발적인

욕구의 결여(예 : 다른 사람에게 관심이 있는 사물을 보여 주기, 가져오기, 지적하기의 결여)

   d. 사회적 또는 감정적 상호관계의 결여

B. 제한적이고, 반복적이며, 상동증적인 행동이나 관심, 활동이 다음 항목에서 적어도 1개 나타난다.

   a. 강도나 초점에 있어서 비정상적인, 한 가지 이상의 상동증적이고 제한적인 관심에 집착

   b. 특정의, 비기능적인, 틀에 박힌 일이나 의식에 고집스럽게 매달림

   c. 상동증적이고 반복적인 운동성 매너리즘(예 : 손 또는 손가락을 퍼덕거리거나 비꼬기 또는 복잡한 전신 움직임)

   d. 대상의 부분에 지속적인 집착

C. 장해가 사회적, 직업적 또는 다른 중요한 기능 영역에서 임상적으로 심각한 장해를 일으킨다.

D. 임상적으로 심각한 전반적인 언어발달의 지연은 없다(예 : 단음절 단어를 2세에 사용하고, 의사소통을 위한 구를 3세에 사용한다).

E. 소아기에 인지발달이나 나이에 맞는 자기-보호 기술 및 적응 행동의 발달(사회적 상호작용 이외의), 환경에 대한 호기심의 발달에 있어서 임상적으로 심각한 지연은 없다.

F. 다른 특정 전반적 발달장애나 정신분열증의 진단기준에 맞지 않는다.

기존의 DSM-IV-TR이나 ICD-10의 아스퍼거 증후군 진단에 한계가 있음을 비판한 연구자들이 특히 생후 초기에 언어 발달이나 인지기능 발달에 있어서 임상적으로 심각한 지연은 없다는 증상 발생 시기에 대한 기준과 아스퍼거 증후군과 고기능 자폐증의 감별 진단에 대하여 의문을 제기하면서 진단기준에 대한 논란은 심화되었다. 대체적으로 미국에서는 DSM-IV-TR 진단기준에 따라 아스퍼거 장애의 진단을 내리는 경향이 뚜렷하고, 유럽에서는 상대적으로 길버그의 아스퍼거 증후군 진단기준을 많이 따르는 듯하였다.

특히 로나 윙이나 크리스토퍼 길버그(스웨덴)와 같이 유럽에서 발달장애의 대가로 유명한 소아정신과 의사들은 고기능 자폐증과 아스퍼거 증후군을 명확하게 구분하지 않고, 하나의 자폐스펙트럼장애로 보는 경향이 두드러진다. 미국에서도 일부 전문가들은 고기능 자폐증이나 아스퍼거 증후군의 치료를 위한 사회성 발달 프로그램이나 약물치료에 있어서 두 질환 사이에 차이가 없고, 유전적인 차이를 명확하게 설명하는 연구가 부족하며, 고기능 자폐증과 아스퍼거 증후군을 구분하는 것은 별 의미가 없다고 주장하였다. 아스퍼거 증후군 진단에 대한 유럽의 견해를 일반적으로 'spectrum approach'라고 일컬어졌다.

보편적으로 받아들여지는 아스퍼거 증후군의 특성은 다음과 같다.

- DSM-5 자폐스펙트럼장애의 진단기준에 해당되면서, 임상적으로 사회적 의사소통에서의 의미 있고 지속적인 장해가 있어 사회적 상호작용을 위하여 사용되는 눈맞춤, 미소, 얼굴 표정, 몸짓과 같은 다양한 비언어적 의사소통기술이 현저하게 떨어진다.

- 사회적 상황에서 어색해하며, 상황에 맞게 상대방과 의사소통 하는 능력이 떨어지는 양상을 보여 화용언어(pragmatic language)의 저하가 특징적이다.
- 기능 수준에 맞는 친구 관계가 발달하지 못한다.
- 사회적 또는 정서적으로 주고받는 상호관계가 뚜렷하게 부족하다.
- 상동증적이고 제한적인 관심에 집착한다. 사고의 폭이 좁고, 지나치게 자기중심적인 모습이 특징이다.
- 특이하게 틀에 박힌 일이나 의식에 고집스럽게 매달린다. 이는 강박적인 성향으로 받아들여진다.
- 상동증적이고 반복적인 동작들을 보인다.
- 아스퍼거 증후군의 경우는 지능이 정상범주이거나 정상범주에 가깝다고 보고 있다.
- 상기의 특성들은 일반적인 교육이나 사회적 관계형성에 있어 방해가 된다.

한편, 동작이 느리다든지, 운동신경이 떨어진다는 소견과 관련하여 아스퍼거 증후군에 그러한 경우들이 많은 것은 사실이지만, 그렇지 않은 경우들도 꽤 있으므로 운동신경이 떨어지고 동작이 느린 소견이 아스퍼거 증후군의 진단에 있어 중요한 기준이 되는 것은 곤란하다고 생각한다.

아스퍼거 증후군에 동반하는 공존질환(comorbidity)에 대하여 설명을 해 보도록 하자. 공존질환은 아스퍼거 증후군 아동이 발달과정에서 동반할 수 있는 정신과적 문제이다. 예를 들어, 아스퍼거 증후군이 있는 아동이 주의집중력에 문제가 있어 ADHD의 진단을 받았을 때, 아스퍼거 증후군이라는 진단을 ADHD가 대체하는 것이 아니라, 아스퍼거 증후군에 ADHD라는 공존질환이 동반하는 것이다. 이 아동의 경우는 소아정신과 진단명이 두 가지가 주어진다고 볼 수 있다. 따라서 치료계획도 아스퍼거 증후군을 위한 전반적인 치료계획에 ADHD에 대한 치료를 추가하여야 한다. 아스퍼거 증후군에 자주 동반하는 공존질환은 다음과 같다.

(1) 주의력결핍 과잉행동장애

아스퍼거 증후군을 보이는 아동은 일생에 한 번은 주의력결핍 과잉행동장애(ADHD)로 진단된 경험이 있다는 연구 보고가 있을 정도로 빈번하게 동반한다. 특히 어린 나이의 아동이 아스퍼거 증후군과 주의력결핍 과잉행동장애가 함께 진단되는 것은 흔한 경우이다.

(2) 강박장애

아스퍼거 증후군을 보이는 아동들은 특정 주제나 대상에 지나칠 정도로 탐닉하는 모습을 보인다. 때로는 그 관심 분야에 대해 지나칠 정도로 정보를 추구하여 특별한 수준의 지식을 보이기도 한다. 이러한 집착 현상이 강박적인 증상으로 간주될 수 있다. 전형적인 강박장애 역시 흔해서, 청소년기의 아스퍼거 증후군 환자가 공존질환을 동반하는 것을 자주 발견할 수 있다.

(3) 우울 및 불안 증상

자신이 주위의 아동들과 다르다는 인식이 들면서, 아스퍼거 증후군을 보이는 아동들은 점차 학교를 비롯하여 사회생활에서 어려움을 겪게 되고, 이것은 심리적으로 위축되거나 자존감의 저하를 가져오며, 감정조절이 잘 안 되거나 짜증을 부리는 등 우울 증상(depression or irritability)이나 불안을 야기하게 되는 경우가 많다. 상황에 따라 화를 심하게 내는 모습(anger outbursts)도 종종 관찰할 수 있다.

(4) 틱 증상이나 뚜렛 장애

아스퍼거 증후군을 포함하여 자폐스펙트럼장애에서는 정상군보다 틱 증상이나 뚜렛 장애(Tourette's disorder)가 흔히 발생한다고 알려져 있다. 아스퍼거 증후군과 뚜렛 장애가 공유하는 전두엽의 실행기능(executive function)의 이상이라는 발생기전에서 뚜렛 장애가 자주 발생되는 근거를 찾을 수 있겠다.

(5) 정신분열증

아스퍼거 증후군을 보이는 청소년에게 정신분열증이 동반했다는 증례 보고가 가끔 존재한다. 청소년 시기에 이러한 가능성을 염두에 둘 필요가 있다.

미국과 유럽에서의 아스퍼거 증후군에 대한 견해를 요약해보면, 미국에서는 고기능 자폐증과 아스퍼거 증후군은 원인적으로 다르다는 관점을 일관성 있게 주장하면서, DSM-IV-TR 진단 기준에서처럼 조기에 언어 및 인지기능의 발달에 지연이 없어야 한다는 점을 보편적으로 받아들이고 있다. 또한 인지기능의 특성으로, 지능검사에서 언어성 지능(verbal abilities)이 상대적으로 높고, 동작성 지능(visual-perceptual/spatial abilities)이 상대적으로 떨어져서 시지각 발달의 어려움을 보이는 소견이 아스퍼거 증후군의 전형적인 특징으로 간주되고 있다. 한편 유럽에서는 아스퍼거 증후군은 자폐증과 근본적으로 다른 장애라기보다는 자폐스펙트럼장애의 경미한 축의 끝에 위치하는 자폐증의 변형된 한 형태라고 하면서, 자폐스펙트럼장애의 범주에 아스퍼거 증후군을 포함시켜서, 결과적으로 고기능 자폐증과 아스퍼거 증후군을 구별하지 않는다. 또한 길버그의 진단기준에서 밝히듯이, 아스퍼거 증후군의 진단에 조기의 언어 및 인지기능 지연이 없어야 한다는 점이 반드시 필요한 것은 아니라고 하면서, 소수의 경우에는 아스퍼거 증후군에서도 조기에 언어발달의 지연이 있을 수 있다고 하였다. 인지기능적으로 아스퍼거 증후군에서도 언어성 지능이 동작성 지능에 비하여 상대적으로 떨어지는 소견을 종종 보일 수 있다고 주장한다. 또 하나의 중요한 차이는 미국에서는 아스퍼거 증후군이 앞에서 언급한 임상적인 양상을 보이면서, 자폐적인 특성이 뚜렷해야 한다고 주장하나, 유럽에서는 아스퍼거 증후군의 범주를 표현형(phenotype)으로 매우 포괄적으로 보기 때문에 자폐적인 특성이 뚜렷한 경우는 물론이고, 자폐적인 특성이 별로 없으면서 특이한 영역이나 대상에 관심이 많으며, 대인관계에 서투른 양상을 보이며 평생 동안의 엉뚱함(lifelong eccentricity)을 지닌 대상들에게도 아스퍼거 증후군 또는 아스퍼거 성향이라는 표현을 사용하고 있다.

7. 사회적 의사소통장애

DSM-5에 새로이 포함된 진단기준으로 사회적 의사소통장애(social

communication disorder)는 아동이나 청소년이 자폐스펙트럼장애의 진단기준에 해당이 안 되면서, 기본적인 어휘나 문장구성 능력이 별로 떨어지지 않지만, 화용언어가 심각하게 문제가 있어 대인관계나 사회성에 어려움이 발생하는 경우에 진단이 내려진다.

사회적 의사소통장애는 몇 가지의 임상적인 의미를 가진다.

첫째, 지능이나 기본적인 언어발달은 정상범주에 해당하면서, 사회적 상황에서 보이는 의사소통 능력의 저하를 보이는 경우들이 있다. 이러한 경우는 과거에 언어치료학계에서 화용언어장애(pragmatic language impairment)로 진단을 내리던 경우들과 매우 유사하다고 할 수 있다.

학령기 이후에 사회적 의사소통장애로 진단되는 아동들은 어려서 언어장애로 진단되어 치료를 꾸준하게 받아 왔으나, 충분하게 증상이 치료되지 못하고 문제가 남아 사회적 의사소통 장애로 진행되는 경우가 대부분이다. 어려서 언어발달이 늦었음에도 불구하고, 소아정신과에서의 진료나 언어치료 등을 전혀 받지 않은 상태로 지내다가 초등학교에 입학 후 타 아동들과의 차이를 알게 되어 뒤늦게 병원을 찾는 경우가 종종 있다. 후자의 경우에는 부모가 아동의 상태를 정확하게 인식하고 문제를 대처하는 데 다소 시간이 걸릴 수 있다.

둘째, 과거에 미국에서는 아스퍼거 증후군은 전형적인 임상적인 양상을 보이면서, 자폐적인 특성이 뚜렷해야 한다고 주장하였으나, 유럽에서는 아스퍼거 증후군의 범주를 표현형(phenotype)으로 매우 포괄적으로 보아, 자폐적인 특성이 뚜렷한 경우는 물론이고, 자폐적인 특성이 별로 없으면서 특이한 영역이나 대상에 관심이 많으며, 대인관계에 서투른 양상을 보이면서 평생 동안의 엉뚱함(lifelong eccentricity)을 개인의 특징으로 하는 대상들에게도 아스퍼거 증후군 또는 아스퍼거 성향이라는 표현을 사용하는 경향을 보였다.

우리나라에서도 DSM-5 진단기준이 출간되기 전까지는 유럽의 포괄적인 관점을 받아 들여, 자폐적인 특성은 별로 없으면서 사회성이 부족하고 특이한 관심을 보이며, 종종 운동신경은 떨어지고, 불안증상이나 틱 증상을 동반하기도 하는 경우를 아스퍼거 증후군 내지는 아스퍼거 성향이라고 진단을 내리곤 하였다. 이러한 관점에 대하여 상당수의 성인들이 동의하여, 결과적으로 자신이 아스퍼거 증후군이라고 생각하는 경우들이 많아졌다. 이러한 주장의 이론적 근거로 크리스토퍼 길버그(Christopher Gillberg)의 책 『A guide to Asperger syndrome』(2002)이 자주 인용되었다. 하지만, 자폐적인 특성은 뚜렷하지 않으면서, 사회성이 부족하고 특이한 관심을 보이는 경우에도 아스퍼거 증후군 내지는 아스퍼거 성향이라고 진단을 내린다는 주장은 길버그의 책에서만 언급되었고, 길버그의 논문에서는 논의되지 않았다. 사실상 이러한 주장은 DSM-5에서는 인정되지 못한다. 자폐적인 특성이 별로 없어도 유사한 증상이 있으면 포가적으로 아스퍼거 증후군으로 진단한다는 주장은, 아스퍼거 증후군은 고기능의 자폐스펙트럼장애에 포함된다는 DSM-5의 자폐스펙트럼장애의 진단의 취지에 심각하게 어긋나는 것으로 볼 수 있다. 앞으로는 전형적인 자폐적 특성이 없이, 아스퍼거 성향과 유사한 면이 있다 하여 아스퍼거 증후군으로 진단내려서는 안 되며, 그러한 경우들의 상당수가 사회적 의사소통장애로 진단이 내려져야 한다.

셋째, DSM-5에서 사회성과 의사소통에 뚜렷한 장해를 보이지만, 자페스펙트럼장애의 진단기준에 맞지 않는 경우들은 사회적 의사소통장애로 진단을 내리도록 명시하고 있다. 여기에 해당하는 아동들의 기능 수준이나 임상양상은 심각한 장해를 보이는 경우들도 포함될 가능성이 높다. 이러한 경우에 해당하는 아동들은 자폐스펙트럼장애의 치료원칙에 입각하여 동일한 치료를 받도록 권고하고 있다.

8. DSM-IV와 DSM-5에서 자폐스펙트럼장애의 진단적 변화

김영신 등(2014)은 과거의 DSM-IV 진단기준으로 전반적 발달장애의 진단을 받았던 환자들을 대상으로 DSM-5 자폐스펙트럼장애의 기준에 입각하여 진단기준을 적용하였을 때, 진단의 변화에 대한 연구를 시행하였다.

- DSM-IV에서 전형적인 자폐증을 의미하는 자폐성 장애(autistic disorder)의 경우는 DSM-5에서도 거의 다 자폐스펙트럼장애의 진단기준에 해당되었다.
- DSM-IV에서 아스퍼거 증후군의 경우는 DSM-5에서 약 90%의 경우에만 자폐스펙트럼장애의 진단기준에 해당되었으며, 그 외에는 사회적 의사소통장애의 진단이 주로 내려졌다.
- DSM-IV에서 비전형적인 자폐증을 의미하는 PDD-NOS의 경우는 DSM-5에서 약 70%에서 자폐스펙트럼장애의 진단기준에 해당되었으며, 아닌 경우의 상당수가 사회적 의사소통장애의 진단이 내려

졌다. 따라서 과거에 PDD-NOS로 진단되었던 환자들은 DSM-5 자폐스펙트럼장애 진단기준에 따라 재진단을 받을 필요가 있다.

DSM-IV에서는 자폐성향이 있어 보이는 환자가 전형적인 자폐성 장애의 진단기준에 맞지 않으면, 비전형적 자폐증에 해당하는 PDD, NOS의 진단이 내려졌었다. 하지만, DSM-5에서는 자폐성향이 있어 보이지만 자폐스펙트럼장애의 진단기준에 정확하게 맞지는 않는 경우들은 사회적 의사소통장애로 진단을 내리도록 되어 있다.

우리나라에서는 과거에 전형적인 아스퍼거 증후군에 해당되지 않으면서, 사회적 관계형성에서의 어색함과 협소하고 경직된 사고, 지속적으로 특이하거나 엉뚱함을 보이는 대상들에게 아스퍼거 성향이라고 하여 광범위하게 아스퍼거 증후군 진단이 적용되어 부적절하게 내려지던 시기가 있었다. 따라서, 우리나라에서는 DSM-IV 기준으로 아스퍼거 증후군(장애)으로 진단되었던 대상들 중 DSM-5 자폐스펙트럼장애 진단기준에 해당되지 않는 경우들이 미국의 결과보다 훨씬 높으리라 생각한다.

제 **3** 장

자폐스펙트럼장애의
교육적 접근과
행동중재

양문봉

03

자폐스펙트럼장애의
교육적 접근과 행동중재

이 장에서는 자폐스펙트럼장애 아동 개인의 교육에 관련된 스펙트럼적 특성과 현행 기능 수준을 고려한 최적의 개별화 교육계획안(IEP)을 만든 후에 아동의 학습적 성향과 수준을 최대한 적용하여 구조화 학습 환경에서 교육하여 최고의 교육적 효과를 창출할 수 있는 효과적인 교육 및 치료중재 체계 세 가지를 소개하려고 한다.

- 프로필 테스트에 근거하여 구안된 IEP에 의한 종합적 특수교육
- 행동개선, 과제 분석, 변별교육, 데이터베이스에 근거한 응용행동분석(ABA/DTT)
- 특수교육기관 혹은 전문 치료교육기관에 접목할 수 있는 환경구조적 체계(TEACCH)

이 세 가지 교육 및 치료중재 체계는 특수교육과 행동중재라는 중요 요소를 공유하면서도 각각 나름대로의 중점적인 독특한 핵심 조건을 강조하고 있다. 본 책자 제6장에 수록된 단편적인 치료 방법들과는 달리 자폐스펙트럼장애를 갖고 있는 아동들에게 우선적이고 필수적으로 실행해야 할 종합적인 교육 및 중재 방법이다.

첫째, IEP에 의한 종합적 특수교육은 아동의 개별적인 특성을 고려하여 짜인 커리큘럼의 교육적 내용을 강조하고 있다. 일반적으로 각 교과 혹은 기술영역의 교육프로그램을 구체적으로 제시한 단기목표(Short-Term Objective, STO)를 꼭 갖추어야 한다. 본 IEP에 의한 교육내용은 아래의 EIBI와 TEACCH에서도 공통적으로 포함하고 있다.

둘째, 응용행동분석(ABA/DTT)은 아동의 학습활동과 기술 습득을 높이기 위한 체계적이고 집중적인 교수체계와 방법 및 객관적이고 과학적인 평가와 데이터 처리에 중점을 두고 있다. 여기에 집중조기치료(EIBI 혹은 EIBEI)와 로바스 방식이 속해 있다.

셋째, 환경구조적 체계(TEACCH)는 효과적인 학습을 위해 자폐스펙트럼장애 아동들의 학습적 특성을 심도 있게 고려하여 구성한 교육적 환경과 구조에 중점을 두고 있다.

이 장의 마지막에서는 이 세 가지의 장점들을 접목하여 구성한 하이브리드 유형인 치료중재 육지법(hybrid educational treatment interventions) 혹은 Choice 치료중재법의 프로토콜을 제안하려고 한다.

1. IEP에 의한 종합적 특수교육

특수교육과 일반교육의 차이점은 IEP의 필요성 여부인 것이다. 일반적으로 국가단위의 교육과정(커리큘럼)에 의해 교육하는 것을 일반교육이라고 한다면 특수교육은 각 아동만을 위해 만들어진 맞춤형 커리큘럼인 IEP에 의해 교육한다는 것이다. 일반적으로 일반교육의 국가단위의 커리큘럼은 각 학년 중간 수준에 맞추어져 있기에 낮은 수준의 특수아동들에게는 너무 어렵고 높은 수준의 영재아동들에게는 너무 쉬워서 두 부류의 아동들에게는 따로 아동들만의 맞춤형 커리큘럼인 IEP에 의해서 교육할 필요가 있는 것이다. 따라서 종합적인 특수교육과 아울러 앞으로 소개할 EIBI와 TEACCH프로그램에서도 이 IEP가 필수적으로 포함되어야 할 내용이다.

1) IEP는 무엇인가

(1) IEP의 정의

개별화 교육계획안(Individualized Educational Plan, IEP)은 앞서 소개한 바와 같이 특수교육, 재활교육, 치료교육을 구성하는 심장부에 해당한다. 이는 특수교육이나 치료교육 대상자의 독특한 적성과 특성에 기초하여 아동의 능력과 기능을 체계적으로 계발하는 것을 목표로 삼고 있다. 이러한 목표를 실현하고 최대한 아동이 미래에 자활적 삶을 성취하기 위해 현재의 아동의 기능의 수준과 장애 유형 및 학습적 특성을 고려하여 아동에게 가장 적합한 교육목표, 교육방법, 교육내용, 연관된 서비스의 내용들을 포함하여 개별화하면서 구안한 포괄적인 교육계획서가 바로 IEP이다. 더 쉽게 표현하면 대상 아동만을 위한 유일한 교육계획안을 말하는 것이다.

(2) IEP의 필요성

일반적으로 발달지연으로 야기된 역량상의 개인적 편차가 다양하게 나타나고 있는 자폐스펙트럼장애 아동들은 국가 단위의 단일 교육과정(일반학교 교과 과정)으로는 그들의 독특한 필요와 성취에 대한 기대를 충족시킬 수 없다. 따라서 일률적 성격을 갖고 있는 일반교육의 커리큘럼의 교육적 불이익을 최소화하면서 최적의 학습적 효과를 창출하고자 각 아동의 특성과 발달에 영합한 교육계획안(IEP)을 따로 계획하고 실행하는 과정이 필요한 것이다. 그래서 IEP 내용 중에 가장 필수적으로 포함되는 부분은 아동의 현행 수준, 교육적 특성, 개인적 필요 등이며, 이들을 정확히 알아내기 위해서 프로필 테스트와 같은 전반적 기능 평가가 필수적이다. 일반적으로 경계선 이하의 발달지연을 갖고 있거나 혹은 경계선 이상의 천재적 재능을 가진 아동들이 최적의 교육적 효과를 얻기 위해서 IEP 대상 범주에 포함되어야 한다.

(3) IEP의 구성

IEP에는 다음의 내용들이 필수적으로 포함되어야 한다.

첫째, 대상 학생의 장애등급, 가족관계 등 주변 정보를 기술한 인적 사항이 포함된다.

둘째, 전반적으로 학교에서 수행하고 있는 현재의 기능 및 학력 수준을 기술한 학습 현행 수준이 포함된다. 이것은 교육목표를 정하는 데 중요한 기초자료가 될 것이며, 여기에 통합학급의 참여도, 수준의 향상 정도, 표준화된 검사 결과(예 : K-WISC, PEP-R, 읽기진단검사 등), 개인의견(부모, 전문가, 일반학급교사, 특수학급교사, 학교장 등)에 따라 기술된다.

셋째, 학생이 정해진 시한에 도달할 수 있는 목표로서 측정 가능한 용어로 기술한 장단기 교육목표가 포함된다.

넷째, 교육시작 및 종료일(교육 횟수와 기간도 명시)이 포함된다.

다섯째, 교육장소 및 편성 학급(여기에는 아동과 교사의 비율도 명시한다)이 포함된다.

여섯째, 특수교육 대상자의 교육을 효율적으로 실시하기 위한 부가적 특수교육 관련 서비스(상담 지원, 가족 지원, 치료 지원, 보조인력 지원, 보조공학기기 지원, 학습보조기기 지원, 통학 지원 및 정보접근 지원 특수교육과 관련 서비스 등)가 포함된다.

일곱째, 단기목표(Short-Term Objective, STO)가 제2부에 포함되어야 한다. 적지 않은 IEP운영 프로그램이나 학교에서 이 부분을 삭제하는 경우가 많은데, 이는 과학적이고 근거기반 교육 효과를 위해서 절대적으로 필요한 부분이다. 여기에는 목표, 교육방법, 교육자료, 구안자 성명, 기간, 측정방법, 과제분석 등이 포함되어 있다.

(4) IEP 작성 완료 시기

매 학기 혹은 교육 시작일부터 30일 이전에 구안을 시작하고 교육 및 중재 실시 직전에 개별화 교육계획의 구안 작성을 끝내고 부모와 관련 전문가와 같이 IEP 회의를 진행한 후에 부모의 동의 및 서명 후에 실시한다.

(5) 사후평가의 시기 및 필요성

아동에게 IEP에 의한 교육을 실시하고 나서 IEP에 명시된 연간목표 혹은 단기목표를 성취했는지의 여부를 평가할 필요가 있다. IEP에는 성취목표가 장기(1년) 및 단기(분기 혹은 학기)마다 설정되어 있으며, 평가는 IEP에 명기된 장단기 목표 시기인 년, 분기 단위로 이루어진다. IEP의 교육목표를 항목마다 구체적이고 객관성 있게 설정하여 정확한 측정 수치들을 명확하게 제시해주는 과학적인 평가가 이루어지게 하는 것이 중요하다. 일부 기간에서는 이를 성취평가(achievement evaluation) 혹은 발달평가(progress report)라고 부르기도 한다.

(6) 사전평가 혹은 검사의 내용

IEP를 구안하기 위해서 평가(이는 IEP 진행 후에 실시하는 사후평가가 아니고 IEP 구안을 위한 정보 취합 사전평가임) 혹은 검사가 필요한데, 평가의 핵심 내용은 두 가지이다.

첫째는 현재 아동이 수행할 수 있는 기술 레퍼토리와 현행 수준이며, 둘째는 현재 아동의 주변에서 일어나는 다양한 교육적 조건들이어야 한다. 따라서 기억할 것은 앞으로 아동에게 일어날지도 모를 일들이나 현재 아동 주변에 일어나지 않고 있는 일들과 같은 주관적인 내용들은 절대 평가의 내용에 포함할 필요가 없는 것이다.

(7) IEP 구안 절차(IEP Development Procedures)

적절한 IEP를 위한 평가 및 구안 그리고 IEP에 의한 교육 수행과 관련한 절차를 다음과 같이 5단계로 나누어 진행할 필요가 있다.

- 초기단계 : 대상 아동을 위한 전문가 팀(교육전문가, 치료전문가, 교사, 부모 등)을 구성한다(이때는 이미 자폐스펙트럼장애 진단을 받은 다음이다).
- 평가단계 : 다양한 환경과 기술영역에서 대상 아동의 현행 수준과 특성 및 성향을 평가(IEP 구안을 위한 아동을 위한 사전평가)한다. 이때 평가는 아동의 세 가지 특성, 즉 아동의 약점이 되는 자폐성 학습장애(autistic learning disabilities), 아동의 강점이 되는 자폐성 학습성향(autistic learning styles), 아동의 목표 교육 수준(바로 다음 단계의 학습내용)을 정확하게 파악하는 데 초점을 맞추어야 한다.
- 계획단계 : 앞에서의 현행 수준과 아동의 세 가지 특성을 기초로 하여 IEP 장단기 목표를 설정하고 그에 따라 최적의 IEP 내용을 구안하여 완성한다.
- 교육단계 : 각 아동에게 IEP의 내용을 IEP에 명시된 조건들에 의거하여 조성된 구조적 교육환경에서 교육을 실시한다.
- 평가단계 : 장단기 목표에 의거하여 성취 여부와 발달 정도를 평가한다. 성취되지 않은 경우 원인분석과 대책계획을 수립한다.

2) IEP 구안 철학(IEP Development Philosophy)

IEP는 자폐스펙트럼장애 아동의 최적의 교육 효과를 창출하는 데 가장 중요한 핵심이다. 이런 의미에서 아동의 예후는 IEP 내용의 질에 달려 있다 해도 과언이 아니다. 최고의 IEP 구안을 위한 여섯 가지 IEP 구안 철학은 다음과 같다.

첫째, IEP 내용을 구안할 때 대세와 물량적인 정보보다는 전문적인 판단과 소스에 기초한 과학적이며 기능적인 핵심 내용들로 구성해야 한다.

둘째, IEP 구안자는 자신의 전문성과 전문가의 판단기준에 지나치게 초점을 맞추려 하기보다는 목표 아동의 필요와 현행수준에 초점을 맞춘 아동의 욕구 기준과 목표를 설정하여 이를 충실히 성취할 수 있도록 구안해야 한다.

셋째, IEP 구안 시 프로그램 영역의 우선순위를 정할 때 현재 사용 가능하거나 손쉽게 실행할 수 있는 교육 자료나 서비스 중심으로 기획하기보다는 현재 아동에게 절실하고 시급한 교육 서비스를 고려해야 한다.

넷째, IEP를 아동의 전인적인 이미지에 부합하게 구안해야 한다. 'IEP가 곧 아동이다' 라는 말과 같이 아동을 발달시키고 인격을 형성시키는 다양한 기술 혹은 교육내용들이 종합적으로 IEP 안에 포함되도록 구안해야 한다.

다섯째, IEP 구안 시 아동의 세세한 교육 및 정서적 특성까지 이해하는 부모의 의견을 충분히 반영할 필요가 있다.

여섯째, IEP 구안 시 현재 학습 수행 수준과 교육 후 앞으로 성취할 장단기 목표를 정확하고 현실성 있게 설정해야 한다. 이 두 가지의 차이가 바로 IEP에 포함시켜 교육할 중재 서비스 내용이 되며, 교사가 교육하며 성취해야 할 교과 범위(scope and sequence)임을 기억해야 한다.

3) IEP 기술영역(Skill Domains)

일반학교에서 다양한 학과내용들을 유사한 내용들로 과목(subject)별로 묶어서 교육할 때 유기적인 효과를 나타낼 수 있다. 마찬가지로 IEP에 포함시켜 교육할 교육프로그램의 내용을 유사한 내용을 중심으로 유형(category)별로 나누고 분류하여 IEP를 구안하고 이에 따라 교육하는 것이 훨씬 체계적이고 기능적일 수 있다. IEP에 속할 다양한 교육서비스들을 유사한 내용별로 나눈 유형이 바로 기술영역(skill domains)이라 부른다. 특히 기술(skills)이라는 용어는 더 적은 시간과 에너지를 사용하여 주어진 과제를 더 수월하게 수행할 수 있는 이미 학습된 역량으로 정의될 수 있다. 따라서 수학, 국어, 과학, 사회 등과 같은 과목 개념보다는 의사소통기술영역, 사회성 기술영역, 자조기술영역 등과 같은 기술영역 개념을 사용하여 교육프로그램을 분류해 IEP를 구안하는 것이 중요하다.

일반적으로 자폐스펙트럼장애 아동들의 기술영역은 총 15개로 분류하는 것이 가장 효과적이다. 기술영역도 크게 두 가지로 나뉘는데, 발달기술영역(developmental skill domains)의 10영역과 사회인지기술영역(socio-cognitive skill domains)의 5영역으로 이루어져 있다.

4) 발달기술영역(Developmental Skill Domains)

(1) 행동영역

행동영역의 프로그램은 아동이 교육받는 모든 시간 안에서 행해져야 한다. 즉 교실 공간 안에서 이루어지는 개별화 학습시간뿐 아니라 각종 특별 교실 안에서도 같은 행동치료중재법이 적용되어야 하며, 심지어 야외학습이나 공동사회 훈련을 위한 현장 학습(field trip) 시간일지라도 대외적인 시선을 의식하지 않고 일관성 있게 행동중재와 치료를 실시해야 한다. 자폐스펙트럼장애 아동의 행동관리법으로는 응용행동분석을 통한 행동치료가 가장 효과적이다.

　자폐스펙트럼장애 아동들이 주로 보이는 문제행동은 다음의 10가지 부문으로 묶을 수 있다. 첫째는 사회적 기대 수준을 넘어서는 각종 반사회적 행동들을 포함하는 혼란행동 부문이다. 둘째는 타인을 상해하거나 의도하는 공격 행동 부문이다. 셋째는 주변 가구 및 집기, 개인 소지품, 타인의 물품, 공공 기물들을 손상하는 파손 행동 부문이다. 넷째는 신체 내의 촉각, 시각, 청각, 미각, 후각과 같은 대부분의 감각기관계를 통한 매너리즘적인 행동군인 자기자극 행동 부문이다. 다섯째는 대상이 타인인 공격행동과는 달리 그 대상이 자기 자신인 자해행동 부문이다. 여섯째는 수동적 지시불이행(집중력이나 미성숙으로 인한 경우), 거부 언어의 사용(예 : 안 해, 싫어 등), 능동적 지시불이행(의도적이거나 집착적인 경우)을 포함하는 지시불이행 부문이다. 일곱 번째는 아동의 무드나 기분에 크게 영향을 받지 않고 지속적으로 나타나는 경향이 있는 자기자극행동과 달리 심리적으로 평온하지 못한 상황에서 다발적으로 관찰되는 반사적 반복행동(perseverative behaviors) 부문이다. 여덟 번째는 부적절한 용도나 방법으로 언어를 사용하는 부적절한 언어 사용 부문이다. 아홉 번째는 다양한 형태(편식, 식사거부, 과잉취식, 취식불가 사물 섭취 등)의 취식 문제를 보이는 취식 부조 부문이다. 열 번째는 야간 부조 행동(야간 텐트럼, 야간 소리 지르기 등)의 수면 부조 부문이다.

(2) 언어 및 의사소통영역

IEP에서 이 기술영역의 교육프로그램들을 구안하기 위해서는 먼저 자폐스펙트럼장애를 가진 아동의 언어 및 의사소통 지연의 특성을 정확히 이해할 필요가 있다. 다음에 소개하는 여러 조건과 내용들은 자폐스펙트럼장애 아동들이 보이는 보편적인 언어와 의사소통 특성들을 염두에 두고 적용할 수 있는 기술적 조건들이며, 언어 훈련 및 교육프로그램에 철저히 반영한다면 더욱 긍정적인 결과를 가져다줄 것이다.

첫째, 자폐스펙트럼장애 아동들을 위한 언어 및 의사소통훈련에는 기능성(functionality, 언어의 실제적 사용성)이 최우선 되어야 하고 이를 성취하기 위해서 자연적 환경에서의 언어 훈련이 절대적으로 필요하다. 예를 들어, 교실에서만 "물"이라는 단어를 발화하게 교육하는 것이 아니라 실재로 물이 필요할 때 "물"이라는 단어를 발화하게 교육하는 것이 기능적 교육이다.

둘째, 초기에 발화훈련을 진행할 때 기본적인 의사소통의 도구로서 보완 대체 언어를 병행할 필요가 있다. 아동이 자신의 요구, 필요, 감정을 전달할 수 있는 방법이 없어서 엄청난 스트레스로 인한 감정적 격분행동과 자해행동과 같은 부적응행동을 빈번하게 보이기 때문이다.

셋째, 언어나 의사소통을 사회성 방법의 기술이나 행동으로 보는 화용론적 언어 훈련에 초점을 맞춘다. 화용기술 지연을 갖고 있는 자폐스펙트럼장애 아동의 언어 및 의사소통 중재는 일반적 언어장애 아동들에게 적용하는 음운 발달(phoenic development), 구문 발달(syntactic development), 의미 발달(semantic development)에 초점을 맞추기보다는 화용적 언어 발달에 집중해야 한다. 화용론은 문장보다는 화행, 즉 언어의 행동(speech act)에 집중하면서 두 사람의 상호작용이 일어나는 기능적 행동기술 습득에 포커스를 맞춘다. 자연적 학습(naturalistic learning)과 우발성 교육(incidental teaching, 인위적인 상황보다는 우연한 상황 재현을 통한 학습)을 적절히 사용하면 화용언어 학습의 효과를 극대화할 수 있다.

넷째, 자연적 학습과 우발성 학습효과를 극대화시키기 위해서 IEP에 의사소통 동기 유발 방법과 전략을 포함시켜야 한다. 표현력의 문제보다는 대화의 의지, 동기, 노력이 부족한 자폐스펙트럼장애 아동에게 의사소통의 의지와 동기를 부여하기 위한 방법이 무엇보다도 중요하다.

(3) 학과 기술영역

일반적으로 학령기 전 자폐스펙트럼장애 아동들의 학습능력 수준은 학습 준비단계(academic readiness)에 머물러 있을 가능성이 높다. 따라서 손-눈 협응 능력과 소근육 능력의 향상을 통하여 기본적 학습 활동에 자신감과 세밀한 조작적 능력을 갖추게 하는 것에 중점을 두는 것이 좋다. 아동의 학습능력이나 지능과도 큰 연관성이 있는 이 기술영역은 아동의 연령과 의사소통 능력의 현행 수준을 참고해야 한다. 유치원 혹은 초등학교 아동의 경우는 수리, 도형, 읽기, 쓰기 등과 같은 순수한 기초적 학습에 치중하면서 가능한 한 학령전(前)기 기능적인 기초 및 핵심기술 학습 위주로 진행되는 것이 유리하다. 즉 읽기 학습을 위해서는 이론적이거나 이념적인 내용 위주보다는 '남자', '여자', '멈춤', '위험', '은행', '지하철', '버스', '좌석', '입구', '출구', '학교' 등과 같은 일상생활 속에 생존과 생활과 직접 관련되거나 사회에서 흔히 접하는 개념, 단어 학습을 포함시키고, 산수교육을 위해서는 실제적인 현금 계산활동을 유도하며, 동물에 관련된 내용을 위해서는 직접 동물을 접하는 감성 및 체험학습을 추진하는 기능적인 학습내용이 유리하다.

중고등학생일 경우에는 학구적인 내용 이외에 장래 직업과 관련된 작업기술영역과 연계 프로그램을 수행하는 것이 더욱 효과적일 것이다.

(4) 주의력기술영역

자폐스펙트럼장애 아동들은 주의력결핍과 연관된 과잉행동 혹은 과소행동(hyper-or hypo-active behaviors)의 극단적 행동을 보이는 경향이 있다. 따라서 자폐스펙트럼장애 아동들은 일정 수준의 주의력기술을 습득할 필요가 있다. 이런 주의력기술 없이는 학습이나 교육이 어렵기 때문에 학업기술(study skill)영역과 연계하여 IEP에 주의력기술영역에 속하는 프로그램을 구안하는 것이 중요하다.

이 기술영역에 속한 프로그램은 시간이 흐를수록 아동이 할 수 있는 과제의 범위를 넓혀가기도 하지만 정해진 시간 안에서 최소의 도움과 언어적 지시만으로 주어진 과제를 끝낼 수 있는 능력을 발달시키는 교육프로그램들이 주류를 이루고 있다.

주의력기술영역에서 다룰 수 있는 교과 내용은 다음과 같이 세 부문으로 구성된다. 첫째는 앉아 있기와 눈 맞춤(일대일 상황)을 포함하는 기능 언어적 주의집중기술 부문이다. 둘째는 일정 기간 동안 앉아서 과제 완료와 일정 기간 동안의 시청각적 집중력을 포함하는 그룹 내의 주의력기술 부문이다. 셋째는 혼자 집중하기와 그룹 안에서 집중하기를 포함하는 독립적 주의력기술 부문이다.

(5) 지역사회 적응 기술영역

자폐스펙트럼장애 아동들은 사회성과 의사소통 능력의 한계로 지역사회에 접할 기회를 제한받기 때문에 지역사회에 대한 개념을 습득할 기회가 턱없이 부족하다. 그에 따라 당연히 독자적으로 공공시설을 이용하는 데 어려움이 따를 수밖에 없으며, 이용하더라도 아동이 보이는 각종 부적응행동이나 기타 특이한 행동적 특성으로 인하여 쉽게 타인들로부터 주목받는 당혹스러운 경험을 갖는 경우가 많다. 따라서 IEP의 지역사회 기술영역에 포함시킬 교육프로그램의 내용은 주로 대중교통을 사용하는 방법, 공중전화 사용법, 교통 신호 혹은 거리의 사인들을 인식하는 법, 위험한 상황을 인식하는 법, 공공시설의 기능과 공공 인물들(경찰관, 간호사, 의사, 소방관, 환경 미화원 등)의 역할을 이해하는 기술 등이다. 때로는 현장학습(field trip) 방법이 효과적이나 이것이 어렵다면 교실 내에서도 발달놀이치료(developmental play therapy)의 일종인 역할놀이나 상황놀이를 통하여 효과적으로 교육할 수 있다.

(6) 여가기술영역

자폐스펙트럼장애 아동들은 유아기 때 상상놀이능력이 크게 떨어진다. 성장하면서 이 부분을 학습하지 못하면 자연히 여가기술 능력의 지연이 지속될 수밖에 없다. 여가기술 능력의 부족은 자극 결핍 현상과 만성적 무료함을 낳게 되어 스스로 자극을 유발하는 상동행동과 같은 무의미한 행동적 매너리즘을 야기하는 결과를 낳는다. 따라서 아동이 독립

적으로 여가활동을 할 수 있는 독립여가기술을 학습하는 것이 매우 중
요하다. 아울러 다른 아동과 더불어 팀워크를 이루는 그룹 놀이 능력을
키우는 것도 중요하다. 그렇게 하기 위해서는 순서 지키기와 주고받기
놀이와 같은 기본적 상호작용의 핵심 기술들을 습득해야 한다.

레크리에이션/여가 기술영역의 교육프로그램이나 교과 내용에는 놀
이기술 부문(독립적 놀이, 평행적 놀이, 협력적 놀이), 공놀이기술 부문,
단체게임/활동기술 부문, 미술과 공작기술 부문, 음악기술 부문, 독서기
술 부문, 텔레비전, 비디오, 영화, 연예기술 부문 등이 속해 있다.

(7) 소근육－대근육기술영역

학습 능력이 향상되거나 학급이나 치료교육실 안에서 일어나는 다양한
교육 활동에 자신감을 갖고 참여하려면 기본적으로 일정 수준의 대/소
근육기술이 발달되어야 한다. 유치원 혹은 초등학교 교과 수준의 학습
활동 내용은 가위질, 선 긋기, 도형 그리기, 쓰기, 모자이크 등의 기본적
소근육기술을 필요로 한다. 만약 필요한 소근육기술을 습득하지 못하
면 학습에 자신감과 흥미를 잃게 된다.

학교 혹은 치료 및 중재교육기관의 생활의 일부인 시간 및 세션마다
의 개인 혹은 단체의 각종 활동은 신체적 절도성과 기민성을 포함하는
핵심적 기본 대근육기술을 요구하기 때문에 대근육기술이 지체된 아동
들은 학교나 치료실 생활에 자신감을 상실하고 이에 따라 성취감을 느
끼지 못하게 된다. 반면에 일반적으로 질서를 요구하는 단체생활에서 일
어나는 수많은 상황에 대해 비교적 기민하고 민첩하게 움직일 만큼 대
근육기술을 습득했을 때 성취감과 자신감을 얻을 수 있고, 단체의 기대

감을 충족할 수 있다.

일반적으로 자폐스펙트럼장애 아동들이 대근육기술영역에서는 대체로 덜 지체되어 있는 것으로 알려져 있지만 여전히 민첩성에서 떨어지며 평소에 잘 취하지 않거나 사용하지 않는 몸동작이나 활동은 일반 아동에 비해 크게 지체되어 있기 때문에 대근육기술 프로그램을 도입하여 이를 향상시켜야 한다.

대근육기술 부문의 핵심기술 교육프로그램이나 교과내용 안에는 구르기, 기기, 앉아 있기, 일어서기, 걷기, 균형 잡기, 계단 오르기, 뛰기 등의 프로그램들이 포함되며, 소근육기술 부문의 핵심기술 교과 내용 안에 기본적 손놀림(빨래집게, 클립, 칩 넣기), 선 긋기, 도형 긋기, 모양 긋기, 색칠하기와 그림 완성, 가위나 핀셋 사용 기술, 글쓰기 등이 포함된다.

(8) 작업기술영역

1975년에 시행하게 된 미국의 범특수아동 교육법(EHA)의 기본 정신인 주류화(mainstream)의 정신을 바탕으로 통합(integration) 교육과 탈시설화(deinstitutionalization)의 중요성이 널리 인식되면서 가장 크게 관심을 두게 된 영역이 바로 작업기술영역이다. 이제는 장애를 가진 사람들에게 치료중재 차원에서만 접근할 것이 아니라 그들의 미래의 독립적 자활을 위한 직업훈련에까지 관심이 확장됐기 때문이다. 말하자면 장애를 가진 아동이 일정한 틀의 치료교육 혹은 특수교육 과정을 마치면 다시금 시설(institution)로 복귀되던 과거의 경향과는 달리 이제는 교육과정을 마치면 사회로 진출하여 통합되는 것을 목표로 교과 과정 안에 향후 자활을 돕는 직업 혹은 직업재활 및 지원훈련 프로그램도 포함될 필요가 있다.

특히 자폐스펙트럼장애 아동들을 위한 IEP의 작업기술영역에서는 추상성(abstract), 상징성(symbolic), 논리성(logical)을 요구하는 직업훈련 프로그램의 과제를 피하면서, 조작성(manipulative), 시각적 공간성(visual-spatial), 단기 기억력(short-term rote memory)을 요구하는 학습과제와 프로그램들을 주로 포함해야 한다.

(9) 자조기술영역

자조기술교육의 주된 목표는 아동으로 하여금 일상생활 현장에서 독립적으로 기능할 수 있도록 도와주는 것이다. 이 영역의 주요 프로그램은 화장실 훈련, 옷 입기, 위생훈련, 식사훈련, 안전 의식 훈련 등이다. 자조기술영역은 일반적으로 기능이 낮은 아동에게 우선순위가 높은 기술영역으로 여겨지고 있다. 이 영역에 속한 모든 기술 프로그램은 아동의 역량에 맞는 과제 분석을 통해 실시하는 것이 효과적이며, 하나의 자조기술을 첫 순서부터 익힐 수 있게 교육하는 방식인 포워드 체인(forward chaining), 첫 순서의 내용은 연습을 하게 하면서 본격적인 학습은 마지막 순서부터 익히게 하는 백워드 체인(backward chaining)의 두 가지가 있는데, 아동의 특성에 따라 한 방식을 정하여 적용할 필요가 있다.

식사행동기술 부문, 화장실 사용기술 부문, 착의기술 부문, 개인적인 위생 부문 등이 주요 자조 기술영역의 교육프로그램이나 교과 내용에 포함되어 있다.

(10) 가내기술영역

가내기술영역은 가정 내에서 한 일원이 되어 가사와 관련된 활동과 과제를 적절히 수행하도록 교육하는 것이다. 아동이 성인이 되면서 자활하는 첫 현장이 바로 가정이고 그곳에 평생 기거해야 하는 차원에서 가내기술영역의 프로그램이 중요하다. 가정 일에 대한 준비훈련의 초기단계는 교실 내에서도 가능하지만 어느 정도 단계를 올라가면서는 실제적 현장에서의 교육으로 전환해야 한다. 이 영역에 속하는 프로그램에는 이불 걷기, 방 혹은 거실 청소하기, 쓰레기 모아 담기, 빨랫감 정리하고 걷기, 가구 위치 변경하기, 못 박기, 가족과 더불어 회의하기, 모여서 같이 대화하며 식사하기, 간단한 요리하기, 식탁 치우기, 물건과 사물 정리하기, 재활용품 분류하기 등이 있다. 이 기술영역에 속한 프로그램도 자조기술영역과 마찬가지로 아동의 기능에 맞게 과제 분석을 철저히 한 후 실행해야 한다. 특별히 성인기에 들어가면 외부에서 걸려오는 전화 받기와 외부 방문자 접대 과제를 처리할 수 있는 역량을 훈련받을 필요가 있다.

5) 사회인지기술영역

(1) 비언어적 의사소통기술영역(Non-verbal Communication Skill Domains)

"철수는 오전에 영화관에 갔다. 거의 텅 빈 영화관 중앙에 한 사람만이 앉아 있는 것을 발견하고는 수많은 빈자리를 마다하고 그 사람 바로 옆자리에 앉았다. 그러자 먼저 앉아 있던 사람이 당황스러운 표정을 짓고는 일어나 두세 줄 뒷자리로 옮겨 앉았다."

"내성적인 성격의 소유자인 경수는 사촌의 생일파티에 엄마와 같이 어렵사리 참석하게 되었다. 많은 아이들이 밝게 웃으면서 축하해주는 생일파티 분위기인데도 시종일관 엄숙한 표정을 짓고 있던 경수에게 다른 아이들이 접근하는 것을 불편해 했다."

철수는 혼자 앉아 있던 사람과 평안거리를 유지하기 위해 그 사람이 앉아 있던 근접된 주변자리를 피해줄 필요가 있는데, 자신의 편리와 유익만을 고려하던 철수는 비언어적 의사소통의 규칙 중 하나인 평안거리 원리를 어기게 된 것이고 그 결과 원래 있던 사람은 철수 옆자리를 피해 떠나고 말았다. 사회적 의사소통과 사회적 상호적 활동을 성공적으로 수행하려면 어떤 특별한 일을 실행해야만 하는 것은 아니다. 때로는 특정한 일을 실행하지 않을 때 성공할 수도 있다. 예를 들어, 엘리베이터나 전철에서 옆에 서 있거나 앉아 있는 상대방에게 시선을 고정해서는 안 된다. 처음 만난 사람 앞에서 자신의 감정이나 정서를 스스럼없이 표현하지 않고 절제해야 첫 만남을 성공적으로 끝낼 수 있다. 입학시험에 합격해서 기쁘지만 실패한 동료들 앞에서 자신의 현재 감정을 표현하지 않는 것이 중요하다.

반면에 실행해야 할 상황에서 실행하지 않을 때에도 사회적 실패를 경험할 수도 있다. 이는 경수의 경우인데, 생일파티에 참석한 사람들은 당사자를 축하해주면서 밝은 표정과 웃음으로 대해야 하는데, 그러한 표정이 부재한 경수는 결국 사회적 부적응자로 여겨지게 될 것이다.

이런 점에서 비언어적 의사소통은 사회적 관계에서 언어적 의사소통보다 더 중요성을 갖고 있지만 절대적 법칙과 규율이 존재하지 않는 신축성 원리로 인하여 이를 적용하는 데 어려움이 있다. 어떤 상황에서 실행해야 하고 어떤 상황에서는 실행하지 않아야 하는 탄력성 있는 원리를 정확하게 판단하고 적용하는 것이 자폐스펙트럼장애 아동들에게는 쉽지 않은 것이다. 이는 구체적인 규율이 성문화되지 않으면서도 꾸준히 사회적 활동 안에서 지켜지고 있는 규율이기에 'Residual Rules' 이라고 부른다. 특히 언어장애를 갖고 있기보다는 의사소통의 장애를 갖고 있는 자폐스펙트럼장애 아동들은 상대의 표정, 얼굴 이미지, 마음의 읽기 능력과 같은 비언어 의사소통기술면에서 지체되어 있다. 따라서 이 기술영역의 학습과 훈련도 체계적인 평가를 통해 IEP의 한 기술영역에 포함하여 교육시키는 것이 유익하다. 이 영역의 교육프로그램을 다섯 가지로 분류하면 다음과 같다.

- 파라언어 영역(paralanguage). 감정과 특별한 의미를 전달하려는 목적으로 표현하는 단음 혹은 다음절 감탄어적 음성 표현(vocals)들이 여기에 속한다. 예를 들면, 휘파람, 탄식어, 클릭, 박수, 허밍 등이며, 음조, 강약, 고저의 속성들도 여기에 속한다.
- 표정 영역(facial expression). 표정 관리를 통해서 감정을 치밀하게 전달할 수 있는데 효과적인 눈 맞춤과 미소 짓기와 같은 표정 관리가 자폐스펙트럼장애 아동들이 표현하기 어려운 사회적 영역이다.
- 제스처 영역(gestures). 내면적 감정이나 부연적 의지를 효과적으로 전달하기 위해서 사용되는 손과 팔 동작을 제스처(gestures)라고 한다. 때로는 팔짱을 끼고 듣거나 표현하는 경우처럼, 현재 말하는 사람의 의미를 더욱 보강하거나 의미를 우회적으로 감추는 역할을 하기도 하며, 이는 듣는 사람에게도 마찬가지로 적용된다.
- 몸가짐 영역(postures). 의미나 감정을 효과적으로 전달하거나 듣는

자의 태도와 감정을 표현하기 위해서 보이는 다양한 몸가짐을 의미한다. 이는 제스처와 비슷하다. 어떨 때에는 거드름을 피우거나 꼿꼿이 서 있는 몸동작이 말하는 사람이나 듣는 사람의 신분과 감정 상태를 함축하기도 한다.

- 상호간의 위치 선정과 접촉 영역(interpersonal distance or space and touch). 사람들은 주변 둘레에 적절한 경계를 설정하여 편안한 공간을 유지하기를 원하는 경향이 있는데, 이를 평안거리라고 한다. 한 아동이 다른 사람과 대화하는 도중에 너무 가까이 접근한다면 그 아동은 개인의 평안거리를 위반하는 것이며, 다른 사람에게 갑작스럽게 접촉하였을 때 이는 접촉의 묵시적 규율을 어긴 것이기에 상대로부터 사회적으로 거부당할 가능성이 높아진다.

- 리듬과 시간 영역(rhythm and time). 언어 구사의 패턴, 태도 그리고 말의 속도 등을 포함한 리듬의 영역도 사람의 감정, 문화, 사회적 신분을 함축한다. 말 패턴과 태도의 차이가 그들의 색다른 환경 혹은 감정의 차이를 반영하기에 이러한 특성들이 서로 걸맞지 않을 때 문제가 발생하게 되고 사회적으로 거부될 수 있다.

- 외양적 인상(objectics). 개인적 위생관념과 옷의 스타일도 개인이 특정 집단에 속한 속성을 대변한다. 만약 특이한 외양이 일반적 표준과 기준에서 벗어났다고 판단되면 사회적으로 배제될 수 있는 것이다. 사람들은 타인들을 판단할 때 입은 옷이나 옷을 입은 양태 그리고 그들의 위생 수준을 기준으로 삼기도 한다.

(2) 마음읽기 기술영역(Theory of mind Skill Domains)

자폐스펙트럼장애 아동은 타인과 환경과의 관계를 맺는 데 있어서 독특한 특성을 가지고 있다. 즉, 일반 아동과 자폐스펙트럼장애 아동이 같이 놀이공간에서 각자의 놀이에 몰입하던 중 갈증을 느낄 때 이를 해소하기 위해 노력하는 과정에서 두 아동은 사뭇 다른 의사소통 방법을 사용할 것이다. 일반 아동의 경우, 어머니가 자신을 보도록 주의를 끈 다음에 손으로 냉장고를 가리키면서 목이 탄다는 표정을 지을 것이다. 이는 자신의 표정을 어머니가 읽었을 것이라는 가정하에서 표현한 것이다. 반면에 자폐스펙트럼장애 아동의 경우 손수 직접 냉장고에 가서 음료수를 꺼내 마실 가능성이 높다. 마음읽기 기술역량(capacity of TOM)을 갖고 있는지의 여부에 따라 서로 다르게 표현될 것이다. 즉 마음읽기 기술역량은 다른 사람들의 마음을 이해하거나 확신하는 사고 체계 혹은 이해력으로 정의된다. 대부분의 의사소통은 자신이 표현한 내용을 상대도 똑같이 이해할 수 있다는 역량(joint attention)이 있다는 근거에서 상대의 마음을 간파하거나 이해할 수 있을 때 가능한 것이다. 그래서 마음읽기기술은 의사소통의 기초이면서 사회성의 초석이 되는 것이기에 마음읽기 기술이 부재한 자폐스펙트럼장애 아동에게 이에 대한 교육프로그램은 필수적이다.

마음읽기 기술영역을 위한 교육 및 훈련프로그램으로는 마음읽기 능력을 촉진시키기 위해 주위 상황과 사람들의 내면의 이야기를 담고 있는 '사회적 이야기(social stories)'가 소개되고 있다. 특히 독서능력이 부족한 아동들을 위해서 글 대신 비슷한 내용을 삽화 형식으로 만들어서, 구성된 삽화를 통한 대화(comic strip conversations)를 사용할 수 있다.

(3) 기억력 기술영역(Memory Skill Domains)

최근 뇌와 인간 행동과의 관계성에 관한 연구들이 대세가 될 정도로 활발하게 이루어지고 있다. 특히 단어의 의미와 그 단어가 보이는 시각적, 공간적 정보를 연결하는 인식적이고 행동적인 기능에 관련된 부분의 실행 능력에 집중하고 있다. 특히 기억 과정(memory process)이 행동에 영향을 미치는 방법이 중대한 화두가 되고 있다. 예를 들어, 자폐스펙트럼장애 아동들이 정해진 패턴을 고집하고 변화를 싫어하는 주된 원인이 자신에 대한 자아 의식을 형성하는 데 가장 중요한 개인적인 과거의 행적을 기억해서 사건별로 관리하고 각 사건의 의미를 깨닫는 능력이 부족하기 때문이라는 것이다. 말하자면 자폐스펙트럼장애 아동들은 과거의 어느 사건에 대한 객관적인 지식은 기억할 수 있지만 그 사건의 의미를 깨달을 수 없는 것은 그 사건과 관련된 상황이나 시간적 진행에 대한 이해나 기억이 없기 때문이다. 이를테면 3년 전에 일어난 중요하지 않은 사건을 구체적으로 기억할 수 있지만 그 사건이 일어난 시각 전후에 일어난 다른 사건들을 기억하지 못하기 때문에 그 사건의 상황이나 의미를 깨닫지 못하는 것이다. 따라서 자폐스펙트럼장애 아동들에게 기억기술에 대한 체계적인 학습이 필요하다.

먼저 아동의 기억기술에 대한 현행 수준을 평가한 후 수준별로 교육 프로그램을 구안하는데, 다음의 기억특성을 고려할 필요가 있다.

첫째, 자폐스펙트럼장애 아동들이 관련성이 없는 정보나 사실들을 즉시 떠올리거나 생각해 내는 능력은 일반 아동과 크게 차이가 없다. 이 두 가지를 쉽게 기억해 내는 것은 서로 연결성이 없기 때문에 가능한 것이지만 연결된 사건들을 차례대로 혹은 주제별로 떠올리는 것은 쉽게 일어나지 않는다. 따라서 순서에 따라 기억하는 훈련프로그램이 필요하다.

둘째, 자폐스펙트럼장애 아동들은 두 가지의 연관성, 즉 보이는 감각적 조건이 같은 사물을 짝짓는 데(paired association) 큰 어려움이 없지만 감각적인 형식이 교차하거나 보이지 않는 조건을 가진 사물들을 짝짓기에는 지체를 보인다. 따라서 감각적이기보다는 보이지 않는 성향의 조건에 따르는 짝 맞추기 훈련이 필요하다.

셋째, 신호를 주어 상기시키는 과제에 대해서 다른 영역보다 훨씬 탁월한 재능을 보인다. 예를 들어, '꼬리가 긴 짐승들의 이름을 말해 보아라!', '둥근 모양의 과일 이름을 말해보아라!' 와 같은 신호나 특성을 지칭하면서 기억하는 영역에서는 크게 뒤지지 않는다. 따라서 연관된 신호를 통해서 기억훈련을 수행하면 유익하다.

넷째, 사물이나 글자 인지능력(recognition)은 일반적인 수준을 유지한다. 예를 들어 아동에게 여러 단어의 리스트를 주고 그중에서 특정 단어를 말한 후 리스트 안에 속해 있는지를 물어볼 때 비교적 정확히 맞출 수 있다. 따라서 기계적 암기보다는 추상적 암기 훈련이 필요하다.

다섯째, 자폐스펙트럼장애 아동들은 주어진 학습 과제의 내용을 처리하면서 동시에 암기하는 능력이 부족하다. 말하자면 처리하는 일과 처리한 일을 암기하는 두 가지 과제를 동시에 할 수 없기에 이미 수행한 일에 대한 정보 기억능력이 부족하다. 따라서 일을 처리하면서 동시에 처리하는 과정을 기억하는 훈련이 필요하다.

(4) 실행기능 기술영역(Executive function Skill Domains)

"초콜릿에 집착하는 철호는 과체중으로 인하여 소아 당뇨병 진단을 받게 되었다. 환경적으로 초콜릿에 노출되지 않게 조치를 취했지만 어느 순간에 초콜릿을 발견하게 되면 그 유혹을 이기지 못하게 된다. 따라서 초콜릿에 대한 유혹과 초콜릿이 건강을 해친다는 내적 갈등에서 이를 극복할 수 있는 '실행기능 증진훈련'에 들어가기로 했다."

최근 학계에서 자폐스펙트럼장애 아동들이 보이는 학습과 사회성 지연과 실행기능 부재와의 연관성에 관심을 집중하고 있다. 실행기능은 설정된 목표를 성취하기 위해 자신의 행동과 생각을 스스로 조절하며 문제 해결에 필요한 인지·행동 전략을 수립하고, 관리하는 기능을 말한다. 어떤 의미에서 우리의 뇌는 일상생활에서 다양하게 진행되는 중대한 프로젝트들에 대해 구체적으로 이해하고 판단하여 이들을 적절히 조절하고 아울러 통제/관리하는 역량을 수행하고 있다. 신경해부학적으로 대뇌피질 중 가장 늦게 발달하는 영역이면서 고기능적 인지 기능을 담당하는 곳으로 알려져 있는 전두엽이 실행기능의 중추가 된다. 전두엽이 수행하는 대표적 기능들은 운동기능, 언어를 산출하는 기능, 주의, 작업기억, 관리기능, 사회적 판단력 기능 등이다. 아울러 전두엽은 뇌의 다른 부위, 즉 감각기관, 운동을 담당하는 기저핵, 변연계 등과 같은 기관들이 정상적으로 기능하도록 통제하는 역할을 한다. 특히 이러한 전두엽의 통제기능에 이상이 발생하게 되면 불필요한 자극에도 반응하여 지나치게 과잉행동을 보이거나 충동성과 계획력 부족 성향을 보이게 된다. 전두엽의 발달지연이 발견되는 자폐스펙트럼장애 아동들은 이 부분의 기능과 기술이 지체되는 것으로 사료된다. 이미 학습하여 자동화된 기술이나 행동(Learned schemas or set behaviors) 영역에 속하지 않은 새로운 상황이나 기술을 다루는 데 있어서 특히 실행기능의 역할이 크다는 연구보고에 의거하여 새로운 환경 적응에 어려움을 보이는 자폐스펙트럼장애 아동들에게 이 기술영역의 학습과 훈련이 특별히 필요하다. 일반적으로 자폐스펙트럼장애 아동들을 위한 실행기능 학습프로그램에서 다루는 기술을 다음과 같이 열 가지로 분류하게 된다.

- 초기에 과제를 시도하는 기술영역
- 시간 관리를 주관하는 기술영역
- 현행과제나 상황에 초점을 맞추는 기술영역
- 현재 진행하고 있는 과제를 기억하는 기술영역
- 탄력적으로 대처하는 기술영역
- 조직적 관리 기술영역
- 실수를 교정하고 해결하는 기술영역
- 학습되지 않은 반응이나 연속된 새로운 행동들을 처리하는 기술영역
- 위험할 수 있거나 기술적으로 어려운 상황을 처리하는 기술영역
- 강한 습관적인 행동을 극복하거나 유혹을 거부하는 기술영역

(5) 종합인지 기술영역(Total Cognitive Skill Domains)

아동이 다른 사람들의 각종 정신적인 활동과 현상들(생각, 신념, 바람, 의도, 꿈, 기억 등)을 이해할 수 있을 때 자신이 참여하는 사회적 활동과 학습에서 기대 수준의 성취를 이룰 수 있다. 그러기 위해서 타인들의 각

종 정신적 활동과 현상을 이해할 수 있는 기본적인 인식 능력이 필요하다. 우리가 산수나 쓰기를 배우기 위해서는 이에 대한 기초적인 개념을 이해하는 준비단계의 핵심능력(readiness) 훈련이 필요하듯이 사회적 활동에도 기초적 핵심 인식능력이 필요하다. 대체로 다음과 같이 일곱 가지 준비 훈련 영역으로 나누어 설명해 볼 수 있다.

- **순서 인식 훈련**은 아동이 사건들이 발생하는 시간적 개념과 인과응보의 관계를 인식하도록 도움을 준다.
- **결론 맺기 훈련**은 아동이 사건이나 상황들을 논리적으로 해석하면서 결론을 추출할 수 있는 중요한 기술을 발달시키는 데 도움을 준다.
- **사실 인식 훈련**은 아동이 방금 전에 들었거나 보았던 어떤 단순한 이야기나 그림의 정보를 기억해 내면서 사실을 인지하고 유지하는 능력을 증진시키도록 도움을 준다.
- **중심 사고 찾기**는 아동이 주어진 글, 이야기, 그림들이 표현하고자 하는 중심 내용과 중요한 생각을 발견하도록 도와주는 것이다.
- **정답 찾기**의 주요 목적은 아동에게 주어진 질문에 대한 정확한 답변, 즉 정답을 찾고 대답하는 것이다.
- **상황과 문맥 찾기**는 아동이 현재 처한 환경에서 어떤 일이 일어나고 있는지를 이해하게 하거나 그 의미를 깨닫도록 도와준다.
- **지시 따르기**는 근본적으로 아동이 학교생활을 하는 데 필수적인 교사와 학생 간 혹은 학생과 학생 간의 상호작용에 있어서 가장 기본적인 기술을 발달시키는 것이다.

2. 응용행동분석에 의거한 집중적 조기중재(EIBI)

응용행동분석(Applied Behavior Analysis, ABA)은 현재까지 소개된 주요 치료중재법들 중에서 자폐스펙트럼장애 아동들의 행동관리나 교육중재에 있어서 가장 효과적인 이론과 기법으로 알려져 있다. 그래서 현재 세계적 명성을 가진 특수교육 혹은 치료 및 중재기관들이 가장 선호하는 치료체계로 간주되고 있다. 적지 않은 수의 성공적인 자폐성인들은 자신들이 학령기 때에 응용행동분석을 적용하는 특수교육 혹은 중재교육 기관에서 치료중재를 받았다고 주장하고 있다. 특별히 응용행동분석기법을 적용한 집중적 조기중재(Early Intensive Behavior Intervention or Early Intentsive Behavior and Educational Intervention)프로그램은 자폐스펙트럼장애로 진단받은 아동들이 조기에 수년간 EIBI의 중재를 받은 후 적지 않은 수가 정상범주로 끌어올려진 프로그램으로 명성이 높다. 게다가 응용행동분석기법은 비언어적이고 비인지적 절차인 조건화(conditioning)를 사용하기에 언어 및 인지능력이 지연되어 있는 자폐스펙트럼장애 아동들에게는 최적의 중재방법으로 평가받고 있다(choice therapy). 따라서 현재까지의 치료중재 프로그램 모델로서는 가장 효과적인 것으로 알려져 있다. 그러나 고비용과 고도의 훈련된 전문가가 필요하다는 단점이 있다.

1) 응용행동분석의 정의

(1) 응용행동분석의 개념

응용행동분석은 중요한 의미를 함축한 세 단어로 구성되어 있다.

- **행동.** '행동'의 의미는 관찰하고 측정할 수 있는 학습하여 익힌 일체의 정보군(群)을 의미한다. 행동주의 이론가(behaviorists)들은 한 사람이 유아기에서 성인으로 성숙해가면서 배우는 모든 정보, 기술, 체험, 감정, 예절, 기능, 지식 등의 일체를 행동(behavior)이라고 정의하고 있다. 이와 같은 행동을 사람들은 특정한 환경의 조건을 통해서 혹은 특별한 사람의 모델을 보거나 가르침을 통해서 학습하게 되는데, 이러한 행동이론의 특징은 이를 배워서 습득할(learn) 수도 있지만, 배운 것을 상실(unlearn)하게 할 수도 있다는 것이다. 그래서 배워 익힌 부적응행동도 상실시킬 수 있는 것이다. 또한 사람에 의해 인위적으로 가르침을 받은 것만을 학습하는 과정이라 보지 않고 우리의 환경이나 사회적 구조 등도 학습을 유도하는 조건 형성의 주요 요인으로 작용할 수 있다는 것이다. 결국 관찰할 수 없고 그래서 측정할 수 없는 내적인 사고체계에 대해서 관심을 갖지 않는 대신 관찰하고 측정하고 교정할 수 있는 외적인 행동체계에 관심을 갖는 것이다.

- **분석.** '분석(analysis)'은 전문가나 치료사가 수행하는 중재절차(제1변수, variable one)와 중재한 후에 얻어지는 결과나 효과(제2변수, variable two)의 상관관계를 과학적으로 분별하고 판단한다는 의미를 담고 있다. 따라서 응용행동분석은 과학적으로 검증되지 않았거나 연관관계의 분석이 없는 중재절차에 대해서 절대 관심이 없다. 응용행동분석의 기본철학은 사람의 행동이 변화(변수)되려면 분명히 이에 영향을 주는 다른 행동(변수)의 작용이 있다는 근거를 제시해야 한다는 것이다. 그래서 응용행동분석을 근거기반(evidence-based)

의 기법이라고 부른다.

- **응용.** '응용(applied)'은 통제된 실험단계에서 얻은 연구결과와 치료 중재 절차와 원리를 실제적 치료 현장과 생활현장에 응용 혹은 적용한다는 의미를 갖고 있다. 실험실에서 얻은 행동변화를 유발하는 보상의 원리와 효과를 학교 및 치료중재 현장에서 적절하게 응용하는 과학적인 과정에 초점을 맞추는 것이다.

(2) 응용행동분석의 구성 특성

응용행동분석이 구성되는 여섯 가지의 핵심 특성은 다음과 같다.

첫째, 응용행동분석은 개선될 필요와 목표가 있으면서 객관적으로 관찰 및 측정 가능한 행동에 초점을 맞추어야 한다(객관적이고 측정가능 행동).

둘째, 응용행동분석은 긍정적인 행동에 보상을 주는 환경 조성에 초점을 맞추어야 한다(보상적 환경 조성).

셋째, 응용행동분석은 과학적으로 검증된 치료중재 절차만을 사용하는 데 초점을 맞추어야 한다(과학적 절차 수용).

넷째, 개인의 독특한 필요성을 고려하여 만든 개별화된 치료중재법을 적용하는 데 초점을 맞추어야 한다(개인적 필요성 적용).

다섯째, 발전과 발달 정도를 평가하기 위해서 늘 데이터를 수득하여 분석하는 데 초점을 맞추어야 한다(평가와 데이터 분석).

여섯째, 문제행동을 교정하고 교정된 행동이 다양한 현장과 시간 때에도 일반화되고 유지될 수 있는 방법을 창안하는 데 초점을 맞추어야 한다(유지 및 일반화).

(3) 응용행동분석의 개요

많은 사람들은 응용행동분석을 변별학습(Discrete Trial Teaching, DTT),
로바스 방법(Lovaas method) 혹은 응용행동분석 기법(ABA methodology),
집중적 조기치료(EIBI, EIBEI)라고 칭하기도 한다. 최근에 집중조기중
재 혹은 집중조기치료라는 명칭을 선호하는 경향이 있기에 본 책에서도
이 용어를 사용할 것이다. 이는 언어학습, 사회적 상호작용, 각종 작업
기술 및 인지 역량, 독립적 자조기술 등을 습득하도록 적용된 기본적인
행동관리기법(basic behavioral practices)과 DTT들을 융합적으로 체계화
한 종합중재모델이다. 여기에 주로 쓰이는 중재기법에는 강화와 보상,
과제의 단계적 분석, 촉구하기, 반복학습. 변별학습(DTT)과 더불어 언
어적 행동(verbal behaviors) 교수 및 시간지연법(time-delay), 등이 속한다.
응용행동분석은 일상생활에서 일어나는 사회적 문제와 부적응행동을
교정하는 데에 적용하기도 하지만 필요한 학습과 기능적 일상생활에 관
련된 기술들을 습득하는 데에도 기법들을 응용하여 적용할 수 있다. 사
실 최근에 자폐스펙트럼장애를 위한 수많은 치료중재법들이 소개되고
있지만 과학적 검증절차를 거치지 않은 것들도 많다. 그렇지만 그중에
서 응용행동분석 기법들은 과학적 실험연구을 통해서 검증된 것이다. 따
라서 응용행동분석 기법은 데이터베이스와 데이터 수집(database and data
collection)이 절대적으로 필요하며, 연구실험의 과학적인 평가자료와
결과를 항상 제시할 수 있는 것이다.

과제 분석법(task analysis)은 학습적 장애를 갖고 있는 자폐스펙트럼장

애 아동들에게 아동의 눈높이 수준에 맞추어 학습과제들을 낮은 수준에서 높은 수준까지의 세부 과제들로 나누어 구성하여 손쉽게 지도하고 교육할 수 있도록 도움을 주고 있다. 이러한 적절한 과제분석을 통해서 기능적 생활기술, 책 내용 이해, 사회적 상호작용, 집중력 향상, 독립적 놀이기술, 자조기술, 가내기술 등의 지도가 가능해진 것이다.

또한 행동관리기법을 통해서 텐트럼행동, 화장실 사고, 취식문제, 공격행동, 자해행동, 지시불이행, 상해행동 등 부적응행동을 줄이거나 소거하는 데 성공하기 시작했다. 이와 같이 응용행동분석 기법은 문제행동 소거뿐 아니라 적절한 기능적 행동기술과 다양한 생활 및 학습 기능과 기술들을 효과적으로 습득하는 데 최적의 치료중재법으로 자리매김을 해 왔다. 따라서 응용행동분석 기법은 학교기관뿐 아니라 다양한 치료중재기관에서 적용이 가능한데, 부모가 소정의 훈련과정을 수료한다면 가정에서도 손쉽게 적용할 수 있다.

2) 응용행동분석을 적용할 때 숙지해야할 교육 및 중재 원리

(1) 동기유발이 최고의 교육 원리이다(Motivation is a rule of thumb)

아동들이 자발적으로 특정 과제를 선택하여 집중하여 지속적으로 수행하면서 결국 그 과제를 스스로 완수하다는 것은 그리 쉬운 일이 아니다. 아동이 과제를 스스로 완료하는 데 가장 필요한 요소가 다름 아닌 과제수행에 대한 아동이 갖는 동기유발일 것이다. 자폐스펙트럼장애아동들이 과제를 제대로 수행하지 못하고 끊임없이 도움이 필요한 가장 큰 이유가 바로 그 과제에 대한 동기가 결여된 것이다. 따라서 동기를 유발할 목적으로 아동에게 조직적으로 칭찬을 해 주거나 간식을 제공하는 등의 효과적인 강화전략을 세워야 한다. 아동이 과제를 완수할 때 깨닫는 성취감이 가장 큰 동기가 되도록 유도하는 것이다. 그래서 그들의 학습에 대한 동기를 최대한 유발할 수 있도록 아동들이 선호하는 놀이기구, 사물, 음식에 대한 정보를 늘 숙지할 필요가 있고 이를 적절히 사용해야 한다.

(2) 보상이 되는 사물을 아껴라(Don't abuse any material of natural reinforcement)

만약 아동이 특정 사물, 놀이 기구, 음식 등에 대한 선호도나 욕구가 거의 없다면 아동에게 학습활동과 과제에 대한 동기를 유발시키는 데 어려움을 갖게 될 것이다. 따라서 아동에게 선호도 평가를 수시로 실행하여 아동의 선호사물이나 보상물의 정보를 수집할 필요가 있고 아울러 선호하는 사물이나 놀이기구의 선호도와 욕구 의지를 높여야 한다. 일례로 평소에 아동이 늘 접할 수 있는 놀이기구나 사물들에 대한 접근을 제한하고 차단하고 좀 더 그에 대한 욕구를 불러일으키면서 그에 대한 선호도를 높일 수 있다. 즉 아동이 원하거나 필요할 때만 놀이기구를 꺼내주어 일정 시간만 허용한 후에 다시 보관함으로 복귀시키는 방법을 사용하는 것이다. 모든 물건을 자유롭게 가질 수 없을 때 아동들은 더욱 간절하게 바라게 되면서 그에 대한 선호도도 커지게 되는 것이다.

(3) 보상의 종류를 늘려라(Keep expanding a repertoire of personal reinforcers)

교육프로그램의 효율성과 효과성을 높이기 위해서 보상의 종류를 늘릴수록 유리하게 된다. 새로운 보상의 종류를 알기 위한 방법으로 자주 선호도 테스트(preference test)를 실시하는 것이 유리하다. 자폐스펙트럼장애 아동들의 선호도는 수시로 바뀔 수 있기 때문에 자주 선호도 테스트를 실시하면서 변화되는 선호도에 대한 데이터베이스를 모으는 것이 필요하다. 수시로 아동 앞에서 교사가 특정 선호물에 대한 절제된 모델링을 보여주면 선호감각을 키워 나갈 수 있다. 아동의 선호물들의 리스트를 기록해가면서 지속적으로 새로운 선호물들을 포함하여 확장시키고 정기적으로 리뷰할 필요가 있다.

(4) 일관성을 유지하라(Stay consistent)

행동치료중재 방법의 일관성을 유지하는 것은 지극히 중요한 일이다. 자폐스펙트럼장애 아동들은 언어를 주로 사용하는 일반적인 학습 방법으로는 교육하기 어렵기 때문에 인위적인 환경 조건을 설정해주면서 교육 혹은 중재하는 것이 유리하다. 이렇게 아동이 특정 문제행동을 억제하도록 유도하고 반면에 올바른 행동과 교체하도록 환경적 조건을 형성해주는 방법으로 문제행동을 교정할 때, 조건형성에서 가장 필요한 것은 '반복적이고 일관성 있는 중재' 이다. 만약 반복적으로 중재하지만 그 방법이 일관성 없이 상황에 따라 변화되면 조건화(문제행동이 일어나지 않게 하는 환경적 조건을 형성하는 것)가 일어나지 않고 오히려 혼란만 야기한다.

(5) 감정 손상 응벌 금지(Punishment should not disturb the child's feelings)

아동을 교육하고 행동중재하는 과정에서 체벌이나 모욕적인 벌 자극을 사용하는 것은 절대적으로 비교육적이다. 벌의 목적(goals of punishment)

은 부적절행동을 유기적이고 체계적으로 감소시키는 것이다. 심하게 감정을 손상하게 하는 벌 자극은 오히려 같은 문제 행동을 유발하는 자동화 과정의 조건을 형성하도록 만들어준다. 게다가 교육 현장에서 간혹 발생하는 비인격적이고 반교육적인 감정 손상 벌의 사례들을 분석해보면 벌의 동기가 아동의 필요에 맞춘 것이 아니고 교사나 치료자의 의도와 감정상태에 맞춘 경우가 대부분이다. 이는 이미 치료와 교육적 목적을 벗어났으므로 벌의 효과를 상실한 것이다.

3) 응용행동분석의 기본적 행동공식

다음의 기본적 행동공식(behavior formula)은 사람이 어떠한 행동이나 정보와 지식을 습득하는 과정을 분석하여 공식화한 것이다.

A ──────────────▶ B ──────────────▶ C
(Antecedent, 선행자극)　　(Behavior, 행동)　　(Consequence, 후속자극)

일반적으로 선행자극(antecedent)은 다음에 발생하거나 일어나는 행동(behavior)을 유발하는 조건, 이유, 장소, 지시어가 되는 초기 자극을 말한다. 예를 들어 한 아동이 공격행동과 같은 부적응행동을 보였을 때 그 이유가 옆에 앉아 있던 아동이 크게 울면서 일으킨 불편한 청각적 자극이라면 이것이 바로 선행자극이 되는 것이다. 아동이 과제를 회피할 목적으로 텐트럼을 일으켰다면 선행자극은 과제 회피가 되는 것이다. 이와 같이 사람이 수행하는 어떤 행동이든지 그 행동의 원인은 존재하기 마련이다. 이러한 선행자극, 즉 행동의 원인을 알게 되면 그 행동을 교정하거나 학습시키는 데 유리하다.

후속자극(consequence)은 보상(reward or reinforcement)이나 벌(punishment)과 같이 발생했거나 일어난 행동을 강화하고 유지하거나 혹은 소거하기 위한 자극이다. 따라서 다시 행동 습득 과정을 다시 정리해 본다면, 어떤 행동 후에 제공하는 후속자극의 영향력에 따라 향후에 목표 행동의 교정 혹은 재발 가능성이 판가름 난다. 다시 설명한다면, 어떤 행동이 발생된 후에 유쾌한 후속자극(이때 후속자극은 보상자극이 된다)이 제공되면 그 행동의 재발 가능성은 높아진다. 그러나 행동 발생 후에 불쾌한 후속자극(이때 후속자극은 벌 자극이 된다)이 제공되면 그 행동의 재발 가능성은 대체로 줄어들게 되어 결국 교정되는 것이다. 이러한 행동 습득 공식을 사용한 행동중재 방법을 아동에게 적용하면 문제행동을 교정하기도 하고 새로운 기술을 학습하게 하거나 이미 익힌 기술을 유지할 수 있도록 만들어줄 수 있다.

행동 습득 공식을 실행하는 데 도움을 줄 수 있는 여러 예제를 함께 제시하겠다. 예제의 문제에서 선행자극, 행동, 후속자극을 구별하고 앞으로 행동이 늘어날 것인지 아니면 줄어들 것인지 답을 할 것을 요구할 것이다. 예제를 풀어가는 요령으로서 먼저 행동(B)을 결정한 후에 선행자극(A)를 정한다. 전제는 그 행동이 일어난 조건, 이유, 장소, 지시어가 될 수 있다. 그런 후 후속자극(C)을 결정하고 나서 그 행동의 증감 여부를 결정하는 것이다.

| 예제 1 |
철수가 어느 더운 날 냉장고를 열어서 콜라를 꺼내 먹고는 더위를 식혔다.

정답 : 선행자극(A) – 더운 날

행동(B) – 냉장고를 열어서 콜라를 꺼내 먹은 행동

후속자극(C) – 더위를 식혔다.

설명 : 후속자극이 유쾌한 상황이었기 때문에 보상적 효과를 나타내게 되어 원래의 행동이 계속적으로 유지되거나 증가되는 경향을 보일 것이다.

| 예제 2 |

영희는 조회 시간에 학급에서 운동장으로 갈 때 계속 줄을 잘 서서 갔기 때문에 선생님으로부터 칭찬을 받았다.

정답 : 선행자극(A) – 학급에서 조회 시간에 운동장으로 갈 때

행동(B) – 계속 줄을 잘 서서 갔던 행동

후속자극(C) – 선생님으로부터 칭찬을 받았다.

설명 : 영희는 교사로부터 칭찬으로 보상을 받았기 때문에 자신이 행한 일에 대하여 더욱 자신감과 확신을 갖게 되어 앞으로 관련 행동에 대한 동기를 부여하게 될 것이다.

| 예제 3 |

백화점에 갔을 때 영희는 원하는 인형을 어머니가 사주지 않자 갑자기 짜증을 내고 다리를 구르며 소리치고 울었다. 어머니는 영희를 계단 근처로 데리고 가서 타임아웃(time-out)을 시켰다.

정답 : 선행자극(A) – 백화점에서 어머니가 원하는 인형을 사주지 않아서
　　　행동(B) – 갑자기 짜증을 내고 다리를 구르며 소리치고 우는 행동(텐트럼)
　　　후속자극(C) – 어머니가 영희를 계단 근처로 데리고 가서 타임아웃을 시켰다.

설명 : 영희의 텐트럼 행동의 전제는 원하는 인형을 갖지 못한 것에 대한 좌절감이며, 영희의 부적응행동인 텐트럼에 대한 후속자극으로서 응벌 효과를 얻기 위한 타임아웃을 실행한 결과 앞으로 영희의 텐트럼 행동은 감소하는 경향을 보일 것이다.

| 예제 4 |

경호가 강당에 떨어진 휴지를 보고 이를 주워 휴지통에 버릴 때 이를 목격한 교장선생님이 경호에게 착하다고 칭찬을 해주었다.

정답 : 선행자극(A) – 경호가 강당에 떨어진 휴지를 본 것
　　　행동(B) – 휴지를 주워 휴지통에 버린 행동
　　　결과 유발(C) – 교장선생님이 경호에게 착하다고 칭찬을 해주었다 (사회적 강화제).

설명 : 경호는 자신이 한 행동에 대하여 권위 있는 사람으로부터 칭찬을 받았기 때문에 상당히 큰 보상을 받은 셈이다. 앞으로 경호는 휴지를 줍는 일과 같은 선한 일에 대한 동기가 더욱 커져 갈 가능성이 높아진다.

4) 단일시도학습 혹은 변별시도학습(Discrete Trial Teaching)

조기집중중재 혹은 조기집중치료(EIBI 또는 EIBEI)에서 가장 핵심적으로 사용하는 교육방법이 바로 단일시도학습 혹은 변별시도학습이다. 이는 언어 및 인지 역량이 부족한 자폐스펙트럼장애 아동들에게 현재 아동이 이미 지니고 있는 잠재역량을 사용할 뿐 아니라 비언어적이며 비인지적인 전략을 사용하기에 현재까지 자폐스펙트럼장애 아동들을 위해 소개된 교수법 중에 최적(choice)으로 평가되고 있다.

앞서 소개한 행동 습득 공식을 사용한 행동중재 방법을 적용하면 문제행동을 교정하는 데 사용할 수 있지만 새로운 기술을 학습하게 하거나 이미 익힌 기술을 유지할 수 있도록 교수방법(teaching method)으로도 아동에게 적용할 수 있다.

일반적으로 이러한 행동 습득 공식(A→B→C)을 사용하여 교사가 교육할 때 적용할 수 있는데(S^D→R→S^R), 선행자극에 해당하는 변별자극 혹은 변별지시(S^D, Discriminative Stimulus)를 주었을 때 아동이 바른 반응(R, Reponse)을 보인다면 후속자극에 해당하는 보상자극(S^R, Stimulus Reinforcer)을 주면서 바른 반응을 강화시키고 학습시키는 방법이 바로 응용행동분석의 핵심인 변별시도학습 혹은 단일시도학습(Discrete Trial Training, DTT)이다. 변별시도학습 혹은 단일시도학습을 실행하면서 매번 지시와 교육을 시행할 때마다 바른 반응 혹은 틀린 반응에 대한 데이터를 모아서 후에 발전 평가(progress evaluation)의 자료로 사용할 수 있다.

본 책 제6장에서 단일시도학습을 더 정확하게 소개하겠지만 응용행동분석 공식과 비교하여 소개하면 다음과 같다.

(1) 응용행동분석의 기본적 행동공식

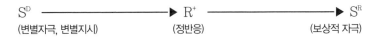

A ────────────────▶ B ────────────────▶ C
(Antecedent, 선행자극)   (Behavior, 행동)   (Consequence, 후속자극)

(2) 변별시도학습 혹은 단일시도학습(DTT)의 공식

정반응일 때 :

S^D ────────────────▶ R^+ ────────────────▶ S^R
(변별자극, 변별지시)   (정반응)   (보상적 자극)

무(오)반응일 때 :

S^D ────────────────▶ R^- ────────────────▶ EC
(변별자극, 변별지시)   (무반응, 오반응)   (에러수정)

(3) DTT 관련 용어

S^D = 변별자극(Discriminative Stimulus)

R = 반응(Response)

S^R = 보상적 자극(Stimulus Reinforcer)

EC = 에러수정(Error Correction)

(4) 예제

변별시도학습, 혹은 단일시도학습(DTT) 공식을 실행하는 데 도움을 줄 수 있는 예제를 다음과 같이 제시하겠다.

| 예제 1 |

선생님이 "순호야, 1 더하기 2가 뭐니?" 하고 물었을 때 순호가 "3" 하고 대답했다. 선생님은 순호를 칭찬하며 크래커 하나를 주었다.

정답 : 선행자극(A) – 선생님이 "순호야, 1 더하기 2가 뭐니?" 하고 물은
      것(SD)

      행동(B) – 순호가 "3" 하고 대답한 행동(R)

      결과 유발(C) – 선생님이 칭찬하시면서 크래커 하나를 주었다(S^R).

설명 : 선생님의 선행자극의 일환으로 제공된 질문인 변별자극(S^D)에
대하여 아동이 정확한 답을 준 것이 행동, 즉 반응(R)이 되는 것이다. 그
리고 아동이 보인 올바른 행동에 대한 후속자극으로서 보상적 자극(S^R)
을 주었기에 아동은 학습에 대한 더 큰 동기를 갖게 될 것이며 미래에 학
습적 향상이 일어날 가능성이 높아진다. 이것이 바로 변별시도학습 혹
은 단일시도학습의 기본형이다.

| 예제 2 |

선생님이 "철호야, 여기에 일직선을 그어 봐!" 하고 지시했을 때 철호가
직선을 잘 긋지 못해서 선생님이 철호 뒤로 가서 손을 잡고 잘 긋도록 프
롬프팅을 두 차례 주었다.

정답 : 선행자극(A) – 선생님이 "철호야, 여기에 일직선을 그어 봐!" 하
      고 지시한 것(S^D)

      행동(B) – 철호가 직선을 잘 긋지 못한 행동(R)

      후속자극(C) – 선생님이 철호 뒤로 가서 손을 잡고 잘 긋도록 프롬
      프팅(prompting)을 두 차례 주었다(Error Correction, EC).

설명 : 여기에서 선행자극은 선생님이 내린 지시인데, 이와 같이 전제로
사용된 지시나 명령을 변별자극 혹은 변별지시(S^D)라고 한다. 일반적으

로 학습 시간에 아동에게 행동을 유발하기 위한 전제로서 이러한 변별자극 혹은 변별지시를 사용하게 된다. 여기에서 아동이 지시된 내용을 아직 습득하지 못하여 무반응을 보였거나 서툴러서 틀리게 반응했다면(R), 교사는 아동의 틀린 반응을 정반응으로 수정하기 위한 에러수정(Error Correction)을 위한 프롬프팅(prompting)을 제공하게 된 것이다.

5) 다양한 행동중재 및 후속자극 방법들

다음에 소개되는 것들은 행동장애 및 자폐스펙트럼장애 아동을 위해 가장 많이 사용하는 행동중재 및 후속자극 기법들을 나열한 것이며, 괄호에 표기된 첫 약자들 중에서 i는 주로 행동을 늘릴 목적으로 적용되며, d는 행동을 줄일 목적으로 적용되는 행동중재 기법을 의미한다.

(1) 강화 혹은 보상(i, reinforcement)

강화의 종류로는 먹는 종류의 일차적 강화(primary reinforcement)와 칭찬이나 스킨십과 같은 사회적 강화가 해당되는 이차적 강화(secondary reinforcement)가 있다.

(2) 벌(d, punishment)

여기에는 벌 효과(punishing effect)와 혐오 효과(aversive effect)의 두 가지가 있다. 특정한 부적응행동에 대하여 후속자극으로서 벌을 주었는데 실제로 행동의 빈도수가 줄게 되었다면 이는 벌 효과를 발생시킨 것이다. 그러나 혐오 효과는 말 그대로 응벌의 부작용으로 나타난 것으로, 아동이 벌이 두려워서 행동을 억제하게 되거나 심리적인 상처나 정서적인 문제를 유발하게 되는 경우이고 이는 아동을 위한 교육절차나 행동중재에서 피해야 할 방식이다.

(3) 프롬프팅 혹은 촉구(i, prompting)

촉구는 아동이 지시된 행동을 개시하거나 중도에 중지하고 재개하지 않으려 할 때 행동을 일으킬 목적으로 사용하는 후속 자극이다. 촉구의 종류로는 신체적 촉구(physical prompting), 말 촉구(verbal prompting), 큐(cue)가 있으며 가급적이면 촉구 의존증(prompt-dependence)을 갖지 않도록 점점 사용 횟수를 줄여가면서 자발적인 행동 개시를 돕는 것이 중요하다. 또한 신체적 촉구보다는 말 촉구로, 말 촉구보다는 최소한도의 프롬프팅 자극인 큐를 사용하는 것이 유리하다. 큐는 아동이 수행해야 할 구체적인 행동을 촉구하기보다는 눈짓 혹은 손짓과 같이 아동의 경각심만을 일깨워 의도를 유발하는 자극이다.

(4) 모델링(i, modeling)

아동들이 잘 수행하지 못하는 과제를 아동이 보는 앞에서 교사나 부모가 선을 보여 주면서 모방하게 유도하는 행동중재방법이다. 일반적으로 자폐스펙트럼장애 아동들이 시각적 동향(visual orientation)을 파악하거나 공간적 개념(spatial concept)을 이해하는 데 어려움이 있기 때문에 같은 방향에서 위치하여 모델링을 보이는 것이 훨씬 유리하다.

(5) 강화 박탈(d, response cost)

아동으로부터 계약을 통해 앞으로 받게 될 보상 혹은 이미 받은 계약 토큰을 박탈하는 방법으로서 부적 벌(negative punishment)로도 칭한다. 이는 아동이 부적응행동을 보였을 때 직접적인 벌(정적 벌, positive punishment)을 주는 대신에 이미 나누어 준 스티커의 일부나 수업 후에 얻게 될 자유 시간과 컴퓨터 놀이 시간과 같은 강화유발 조건들을 박탈하여 벌 효과를 나타내게 하는 것이다.

(6) 차별적 강화 혹은 상반 행동 강화(d, differential reinforcement)

아동이 보이는 부적응행동 중에서 특정 행동을 정해서 이 행동과 같이 일어날 수 없는 적절한 행동을 집중적으로 보상해 줌으로써 문제의 부적응행동을 줄이고 대신에 적절한 행동으로 교체하도록 유도하는 강화 방법이다. 말하자면 손을 떠는 자기자극행동(상동행동)을 보이는 아동이 이 행동과 동시에 수행할 수 없는 모든 적절한 행동, 즉 쓰기, 작업하기, 손을 가지런히 두기 등과 같은 행동을 강화하여 그 빈도수를 늘려 주면서 그에 반하는 상동행동을 벌하지 않고도 줄일 수 있는 효과를 준다.

(7) 간접 지시 혹은 간접 상황 제시(d, redirection)

간접적 말 혹은 신체 촉구(indirect verbal or physical prompting)의 일종이지만 아동이 수행할 행동에 대해서 직접적인 지시(direction)를 내리기보다는 그 행동과 동시에 일어날 수 없는 다른 행동에 대하여 지시를 주면서 문제행동을 중지시키는 방법이다. 때로는 지시를 내리지 않아도 그런 상반적 행동을 유발하는 상황을 제시할 수 있다. 아동에게 직접적으로 부적응행동을 중지하도록 계속적으로 지시를 내릴 경우 아동이 심리적으로 부담감을 가질 수 있기 때문에 이러한 간접 지시 방법의 적용이 유리하다. 예를 들어, 아동이 텔레비전을 보면서 발을 떨고 있는 행동을 발견할 때마다 계속적으로 중지하라는 지시를 내리면 어느 순간 아동이 자칫 짜증을 내거나 텐트럼을 보일 가능성이 있다. 이럴 때 만약 아동이 공을 좋아한다면 아동에게 다른 말을 하지 않은 채로 아동의 발쪽으로 공을 굴려줄 경우 아동은 이내 자신의 발로 공을 받기 위해서 다리를 떠는 행동을 아무 지시 없이 중단할 수 있게 된다. 혹은 엄지 빨기를 보이는 아동에게 좋아하는 인형을 보이면서 내밀어 주면 아동이 이내 빨고 있던 손을 빼고 인형을 잡으려 할 것이다.

(8) 타임아웃(d, time – out)

타임아웃은 부적응행동을 보일 때마다 벌 자극으로 아동을 지정된 특정한 공간으로 보내서 일정 시간 동안 머물게 하는 행동중재방법이다. 여기에는 두 가지의 타임아웃 방법이 있는데, 단지 진행하고 있는 활동을 중단시키고 잠시 집단과 물리적으로 일정 시간 떨어져 있게 하는 활동 타임아웃(activity time-out)과 전적으로 특정 공간이나 방으로 보내는 환경 타임아웃(environment time-out)이다. 아동이 보이는 부적응행동이 다소 경할 때에는 활동 타임아웃으로 충분하지만, 만약 텐트럼이나 파손 행동과 같이 주변을 혼란하게 만들거나 다른 아동의 교육권을 방해하는 행동에 대해서는 환경 타임아웃을 실시하는 것이 유리하다.

(9) 정적 연습(i, positive practice)

아동이 지시를 따르지 않을 때 아동에게 프롬프팅을 주면서 지시행동을 연습시키는 행동중재 방법이다. 예를 들어, 교사가 아동에게 떨어뜨린

펜을 주울 것을 지시했는데 이를 거부할 경우 교사는 아동의 손을 잡고 이를 줍는 과정을 프롬프팅하면서 행동형성을 해 주는 것이다. 일반적으로 자주 지시불이행을 보일 경우 같은 지시행동에 대해서 연속적으로 세 차례의 정적 연습을 실시하면 빨리 수정할 수 있다.

(10) 조건적 운동(d, contingency exercise)

자기자극행동이나 자해 행동과 같이 원래 스스로 자극을 만들어 내는 부적응행동들을 순수하게 소거 혹은 소멸시키는 것은 어렵다. 조건적 운동은 단순한 벌 자극만으로는 충분하지 않을 경우 일정한 패턴의 운동을 통해 소정의 필요한 자극을 얻을 수 있게 하면서 본래의 부적응행동을 통해 얻는 자극은 차단하도록 유도하는 행동중재 방법이다. 여기에 속하는 구체적인 방법을 소개한다면 아동이 자해행동을 보였을 때에 제자리에서 앉았다 일어났다 5회를 수행하게 하기도 하며, 손으로 하는 자기자극행동(상동행동)에 대한 중재방법으로서 두 손을 머리 위로 올려서 주먹을 쥐었다가 펴게 하는 조건적 운동을 10회 수행하게 한다.

(11) 과잉 수정 혹은 부가 교정(d, overcorrection)

간헐적으로 사용하는 벌의 방법으로서 한 번의 실시로 큰 벌 효과를 얻고자 할 때 사용하는 행동중재 방법이다. 특히 고기능의 자폐스펙트럼장애 아동들이 이미 오래전에 극복했던 부적응행동 혹은 큰 위험성을 갖는 문제행동을 보였을 때 사용된다. 예를 들어, 이미 화장실 훈련이 되어 있는 고기능 자폐스펙트럼장애 아동이 어느 날 체육 시간에 체육관 바닥에 소변을 보았을 때, 이에 대한 결과 유발로 아동에게 체육관 전체를 청소하게 하는 것은 과잉 수정의 한 방법이다. 평소에 조용하면서 독립적으로 식사하는 어느 아동이 하루는 옆에 있는 의자를 밀어 넘어뜨리는 혼란행동을 보였을 때 그에 대한 벌로 그 식당에 있는 모든 의자들을 정리하게 하는 과잉 수정을 수행하게 하면, 해당 문제 행동이 재발될 가능성을 훨씬 줄일 수 있게 된다.

(12) 토큰 사용 체계(i, token economy)

아동의 기능이 어느 정도 발전되었을 때에는 스낵 종류와 같은 일차적인 보상을 사용하는 단계에서 좀 더 높은 수준의 보상 체계로 발전시킬 필요가 있다. 예를 들어, 일차적 보상은 아동에게 제공하고 나서 이를 소비하면 보상의 효과는 끝이 난다. 그러나 아동에게 일시에 소비할 수 없고 계속적으로 보관해야 하는 스티커나 토큰을 사용하면 보상의 효과는 지속성을 가질 뿐 아니라 다음 보상을 얻을 수 있는 기대감을 높이면서 연속적인 학습이나 과제 수행에 대한 동기를 더 높일 수 있다. 만약 아동이 교사의 지시를 따를 때마다 빨간색 별 모양의 스티커를 받고, 5개의 빨간색 별 모양의 스티커를 모으면 다이아몬드 스티커 하나와 교환하며, 주말까지 다섯 장의 다이아몬드 스티커를 모을 때 패스트 푸드점에 갈 수 있는 파랑색 스티커(blue chip)을 획득하는 토큰 체계를 실행하면 아동은 일주일 동안 학습이나 과제에 계속적으로 동기를 유발할 수 있게 된다.

(13) 계약(i, contingency contracting)

할머니 룰(grandmother's rule) 혹은 프리맥 원리(Premack principle)라고도

하는 계약 체계는 "……하면, ……하게 해 줄 거야!"의 유형으로 사용되는 결과 유발이다. 그런데 중요한 것은 이를 사용할 때 동기를 넣어줄 수 있도록 긍정적인 상황에서 사용되어야지 아동에게 뇌물로 사용되어서는 안 된다는 것이다. 예를 들어, 수학을 단계적으로 학습하고 있는 아동이 현재 15단계에 머물러 있지만 더욱 노력하여 16단계를 마치게 되면 아동이 좋아하는 장난감을 제공하도록 미리 계약을 할 경우 이는 긍정적인 동기를 유발하는 계약 체계가 된다. 그러나 아동이 현재 볼 풀(ball pool)에 들어가 있는데 여러 차례 어머니가 나오라는 지시를 무시하고 있는 상황에서 아동에게 "이제 볼 풀에서 나오면 햄버거를 사 줄게!"라는 계약을 맺게 되면 이는 부정적인 동기를 유발하게 되어서 아동의 지시 불이행 행동을 증가시킬 우려가 있다. 부적응행동을 중단할 목적으로 이러한 계약법을 사용하는 것은 부정적인 결과를 낳게 되기 때문에 유의하여야 한다.

6) 과제 분석 방법(Task Analysis)

학습 및 인지 능력에서 지체를 보이는 자폐스펙트럼장애 아동들에게 교육현장에서 제시된 하나의 과제를 학습하게 하는 데 어려움이 보이기 마련이다. 이러한 학습 능력의 지체를 보완하는 방법이 있다면 바로 과제 분석(task analysis) 방법이다. 예를 들어 아동에게 '글쓰기' 과제를 총 12단계의 세부과제로 나누어 제시하는데, 우선 펜을 잡는 법부터 교육시킨다. 차츰 난이도가 높은 단계로 높여가면서 최종 단계에 이르게 하여 아동이 훨씬 수월하게 쓰기과제를 완수할 수 있게 한다. 따라서 자폐스펙트럼장애 아동을 위한 교육프로그램에서 과제 분석을 모든 영역에서 필수적으로 적용시켜야 할 필요가 있다. 과제 분석을 수행할 때 기억해야 할 유의사항과 과제 분석을 해야 하는 이유를 다음과 같이 제시한다.

(1) 유의사항

첫째, 균등한 수준으로 과제 분석한다(Do task analysis in a way of equal skill level). 즉 하나의 과제를 여러 단계로 나눌 때 아동의 수준에 가장 알맞도록 단계와 단계의 수준 차이를 균일하게 해야 한다. 만약 차등적으로 과제 분석할 경우 특정 단계에서 학습 지체를 유발할 수 있다.

둘째, 아동이 다음 단계로 넘어가는 데 어려움이 없게 한다(Do task analysis so that the following step is attainable within the child's performance level). 즉 단계 간의 수준 차이가 아동의 인지 및 학습 능력으로 충분히 극복할 수 있는 범위로 설정해야 한다. 때때로 단계 수준을 균일하게 하는 데 치중하다 보면 아동이 다음 단계로 넘어가는 데 극복하기에 어려운 정도의 단계 간격을 배정하지 않도록 유의한다.

셋째, 한 과제의 세부 단계의 총 숫자는 아동의 기능 정도에 알맞게 정해야 한다(The number of steps depends upon the child's performance level). 아동의 기능이 너무 낮을 경우에 단계를 늘릴 필요가 있지만 기능이 높은 경우에 필요 이상으로 단계를 세분화할 필요가 없을 것이다.

(2) 과제 분석이 가장 적절한 이유

첫째, 자폐스펙트럼장애 아동들은 다른 영역보다 연상능력의 영역에서 뛰어나다(good association ability). 이러한 점이 단계별로 연상을 하면서 과제를 수행할 수 있는 가능성을 갖게 되는 것이다.

둘째, 자폐스펙트럼장애 아동들은 어떤 패턴(pattern)을 주면 잘 적응할 수 있다(stick to routine). 이것이 하나의 패턴으로서 자리 잡을 수 있는 과제 분석에 잘 적응할 수 있는 이유가 된다.

셋째, 반복적 사용 후에 일반화 혹은 적용이 가능해진다(repeated behavior that the child once acquired can be easily generalized). 자폐스펙트럼장애 아동들은 주어진 과제들을 나누어진 각 세부단계에서 여러 차례 반복하여 수행하면서 단계를 높여가는데, 이러한 과정 가운데 일반화와 적용 능력도 같이 훈련받을 수 있다.

7) 집중적 조기중재 혹은 집중조기중재(EIBI, Early Intensive Behavior Intervention)

응용행동분석의 꽃이라고 표현되기도 하는 집중적 조기중재(EIBI) 프로그램의 많은 성공사례들은 자폐스펙트럼장애 아동의 치료에 응용행동분석이 효과적이라는 보편적 평가를 얻게 된 계기를 마련하였다. 초기에 로바스 방법(Lovaas method)이라는 용어로 시작되었는데, 이제는 좀더 체계적인 중재체제로 진화되어 집중조기중재라는 용어로 정착이 되었다. 조기라는 말이 붙어있기는 하는 모든 연령과 모든 기능(고, 저기능 포함)의 자폐스펙트럼장애 아동들에게 효과적이다. 연구보고에 의하면 조기에 2~3년간 집중조기중재를 받으면 절반 정도의 아동들을 정상범주까지 끌어올려주는 탁월한 치료중재법으로 알려져 있다. EIBI 프로그램에 대해서 본 책자 제6장에서 더 자세히 소개가 되어 있다. EIBI 프로그램의 구성조건은 다음과 같다.

- 18개월부터 교육을 시작한다.
- 매일 주 5일 실시하며 하루에 최소한 연속 3시간 교육을 실시한다.
- 단일시도학습(DTT) 방법을 통해서 교육을 실시한다.
- 매일 행동 및 교육 내용에 대한 데이터를 측정하고 그래프를 그려 정기적으로 리뷰한다.
- 교수 : 학생 비율은 1 : 2를 유지한다.
- IEP와 STO를 구안하여 분기별로 Progress Report를 수행한다.
- 가능하면 소그룹을 배치를 통해서 사회적 상호작용을 유도한다(DTT 할 때는 1 : 1 모드로).
- 행동중재기법을 늘 적용하여 데이터베이스 한다.
- 부모교육을 통해서 가정과 연계한다.

8) 응용행동분석을 적용한 EIBI 프로그램의 장점

(1) 비언어적 기법(Non-verbal Method)

아동에게 응용행동분석 기법을 실행하는 데 언어의 사용은 필수적이지 않다는 특성이 있다. 따라서 의사소통능력이 지체되어 있는 자폐스펙트럼장애 아동들에게 크게 유리하다.

(2) 원인론과 무관한 기법

응용행동분석 기법이 문제행동이나 관련 증세의 원인을 제거하는 과정으로 형성된 여타의 치료 방법과는 다르게 증상의 원인에 대한 정보가 중요하지 않다. 따라서 현재까지 구체적인 원인을 알기 어려운 자폐스펙트럼장애를 가진 아동에게 특히 유리하다.

(3) 객관성과 측정성

측정성이나 객관성이 높은 행동과 기술을 평가한 데이터를 관리할 수 있어서 합리적이고 과학적인 방법으로 실행할 수 있으며 평가 데이터를 분석하여 행동중재기법의 효과성도 쉽게 도출할 수 있다.

(4) 풍부한 참고자료

현재까지 연구되었던 무궁무진한 양의 정보가 축적되어 있기 때문에 참조할 연구 자료가 풍부하다. 현재 각 학문적 분야에서 발표되어 왔고 외국의 사례에 관련된 참고 문헌 중에서 응용행동분석을 통한 사례가 가장 많은 부분을 차지하고 있다.

(5) 초이스 기법(Choice Method)

학계에서는 현재까지 보고된 치료모델 중에서 가장 으뜸가는 것으로 여기고 있어서 특별한 경우에 한하여 사용되는 '탁월한(choice)'이라는 수식어가 응용행동분석법에 사용되는 예우를 받고 있다. 미국에서 가장 우수한 자폐 아동 치료교육 기관인 May Institute, New England Center, Autism Project Center들을 포함하여 수많은 기관에서 현재 응용행동분석기법을 선호하여 실행하고 있다(Treatment of Choice).

(6) 가정과 연계성

응용행동분석 기법의 운영방법이 복잡하지 않기 때문에 부모님들이 소정의 연수만 받고도 집에서 사용할 수 있어서 24시간 체계의 운영이 가능해진다.

(7) 과제 분석

집중성이 떨어지거나 인지/학습 능력이 떨어지는 자폐스펙트럼장애 아동에게는 더욱 쉬운 수준으로 각 단계를 세분화하여 교육할 수 있기 때문에 자폐스펙트럼장애 아동에게는 가장 이상적인 모델이 될 수 있다.

(8) 패턴성

응용행동분석 방법이 일정한 패턴(pattern)에 의지하고, 아울러 기법을 일관성 있게 적용하는 것을 중심적인 원리로 여기기 때문에 일정한 패턴 하에서 잘 기능하는 자폐스펙트럼장애 아동들에게는 이상적인 모델이 된다.

(9) 화용성과 기능성

자폐스펙트럼장애 아동들을 위한 의사소통 및 언어 훈련을 위한 치료교육프로그램을 구안하는 데 과거에는 주로 음운론적, 문장론적, 조음론적 접근 방법을 적용하여 왔다. 그러나 최근 들어서 응용행동분석 기법이 아동의 자발성과 동기 함양에 훈련의 초점을 두게 되면서 응용행동분석에 의한 교육 방법이 가장 이상적인 것으로 평가받고 있다. 예를 들어 언어를 하나의 행동(speech act)으로 간주하면서 이에 대한 보상 방법을 통하여 동기와 발화 능력을 함양하는 화용론적 접근 방법과 가장 적합한 모델이 바로 응용행동분석 방법이다.

(10) 높은 성공률

이바르 로바스(Ivar Lovaas, 1981, 1977)는 만 2세들을 대상으로 2년 연속

EIBI 프로그램에서 교육을 시킨 결과 그중 47%가 정상범주로 끌어 올려 졌다고 보고하였다. 외국뿐 아니라 한국에서도 에듀비전 전신인 메이 아카데미에서 집중적으로 EIBI 프로그램을 실시한 아동들이 괄목할 만 한 성취율을 나타냈었다(양문봉, 2000). 이와 같이 수많은 연구결과들 이 이러한 높은 성공률을 뒷받침하여왔기에 현재 EIBI 프로그램이 자폐 스펙트럼장애 아동 치료에 있어서 탁월성을 인정받고 있는 것이다.

9) 일대일 개별지도와 소그룹 지도

(1) 일대일 개별지도

개별화 교육프로그램을 구안하거나 구안된 IEP 내용으로 일대일 개별지 도할 때 아동의 독특한 학습 유형, 개인의 발달 수준 그리고 개인적 동기 요인들을 철저히 감안할 수 있고 IEP를 실행할 때 아동의 학습과 진도 속 도 및 수준을 철저하게 숙지하여 적용할 수 있는 장점이 있다. 아울러 교 육의 효과가 높고, 발달 속도도 소그룹에 비해서 빠르게 진행되는 장점이 있다. 그러나 아동이 의존적인 성향을 보이게 될 뿐 아니라, 우리가 살아 가는 세상은 일대일 관계 속에 운영되는 것이 거의 없기 때문에 공동사회 에 통합하면서 적응하거나 전환하는 데 시간이 소요되는 단점이 있다.

(2) 소그룹지도

소그룹 안에서 교육을 받을 때 폭넓고 다양한 자극을 받을 수 있으며 다 른 아동들의 대리적 행동을 모방할 수 있고 그룹 안에서 발생되는 우연 적 학습기회들이 주어지기 때문에 좀 더 기능성 있는 학습이 가능해진 다. 아울러 소그룹 안에서 형성되는 정서적 기류와 흐름을 탈 수 있기 때문에 공동사회로의 통합이나 전환 과정에 유리한 기능들을 습득할 수 있다. 그러나 일대일 개별지도를 받을 때보다 소그룹 상황에서 아동의 개별적인 특성과 학습 유형, 개인 발달 수준과 개인적인 성향을 반영하면서 교육하는 것이 쉽지 않으며, 학습 진행속도가 느리다는 단점이 있다.

따라서 일대일 개별지도와 소그룹지도를 병행하는 병합형 지도가 필요하다. 개별적 IEP 교육시간에는 일대일로 개별지도를 하다가 팀워크가 필요한 교실 내에서의 학습활동 시간에는 소그룹에 편성하여 지도하는 것이 좋다. 만약 소그룹 안에서나 학급 안에서 일대일 중재가 필요하다면 학급도우미나 보조교사 서비스를 제공하는 것이 유리할 것이다.

3. Division TEACCH 프로그램

1) TEACCH의 개요

미국 노스캐롤라이나대학교의 에릭 쇼플러(Eric Schopler) 박사에 의해 창설된 TEACCH(Treatment and Education of Autistic and related Communication handicapped Children) 프로그램은 훈련된 교사와 부모들에 의해 운영되는 집중적인 치료교육프로그램이다. TEACCH 프로그램은 학교 현장과 치료 현장 모두에 적용할 수 있는 ABA/DTT와 달리 전적으로 학교 현장에만 적용할 수 있는 종합적 특수교육 관련 프로그램이다. 이 프로그램은 구조화된 교육 환경에서 아동의 기능과 기술을 발달시키는 데 초점을 맞추고 있다. TEACCH 교육전문가들은 자폐스펙트럼장애 아동들의 필요에 더 부합하고 최선의 교육 효과를 창출할 수 있도록 학교의 교육적 환경과 구조를 개조할 필요가 있다고 주장한다. 예를 들어, 의사소통 능력이나 언어 인지력이 지체된 자폐스펙트럼 장애 아동들을 위하여 구조화된 환경 조성의 시작은 시각적인 보조 자료와 신호들과 그림을 이용한 시간표를 각 교실에 부착하는 것이다. 이러한 시각적 요소들은 각 교실의 기능과 교육활동에 관한 정보를 알려주는 데 도움을 주고 그림이나 도표를 포함한 시간표를 이용함으로써 하루의 일과에 대한 이해를 높여 학습활동과 과제에 더욱 수월하게 적응하도록 도와준다. 또한 이러한 시각적 자료를 이용한 환경 조성이 아동이 학교 실내에서 이동하는 데 심리적인 안정감과 자신감을 주고 환경과의 친밀감을 유발하여 각 교실에서 진행되는 활동에 대한 학습 의욕과 참여의식을 높여준다.

아울러 TEACCH 프로그램은 조기진단과 함께 조기교육, 부모교육, 사회성 및 놀이기술의 발달, 직업훈련, 전환교육을 통한 직업재활준비에도 초점을 맞추고 있다.

2) TEACCH의 목적

자폐스펙트럼장애 아동이 자라면서 자신이 소유하는 최고의 잠재력을 발휘하면서 성취하고 발달하도록 도와주고 성인기에 이르러서는 최대한 독립적인 생활을 영위하면서 자신이 속한 지역사회에서 성공적인 행복감을 느끼는 한 구성원으로 살아갈 수 있도록 도움을 주는 것이다.

3) TEACCH의 특성

TEACCH는 통전적인 접근방식으로서 우선 아동이 한 가지의 기술영역만 학습하는 것이 아니고 다양한 영역의 교육을 통해서 종합적인 기술

영역의 학습이 이루어지게 도움을 준다. 아울러 아동이 속한 교실환경에서는 아동의 필요를 반영한 아동만을 위한 학습공간(work station)과 아동만을 위한 스케줄(time schedule, 활동 그림들과 그 순서로 정렬하여 게시한 시간표 부착)을 짜주면서 학습효과를 최적화할 수 있는 물리적 환경을 만들어 주는 등, 자폐스펙트럼장애 문화권을 염두에 두고 다양한 부문에서 통합적으로 아동의 발달을 도와주기 위해 접근하는 교육 및 중재 서비스이다. 아동 개인만의 스케줄을 만든 취지는 아동이 하루 동안 교실에서 일어날 일에 대해 미리 인지하게 되면 안정감과 자신감을 갖고 순간순간을 잘 대처하면서 뛰어난 성취도와 참여도를 보이며 성공적인 일과를 수행할 수 있기 때문이다.

특히 그림과 같은 시각적 자료를 많이 사용하는 이유는 일반교육에서 사용되는 언어적 지시를 통한 교육방법으로는 언어가 지체된 자폐스펙트럼장애 아동들에게는 실효를 거둘 수 없기 때문이다. 오히려 이러한 언어적 지시 혹은 그런 환경체계를 과감히 수정하여 자폐스펙트럼장애 아동들이 보편적으로 보이는 뛰어난 시각 혹은 기타 감각을 사용한 비언어적 도구와 환경체계들을 도입하여 좀 더 효과적인 학습을 유도하려는 것이다. TEACCH는 이러한 체계를 기초로 하여 응용행동분석과 병행하여 사용될 수 있고, 통합교육(inclusion)환경에서도 같이 적용시킬 수 있다.

4) TEACCH가 효과적인 대상 아동

TEACCH 프로그램은 자폐스펙트럼장애 아동들이 보이는 부정적인 자폐성 학습장애를 역으로 긍정적인 자폐성 학습 유형으로 만들어주면서 탁월한 교육적 효과를 창출하도록 전환시키는 장점을 갖고 있다. 따라서 이런 전환적 장점을 충족할 수 있는 다음과 같은 요소들을 가진 아동들에게 특별히 더 효과적인 것으로 알려져 있다.

첫째, 일과성 동향이 있는 아동(routine-oriented children)에게 효과적이다. 모든 시간과 일과가 정해진 시간표대로 진행되기 때문에 그러한 정해진 일과에 민감한 아동들에게 심리적 안정감을 줄 수 있다.

둘째, 비언어(non-verbal) 혹은 발화 전 수준(pre-verbal)의 아동에게도 효과적이다. 모든 환경이 시각적 큐를 제공하기에 언어적 지시와 설명 없이도 상황을 이해할 수 있게 배려하고 있다.

셋째, 청각적 학습 유형(auditory learning style)보다 시각적 학습 유형(visual learning style) 아동들에게 유리하다.

넷째, 주의력이 산만한 아동들에게도 효과적이다. 외부적 자극을 차단해주는 구조적 학습공간(work station)이 아동들의 집중도를 높여주기 때문이다.

다섯째, 다른 아동의 접촉과 간섭을 싫어하는 아동들에게도 유리하다. 각 학습공간은 아동 자신만의 독립적인 공간을 보장하여 다른 아동의 신체적 접촉과 불필요한 간섭으로부터 보호해줌으로써 정서적 안정감을 제공해준다.

5) 구조화된 교육

구조화된 교육(structured teaching) 환경이 바로 TEACCH 프로그램의 핵심이다. 구조화된 학습의 속성에는 다음과 같은 내용이 포함되어 있다.

(1) 구조화된 환경

TEACCH는 우선적으로 아동의 학습 효과를 극대화하는 환경을 조성하는 것이 핵심이다. 언어력의 지체를 보충할 수 있는 그림 신호를 곳곳에 부착하여 환경에 대한 이해를 진작시킨다. 또한 아동의 감각적 민감성과 특성을 살펴서 그에 알맞은 환경을 조성한다. 청각적으로 예민하다면 교육 공간에 흡음 시설을 갖추고, 시각적으로 예민하다면 아동들이 편안함을 느끼도록 실내등을 조절해 주며, 온도감각이 예민하다면 실내 온도를 아동이 편안함을 느낄 수 있는 최적의 상태로 유지한다. 학과에 집중할 수 있도록 학습공간에 시각적 자극들을 차단할 수 있는 파티션을 설치하는 것도 좋다. 또한 실내장식을 할 때 너무 색감 있는 재료의 사용을 절제한다. 아이들의 왕래가 잦은 운동장에서 가까운 교실을 선택하기보다는 아동들의 왕래가 뜸한 교실에 교육 공간을 정하는 것이 좋다. TEACCH 교실 구조는 일단 네 명의 아동이 속했다면 아동마다의 학습공간을 만들어준다. 물론 교사는 한 곳에 서면 모두가 보이는 구조를 조성해야 한다. 벽이나 곳곳에 그림 큐가 많이 게시되어 있는데, 각종 활동에 대한 그림 세트, 식사에 관련된 그림 세트, 게임에 대한 그림 세트, 학교의 시설에 관한 그림 세트 등 일상적인 하루 생활과 교육과정에서 필요한 모든 그림 큐를 제공하고 있다.

(2) 정해진 시간표

미리 정해진 시간표에 따라 활동과 학습을 철저하게 진행한다. 시간표의 설정도 구조화된 교육환경의 일환이다. 많은 자폐스펙트럼장애 아동들은 순서에 따른 암기력과 시간 관리 능력이 크게 뒤떨어져 있다. 게

다가 자폐스펙트럼장애 아동의 제한된 수용언어 능력 수준은 현재 진행되는 일에 대한 이해도를 떨어뜨린다. 따라서 아동들이 하루의 일과 진행 내용을 이해할 수 있도록 그림이나 사진을 이용한 시간표를 게시해야 한다. 아침부터 일어나는 일과들을 순서대로 그림으로 부착한 시간표를 게시하면 아동들은 현재의 활동 상황을 이해할 뿐 아니라 다음에 일어날 일과에 대한 정보를 숙지하게 되면서 참여도를 높일 수 있다. 또한 시간표를 통한 일과 내용에 대한 지식은 다음 학과나 활동으로 이어질 때 과외활동일 경우 독립적으로 이동할 수 있게 도와주며 다음 활동에 대한 마음의 준비를 갖추게 해 준다. 이러한 마음의 준비는 다음 활동에 대한 동기를 높여주고 자신감과 적극성을 더욱 향상시킨다. 만약 현재의 교육과제나 활동이 지루하거나 혹은 부담스러울지라도 다음 시간이 즐겁고 유쾌한 시간이 올 것이라는 사실을 알게 되면 현재의 활동에 무리 없이 참여할 수 있는 동기를 부여한다.

(3) 아동의 필요에 영합

아동의 기술 수준, 흥미 있는 분야 그리고 필요를 잘 이해하여 아동의 강점과 관심 분야를 더욱 강화하는 데 주력한다. 이러한 이유에서 아동들이 보유하고 있는 기술들과 관심 분야에 기초한 교육프로그램을 만들어야 한다. 평가 절차를 거쳐 아동이 보이는 지체된 영역을 훈련시켜 더 나은 수준으로 끌어올리는 것도 중요하지만 이미 그들이 가지고 있는 탁월한 기술과 역량 혹은 이미 아동이 관심을 갖고 있는 대상을 사용한다면 더욱 효과적인 학습을 이끌어갈 수 있다.

(4) 통전적 교과 과정

TEACCH 프로그램은 자폐스펙트럼장애 아동의 전반적인 삶의 영역을 염두에 두어야 한다. 일반적으로 학교에서 교육을 실시할 때에는 생활 교육의 내용을 흔히 등한시하거나 기껏해야 기본적인 내용만을 다루고 만다. 그러나 자폐스펙트럼장애 아동은 학과 내용에 대해서만 지체된 것이 아니라 사람으로서 살아나가는 데 필요한 모든 기술영역에서 고루 지체되어 있기 때문에 치료 교육 내용을 다양화시켜야 한다. 따라서 교육 내용에는 학과적인 것 이외에 의사소통, 여가 기술, 가내 작업, 직업 능력, 협동 놀이, 타인과의 상호작용 기술, 공동사회 기술 등의 기술영역들도 포함해야 한다.

(5) 교육 환경의 유기적 관계

여러 교육현장에서 교육적 중재를 할 때 각각의 교육 장소마다 일관성을 갖고 유기적으로 실시되어야 한다. 말하자면 학교에서 교육받을 때 아동에게 TEACCH 프로그램을 실시한다면 가정에 돌아가거나 그룹 홈(Group Home)에 돌아가서도 같은 프로그램을 실시해야 큰 효과를 기대할 수 있다. 이를 위해 아동이 속한 학교와 그룹 홈의 모든 직원들이 정기적으로 팀 모임을 갖고 아동을 위해 같이 평가하며, 아동의 특성을 하나의 문맥에서 바라보고 그 바탕에서 프로그램에 관한 결정을 해야 한다. 이럴 때 학교나 가정 혹은 학교와 그룹 홈에서 같은 수준과 내용의 교육이 일관성 있고 지속적인 관계 속에서 이상적으로 진행될 수 있다.

(6) 동기부여 고취

TEACCH 프로그램은 아동이 한 과제를 마치고 나서야 보상적 상황이 주어지기 때문에 동기부여를 높여 주는 속성을 갖고 있다. 또한 성취감과 거리가 먼 자폐스펙트럼장애 아동들에게 과제종료를 통해서 성취감을 고취시킬 수 있고 나아가 독립성도 향상시켜 주게 된다.

6) TEACCH의 단점

자폐스펙트럼장애 아동들의 특성과 필요에 적절히 영합하면서 최적의 교육적 효과를 창출하도록 고안된 TEACCH 프로그램도 나름대로 여러 가지 면에서 약점을 갖고 있다.

첫째, 직접적인 지시와 유도방법의 사용을 피하기에는 단기적 효과 면에서 미진한 점이 있다. 교육하고 중재하는 과정에서 교사들의 열정이 식어가는 경향이 종종 발견된다.

둘째, TEACCH 프로그램의 핵심요소인 일상적인 시간표, 경직된 규율, 구조적인 환경 구축이 때로는 아동의 창의성과 자주성을 계발하는데 장애요소가 될 수 있다. TEACCH 프로그램이 자기주도형 교육방식과 상충하는 점이 있기 때문에 고기능 아동들을 위한 교육과 자율적 교과 과정에 의거한 학습활동에 적용할 때 주의해야 한다.

셋째, 청각적 학습 유형을 가진 아동들에게는 오히려 시각적 큐가 주의를 산만하게 하는 요인들로 작용할 수 있다.

넷째, 아동들 중에는 ① 열린 교육의 환경에서, ② 많은 외부적 환경 자극을 받을 때, ③ 다른 아동과 협력하면서 학습활동에 참여할 때 더 좋은 기능을 보이는 유형의 아동들에게 TEACCH 프로그램에서 핵심요소인 폐쇄적인 학습공간이 오히려 아동에게 긴장감을 고조시키고 학습에 지장을 초래할 수 있다.

4. 하이브리드 유형-치료중재육지법

앞서 소개한 세 가지의 치료중재법들은 각각 나름대로 장점과 철학을 소유하고 있지만 약간의 미흡한 점도 있는 것이 사실이다. 따라서 각각의 장점만을 취하여 구성한 하이브리드 유형의 치료중재육지법(Hybrid Educational Treatment Interventions) 혹은 초이스 중재법(Choice Treatment Intervention)을 이 장에 제시하고자 한다.

전반적 발달장애인 자폐스펙트럼장애 아동이 보이는 증후군은 진행성(progressive)인 다른 정신적 혹은 정서적 장애와 차별화 되어야 한다. 진행성인 정신적 장애나 질환들은 현재 문제가 되고 있는 증세만을 찾아서 집중적으로 치료할 때에 적절한 회복을 기대할 수 있지만 일종의 발달지연(developmental delay)인 자폐스펙트럼장애는 전반적인 영역에서 치료중재(treatment intervention)가 이루어져야 한다. 따라서 어느 한 영역에서만 치료중재를 실시한다거나 단일 치료법만을 사용한다면 그다지 큰 효과를 기대할 수 없다.

나는 미국 행정부로부터 자폐 아동을 위한 최우수 치료교육기관으로 표창을 받은 May Institute(미국 보스턴 시 소재)에서 약 10년간 특수교육 전문가(Special Educator)와 교육심리학자(School Psychologist)로 활동했다. 이 기관 외에도 보스턴 히가시 학교(Bonston Higashi School), 뉴잉글

랜드 센터(New England Center), 노스캐롤라이나 주립대학교의 TEACCH 프로그램, 프로비던스(Providence) 시 소재 Behavior Research Institute와 같이 미국 유수의 여러 자폐스펙트럼장애 아동을 위한 교육 및 치료기관들에 대한 구체적인 정보를 접할 기회를 가졌었다. 기관들을 방문할 때마다 각 연수담당 직원으로부터 브리핑을 받기도 했으며 또한 자신들이 치중하는 교육 및 치료모델에 관한 귀중한 자료들을 제공받았다. 나는 각 기관 자료들을 연구 분석한 후 이들이 성공적 치료교육의 결과를 창출할 수 있었던 요인들 중에 가장 두각을 나타낸 탁월하고 창의적인 여섯 가지 요인들을 묶어서 치료 운영 체계인 치료중재육지법을 만들게 되었다. 치료중재육지법은 다음과 같이 중요한 여섯 가지의 수칙으로 구성되어 있다.

1) 수칙 1 : 행동치료를 핵심으로 한 종합적 중재

자폐스펙트럼장애 아동에게는 이미 이 장의 앞에서 소개한 세 가지의 주치료중재 체계 중에서 적어도 한 가지를 선정하여 다양한 기술영역의 프로그램과 부가적으로 필요한 개별치료들을 포함하여 유기적인 맥락에서 종합적으로 시행하는 것이 좋다.

특히 여러 영역에서의 발달적 지체나 미성숙은 뚜렷하게 외적으로 부적절 행동으로 표현되며 또한 이러한 부적절 행동은 지체된 다른 영역의 치료중재에 적지 않은 지장을 초래하기 때문에 행동치료를 중심으로 한 종합적 치료중재만이 적절한 치료적 효과를 기대할 수 있다.

2) 수칙 2 : 개별화 교육프로그램을 통한 소그룹 혹은 일대일 치료교육

자폐스펙트럼장애는 대부분 아동의 증상이 다종적 증후군(heterogeneous syndrome)이어서 각 개인이 보이는 증상적 특징은 다를 수밖에 없다. 따라서 자폐스펙트럼장애 아동에게 개인의 증상과 기능 수준 그리고 특성에 가장 알맞은 아동 개인만의 교과 과정과 교육프로그램 계획을 수립하여 그에 적절한 방식으로 치료교육을 실시해야 한다. 또한 자폐적 학습장애를 갖고 있는 자폐스펙트럼장애 아동들은 학습하는 데 큰 어려움이 있기 때문에 소그룹이나 일대일 교육을 통해 아동의 미약한 영역을 집중적으로 도와주어야 한다. 만약 통합 상황에서 학급이나 그룹 활동에 참여할지라도 아동의 필요에 즉각적으로 대처할 수 있도록 학습보조자가 필요하다.

3) 수칙 3 : 엄격하게 짜인 교육 환경 수립

자폐스펙트럼장애 아동들은 일반 아동에 비하여 환경에 대한 대처 능력이 월등히 떨어지기 때문에 당연히 환경에 쉽게 영향을 받게 된다. 말하자면 아동이 열악한 환경에 들어가면 심리적으로 즉각적인 반응을 보이게 된다. 예를 들어, 특이한 색감이나 조도를 보이는 환경에 들어가면 즉각적으로 불안한 감정을 표현할 정도로 환경에 대해 예민하게 반응하는 경향이 있다. 이러한 이유에서 아동에게 가장 편안한 정서를 제공하는 물리적 환경 구조를 만들어 주는 것도 중요하지만 적절한 심리적 환경과 분위기 설정도 필수적이라 할 수 있다. 또한 교육과 치료를 담당하는 교사, 치료사, 부모들이 철저히 정해진 치료 방법과 관련된 규율과 원리를 따르는 것이 중요하다. 따라서 아동으로 하여금 최대한의 개선

효과를 얻기 위해서는 엄격하고 일관성 있는 치료교육 원리와 규율을 적용해야 하며, 아울러 아동의 교육적 효과를 극대화할 수 있는 최적의 물리적 환경을 조성하는 것이 필요하다.

또한 의사소통 능력이 부재한 자폐스펙트럼장애 아동들이 교육 환경에 친근감과 이해를 갖기 위해서는 각 실마다 그 기능을 알릴 수 있는 그림을 부착하는 것이 중요하다. 자신이 학습하는 공간이나 환경에 대하여 어느 정도 지식과 정보를 갖고 있을 때 친근감을 느끼고 애착이 형성될 수 있다. 일단 환경에 대한 애착이 형성되면 안정감을 얻어 참여도를 높이면서 곧 학습에 더욱 큰 효과를 발휘하게 된다.

4) 수칙 4 : 24시간 치료중재 체제

최대의 치료 효과를 얻기 위해서는 24시간 체계로 전적인 치료가 이루어지는 것이 필요하다. 현재 미국에서는 이를 실현하기 위하여 그룹 홈이나 포스터 홈(foster home) 제도를 운영하고 있다. 그러나 우리나라의 현실에서는 24시간 치료교육 및 중재를 제공하는 치료기관이나 교육기관을 찾기가 쉽지 않다. 현재 이러한 현실적인 정황을 판단해 보면 아동과 가장 많은 시간을 보낼 뿐 아니라 아동의 특성을 가장 잘 이해하는 부모가 가장 중요한 치료사가 되는 것이 차선의 방법이라고 할 수 있다. 실제로 이를 증명하는 수많은 연구 보고가 있었다. 이러한 점에서 자폐스펙트럼장애 아동 부모들을 위해 실시하는 실제적 치료법에 관한 집중적 연수 및 교육 과정의 수립은 필수 불가결한 것이다.

5) 수칙 5 : 조기 진단 및 교육

영아기 혹은 유아기 때의 발달 과정에서 보이는 격차는 성장하면서 더 벌어질 가능성이 크다. 따라서 가장 현명한 조치는 조기에 아동으로부터 어느 한 영역이나 전반적인 영역에서 발달적 지체를 발견하였다면 그 즉시 교육과 중재를 시작하는 것이다. 과거에는 조기 교육이 영재들을 육성하기 위한 방법으로 시행되었지만 이제는 역으로 발달이 늦은 아동들을 정상적 발달 수준으로 끌어올리는 데에 가장 큰 역할을 하고 있다. 따라서 발달장애 아동들이 전반적인 발달을 성취하기 위해서는 가능한 한 조기진단을 실시하고 조기에 교육을 시작할 필요가 있다. 언어적 습득이나 인지가 빠른 시기인 영유아기부터 집중적인 교육을 시작하는 것이 여러모로 유리하다.

6) 수칙 6 : 데이터베이스

앞에서 소개된 바와 같이 자폐스펙트럼장애는 그 구체적 원인 규명이 어렵고 또한 다종적 증후군이기 때문에 완벽한 치료법을 처방하는 것이 쉽지 않다. 따라서 여러 가지 치료법에 대한 정보를 축적하여 그중 가장 효과적인 치료법을 찾기 위해서는 각 치료법별로 평가 기록을 남기고 이를 비교하는 것이 필요하다. 이를 통해 현재 실시하고 있는 치료교육 모델과 치료교육기관 및 학교 그리고 현재의 교육 환경이 아동 개인에게 효과가 있는지 여부도 쉽게 평가할 수 있다. 또한 여러 전문가로부터 정확한 조언이나 치료중재를 받기 위해 지금까지 모아온 자료와 데이터를 제시할 경우 너무도 귀한 정보가 될 수 있기 때문에 최적의 자문을 얻을 수 있다.

제 4 장

자폐스펙트럼장애와
사회적 의사소통의
치료와 중재

신석호

04

자폐스펙트럼장애와
사회적 의사소통의 치료와 중재

1. 자폐스펙트럼장애의 사회성 및 의사소통의 특성

일반적으로 자폐스펙트럼장애 아동의 부모들은 자녀의 언어 발달이 이상하다는 느낌으로부터 자녀의 발달에 대하여 염려하기 시작한다. 실제적으로 자폐스펙트럼장애 아동이 필요한 표현 언어능력을 만 5세까지 보이는 것이 예후에 있어서 가장 중요한 요소 중 하나라고 알려져 있다. 또한 만 3~4세 정도의 자폐스펙트럼장애 아동이 비언어적인 의사소통기술(예를 들어, 몸짓, 눈짓, 얼굴 표정, 미소 등)에서 비교적 적절한 발달을 나타낼 때, 그 아동의 수용언어능력은 상대적으로 우수한 수준으로 발달하리라 여겨진다.

자폐스펙트럼장애 아동들이 말을 하게 되었다고 해서 반드시 적절한 의사소통을 한다고 말할 수는 없다. 이들은 언어 사용의 규칙을 획득하더라도 대부분 자신이 습득한 언어를 다른 맥락에 일반화시키지 못한다. 언어사용의 규칙을 배운 것만으로는 연령에 맞는 적절한 의사소통능력을 익혔다고 할 수 없다. 의사소통은 단순히 말할 수 있거나 적절한 순서로 단어를 조합할 수 있는 것 이상을 의미한다. 즉, 의사소통은 원하는 것을 다른 사람이 알도록 만들고, 사건에 대하여 다른 사람에게 얘기를 하며, 행위에 대하여 설명을 할 수 있고 다른 사람의 존재나 의미를 인식하는 능력이다.

언어를 구분하여 설명하는 방식은 구조 및 형태를 나타내는 구문론이나 통사론(syntax), 의미와 내용을 규정하는 의미론(semantics) 그리고 언어를 사회적 맥락에서 적절하게 사용하는 의사소통기술을 뜻하는 화용론(pragmatics) 등으로 나누어 이해한다. 언어 사용에서 통사론적 관점이나 의미론적 관점만으로는 사람 사이의 의사소통을 효과적으로 이해할수 없다. 즉, 인간의 언어발달에 대한 보다 깊고 합리적인 설명을 위하여 화용론이 필요한 것이다. 화용론에서 중요시되는 부분은 언어 사용자가 어떠한 맥락(context)에서 의미를 전달하느냐 하는 문제이다. 언어가 사용되고 이해되는 상황이 꾸준히 전개되는 환경인 맥락은 언어를 사용하는 사람들 사이의 연속적인 상호작용에 의하여 항시 변하고 촉진되는 개념이다. 화용론적인 능력이 있는 사람은 상대방의 입장을 고려하여 이야기를 하며, 상대방이 말했던 의미를 참조하여 말을 하게 된다. 자폐스펙트럼장애 아동이 보이는 언어상의 문제점은 화용론이나 의사소통의 기능적 접근에 관심이 모아져 왔다. 사회적 맥락 안에서 자폐스펙트럼장애 아동이 전하고자 하는 의미를 상대방과 의사소통할 수 있는 기술과 타인의 의도를 파악하는 능력이 얼마나 떨어지느냐가 중요하다고 생각하며, 이는 사회성 발달과 직접적으로 연관이 있다. 자폐스펙트럼장애 아동은 의사소통기술과 사회성 인지기능의 결함으로 인하여 사회적 상호작용의 어려움을 보이는데, 사회적 상호작용을 증진시키는 첫 단계는 사회적 맥락 안에서 아동의 적절한 의사소통기술의 레퍼토리를 확장시키는 것이다.

자폐스펙트럼장애 아동의 언어가 발달할 때, 음성의 고저, 억양, 속도, 리듬 및 강도가 비정상적일 수 있다(예 : 음성의 억양이 단조롭거나 의문문처럼 문장의 끝을 올려 말한다). 문장론적인 측면에서 나이에 비하여 현저하게 떨어지는 수준으로 언어를 구사하고 문장 안에 문법적으로 결격 요소가 많이 포함되어 있으며, 은유적인 언어(예 : 개인의 의사소통 방식에 친근한 사람만이 이해할 수 있는 언어)가 흔히 사용된다. 언어 이해력의 장해는 간단한 질문, 지시 또는 농담을 이해하지 못하는 양상으로 나타난다.

반향어는 자폐증에 있어서 흔히 보이는 증상들 중 하나로서, 상동증적이고 반복적인 언어가 사용된다(예 : 의미와 상관없는 단어나 구의 반복, 운율적으로 동일한 음이나 상업적인 선전 문구의 반복). 과거에는 반향어가 부적절하고 의사소통에 도움이 되지 않는다고 알려져 왔지만, 최근 연구는 반향어가 비교적 그 기능을 구별할 수 있고 나름대로의 의미를 가지며, 보다 발전된 언어가 생겨나기 이전의 중요한 예비 단계(precursor)로 이해되고 있다. 반향어는 다른 자폐 증상들과 같이 그것만의 의미와 기능을 가지므로 반향어를 없애기 위하여 시도하기 전에 그것의 기능평가가 우선적으로 이루어져야 한다. 반향어는 자폐스펙트럼장애 아동이 무엇인가를 잘 이해하지 못하고 있다는 반증이다. 때로는 반향어가 자폐스펙트럼장애 아동으로 하여금 다른 사람들이 말하는 것을 이해하도록 도와주며, 새로운 단어나 표현을 익숙하게 만드는 기회를 제공하기도 한다. 반향어는 자폐스펙트럼장애 아동이 스트레스를 받을 때에 증가하기 때문에 반향어 자체가 영유아가 심한 심리적 압박을 받고 있다는 신호이기도 하다. 무엇을 반복한다는 사실은 잠재적으로 걱정스러운 상황을 재현하는 것일 수도 있고 화난 감정을 처리하는 과정에서 나타나기도 하며, 긴장을 완화시키는 데 도움이 되기도 한다.

다른 사람의 말을 한두 차례 반복하는 반향어와는 다르게 집착적으로 같은 단어나 어구와 문장을 지나치게 반복하는 집착적 언어(perseverative speech) 현상이 관찰된다. 이러한 집착적 언어는 너무 초조하거나 혹은 흥분하였을 때 주로 관찰되는 것인데 반향어와 같이 상황과 전혀 관계없는 말을 반복하는 형태로 나타나며, 반향어와 다른 점은 때때로 집착적 언어를 보일 때 이를 중단하기가 어려운 경우가 많다는 것이다.

1) 의미론–화용 언어장애(semantic-pragmatic language disorder)

자폐스펙트럼장애 아동은 단어를 발음하는 능력이나 언어구조(문법)를 배우는 능력에는 장해가 없지만, 어휘력 발달과 단어의 뜻을 이해하는 것과 같은 언어의 의미적 측면(semantic aspect)과 언어를 사회 상황에서 적절히 사용하는 언어의 화용적 측면(pragmatic aspect)에 문제가 있다.

(1) 언어의 의미적 측면에서의 어려움

자폐스펙트럼장애 아동이 실제 대화 상황에서 자신이 갖고 있는 어휘를 충분하게 사용하지 못한다는 점이다. 부모들은 자신의 영유아가 수백 단어를 알고 있다고 생각하더라도 실제 대화에서는 아주 적은 단어만을 사용한다고 여기는 경향이 있다. 언어의 이해에 있어서도 너무 많은 단어가 제시되면 이해하지 못하고 혼란에 빠진다.

또한 자폐스펙트럼장애 아동은 인칭 대명사를 바꾸어 사용하는데, 자신을 지칭하면서 '너'라고 하거나, 남을 '나'라고 표현하는 경우가 많다. 청소년이 되어서는 이러한 인칭대명사를 사용하지 않고 실제의 이름만을 사용하는 경우가 많다. 이외에도 의미가 반대되는 말을 혼동하거나, 한 말에 두 가지 뜻을 같이 사용하는 경우도 있다. 또는 한 단어 안의 낱말의 순서를 바꾸어서 말하기도 한다. 추상적 개념 형성이 제대로 안 되는 것이 자폐스펙트럼장애 아동의 특징 중 하나이다. 크기, 시간, 색깔, 감정과 같은 추상적 개념을 나타내는 낱말을 이해하거나 표현하기 어렵다. 그리고 위와 아래, 안과 밖, 전과 후 같은 말의 개념을 이해하고 사용하는 데 문제가 생기기도 한다.

구체적이고 융통성이 없는 언어가 특징적인데, 대화에 있어 그 뜻이나 의미를 효과적으로 이해하지 못한다. 특히 고기능 자폐증의 경우는 풍부한 어휘력으로 인해 타인들의 기대치가 높기 때문에 대화 도중 부적절한 반응을 보이는 경우에 말을 안 듣거나 고집이 센 것으로 오해받을 가능성이 높다.

(2) 언어의 화용적 측면에서의 문제점

자폐스펙트럼장애 아동은 상대방과 대화(talk with)하는 것이 아니라 상대방에게 말한다(talk at)고 비유되기도 한다. 상대방이 사용하는 몸동작,

억양, 얼굴 표정과 같은 비언어적 의사소통에 문제가 있다. 대화과정에서 사용되는 농담이나 비유를 이해하지 못한다. 대화과정에서 상대방의 관점이나 생각을 이해하지 못하고 자신만의 관점에서 대화를 하기 때문에 일방적인 대화 혹은 지리멸렬한 대화가 이루어진다. 자폐스펙트럼장애 아동은 엉뚱한 것을 자세하게 말하는 경향이 강하고, 특정 주제를 반복하기도 하며, 상황에 맞지 않게 새로운 주제로 옮겨가기도 한다. 또한 자폐스펙트럼장애 아동은 대화상황에서 흔히 상대방의 주제를 무시하여 상대방을 당황하게 만들기도 하며, 대화 과정에 문제가 생겼을 때 적절하게 고쳐서 다시 이야기하지 못한다. 거의 같은 주제라고 하여도 환경적 요인이 약간이라도 달라지면 대화에 어려움을 나타낸다. 자발적으로 상대의 관심을 끌거나 좀처럼 의사소통을 먼저 시작하지 않는다. 언어 구사력이 있어서 상대방의 질문에 답변하는 능력이 있어도 먼저 말을 꺼내는 것이 쉽지 않다. 때로는 일생 동안 전혀 발화가 되지 않는 경우도 있다. 상황에 맞는 적절한 단어를 사용하여 의사표시를 할 때가 있기도 하지만 상당수의 자폐스펙트럼장애 아동이 성인이 되어서도 대부분의 경우는 적절한 상황에서 자신의 의사를 밝히지 못한다.

2) 마음의 이론과 사회적 의사소통

최근에는 자폐스펙트럼장애 아동들이 보이는 여러 문제들 중 사회적 의사소통(social communication)의 장해를 가장 의미 있는 자폐적인 특성으로 파악하고 있다. 사회적 의사소통의 중요한 요소로는 정서적 상호교류(affective reciprocity), 함께 주의하기(joint attention), 마음의 이론(theory of mind) 등 세 가지가 있다. 정서적 상호교류는 사회적 상호작용과 의사소통을 조절하기 위하여 비언어적 행위(눈 맞춤, 얼굴 표정, 몸짓)들을 적절하게 사용하는 성향을 뜻하는 것으로 알려져 있고, 함께 주목하기 능력은 생후 18개월에 정상적으로 획득하는 능력으로, 이 시기에 자폐스펙트럼장애 아동에게는 이 능력이 결여되어 있다. 마음의 이론은 사회적 상호작용과 의사소통을 가장 잘 대변하는 기능이다.

자폐스펙트럼장애 아동은 사회적 대화에 내재하는 규칙(implicit rule)을 이해하지 못한다고 알려져 있다. 여기에 더해서 자신과는 다른 남의 관점을 이해하는 능력에 문제가 있으므로 언어의 사회적 이용에 문제가 발생하게 된다. 정상적으로 영유아는 생후 초기부터 친숙한 엄마의 얼굴을 낯선 사람의 것과 구별하며, 엄마의 소리에 보다 친근하게 반응하는 능력을 타고난다. 엄마는 엄마다운 목소리, 몸짓, 톤, 태도로 영유아를 대하며, 영유아는 엄마의 노력에 반응하면서 비언어적 의사소통능력을 발달시켜 나간다. 자폐스펙트럼장애 아동은 이러한 비언어적 의사소통기술인 눈짓, 몸짓, 미소 등이 제대로 발달하지 못하며, 언어적으로 어느 정도 발달하더라도 단순하게 대상의 이름을 대는 수준이거나 또는 대화를 하더라도 상호적인 면이 결여되고, 의도적인 의사소통이 제대로 안 되며, 특정 사건에 대하여 언급하거나 마음의 상태에 대하여 구어체로 말하기 어려워한다. 또한 발달 수준에 적합한, 자발적이고 다양한 가상적 놀이나 사회적 모방놀이가 결여되어 있다. 자신의 요구나 감정을 제스처나 얼굴의 표정으로 표현하는 데 큰 어려움이 있다. 따라서 다른 사람의 감정 표현 제스처를 이해하지 못한다. 중요한 의사소통의 장해는 눈빛을 통한 의사 표현의 의미를 이해하기 어렵다는 것이다.

3) 자폐스펙트럼장애 아동이 보이는 사회성의 어려움

자폐스펙트럼장애 아동이 보이는 사회성의 어려움은 다음과 같다.

- 자신의 행동이 상대방에게 불쾌감을 줄 수 있다는 점을 생각하는 것이 힘들다. 따라서 많은 사람들이 있는 장소에서 본인은 의도 없이 하는 일이지만, 다른 사람들을 성가시게 하는 행동들이 자주 관찰된다.
- 사람들이 많은 장소에서 사람에게 관심을 보이기보다는 주변의 집기나 사물에 더 관심을 보인다. 때로는 사람이 많은 곳에 있다는 사실을 불편해 하기도 한다.
- 마치 사람이 앞에 있어도 그 뒤에 있는 영상을 보는 것 같은 표정을 짓거나 먼 곳을 응시하거나 골똘히 생각하는 표정을 짓는 것이 자주 관찰된다. 상대와 대화를 할 때 상대의 표정이나 눈을 바라보아야 하는 암묵적인 사회적 규칙을 지키지 못해 대화를 지속하기가 어렵다.
- 가정이나 학교에서는 어느 정도 갖고 있는 기능을 제대로 발휘하고, 행동도 어느 정도 조절이 될지라도, 새로운 환경이나 분위기 속에 들어가면 초조함이나 불편함을 느끼면서 평소의 제 기능을 발휘하지 못할 뿐 아니라 마치 전혀 다른 사람으로 돌변한 것처럼 행동하게 된다.
- 사람에 대하여 친근한 미소를 짓기가 어렵다.
- 다른 사람이 안으려 할 때 경직되거나 등을 구부리며 피하려는 모습이 뚜렷하게 관찰된다. 때로는 악수하는 것조차 불편해 한다.
- 타인들이 자신의 옷매무새에 대해서 어떻게 생각하는지에 관심이

없기 때문에 간혹 허름한 차림을 유지하기도 한다. 자신이 특이한 일을 했을 때 다른 사람들의 관심을 끌어서 적절하게 자랑하는 능력도 지체되어 있다.

- 또래와의 절친한 친구 관계 형성이 어렵다. 어느 정도 인지 능력을 가진 고기능의 자폐스펙트럼장애 아동일지라도 급우나 이웃과 안면을 익힐 수 있지만 친밀하게 교제관계를 맺는 것은 어렵다.
- 특별한 사람이나 대상에 지나치게 집착을 보이기 때문에 다른 과제나 관계로 전환하는 데 어려움을 갖는다.
- 놀이 시간에 다른 아동들이 하는 것을 관찰하여 놀이 방법을 익히거나 그들의 행동을 모방하는 것이 쉽지 않다.
- 자신이 관심을 두는 사물이나 주변의 대상에 집착적으로 눈 맞춤을 하기 때문에 관심의 대상이 아닌 사람에게 별로 눈길을 주지 않는다. 가끔 이름을 불러서 관심을 끌게 되면 눈 맞춤을 주지만 잠시일 뿐이고 지속적으로 유지하기가 어렵다.
- 다른 사람들이 보내는 눈웃음이나 사회적 표정 혹은 친근한 제스처의 의미를 파악하는 데 어려움이 있다. 일반적으로 언어로 표현하는 대신에 상대방이 몸놀림이나 특이한 표정, 음성의 고저로 전하는 감정이 실린 의미를 이해하는 데 어려움이 있다. 그래서 타인들의 감정표현을 이해하지 못하여 상대에게 친근한 위로를 주거나 감정적 교감을 주기 어렵다.

| 학령 전기 아동의 정상적인 사회성 발달 |

스탠리 그린스펀(Stanley Greenspan)은 아동이 타인과 관계형성을 맺으면서 상호적인 소통이 발달하는 과정인 0~42개월까지를 6단계로 구분하여 사회-정서 성장 측정차트(Social-Emotional Growth Chart)로 정리하였다.

그린스펀의 사회-정서 성장 측정차트는 Bayley-III에 사회-정서 척도로 사용될 만큼 과학적이고 매우 유용하다. Bayley-III 사회-정서 척도는 그린스펀의 사회-정서 성장차트를 기본으로 하여, 기존 사회 정서 발달 측정 도구들의 단점을 보완한 아동의 현재 사회정서 발달 수준을 정확히 평가하고 개입하는 데 도움을 줄 수 있는 유용한 도구이다. 정서적, 사회적 기술의 특정한 측면만을 평가했던 기존의 사회정서 평가 도구들과 달리 본 척도는 전반적인 사회 정서적 패턴과 이의 성취로 표현되는 '기능적 정서 기술'의 숙달 여부에 중점을 둔다. 기능적 정서 발달 접근은 정서가 아동이 상징을 구성하고 지적으로 발달하는 것을 가능하게 하며 감각, 언어, 운동 처리 능력들에 목적을 제공한다는 이론을 바탕으로 하며, 이 모델에서 정서는 지각과 사회적 기능의 기반을 제공한다.

그린스펀의 사회-정서 성장차트

1단계. 관심을 나누기(attention and engagement : 정상적으로 0~3개월에서 가능)

이 단계는 아이가 그저 자신의 관심을 상대방과 나누는 단계이다. 정상아동은 엄마의 목소리나 얼굴 표정에 즐겁게 반응할 수 있다.

1) 아이는 주변의 소리를 들었을 때 과민하게 반응하지 않고 기분 좋은 관심을 보인다.
2) 매우 크거나 과장된 소리를 내지 않아도 아이의 주의를 쉽게 끌 수 있다.
3) 아이는 알록달록한 사물이나 밝은 불빛을 포함해 대부분의 대상을 볼 때 과민하게 반응하지 않고 기분 좋은 관심을 보인다.

4) 알록달록한 사물이나 매우 밝은 불빛이 아니더라도 아이의 시각적 관심을 쉽게 끌 수 있다.

5) 아이는 여러 가지 촉감의 물건을 만지거나, 그것이 몸에 닿았을 때 과민하게 반응하지 않고 기분 좋은 반응을 보인다.

6) 힘주어 잡거나 누르지 않아도 엄마(양육자)가 만지는 것에 대한 반응을 쉽게 얻을 수 있다.

7) 아이는 안아서 흔들어주거나 돌려주는 것, 혹은 빠르게 안아 올려주는 것을 좋아한다.

8) 엄마(양육자)가 아이에게 다가가거나, 아이를 천천히 움직여주면 아이의 관심을 쉽게 얻을 수 있다

9) 아이는 엄마(양육자)가 달래주면 진정된다(예 : 안아주면 울음을 그치거나 조용히 한다).

10) 아이는 엄마(양육자)의 얼굴이나 장난감 등 관심 있는 것을 쳐다본다.

11) 아이는 흥미로운 소리가 들리면 소리가 나는 쪽으로 고개를 돌리거나 쳐다본다.

2단계. 관계를 형성하기(engagement and relating : 정상적으로 2~5개월에서 가능)

1) 아이는 좋아하는 사람을 보면 기분이 좋아 보인다. (예 : 해 쳐다보기, 미소, 소리내기, 팔 흔들기).

2) 아이는 말하거나 놀아주는 사람에게 소리를 내거나 표정을 지어 반응한다. (예 : 즐거워서 내는 소리, 호기심 어린 표정, 짜증난 표정)

3단계. 의도적으로 정서적 상호작용하기(purposeful emotional interaction : 정상적으로 4~9개월에서 가능)

1) 아이는 자신이 원하는 것을 표현하기 위해 손을 내밀거나 손가락으로 물건을 가리키거나, 소리를 낸다(예 : 안아달라고 팔을 뻗거나, 장난감을 가리킴).

2) 아이는 좋아하는 사람과 두 차례 이상 미소나 표정, 소리, 행동(예 : 손 뻗기, 주기, 받기)을 주고받는다.

4단계. 지속적으로 가능한 정서적인 상호교감 및 함께 문제해결하기(long chains of back-and-forth emotional signaling and shared problem -solving : 정상적으로 10~18개월에서 가능)

1) 아이는 엄마(양육자)의 몸짓이나 행동을 이해했다는 표시로 적절한 반응을 보인다(예 : 양육자를 따라 아이가 재미있는 표정 지음, 양육자가 가리키는 것을 아이가 쳐다봄, 양육자가 고개를 저으며 단호하게 "안 돼!"라고 하면, 아이가 하던 일을 멈춤. 양육자가 웃으며 고개를 끄덕이며 "그래!"라고 하면, 아이가 웃으며 하던 일을 계속 함).

2) 아이는 상호작용 행동을 연이어 주고받으면서 자신이 원하는 바를 표현하거나 장난을 친다(예 : 아이가 안아달라고 팔을 뻗음. 양육자가 아이를 안아주면, 아이는 양육자 머리 위의 모자를 집어 자신이 써보고는 흐뭇해하며 웃음. 아이는 양육자의 손을 잡아 냉장고로 데려간 후 냉장고 손잡이를 잡아 당김. 양육자가 냉장고 문을 열어주면 아이는 냉장고에 있는 음식, 주스, 우유 등 자신이 원하는 것을 가리킴).

3) 놀이하는 동안 아이는 엄마(양육자)가 내는 소리나 말, 행동 등을 따라하거나 흉내 낸다(예 : 양육자가 간단한 율동을 하거나 재미있는 동물소리를 내면 아이가 따라함).

4) 아이는 여기저기 둘러보면서 자신이 원하는 것을 찾거나, 엄마(양육자)를 데리고 가서 찾아보도록 한다.

5) 아이는 몇 가지 연속적인 행동을 하여 자신이 원하는 것이나 필요한 것을 표현한다(예 : 문을 열기 위해 양육자의 손을 잡고 문 앞으로 이끈 후 문을 만지거나 두드림).

6) 사람들이 자신에게 말을 걸거나 함께 놀아줄 때, 아이는 말을 하려고 한다 (예 : 엄마, 맘마, 까까, 빠방 등의 유아어 포함).

5단계. 창의적으로 생각하기(creating ideas : 정상적으로 19~30개월에서 가능)

1) 아이는 친숙한 가상놀이를 흉내 내거나, 따라한다(예 : 인형에게 밥을 먹이

는 시늉을 하거나 안아줌).

2) 아이는 한두 가지 이상의 단어를 사용해서 원하는 것을 말한다(예 : "주스", "열어줘", "뽀뽀").

3) 간단한 부탁을 말하면, 아이는 이해하고 들어준다(예 : 양육자가 "책 읽자"라고 하면 아이가 책을 가져옴).

4) 아이는 엄마(양육자)나 다른 사람들과 가상놀이를 한다(예 : 인형 밥 먹이기, 소꿉놀이, 텔레비전이나 영화 주인공처럼 행동하기).

5) 아이는 단어나 그림을 사용해 관심 있는 것을 양육자에게 이야기한다(예 : "트럭이다!").

6) 아이는 한 명 이상의 또래와 단어를 사용해 말한다.

7) 아이는 단어나 그림을 사용해 자신이 좋아하거나 싫어하는 것을 표현한(예 : "저거 줘", "싫어").

6단계. 사고를 연결하여 논리적으로 생각하기(logical thinking-building bridges between ideas : 정상적으로 30~42개월에서 가능)

1) 아이는 한 명 이상의 또래와 가상 놀이를 한다(예 : 역할놀이).

2) 아이는 이야기로 된 가상놀이를 엄마(양육자) 혹은 다른 사람들과 한다. 이때 이야기는 앞뒤 연결이 서로 통하는 줄거리로 되어야 한다(예 : 곰이 할머니 집에 놀러 가고, 함께 맛있는 점심을 먹는 이야기).

3) 아이는 하고 싶은 것에 대해 물어볼 때 문장이나 구를 사용하여 질문한다(예 : "엄마 나가?", "밖에서 뭐해?", "놀아?").

4) 아이는 자신이 원하는 것이나, 하고 싶은 행동의 이유를 설명할 수 있다(예 : "왜 아이스크림이 먹고 싶어?", "더워서", "이거 왜 필요해?", "공놀이 하려고").

5) 아이는 하고 있는 일이나 원하는 것의 이유를 설명하기 위해 자신의 기분을 이야기한다(예 : "왜냐면 좋으니까/속상해서/신나서.").

6) 아이는 다양한 인물 및 장면이 등장하고 이야기의 앞뒤 연결이 서로 통하는 가상놀이를 친구(또래) 혹은 어른들과 한다(예 : 아이들이 학교에 가서

공부를 하고, 점심을 먹고, 집에 오는 길에 코끼리를 만나는 이야기/동물
친구들과 함께 소풍을 가서 숨바꼭질 하고 노는 이야기).
7) 아이는 성인 혹은 또래와 다양한 주제(예 : 기분, 음식, 잠자는 시간, 친구,
학교 이야기 등의 주제)에 대해 서로 의미가 통하는 대화를 네 번 이상 주
고받는다.

| 정상 아동의 언어 및 의사소통기술의 발달 |

생후 첫 1년의 후반기 : 엄마가 강하게 "안 돼."라고 영유아에게 말하면, 영유
아는 자신의 행동을 조심하게 된다.

8~12개월 : 주어진 대화상황(맥락, context) 내에서 단지 몇 개의 단어를 이
해할 수 있다. 그러나 대부분의 부모들은 이 시기의 영유아들이 실제보다 더
많은 단어들을 이해하고 있다는 믿음을 갖는 경향이 있다. 엄마는 영유아가
자신의 요구에 순응하면, 영유아가 자신의 말을 이해한다고 생각한다. 첫 돌
전의 영유아는 부모들이 생각하는 것보다 언어이해력에 있어서 뚜렷한 한계
를 보인다. 영유아는 첫 단어를 말하기 전에 이미 여러 단어의 의미를 이해할
수 있다. 문장에서 특정 단어가 어떻게 사용되는지 그리고 어떤 단어와 대조
적인지에 대하여 대화 상황에서 상대방의 피드백(feedback)으로 파악할 수
있는데, 영유아가 대화상황에서 빠른 속도로 잘 배우는 것은 단어 사이의 관
계나 의미들을 사용하여 새로운 의미를 추론해낼 수 있으며, 그 단어를 사용
하는 과정에서 단어의 의미를 다듬어 나가는 것을 의미한다. 영유아는 의사
소통을 무엇인가를 얻기 위한 수단으로 이용하기 시작한다. 생후 8개월경부
터 영유아는 의도적인 의사소통이 가능해지기 시작한다. 만 12개월에 비록
영유아가 평균 세 단어를 표현할 수 있더라도, 영유아와의 의사소통은 연결
이 잘 안 되고 엉뚱하기까지 하다.
  이 시기에 영유아의 발달에 있어서 중요한 개념이 사회적 참조(social

referencing)이다. 이는 영유아가 타인으로부터 자신의 행위에 대하여 인정을 받고 관심을 얻고자 하는 행동적 반응이다. 만 1세의 영유아가 자신의 주변에 있는 깨지기 쉬운 유리그릇을 손에 가졌을 때, 과연 이것이 어떠한 것인지(즉, 이것이 위험한 것인가, 아니면 안전하고 허용될 수 있는 것인가)에 대하여 옆에 있던 엄마의 얼굴을 쳐다보게 된다. 이때, 엄마가 약간 찌푸린 표정으로 고개를 흔들면, 영유아는 엄마의 표정이나 반응으로부터 자신이 쥐고 있는 물건이 자신에게 위험하거나 부적절한 물건으로 이해하게 된다. 이러한 사회적 참조의 기능은 영유아의 사회적 상호작용이나 의사소통기술과 밀접한 관련을 가지게 된다.

18~24개월 : 언급된 대상을 지적할 수 있게 되고, 그 상황에서 존재하지 않는 대상을 의미하는 단어도 이해 가능하게 된다. 약 20개월경에 영유아는 인형의 눈, 코, 발, 손 얼굴 등을 지적할 수 있다. 영유아는 자신이 좋아하는 인형이나 동물 캐릭터의 이름을 이해하고, 가족 이름도 구분하여 이해하기 시작한다. 또한 만 2세경에 영유아는 대화의 맥락과 상호작용을 통하여 자신의 언어적 지식을 통합하기 시작한다. 이 시기에는 두 가지 다른 단어로 이루어진 문장을 이해함으로써 복잡한 요구를 어느 정도 수행할 수 있게 된다. 또한 이 시기는 영유아가 부모로부터 공손하고 예의바르게 요청해야 한다는 방식을 요구 받고 배우는 과정이기도 하다. 영유아는 언어가 주변 세상에 대하여 이해할 수 있도록 한다는 사실을 깨닫기 시작한다. 영유아는 "뭐야(What)?"라는 질문을 자주 하기 시작한다. 보편적으로 영유아는 첫 18개월 동안 약 50개의 단어를 천천히 습득하여 표현하게 된다. 그 이후, 18~24개월 사이에서 단어표현력이 급속하게 늘어난다. 만약 만 2세까지 언어표현력이 빠르게 늘지 않는다면, 만성적인 언어발달의 지연을 우려해야 한다.

24~36개월 : 세 단어 문장을 이해하기 시작한다. 그러나 대화 상황(맥락)이나 과거의 경험이 영유아로 하여금 이해 가능하게 한다. 만 3세경에는 보다 많은 단어와 복수 형태, 현재완료, 비교 구문 등을 이해할 수 있다. 또한 어른

말의 60~80%를 이해한다. 만 3세에는 어휘가 약 900단어에 이르고, 문법이 성인의 구어체에 접근하기 시작한다. 문장구조가 명백해지고, 필요한 질문을 한다. 영유아가 한 가지 주제에 집중하여 얘기하는 능력이 증가한다. 영유아는 언어를 과거에 일어난 사실에 대하여 말거거나, 가상(pretend)하거나 상상하는 목적으로 사용한다. 또한 이 시기는 영유아의 의사소통능력이 급격하게 늘어나는 때이다. 대화 상황에서 영유아는 상대방의 반응에 민감하게 대처하는 모습을 보인다. 영유아는 대화에서 주거니 받거니 하는 대화의 상호성이 두드러지고, 상대방의 의도에 적절하게 반응하는 양상을 보이며, 상대방이 명확한 표현을 요청할 때 자신의 의도를 정확히 전달하기 위하여 노력한다. 영유아는 이유를 설명하고, 문제를 해결하고, 자신의 생각과 행동을 스스로 검색하기도 하며, 복잡한 상상의 놀이나 상징놀이를 언어로 할 수 있게 된다. 이제야 비로소 언어는 생각을 전달하고 표현하는 수단이 되어, 인지기능의 발달에 큰 기여를 하게 된다. 만 3~4세경, 영유아는 언어를 사용하여 대화 상황에서 각각의 사고를 연결하여 표현하게 되는데, 대명사의 사용이 특징이다.

48~60개월 : 일반적으로 영유아는 언어의 문법적인 규칙들을 만 4세에는 이해하기 시작한다. 그러나 영유아는 여전히 시제를 표현하는 문장들을 이해하는 데 어려움을 보이기도 한다. 경험 외적인 내용을 제외하고는 어른의 대화를 대개 이해한다. 광범위한 어휘를 사용한다. 비교적 정확한 문법을 사용하지만, 일부 표현은 여전히 미성숙하다. 무엇이든지 묻는 경향이 있다. 만 5세 이상의 아동은 실제 대상에 대한 직접적인 언급 없이도 힌트나 다른 형태의 암시로 상황을 묘사할 수 있다.

만 6~7세 : 보편적으로 집에서나 밖에서나 성숙된 말을 하며, 높은 지능을 요구하는 내용만 이해하지 못한다. 언어는 지능적이고 문법적으로도 정확하다. 일어난 일, 이야기 그리고 이미 숙지된 지식을 다시 말할 수 있으며 활발한 상상력을 갖고 있다. 크게 읽기 시작한다.

2. 자폐스펙트럼장애의 사회성 및 언어 평가

자폐스펙트럼장애의 언어적 또는 비언어적 의사소통의 장해는 단순한 언어발달지체보다 훨씬 더 복잡하다. 고기능의 발달장애를 제외하면, 대개의 자폐스펙트럼장애 아동들은 대체로 언어가 없거나 의사소통에 문제를 가지고 있으며, 고기능의 경우에서도 언어의 사회적 사용에는 뚜렷한 문제를 갖고 있다. 자폐스펙트럼장애 아동의 표현 언어 기능은 그 범위가 매우 넓어서, 전혀 말을 하지 않는 수준에서부터 다소 낱말의 뜻에 많은 오류가 있고 사회적 맥락상 의사소통의 어려움이 있다 할지라도 꽤 유창하게 표현하는 수준까지 다양하다. 언어-의사소통 평가는 아동의 기능 수준에 따라 다양하고, 치료적 중재를 위한 프로그램을 수립하는 데 있어 도움이 될 수 있다. 아동이 언어가 없는 경우에도 언어-의사소통에 대한 평가는 필요하다. 이때 평가에는 의사소통 기능 및 보조적인 또는 보완대체 의사소통 도구 사용을 위한 비언어적인 의사소통기술의 발달 가능성 등에 대한 정보가 포함되어야 한다.

자폐스펙트럼장애에 대한 언어평가는 표현 및 수용언어의 발달 정도, 의사소통 능력을 파악하기 위한 사회적 상호작용과 관련하여 소통하는 능력(화용기술)을 측정하게 된다. 언어 기능의 평가는 발음과 구강 운동 능력 또는 어휘력에만 국한되어서는 안 되며, 언어가 없는 아동들에게는 좀 더 광범위한 의사소통의 기술들, 즉 의사소통 하고자 하는 의도, 자기주장 능력, 발달 초기의 주고받는 능력, 함께 주의하기(joint attention) 등이 평가되어야 한다. 검사 과정에서 상황에 적절한 비언어적 의사소통기술을 보이는지를 평가해야 하며, 응시, 제스처, 얼굴 표정 등이 중요하다. 고기능 자폐증이나 아스퍼거 증후군의 경우에서는 생활연령에 비하여 비유나 은유적 표현, 유머를 적절하게 구사하는지를 살펴보아야 하고, 상대방의 말로부터 피드백을 잘 이용하는지 등을 평가하며, 특정 주제에 집착하여 반복적으로 얘기하는지를 파악해야 한다.

여기에서는 우리나라에서 학령기 이전 아동의 언어평가를 위하여 자주 사용하는 도구들을 간략하게 소개해 보겠다.

1) 영유아 언어발달검사

영유아 언어발달검사(SEquenced Language Scale for Infants, SELSI)는 생후 4개월부터 35개월 사이에 있는 영유아의 언어발달 정도를 평가하기 위해 고안되었으며, 그 외의 연령의 아동에 대해서도 언어장애의 조기선별을 목적으로 하기 때문에 아동을 잘 아는 부모님이나 주양육자의 면담을 통하여 이루어진다. 이 검사는 아동의 수용어휘와 표현어휘 전반에 대하여 평가할 수 있다. 단점으로는 부모나 주양육자의 주관적 평가에 근거하므로 아이의 현재의 상태보다 결과가 높게 나오는 경우가 종종 있으며, 부모나 주양육자의 지나친 주관적 평가로 인해 정상으로 결과가 나오는 경우도 있다.

2) 취학 전 아동의 수용·표현 언어검사(PRES)

이 검사는 언어발달 수준이 만 2세에서 6세에 해당되는 아동들의 수용언어와 표현언어 능력을 측정하기 위해 고안되었다. 이 검사의 문항들은 인지능력과 관련되는 의미론, 언어학적인 지식과 관련되는 구문론, 사회적 상호작용능력과 관련되는 화용론적 언어능력의 영역을 모두 포함하도록 구성하고 있다. 이 검사의 결과를 통하여 언어발달이 정상적으로 이루어지고 있는지 혹은 언어발달에 지체가 있는지의 여부를 판단할 수 있으며, 언어의 수용-표현 측면뿐 아니라 보다 구체적인 언어 영역들에 대한 대략적인 평가도 가능하다.

3) 그림 어휘력검사

이 검사는 만 2세에서 8세 11개월 아동들의 수용언어능력을 측정하기 위하여 고안되었으며 정상 아동은 물론 정신지체, 청각장애, 뇌손상, 자폐증, 행동결함, 뇌성마비 등으로 인하여 언어에 문제가 있는 아동들의 수용언어능력을 평가하기 위한 검사이다.

4) 언어문제해결력 검사

이 검사는 만 5세부터 12세 아동들의 논리적인 사고과정을 언어화하는 상위 언어기술을 측정하기 위하여 고안되었다. 학령기에 가까워지거나 학령기에 있는 아동들을 대상으로 특정 상황에서 대답하는 능력을 평가함으로써 언어를 통한 문제해결 능력을 측정하는 것이 이 검사의 목적이다. 특히 언어적 추리력과 조직 기술이 부족한 아동들이나 고기능 자폐증이나 아스퍼거 증후군 아동이나 언어 장애 아동들의 의사소통 능력, 즉 화용언어를 평가하는 데 사용될 수 있다.

아동의 사회성 및 의사소통을 측정하는 방법들은 여러 측면에서 시도되고 있다. 첫 번째는 자연스러운 환경에서 아동이 보이는 사회성의 미세한 차이에 대하여 친숙한 사람들로부터 정보를 수집하는 것이다. 부모들은 과거의 상태에 대하여 회고적으로 설명하는 것에 비해서 현재 발현하고 있는 행동에 대해서는 매우 정확하게 보고할 수 있는 것으로 입증하고 있다. 언어 발달조사를 포함하는 평가도구를 사용한 부모 보고가 전형적인 발달을 보이는 아동과 언어발달지체나 다운증후군을 지닌 아동들의 사회적 적응력 및 의사소통 능력의 측정에 신뢰도가 높고 타당하다는 연구보고가 있다. 이러한 측정방식의 단점은 짧은 시간 내에 아동이 보이는 행동의 변화를 간과할 가능성이 높다는 것이다. 두 번째, 아동의 사회성 기술의 수준을 직접 평가하는 방식이다. 시간이 지나면서 아동이 보이는 사회성이나 행동 양상이 어떻게 변화하는지의 과정을 측정하는 데 유용하다. 예를 들어, 아동이 또래들과 어울리는 능력(기술)이 증가하는 것을 치료의 목표로 정했다면, 치료의 목표에 해당하는 또래들과 어울리는 행위의 변화를 평가함으로써 아동에게 시행하는 치료적 중재의 효과가 적절하게 작용하는지를 살펴보는 것이다. 세 번째는 연구 결과에서 평가도구로서의 검증이 확고하게 성립되지는 않았지만, 임상적으로는 유용하게 적용되고 있다. 역할놀이를 통하여 설정된 상황에 대하여 아동에게 질문을 하거나, 사회성 인지와 관련하여 아동의 수준을 평가하기 위하여 다양한 질문을 할 수 있다. 예를 들어, 학급에서 아동이 다른 아동으로부터 괴롭힘을 당하는 상황에서 대처하는 능력을 평가하고자 한다면, 치료자는 역할놀이의 상황을 설정하여 아동에게 질문을 하여 문제를 파악할 수 있으며, 역할놀이 상황을 통하여 아동에게 효과적인 대처방식을 가르치기도 한다. 상대적으로 고기능의 자폐스펙트럼장애 아동들에게는 상당히 실용적인 접근방식이라 할 수 있다.

자폐스펙트럼장애의 아동이 사회적인 상황에서 적응하는 능력에 대한 평가는 심리 및 교육 평가에 있어서 매우 중요한 요소인데, 현재 우리나라에서는 사회성숙도 검사(Social Maturity Scales)를 시행한다. 미국에서 주로 시행하는 Vineland Behavioral Adaptive Scales에 비하여 충분한 정보를 얻지 못한다고 알려져 있다. 그러다보니 실제 임상에서는 장애등록에서 사회성숙도 검사를 필요로 하여 사회성숙도 검사의 결과를 참고사항 정도로 보는 경향이 있다.

3. 자폐스펙트럼장애 아동에게 언어적 치료와 중재

1) 언어적 치료와 중재의 적용

자폐스펙트럼장애의 주요 문제점 중 하나가 언어 및 의사소통의 발달이 제대로 되지 않는다는 점이다. 자폐스펙트럼장애 아동이 조기치료교육 프로그램이나 특수학급에 속해 있다고 할지라도 많은 경우 추가적인 언어치료를 필요로 하며, 동시에 강조되어야 할 점은 이러한 언어치료적인 환경이 언어치료사의 부모에 대한 교육을 통하여 가정에서도 이루어질 수 있어야 한다는 것이다. 언어의 발달을 도와주는 과정에서 과거 가장 많이 시도되었던 행동치료적 또는 심리 언어적 접근보다는 실용적이고 사회적 상호소통에 기본을 둔 접근방법이 더 효과적이라는 견해가 피력되었다. 또한 자연스러운 언어 중재 방식을 사용하여 언어 사용의 동기유발을 하는 것이 중요하며, 자폐스펙트럼장애 아동이 좋아하는 활동이나 놀이를 사용하여 접근하는 것이 좋고, 가정에서도 부모가 훈련을 통하여 자폐스펙트럼장애 아동과 보다 자연스럽고 자발적이며 즐거운 방법으로 언어적 중재를 히는 것이 바람직하다.

자폐스펙트럼장애 아동들의 인지기능, 언어, 행동적 특성을 고려하여 접근해야 할 기본 전략(행동-의사소통-시각적 전략)에서 중요하게 논의해야 할 사항들이 있다. 첫째, 행동적 문제들이 의사소통 기능 발전과 관련하여 부정적인 요소가 많다는 사실을 인지하는 것이 필요하며, 특히 언어 및 의사소통에 저해되는 문제행동과 행동패턴을 평가해야 한다. 둘째, 의사소통 훈련을 위해서 사용할 수 있는 전략 중에서 뛰어난 것은 시각적 자료의 적절한 사용이다.

자폐스펙트럼장애 아동의 사회적 의사소통 장해는 자폐스펙트럼장애 아동이 보이는 모든 문제 중에서 가장 본질적이며, 다른 문제를 위한 치료적 중재의 실마리가 된다. 아동이 보이는 문제 행동과 그에 따른 사회성의 저하도 결국에는 사회적 의사소통의 장해와 밀접한 관련이 있다. 아동들은 언어, 사회적 상호작용, 환경적 신호와 내용을 이해하거나 해석하는 데 어려움을 가지거나 혹은 그런 내용을 표현하는 적절한 능력을 습득하기 어렵다.

현재까지 자폐스펙트럼장애 아동의 사회적 의사소통의 장해 문제를 놓고 의논하는 중심 내용은 표현 언어 기술, 특히 말(speech) 분야인 것이다. 따라서 대부분의 아동들에게 적용하는 의사소통 프로그램은 당연히 표현 언어 능력의 발달에 초점을 맞추고 있다. 그러나 더 중요한 내용은 의사소통을 실행하는 아동의 방식 그리고 아동이 정보를 받아들이고, 주어진 사회적 상황을 이해하는 전반적인 능력을 평가하는 것이다.

사회적 의사소통은 단지 말하는 것, 그 이상의 영역이다. 사회적 의사소통의 발달은 복합적이고 역동적이다. 의사소통기술은 자연스럽게 일어나는 상호적인 대화상황에서 습득해야 한다. 관계형성은 아동의 사회성 및 의사소통 발달을 위하여 반드시 필요하다. 의사소통이 일어나기 위해서는 다음에 소개하는 과정들이 적절하게 수순을 따라서 일어나야 한다.

- 상대에 대한 주의집중이 형성되어야 한다.
- 언어적 자극, 즉 정보를 유입해야 한다.
- 그 언어적 정보를 분석해야 한다.
- 유입되고 분석한 정보들을 기억하고 있어야 한다.
- 그리고 주어진 정보에 대응한 적절한 반응을 실행한다.

자폐스펙트럼장애 아동들은 일반적으로 이러한 과정이 매우 지체되는 특성을 갖고 있다. 말하자면 적절한 의사소통에 의한 상호작용에 의미 있게 참여하기 위하여 필요한 적절한 신속함을 가지고 이 과정을 수행하는 데 어려움이 있다는 것이다. 따라서 그들이 속한 환경에서 요구되는 모든 신호들을 이해하는 것은 특정한 언어적 메시지의 이해를 통하기보다는 시각적 도움이나 예상되는 일상적 패턴을 통해서 더욱 용이할 것이다. 자폐스펙트럼장애 아동들이 보이는 환경과 타인과의 공감 부족이나 독립성의 결여는 현재 환경 속에서 자신들에 대한 상대방의 기대감이 어떠한지, 향후 어떤 상황이 벌어질 것인가에 대한 이해력 결핍의 결과인 것이다.

기존의 언어치료실에서는 언어적으로 현저하게 떨어진 아동, 심지어는 침묵하고 있는 아동들이 말을 할 수 있도록 여러 가지 방법을 동원하여 언어치료를 시행한다. 첫 단계로 아동이 언어치료사나 부모의 얼굴이나 눈을 보도록 교육시킨다. 그리고 각종 소리를 낼 때마다 그에 따른 보상을 주어 동기를 부여하고, 이를 기초로 하여 언어치료사가 말한 것을 모방하도록 연습하는 다음 단계에 들어간다. 마지막 단계에서는 지금까지 발화한 음들을 합성하여 단어를 말하도록 하는 훈련을 하게 된다. 한 음을 발화하도록 교육하기 위하여 적어도 몇 주에서 몇 달이 걸리는데, 유감스러운 점은 그 말을 언어치료실에서는 말하지만 다른 장소에 가거나 실제로 그 사물이 필요할 때 일반화하여 사용할 가능성이 희박하다는 것이다. 이렇게 실제적 상황에서 쓸 수 없는 언어를 '기능성을 상실한 언어'라고 하며, 이러한 비기능성 언어의 확장은 반향어나 무의미한 소리내기와 같은 부작용을 낳을 가능성을 높인다.

자폐스펙트럼장애 아동이 기능적인 언어 능력을 향상하기 위하여, 즉 실제 상황에서 적절한 언어를 사용할 수 있는 능력을 발달시키기 위한 조건들이 있다. 아동은 언어를 사용하는 훈련을 받을 때 자연스러운 상황에서 사용할 수 있는 기회를 가져야 한다. 일반적인 언어치료 시간에는 인위적인 상황에서 언어적인 훈련이 이루어질 가능성이 높은데, 언어는 상황적 문맥에 따라서 다른 의미로도 사용될 수 있다. 이상적인 언어치료는 아동이 속한 교육 현장이나 가정과 같은 생활의 현장에서 이루어져야 한다. 한정된 공간인 언어치료실에서 적절한 기능적인 언어 훈련에 한정되는 것이 아니라, 실제의 상황에서 통합되어 훈련하는 언어치료가 필요한 것이다. 치료적 중재는 아동의 개별적인 기능 수준에 맞추어 이루어져야 하며, 유연하게 접근되어야 한다. 특정 아동에게 효과가 있었던 방식이 다른 아동에게는 그렇지 않을 수 있다는 점을 인식하여야 한다.

2) 그림 교환 의사소통체계

그림 교환 의사소통체계(Picture Exchange Communication System, PECS)는 자폐스펙트럼장애 아동의 사회성 및 의사소통기술을 향상시키는 방식(social-pragmatic approach)의 하나로 아동이나 성인들이 손쉽게 자발적이며 실제적인 의사소통기술을 습득할 수 있도록 도와줄 수 있는 획기적인 의사소통체계이다. 치료를 촉진하고 일반화하기 위하여 강화제를 사용한다는 측면에서 응용행동분석이 의사소통기술을 습득하는 데 일부 적용된다. 여기에 자발적인 의사소통기술을 극대화하는 교환 방식을 도입하여 탁월한 결과를 창출하는 의사소통 체계로 인정받고 있다. 처음에는 치료자의 요구에 의하여 그림카드를 제시하는 것으로 치료는 시작하지만, 점차 자신이 원하는 것을 얻기 위하여 자발적으로 그림카드를 치료자들에게 제시하고, 이러한 의사소통기술이 다양한 상황들에 일반화되도록 노력한다. 일반적인 언어치료와는 달리 두 명의 치료자가 PECS에는 필요한 것으로 알려져 있다.

PECS 프로그램은 기존의 의사소통 훈련에 비하여 뛰어난 장점들을 갖고 있다. 의사소통 훈련이나 언어치료를 담당하는 치료사가 PECS 프로그램의 사용 및 운영방식을 쉽게 배울 수 있고 복잡한 훈련자료나 장비가 필요치 않다. 그래서 부모들에게도 쉽게 연수할 수 있어서 가정에서도 연계하여 사용할 수 있기 때문에 아동이 일관성 있게 체계적인 의사소통 능력을 비교적 용이하게 습득할 수 있다. PECS를 사용하는 아동이 자신이 원하는 것을 요구한 즉시 얻을 수 있기 때문에 학습에 대한 더 많은 동기와 흥미를 얻게 된다. 자신이 실행한 의사소통 방법의 결과가 즉시 나타나고 또한 자신이 원하는 사물이 주어지기 때문에 지속적인 학습 동기를 부여하게 된다. PECS를 사용하는 아동이 자신이 원하는 것을 요구한 즉시 대화의 상대가 제공하기 때문에 다른 사람에 대한 신뢰감을 발전시키는 데 도움을 얻게 된다. 아동은 자기의 요구가 즉시 관철되기 때문에 부적절한 행동을 보이는 빈도수가 줄어드는 부수적인 효과를 얻게 된다. 일반적으로 자폐스펙트럼장애 아동들은 자신의 요구를 표현할 길이 없어 좌절감을 느끼게 되면, 짜증을 내거나 자해행동, 공격적인 행동 등을 동반하게 된다. PECS 프로그램을 사용함으로써 자신이 원하는 사물의 그림을 교사나 부모에게 주는 즉시 원하는 대상으로 교환되면서 자신의 요구가 이루어지는 것이다.

일반적으로 PECS가 효과적인 아동들은 전언어적(preverbal) 아동과 비언어적(non-verbal) 아동, 언어적 지능보다는 시각적 지능이 더 뛰어난 아동, 학습의 동기가 부족한 아동, 보상이나 강화에 반응이 빠른 아동, 단어에 의미를 연결하는 데 어려움이 있는 아동, 언어의 기능적 의미나 교환의 기능을 이해하지 못하는 아동 등이다. 그러나 발화가 가능한 아동일지라도 PECS를 사용하면 그들의 자발성과 사회적 상호작용이 뛰어나게 되며, 의사소통의 발전 속도가 빠르게 될 수 있다.

PECS 프로그램을 시행하는 과정에서 지켜야 할 사항들이 몇 가지 있다. 초기 단계에서 1대 2의 아동 대 교사의 비율을 지키는 것이 중요하다. 각 단계에서 절대로 조급하게 앞으로 나가지 말아야 하며, 만약 각 단계에서 미흡한 점이 있으면 전단계의 내용을 복습해야 한다. 아동의 반응이 없을 때 절대 언어적 지시나 사인을 주어서는 안 된다는 점을 명심해야 한다. 아동의 발달 과정을 수시로 모니터해야 한다. 다음 단계로 넘어갈 때에는 확실하게 숙지하였는지를 검토해야 한다.

4. 신경심리학적 측면에서 사회성 인지의 개념

현재 자폐스펙트럼장애는 뇌의 기능적인 면에서 생물학적 결함을 갖는 전반적인 발달장애로 이해하고 있다. 최근 발표되는 자폐스펙트럼장애에 관한 연구논문들을 살펴보면, 원인론적으로 유전 관련 연구가 가장 많이 시행되고 있으며, 그 다음으로 자폐스펙트럼장애를 신경심리학적인 관점에서 이해하려는 노력들이 이루어지고 있다. 같은 자폐스펙트럼장애의 진단이라 할지라도 자폐 증상은 매우 다양하며, 그런 다양한 자폐 증상의 병리기전을 파악하는 데 있어서, 인지기능을 토대로 하는 신경심리학적 관점은 좋은 길잡이의 역할을 하고 있다.

실제적으로 몇 번 염색체에 있는 유전인자가 자폐스펙트럼장애의 발생에 관여한다는 사실이 밝혀진다고 하더라도, 그 소견이 구체적인 자폐 증상이 왜 특정 양상으로 나타나는 것인지를 이해하는 것은 제한적이다. 나는 신경심리학적인 관점은 자폐 증상이 특이한 양상으로 나타나는 기전을 파악할 수 있도록 꽤 도움을 준다고 생각한다. 자폐스펙트럼장애, 특히 고기능의 사례들에서 사회성을 떨어뜨리는 여러 요인들 중 가장 중요한 요소가 사회성 인지(social cognition)이다. 지능이 정상범주이거나 가까우면서 사회성이 떨어지는 경우에 우선적으로 고려되는 인지기능이 마음읽기 능력이다. 전문 용어로, 마음의 이론(theory of mind)이라고 한다. 사회성이 떨어지는 경우에 있어, 다른 사람의 생각과 감정을 개념화하고 이해하는 데 어려움을 겪게 된다. 그러다보니 그들은 자신의 말이 상대방의 기분을 상하게 만들거나 당황하게 할 수 있다는 점을 잘 이해하지 못할 때가 많다. 사회성 인지에 이상이 있다면, 보편적으로 타인과 의미 있게 관계형성을 맺는 능력, 사회적 의사소통능력(화용기술이 주로 문제) 및 정서적인 영역에서의 어려움을 호소하게 된다.

아스퍼거 증후군과 같은 고기능의 자폐스펙트럼장애에서는 상대방의 생각이나 감정을 이해하고 고려하는 능력을 평가해야 할 필요가 있다. 마음읽기 능력(마음의 이론)을 평가하는 방식은 여러 종류의 이야기를 들려준 후에 자신의 생각을 말하도록 요구하는 것이 보편적으로 시행하는 방식이다. 일반적으로 아스퍼거 증후군이나 고기능 자폐증의 경우는 아동이 선의의 거짓말을 이해하는지를 평가하는 것이 큰 도움이 된다. 고기능의 아스퍼거 증후군처럼 자폐 성향이 경미한 경우는 마음을 읽는 능력을 평가하기 위하여 복잡하게 꼬아 놓은 예문이 필요할 때가 종종 있다. 토니 애트우드가 쓴 글에서 한 예를 인용해 보겠다.

어느 전쟁에서 붉은 나라의 군대가 푸른 나라의 군대 병사 한 사람을 포로로 잡았다. 붉은 나라의 군대는 포로로 잡힌 병사가 자기 부대의 탱크들이 어디 있는지 말해 주기를 바랐는데, 붉은 나라에서는 푸른 나라의 탱크가 산이나 바다 중 한 곳에 있을 것으로 예상하고 있었다. 붉은 나라의 군대는 포로가 말하고 싶어 하지 않는다는 점, 포로가 자기 군대를 지키고 싶어 한다는 점, 그래서 분명 자신들에게 거짓말을 하리라는 점을 이미 파악하고 있었다. 사실상 포로는 매우 용감하고 똑똑하였다. 포로는 적이 자기 편 탱크를 찾아내도록 두지 않을 것이다. 실제로 탱크는 산 속에 있었다. 붉은 나라 군대가 포로에게 푸른 나라의 탱크가 어디 있는지를 물어보자, 포로는 "탱크는 산 속에 있다."라고 대답하였다.

고기능의 자폐스펙트럼장애(아스퍼거 증후군을 포함하여)를 지닌 아동들은 일반적으로 포로가 진실을 말하고 싶어 했다거나, 농담을 했다고 대답하고 있으며, 포로의 복잡한 책략을 이해하지 못한다. 고기능의 발달장애 경우들은 분명 충분한 언어능력과 이러한 이야기 속의 사건들을 이해하는 지적 능력을 가지고 있지만, 정상 아동들에서는 쉬운 과제가 이들에게는 매우 어렵다는 점을 인식해야 한다.

전쟁놀이에서 기발한 전략과 책략을 가진 팀이 비록 군사장비나 숫자에서 열세를 보일지라도 주도권을 얼마든지 행사할 수 있다. 어린 아동들이 모인 집단에서 우위를 점하는 아동은 힘이 있고 신체적으로 우월한 조건을 갖추지만, 종종 그 반대의 경우가 일어나기도 한다. 힘이 없고 왜소하지만 사고하는 방식이나 책략에 뛰어날 때 이러한 아동이 주도권과 우위를 점하게 되는 경우도 적지 않게 일어난다. 아동들이 하는 전쟁놀이에서는 상대의 허점을 발견하여 집중적으로 공략할 필요가 있다. 이럴 때 필요한 것은 상대를 잘 파악하고 그들의 현재 상황을 잘 이해하는 것이다. 자신이 상대에게 노출되지 않도록 그들의 눈을 최대한 피하도록 노력해야 한다. 이럴 때 가장 효과적인 방법은 상대가 자신을 발견하지 못하도록 위장을 한다거나 다른 곳으로 우회하는 전술이다. 이러한 책략을 계획하고 실행하는 단계까지 필요한 정신적 기전이 마음의 이론이다. 말하자면 위장을 위하여 은폐하거나 가짜 표지판을 고안할 때, 상대의 입장으로부터 주어진 상황을 고려해 보아야 한다. 만약 자신이 적이라면 이러한 표지판을 보고 속을 것인가를 구체적으로 살펴보아야 한다. 그래서 마음의 이론이 발달한 사람일수록 더욱 정교한 책략이 나올 수 있는 것이다. 그러나 이러한 마음의 이론이 부족한 집단은 필요한 은폐계획이나 책략을 만들어 내지 못해 쉽게 적에게 패한다.

정상적인 발달과정에서 만 4세 이후에 획득되는 인지 기능인 '마음의 이론'은 상대방이 어떻게 생각하고 느끼는지에 대하여 아동이 이해하는 능력이지만 자폐스펙트럼장애 아동은 이러한 능력이 손상되어 있다. 결과적으로 자폐스펙트럼장애 아동은 자신을 둘러싼 주위환경에서 벌어지는 일들을 이해하지 못하고 자신과 관련된 인물들(부모, 선생님들)이 생각하는 것이 어떤지를 추정하지 못한다. 자폐아가 사회적 맥락에서 적절하게 의사소통하는 능력이 떨어지는 점은 마음의 이론 등과 같은 신경심리적인 기능들과 관련이 있다고 알려져 있다.

치료적인 관점에서, 사회성 인지를 개선시키는 사회적응력 프로그램을 인지학습치료에서 활용할 수 있다. 선의의 거짓말을 하는 상황이나 앞에서 예로 든 상황 등과 유사한 예제들을 이용하여 역할놀이를 하거나 상황 설정을 통하여 상대방의 사고방식과 생각을 이해하도록 도움을 주고 있으며, 결과적으로 아동이 사회적 상황을 파악하여 문제를 해결하는 능력을 증진시키는 효과를 기대할 수 있다. 주로 기능 수준이 높은 고기능 자폐증이나 아스퍼거 증후군을 대상으로 마음을 읽는 능력(마음의 이론)을 개선시키는 훈련은 사회성 그룹에서 시행하기보다는 선생님과 일대일로 하는 방식으로, 인지학습치료의 일환으로 이루어지고 있다. 아스퍼거 증후군과 같은 고기능의 자폐스펙트럼장애에서는 상대방의 생각이나 감정을 지적으로 분석하는 것은 가능하지만, 어떤 상황에서 적절하게 활용할 것인지는 서투른 경우가 대부분이다. 즉, 서로 다른 유형의 지식이 어떤 특정 상황에서 타당한지의 여부를 판단할 능력이 떨어진다는 것이다. 부모나 선생님들은 아동에게 상대방이 어떻게 느낄지에 대하여 행동하기에 앞서 먼저 생각하라고 가르쳐야 하는데, 상대방의 생각이나 감정은 늘 고려해야 할 대상이기 때문이다. 사회성 인지를 개선시키는 인지학습치료에서 시행하는 프로그램을 일부만 소개해 보도록 하겠다.

| 자아 성찰 |
자기에 대한 이해와 목표 구체화하기를 점검하여, 건강한 자아상을 찾음으로써 심리적인 위축감을 해소하고 자신감을 회복한다.

① 자기 수용
② 경청하기와 대화 나누기
③ 나와 다른 사람의 감정이 다르다는 점을 이해하고 다루기
④ 신념과 행동을 알고 적용하기
⑤ 문제해결과 의사결정하기
⑥ 관계 속의 나의 위치 인식하기

| 마음읽기 능력 |
상대방의 생각과 감정을 개념화하고 이해하여 배려하도록 노력한다.

자신의 말이 상대방의 기분을 상하게 만들거나 당황하게 할 수 있다는 점을 이해해야 한다. 다양한 예문들을 이용하여 역할놀이를 하거나 상황 설정을 통하여 상대방의 사고방식과 생각을 이해하도록 도움을 준다. 결과적으로, 아동이 사회적 상황을 파악하여 문제 해결하는 능력을 증진시키는 효과를 기대할 수 있다.

① 다양한 상황에서 상대방의 입장이나 생각을 이해하고 고려하기
② 상대방의 감정을 이해하고 공감을 표현하기
③ 선의의 거짓말을 이해하기
④ 전체적으로 상황을 조망하기 위하여 상대방의 의도를 파악하기

5. 자폐스펙트럼장애 아동은 상대방의 마음읽기가 가능한가

최근에 자폐스펙트럼장애 아동들이 보이는 여러 문제들 중 사회적 의사소통(social communication)의 장해를 가장 의미 있는 자폐적인 특성으로 파악하고 있다. 사회적 의사소통의 중요한 요소들은 정서적 상호교류(affective reciprocity), 함께 주의하기(joint attention), 마음의 이론(theory of mind) 등 세 가지이다.

정서적 상호교류는 사회적 상호작용과 의사소통을 조절하기 위하여 비언어적 행위(눈 맞춤, 얼굴 표정, 몸짓)들을 적절하게 사용하는 성향을 뜻하는 것으로 알려져 있다.

함께 주의하기 능력은 생후 18개월에 정상적으로 획득하는 능력으로,

자신과 타인이 동일한 대상에 대해 공통적으로 주의하고 있는지를 나타내는데, 지적하는 대상에 대한 상대방의 마음과 자신의 마음 상태를 구분할 수 있게 된다.

마음의 이론은 사회적 상호작용과 의사소통을 가장 잘 대변하는 기능이다. 자폐스펙트럼장애, 특히 고기능의 사례들에서 사회성을 떨어뜨리는 여러 요인들 중 가장 중요한 요소가 사회성 인지(social cognition)이다.

평균 이상의 인지기능을 가진 '정상인'이 자신의 주위에서 무슨 일이 일어나고 있는지를 거의 이해하지 못하고 예측이 불가능한 환경에 매일 내던져진다고 상상해보자. 그 '정상인'이 자신이 필요한 사항을 요구할 수 있는 변변한 대화소통능력조차 없으며 그가 느끼는 스트레스, 불안감 또는 불확실성에 능동적으로 대처할 수 있는 내적인 조절능력이 없다면, 그 '정상인'은 어떠한 심정일 것이며 무슨 반응을 보이겠는가? 아마도 그 '정상인'은 자신이 처해 있는 현실에 너무나도 답답하고 화가 나서 다양한 형태의 문제행동을 보이게 될 것이다. 이러한 행동은 행동수정요법으로 쉽게 해결될 일이 아니다. 이러한 양상이 자폐스펙트럼장애 아동이 매일의 삶을 살면서 겪고 있는 현실이다. 아동이 틀린 믿음(false belief)을 이해하는지를 판단하기 위하여 1단계 검사에 대한 연구들이 보고되었다.

| Sally-Anne 실험 |

만 4살인 Anne과 Sally가 함께 노는데, Sally가 구슬을 자신의 바구니에 넣고 그녀의 옷으로 그 위를 덮었다. Sally가 잠깐 바깥에 나간 사이, 장난

꾸러기 Anne이 구슬을 자신의 상자 안에 숨겼다. Sally가 돌아와서, 구슬을 가지고 놀려고 한다는 일련의 과정을 아동으로 하여금 보게 한 후, Sally는 어디에 그 구슬이 있다고 생각할 것인가와 같은 질문을 아이에게 한다. 이 질문에 정확하게 대답하기 위하여 Anne이 구슬을 상자 안으로 옮기는 것을 보지 못하여 원래 놓았던 장소에 구슬이 있다고 사실과는 다르게 Sally가 생각하리라는 사실을 아동이 이해해야 한다.

바론-코헨(Baron-Cohen) 등은 실험 결과, 만 4세 아동의 85% 정도가 정확하게 대답할 수 있었고, 다운증후군의 경우는 14명 중 12명이 정답을 말했으나, 자폐스펙트럼장애 아동은 다운증후군 아동에 비하여 오히려 정신연령이 높았지만, 20명 중 4명만이 정확하게 대답하였다고 발표하였다. 자폐스펙트럼장애 아동은 Sally의 입장에서 상황을 관찰하지 못하고 Sally가 갖게 되는 틀린 믿음을 이해하지 못한다. 즉, 상황이 전개되는 전체적 맥락에 대한 이해력을 갖기 위해서는 Sally의 입장에서 Sally의 마음, 감정, 사고, 의도 등을 이해하는 능력인 마음의 이론 기능이 작용을 해야 한다. 그러나 하퍼(Happe)는 동일한 실험에서 만 4세 정상 아동의 단지 50%만이 통과할 수 있었고, 자폐스펙트럼장애 아동의 경우는 만 8세가 넘어서야 비로소 검사를 통과할 수 있었다고 보고하였다. 바론-코헨은 마음의 표상적 특성을 이해하게 되는 것은 마음의 이론 기제(Theory of Mind Mechanism, ToMM)를 갖기 때문이라고 본다. 또 ToMM은 상대방의 마음을 이해하는 데 홀로 작용하는 것이 아니고 다른 구성부분과 함께 시스템을 구성한다고 생각했다. 주의공유기제(Shared Attention Mechanism, SAM)는 일반적으로 생후 18개월에 정상적으로 획득하는 능력으로, 자폐스펙트럼장애 아동은 이 능력이 결여되어 있는 것이 특징이다. SAM은 자신과 타인이 동일한 대상에 대해 공통적으로 주의하고 있는지를 나타낸다. 자폐스펙트럼장애 아동은 상대방의 시선방향을 확인하고, 자신의 시선을 그곳에 맞추는 시선 검토(gaze monitoring)를 하지 않으며, 자신이 보고 있는 대상을 다른 사람이 보도록 하기 위하여 손가락으로 그 대상을 가리키면서 상대방의 눈을 살피는 서술적 지적(proto-declarative pointing)을 하지 못한다. 이 정보가 ToMM에 전달되어 한 대상에 대한 상대방의 마음과 자신의 마음 상태를 구분할 수 있게 된다. 즉, ToMM이 정상적으로 기능하기 위해서는 SAM의 정보, 즉 동일한 대상을 두 사람이 함께 주의하고 있다는 것을 알려주는 정보가 반드시 필요하다. 따라서 자폐증의 경우 SAM이 기능하지 못하므로 ToMM도 기능하지 못한다. 자폐스펙트럼장애 아동의 경우에 ToMM이 손상되어 있다는 것은 아동이 가상놀이(pretend play)를 잘 하지 못하고, 틀린 믿음 등의 개념을 이해하지 못한다는 것으로 알 수 있다.

바론-코헨은 마음에 대한 이해를 행동적, 인지적 수준에서 설명할 뿐만 아니라 인간의 신경체계와 어떻게 관련되는지를 설명하고자 하였다. 바론-코헨에 의하면, 마음 읽기 시스템은 뇌에서 상측 두정열(superior temporal sulcus), 안와전두피질(Orbito-Frontal Cortex, OFC), 편도체(amygdala)의 세 부분 간의 회로에 의해 작용한다. 이 이론에 따르면, 자폐스펙트럼장애 아동들은 인지기능적으로 볼 때 SAM과 ToMM에 결함이 있으므로 신경심리학적으로는 OFC에 손상이 있어야 할 것이다. 그러나 자폐스펙트럼장애 아동의 뇌 손상에 대한 연구결과들은 일관되지 않은 결과들을 보여 주고 있다. 환자에 따라 손상부위가 전두엽, 편도체 또는 측두엽으로 서로 달랐으며, 어떤 경우는 전혀 다른 부위에 손상이 있는 경우도 있는 것으로 나타났다. 이러한 것으로 미루어 볼 때, 자폐증에서 신경심리 내지는 신경과학적인 증거는 아직은 더욱 연구가 필요하다고 볼 수 있겠다. 최근에 자폐스펙트럼장애의 사회적 상호작용의 손상과 관련하여 후측두 전전두엽(dorsolateral prefrontal cortex)이 관련 있으리라는 보고가 있다.

영국의 저명한 소아정신과 의사인 로나 윙(Lorna Wing)은 자폐증의 핵심 증상으로 사회적 상호작용(social interaction), 의사소통(communication), 상상력(imagination)의 장애를 꼽았다. 프리츠(Frith) 등은 마음의 이론 이상이라는 개념으로 소위 'Wing's triad'를 설명할 수 있다고 하였다.

잘 알려진 대로 자폐스펙트럼장애 아동은 화용 기술(pragmatics)의 결여를 뚜렷하게 보이고 있다. 대화상황에서 상호적인 면이 결여되고, 의도적인 의사소통이 제대로 안 되며, 특정 사건에 대하여 언급하거나 마음의 상태에 대하여 이야기체로 말하지 못한다.

자폐스펙트럼장애 아동은 자신의 요구나 감정을 제스처나 얼굴의 표정으로 표현하는 데 큰 어려움이 있다. 따라서 다른 사람의 감정 표현 제스처를 이해하지 못하며, 상대방의 얼굴 표정의 변화를 통하여 상대방의 감정 상태를 이해하지 못하여 얼굴 표정인식(face recognition)의 어려움을 특징적으로 보인다. 가장 중요한 것은 눈빛이나 눈짓의 양상을 통한 의사 표현의 의미나 상대방의 감정 상태를 이해하기 어렵다는 것이다.

자폐스펙트럼장애 아동은 상대의 감정을 상하지 않도록 배려할 수 있는 역량이 부족하다. 예를 들어, 다른 사람과 의견이 달라 갈등을 겪을 때, 일반적으로 마음의 이론이 잘 정립된 사람은 평소에 대하던 것과는 다르게 행동한다. 말하자면 평소에 스스럼없이 지내던 방식으로 상대방을 대하면 더욱 감정을 건드릴 수 있다는 것을 이해하기 때문에 더욱 조심스럽게 다가서며 말투에서도 신중을 기하게 된다. 그러나 마음의 이론이 부족한 사람일 경우는 자신의 감정에만 충실하고 자기중심적이므로, 상대방과의 사회적 관계형성에 대하여 큰 관심이 없다. 따라서 일상적인 관계를 유지할 때보다도 더 감정적으로 자기 의사 표현이 나오게 되어 상대방과의 관계는 더욱 악화되기 마련이다.

일반적으로 우리는 자유 경쟁의 원리가 지배하는 사회에 살고 있기 때문에 이런 사회에서 성공하기 위하여 경쟁자를 정확하게 파악하는 것이 중요하다. 그냥 아는 정도로는 부족하며, 상대방의 심리적 상태나 우리의 전략에 대하여 그들이 어떠한 반응을 보일 것인가 예상하는 등 충분한 이해가 필요하다. 이러한 전략적인 면은 기업에서만 필요한 것이 아니라, 사람들이 모여 정책을 결정하는 회의에서도 자신의 발언이 상대방에게 미치는 영향력에 대하여 이해할 때 더욱 치밀하고 효과적인 논리를 구사할 수 있다. 이러한 종류의 대화는 우리가 살아가는 일상생활 가운데 무수히 일어나고 있다. 따라서 마음의 이론이 정립되지 않은 사람은 이러한 사회적 생존과 경쟁에서도 도태될 수밖에 없다.

한편, 자폐스펙트럼장애를 마음의 이론 이상이라는 관점에서 설명할 때, 몇 가지 제한점이 있다고 알려져 있다. 첫째, 강도나 초점에 있어서 비정상적인, 한 가지 이상의 상동증적이고 제한적인 관심에 집착을 보이는 경우나 서번트(savant) 또는 특수능력(splinter skills)과 같이 자폐스펙트럼장애 아동이 특정영역에서만 보이는 뛰어난 능력에 대하여 마음의 이론 이상이라는 관점에서 설명이 충분치 않으므로, 실행기능의 이상(executive dysfunction)이나 취약한 중앙응집력(weak central coherence)의 관점에서의 보충설명이 필요하다. 둘째, 고기능 자폐증이나 아스퍼거 증후군과 같이 기능 수준이 높거나 성인의 경우 마음의 이론 이상을 평가하기 위한 first-order test(정신연령 만 4세 이상)나 second-order test(정신연령 만 6세 이상)는 통과할 수 있다. 즉, 정상적인 지능을 보이면서 비교적 언어능력이 높은 성인 자폐증 환자는 second-order false belief test를 통과할 수 있으며, 얼굴 표정의 변화를 구별할 수 있다고 알려져 있다. 한편, 바론-코헨 등은 'Eye Tasks' 라는 발전된 형태의 마음의 이론 이상을 평가하는 검사를 통하여 정상 수준의 지능을 보이며, 언어 능력이 비교적 높은 자폐스펙트럼장애 성인이나 아스퍼거 증후군 환자의 경우도 검사에 실패한다는 결과를 발표하였다.

6. 자폐스펙트럼장애 아동에게 행하는 사회성 치료와 중재 방법

1) 스탠리 그린스펀(Stanley Greenpan)의 floortime

자폐스펙트럼장애를 보이는 학령기 이전의 나이 어린 아동의 치료계획에서 사회적 의사소통기술을 개선시키는 훈련으로 floortime이 우선적으로 고려되어야 한다.

스탠리 그린스펀이 주장하는 floortime 모델에 따르면, 아동의 인지기능, 정서적 통합능력, 감각 조절기능, 언어의 발달 등은 상호적으로 연관되어 있으며, 서로 영향을 준다. 특히 자폐스펙트럼장애의 증상과 문제행동은 아동이 감각/정보를 외부로부터 어떻게 받아들이며, 조절하고 통합하여 전달하는 능력, 운동기능의 적절함 그리고 정서적 통합 능력 등에 이상을 나타낼 때, 자폐 증상이 발생하게 된다고 생각한다. 특정 아동이 보이는 발달상의 특성이 자폐스펙트럼장애의 기준에 맞는다고 할지라도 개인에 따라 발달상의 어려움은 전혀 다를 수 있으며, 아동에게 붙여진 진단명보다는 실제로 아동이 개별적으로 어떤 발달상의 어려움을 가지고 있는가에 초점을 맞추어야 한다고 주장한다.

그린스펀의 시각은 아동과 어른 사이의 상호작용을 강조하여 관계형성이 매우 중요한 의미를 갖는다는 것이다. 치료적 초점을 아동에게 어떻게 특정 분야를 학습시킬 것인가의 차원이 아니라, 어떻게 아동과 상호작용을 하고 관계를 형성해서 아동이 친밀감을 느끼면서 다른 사람들과 관계를 적절하게 맺는 능력을 형성하도록 도와줄 수 있을까로 옮겨져야 한다고 주장한다.

일반적으로 전통적인 정신분석치료는 자폐스펙트럼장애의 치료에 도움이 안 된다고 알려져 있다. 한편, 그린스펀의 치료 방식인 발달적 놀이치료(developmentally based interactive play therapy)는 아동의 발달수준에 맞추어 자폐아의 상호적인 관계형성을 발달시킴으로써 사회성과 의사소통기술을 제대로 형성할 수 있도록 도움을 준다. 치료 초기에는 치료자, 부모(아빠나 엄마), 자폐아 등 3명이 함께 치료에 참여한다. 아동을 위한 치료일 뿐만 아니라, 부모가 집에서 시행하는 floortime을 제대로 할 수 있도록 보조치료자로 훈련하고 교육시키는 중요한 기회이기도 하다. floortime은 부모가 가정에서 자폐스펙트럼장애와 같은 발달장애를 지닌 자녀를 위하여 무엇을 해 줄 수 있는가에 대한 모범답안이다. 부모가 아동의 요구에 따라 놀이를 지시하거나 통제하지 않고, 아동의 눈

높이에 맞추어 상호적인 놀이를 하는 성숙한 놀이 파트너가 되어야 한다. 자폐아가 놀이와 장난감을 선택한다. 아동의 사회성 발달을 염두에 두고 어떻게 하면 아동이 상호적으로 잘 놀 수 있을지를 고민해야 한다. 이런 식으로 하루에 20~30분씩 6~8회를 실시한다. floortime을 제대로 시행하기 위해서 부모의 삶의 패턴이 아동에 맞추어 변해야 한다.

자폐스펙트럼장애 아동을 치료하는 과정에서 증상이 개선되는 속도가 너무 느리고 제대로 치료되지 않는 듯한 상황에 지쳐서 치료자가 몇 가지의 질문을 반복해서 묻고 아동이 그것에 대한 답변을 단순 기억하게 하는 방식을 지양하며, 자폐스펙트럼장애 아동들이 가지는 특수능력(splinter skills) — 영화 <레인맨>에서 더스틴 호프만이 연기하였던 숫자 계산, 지난 날짜의 요일 맞추기 등 — 에 초점을 맞추어 아동의 전반적인 발달보다 특수한 능력을 더욱 발전시키도록 장려하는 행동은 바람직하지 못하다고 여긴다.

그린스펀은 치료 초기에 치료자, 부모와 자폐아가 같이 바닥에 앉아 놀이를 하면서 아동의 문제점을 파악하는 동안, 치료자는 부모에게 자연스럽게 어떻게 부모가 그들의 자녀와 관계형성을 할 수 있는가를 코치처럼 조언하는데, 이것이 이른바 floortime의 시작이다.

다섯 단계로 이루어진 floortime의 구체적인 방식은 부모는 발달적 놀이치료를 치료자, 아동과 같이 하는 치료 시간에서 철저한 훈련과 교육을 받는 과정이 우선적으로 필요하며, 배운 바를 바탕으로 가정에서 적절한 기법으로 자녀와 함께 상호적인 놀이를 하도록 노력해야 한다.

(1) 관찰단계

아동의 말을 듣고 행동을 보는 것은 효과적인 관찰을 위한 기본이다. 아동의 행동과 얼굴 표정, 소리의 톤, 몸짓, 사용하는 단어의 내용 등을 잘 관찰하여, 어떠한 방식으로 아동에게 접근하는 것이 도움이 될 수 있는가를 고민하는 시기이다. 대개의 부모들은 아동에 대하여 이미 많은 정보를 갖고 있으며, 치료를 위한 관점에서 정보들을 정리하는 시간이 필요할 뿐이다.

(2) Approach-open circles of communication

아동의 정서적인 상태를 파악하며, 아동의 관심영역이 무엇인가를 알아 그것을 기반으로 아동과 상호소통의 원을 열기 위하여 노력한다. 아동의 감정과 스타일을 판단할 때, 아동에게 특유의 말과 몸짓으로 다가갈 수 있다.

(3) Follow the child's lead

아동의 요구에 따른다는 것은 아동의 놀이를 도와주는 성숙한 보조자로서 아동이 놀이에서 자신만의 놀이의 세계를 창조하도록 환경을 조성한다는 것이다. 아동이 놀이를 정하고 개인적인 드라마를 창조하도록 허락하라. 이것은 아동의 자긍심(self-esteem)을 강화시켜 주며, 아동이 '나는 이 세상에 큰 영향을 줄 수 있다'고 느끼도록 해 준다. 부모가 자신의 뜻대로 놀이를 통제하는 것이 아니라, 아동이 놀이를 선택하고 주도하게 하면서 부모는 아동이 상호적으로 잘 놀 수 있도록 도와주는 역할을 한다. 부모가 놀이를 지지할 때, 아동은 놀이를 하는 과정에서 부모(특히, 엄마)의 따뜻함과 어떠한 끈이 연결됨을 느끼게 된다.

(4) Extend and expand play

아동이 놀이하는 것을 간섭하는 것이 아니라, 부모는 놀이를 촉진시키기 위하여 아동이 놀이를 하는 것을 마치 구연동화 하듯이 이야기하기 시작한다. 또한 부모는 아동이 창조적인 사고를 하도록 적절한 질문을 통하여 도와주어야 한다. 부모가 아동의 인도에 따를 때, 아동의 놀이에 참견 없이 지지를 보내주는 것은 아동의 놀이의 주제를 신장시키고 확장시킬 수 있다. 아동은 자신의 생각을 표현하고 이야기의 방향을 결정한다. 그런 뒤에 창조적인 생각을 자극하는 질문을 하는 것은 이야기를 진행시킬 수 있다. 아동의 창조적인 생각을 돕는 동안에 정서적인 주제들이 개입된다. 예를 들면, 아동이 자동차를 고장 내고 있다고 가정하자. '너는 왜 자동차를 고장 내니?' 라는 비평적인 질문 대신에 '자동차가 너무 많은 에너지를 가지고 있어서 빨리 움직이고 있구나. 그것들은 어디로 가려고 하는 중이니?' 라고 공감적인 반응을 보일 수 있다.

(5) Child closes the circle of communication

부모가 아동에게 다가가서 의사소통의 원을 열 때, 아동은 부모가 한 말에 어떤 제스처나 얼굴 표정 등의 반응을 하여 의사소통의 원이 닫히게 된다. 부모가 아동과 즐거워할 때 많은 원들이 성공적으로 열리고 닫힌다. 이러한 원들은 하나에서 다른 것으로 연결되어 부모와 아동 쌍방이 상호소통하는 방법을 발전시켜 나간다. 다른 사람들의 생각에 의거하여 아동은 양방향의 의사소통의 가치를 이해하고 인정하기 시작한다.

만 6~18개월은 정상적으로 자기가 필요한 것에 관하여 신호를 보내고, 상대방의 의도를 이해하여 상호적인 의사소통이 가능해지는 시기이다. 그린스펀이 말하는 상호소통의 원이 열렸다 닫히는 것(opening and closing circles of communication)을 계속해서 수행해 나갈 수 있다. 양방향의 의사소통(two-way communication)에는 두 단계가 있다. 초보적인 수준의 simple communication과 보다 복잡해진 complex gestural communication이다.

정상적으로 18~36개월에는 아동은 자신의 행동과 사고를 연결시킬 수가 있다. 장난감을 이용하여 차를 마시는 흉내를 낼 수 있다. 상징적 수준에서의 의미를 공유한다는 사실은 나중에 유치원이나 학교에서 일어나는 일에 대하여 의사소통을 하는 데 필수적이다. 장난감을 이용하여, 개가 짖고 있는 모습을 보인다든지 하는 놀이들이 가능해진다.

예를 들어 심한 자폐 증상을 보이는 아동의 아빠가 그 아동에게 말로 소통을 해보려고 노력하지만 잘 안 된다고 가정해보자. 이때, 치료자는 아빠에게 말로 하는 의사소통보다는 우선적으로 간단한 동작(simple gesture)을 이용한 노력을 하도록 권한다. 아빠는 아동이 가지고 노는 장난감 자동차의 한 부분에 손가락을 대어 차를 아주 가볍게 움직이면서 그 부위가 무엇인가를 묻듯이 지적한다. 아동은 자신의 손 안에서 자동차가 살짝 움직이는 것을 느끼면서 아버지가 했다는 사실을 알아차린다. 아동은 차를 뒤로 빼지만 아빠가 손가락으로 지적했던 차의 부위를 본다. 그린스펀은 아동의 장난감 자동차에 대한 관심, 아빠가 자동차의 한 부위에 손을 대어서 약간 움직였고, 아동이 아빠가 지적했던 부분을 살펴봄과 같은 일련의 상황을 상호소통이 시작해서 끝난 하나의 원을 그

렸다(opening and closing circles of communication)고 표현한다. 이러한 상호소통의 원이 열리고 닫히는 것이야말로 gestural communication의 가장 기본적인 단위가 되어 더 발전된 단계의 상호소통을 가능하게 한다. 장난감 자동차 놀이를 좀 더 살펴보면, 아동이 혼자 앉아 자동차를 앞에서 뒤로 움직이고 있을 때, 아빠는 아동의 옆에 앉아 다른 장난감 차를 집어서 움직이기 시작한다. 아빠는 자신이 가지고 있던 자동차를 아동의 차 방향으로 부딪히지 않을 정도까지 빠르게 움직인다. 아동은 처음에는 놀란 듯이 자신의 차를 움직여 피하겠지만, 곧 아빠가 했던 것처럼 자신의 차를 아빠의 것을 향하여 빠르게 움직인다. 이러는 가운데, 몇 번의 상호소통의 원이 열렸다가 닫힌다. 비로소 아동은 complex gestural communication이 가능해진다.

자동차 놀이를 더욱 발전시켜 보면, 처음에는 아빠와 아동은 장난감 자동차를 이용하여 동작을 이용한 의사소통(simple and complex gestural communication)이 가능했지만, 시간이 지남에 따라 아빠는 자신이 자동차를 빠르게 움직일 때 '빠르게', 천천히 움직일 때는 '느리게 혹은 천천히'라는 식의 말을 한다. 운이 좋다면, 이러한 식의 노력을 시도한 지 얼마 안 되어 아동이 자신의 차를 빠르게 움직이다가 아빠의 차에 세게 부딪히면서 '빠르게'라는 말을 하는 것을 듣게 될지도 모른다. 아동이 한 행동이 '빠르게'라는 말을 통하여 의미가 부여되고 표상의 수준에 준하는 의사소통(representational communication)이 비로소 가능해진다. 아동은 언어의 사용이나 가상놀이(pretend play)를 통하여 자신의 감정을 표상화하거나 상징화(representational or symbolize)할 수 있게 된다.

2) 마음의 이론의 증진

자폐스펙트럼장애 아동의 사회적 의사소통기술을 증대시키기 위하여 전통적인 행동주의적 치료법이 특정 행동을 수정하는 데 효과적이라고 하여, 자폐스펙트럼장애의 근본적인 결함을 치료하고 있다고는 볼 수 없다. 행동 자체를 치료했다고 해서 행동의 기저가 되는 인지기능을 치료했다고 볼 수는 없는 것이며, 근본적인 치료가 되기 위하여 인지기능을 개선시켜야 할 것이다. 만 5~6세 이상인 고기능의 자폐스펙트럼장애 아동의 사회적 의사소통기술을 개선시키는 방식으로 마음읽기 능력(마음의 이론)을 증진시키는 훈련이 흔히 시도된다.

바론-코헨의 관점으로 본다면, 자폐스펙트럼장애는 마음읽기 시스템의 마음의 이론 기제(ToMM)와 주의공유기제(SAM)의 결함으로 인해 마음맹(mindblindness) 상태가 된 것이다. 따라서 바론-코헨은 자폐스펙트럼장애 아동에 대한 훈련은 ToMM과 SAM의 결함을 극복할 수 있는 훈련이어야 한다고 주장한다. 그는 ToMM의 증진 훈련 방법을 제안하고 있다. 이들은 마음의 특성에 대한 이해는 몇 가지의 원리로 축약될 수 있으며 이러한 원리들을 차례대로 학습할 수 있다고 본다. 이러한 원리들의 몇 가지를 소개하면 다음과 같다. ① 어떤 사건을 지각해야 그 사건에 대한 지식을 가지게 된다. ② 욕구를 가지고 있으면 그 욕구를 이룰 수 있는 방향으로 행동한다. ③ 가상하는 것(pretend)은 물건을 평상시의 용도와는 다르게 사용하는 것이다. ④ 속이는 것은 다른 사람에게 사실과는 다른 정보를 주는 것이고 속임수를 당한 사람은 사실과는 다른 믿음을 가지게 된다. ⑤ 자신의 감정을 숨기기 위해서 거짓 표정을 지을 수 있다.

이러한 원리들을 가르치는 방법을 구체적으로 생각해 본다면, 특정 원리가 적용되는 이야기 상황을 만들고, 자폐스펙트럼장애 아동에게 그 이야기 주인공의 행동이나 생각, 느낌 등에 대해 생각해 보도록 하는 것이다. 구체적으로 기본 원리를 가르치는 방법은 다음과 같다.

- 아동들이 자주 먹는 과자 상자를 보여 주면서 그 내용물이 무엇인지 답하도록 한다. 아동들은 그 내용물을 정확히 답할 것이다. 이때 어떻게 내용물을 알았는지 물어서, 자신이 전에 그 과자를 그 상자에서 꺼내 먹었기 때문에 내용물을 안다는 것을 깨닫게 한다.
- 처음 보는 상자를 보여 주면서 무엇이 들어 있는지 답하도록 한다. 모른다고 답하면 왜 자신이 그 내용물을 모르는지 생각해 보도록 하여, 그 상자를 처음 접하며, 상자를 열어 본 적이 없으므로 내용물을 모르는 것이라는 것을 깨닫도록 한다.
- 자주 먹는 과자상자에 아동 몰래 지우개를 넣은 뒤 무엇이 들어 있는지 답하도록 한다. 아동이 과자가 들어 있다고 틀린 답을 하면 왜 그렇게 생각했는지 질문하여, 아동이 전에 그 과자 상자를 열어서 과자를 먹은 경험이 있기 때문에 틀린 답을 했다는 것을 알도록 한다. 다음에는 그러면 왜 지우개가 들어 있다는 것을 몰랐는지 질문하여, 과자를 지우개로 바꾸는 것을 아동이 보지 못했기 때문이라는 것을 알도록 한다.

이러한 과정을 고기능의 자폐스펙트럼장애 아동을 대상으로 직접 훈련한 후에, 다른 아동에게 이러한 질문을 하는 것을 보여 주면서 다른 아동이 해야 할 답을 치료대상 아동이 대신 답하도록 하여 다른 아동의 마음을 깨닫게 할 수 있을 것이다.

마음의 이론 기능은 일생 동안 크게 변화되지 않는 범주에 속하는 지능과는 달리, 후천적인 훈련이나 학습을 통해서 발전시킬 수 있는 영역이라고 할 수 있다. 아동들이 타인의 정신적 현상을 이해하는 체계나 그러한 역량을 마음의 이론으로 설명하였기 때문에 아동의 사고체계가 세 가지의 조건을 만족할 수 있을 때 마음의 이론 기능의 정립이 이루어졌다고 말할 수 있다.

- 개념에 있어서 서로 유기적인 연관성이 있다는 점을 인식하는 능력 (coherence)
- 현상들을 영역이나 종류별로 세분화하거나 유목화 할 수 있는 능력
- 현상들 사이의 관련성을 설명하거나 예측할 수 있는 인식 능력

한편, 자폐스펙트럼장애 아동에게 마음의 이론 기능에 대한 원리를 가르침으로써 사회적 의사소통능력을 호전시킬 수 있다는 바론-코헨의 주장은 큰 의미가 있음에도 불구하고, 언어발달연령이 만 4세가 지난 (생활연령이 만 7~8세 이상인 경우가 많다) 아동에게만 적용될 수 있다는 문제점이 있어 발달연령이 더 낮은 저기능의 자폐스펙트럼장애 아동에게는 사용해도 큰 효과가 없을 것이다. 또한 학습상황에서 자폐스펙트럼장애 아동에게 마음의 이론에 입각한 기술을 가르침으로써 검사에서는 향상된 결과를 보이지만, 실제적인 의사소통상황에서는 일반화가 되지 않아 큰 차이를 보이지 않는다는 비판도 있다.

3) 인식 훈련

아동이 상대방의 정신적인 현상들인 생각, 믿음, 의도, 욕구, 입장을 이해하는 사고체계, 즉 ToMM을 정립하기 위해서는 기본적인 인식능력 훈련의 선행 내지는 동반이 필요하다.

(1) 순서 인식

순서 인식 훈련은 사건들이 발생하는 시간적 개념과 관계를 아동이 인식하도록 도움을 준다. 이러한 훈련을 통해 사람과의 상호작용 속에서 적절한 시간적 관련성을 이해할 수 있으며, 아동이 속해 있는 사회에서 여러 가지 사건들이 정확하게 언제 일어나고, 그 결과에 대한 이해를 촉구하면서 사회성을 향상시키게 된다.

(2) 결론 맺기

결론 맺기 훈련은 아동이 사건이나 상황들을 논리적으로 해석하면서 결론을 추출할 수 있는 능력을 발달시키는 데 도움을 준다. 이러한 훈련의 중점은 아동이 결론을 이끌어내는 데 있어서 그림이나 이야기 자체에만 국한하지 않고 그 이면에 내포하고 있는 초점들을 파악하고 정리할 수 있는 능력을 증진시켜 준다. 이러한 능력은 사회생활에서도 사람들 사이의 상호작용이나 대화 속에서 액면 그대로의 대화나 표현된 내용만으로 상대의 의도나 내용에 대한 결론을 내리기보다는 상대가 표현한 내용의 이면에 남겨진 의도를 인지할 수 있게 되면서 상대의 관심과 사고를 더욱 정확히 파악하게 된다.

(3) 사실 인식

사실 인식 훈련은 아동이 방금 전에 들었거나 보았던 어떤 단순한 이야기나 그림의 정보를 기억해 내어 사실을 인지하고 유지하는 능력을 발달시키도록 도움을 준다. 이때 한 차례만 그림을 보여 주거나 이야기를 들려주고는 그 내용을 잠시 후에 다시금 기억해 내면서 그 안에 포함되어 있는 정확한 사실적 정보를 말해줄 수 있도록 한다. 이러한 훈련은 사회적 상호작용에서 중요한 기술 영역 중의 하나로서 상대의 이야기나 표정을 주의 깊게 관찰하고, 이를 기억하면서 상대의 대화 내용 중에 주요 사실에 대한 깊은 이해도를 유지하면서 계속적인 상호작용의 리듬을 타도록 도와준다. 일반적으로 고기능의 자폐스펙트럼장애 아동들은 상대가 말한 이야기의 내용을 소홀히 다루는 경향이 있어서 말에 대해 적절한 반응을 보이지 못할 뿐 아니라 대화가 진행되는 동안 그 내용을 지속적으로 기억하는 것이 쉽지 않다.

(4) 중심사고 찾기

중심사고 찾기 훈련은 아동이 주어진 글, 이야기, 그림들이 보여 주는 중심이 되면서 가장 중요한 생각을 발견하도록 도와준다. 특히 주어진 글에서 중심사고 찾기의 능력은 사회적 상황을 파악하기 능력이나 독해력 및 이해력의 기초가 된다. 이를 이해하기 위해서 처음으로 할 것은 가장 중심이 되는 단어나 신호를 찾는 일이다. 이러한 능력을 습득한 아동은 아동이 접하는 갖가지 사회적 사건이나 현장에서 중심이 되는 신호를 어렵지 않게 찾게 되면서 현재 일어나고 있는 상황을 읽게 된다. 현재 자신이 처한 상황이나 환경에 대하여 무지한 자폐스펙트럼장애 아동이 어느 정도 중심사고 찾기 기술을 갖고 있다면 심리적인 불안감을 다소 해소할 수 있을 것이다.

(5) 정답 찾기

정답 찾기 훈련의 주요 목적은 아동이 주어진 질문에 대한 정확한 답변, 즉 정답을 찾고 대답하는 것이다. 그런데 더욱 중요한 점은 이 훈련을 통해서 아동이 질문을 이해하거나 질문의 내용을 정확히 파악하는 능력을 발달시킬 수 있다는 점이다. 이러한 훈련은 정답을 찾기 위해서 적절한 아이디어와 부적절한 아이디어를 분별할 수 있는 능력을 증진시켜 줄 것이다. 이러한 능력은 일상생활에서도 아동에게 주어지는 수많은 질문을 잘 파악하며, 또한 정확한 답변을 찾기 위한 적절한 사고 체계를 세우도록 도움을 주기도 한다.

(6) 상황과 문맥 찾기

상황과 문맥 찾기 훈련은 아동이 현재 처한 환경에서 어떤 일이 일어나고 있는지를 이해하게 하거나 그 의미를 깨닫도록 도와준다. 사실 어떤 사건의 주변 상황이나 문맥을 이해할 경우 그 사건의 의미를 더욱 알 수 있게 된다. 이러한 문맥과 상황을 적절히 판단하기 위해서 아동은 전체적인 내용과 개별적인 내용과의 관련성을 이해해야 하며, 그 사건이나 내용 속에 포함되어 있는 사고의 상호 연관성에 관한 판단력이나 통찰력을 어느 정도 갖추고 있어야 한다. 특히 이러한 정확한 사고 능력을 갖추기 위해서는 아동들이 흔히 범하기 쉬운 실수들을 판별하여 수정하는 것이 중요하며, 상황과 문맥 찾기 훈련 프로그램에 포함시키는 것이 좋다.

(7) 지시 따르기

지시 따르기 훈련은 근본적으로 아동이 학교생활을 하는 데 필수적인 교사와 학생 사이 또는 학생과 학생 사이의 기본적인 상호작용에 있어서 기본적인 기술을 발달시킨다. 지시 따르기 능력은 단지 구두로 주어지는 지시사항을 따르는 것 이외에도 주어진 그림이나 문장으로 내려진 지시 내용이나 매뉴얼을 따르는 것도 포함되어 있으며, 독해력 부분과도 연관성이 있어서 학습에 있어서도 중요한 요소이다. 지시 따르기 능력은 여타의 기술 영역을 습득하기 위해서 최우선적으로 갖추어야 할 기본적인 능력이기도 하다.

4) 사회적 의사소통 및 상호작용 개선을 위한 전략

(1) 사회적 상황에 대한 시각 자료

사회적 상황의 지엽적인 요소보다 핵심적인 상황에 초점을 두어야 한다. 배경 자료에서 세부적 사항을 생략하여 명료하게 표현한 그림 및 사진 그리고 시각적 자료를 보게 하여 해당 사회적 상황에 대한 이해를 돕는다.

(2) 사회적 상황에 대한 짧은 이야기 자료

사회적 상황에서의 사회적 실마리, 그에 따라 예측되는 행동, 행동에 따른 결과로 구성된 짧은 이야기를 듣게 하여 해당 사회적 상황에 대한 이해를 촉진한다.

(3) 대화체 담화하기

개인적인 사회적 상황을 소재로 한 짧은 이야기를 두 명 이상의 의사소통 파트너끼리 대화하게 한다. 의사소통 상대자의 마음 상태(바람, 믿음, 입장, 생각 및 감정)와 관련하여 상대방이 처한 상황을 이해하고, 그의 의도에 근거하여 반응할 수 있는 능력을 향상시킨다.

(4) 집단 게임놀이

세 명 이상의 구성원들 간에 규칙이 있는 게임을 실시하게 함으로써 집단 내 규칙을 이해하고 타인에게 협조하면서 현재의 활동을 목표를 가지고 수행할 수 있는 능력을 향상시킨다.

(5) 사회적 이야기

미국 자폐협회(American Society of Autism)에서는 캐롤 그레이(Carol Gray)의 'Social Stories'라는 사회적 이야기 요법을 이용하여 마음의 이론 기능의 증진을 추구하는 프로그램을 권장하고 있다. 그림과 같은 시각적 자료들은 자폐스펙트럼아동의 사회적 의사소통과 이해력을 높이기 위하여 보편적으로 사용되고 있다. 캐롤 그레이가 개발한 '사회적 이야기'는 만 3세 정도의 어린 자폐스펙트럼장애 아동들이 왜 자신이 특정한 사회적 문제들을 경험하고 있는지, 왜 다른 사람들이 자신들에게 그렇게 반응하는지, 앞으로 행동을 어떻게 고쳐야 하는지를 설명하고 이해하도록 돕기 위하여 간단한 그림을 사용한다. 최근에는 간단한 만화를 추가적으로 사용하여 다양한 사회적인 상황들을 설명하고 있다. 사회적 이야기의 작성에 있어 일반적인 원칙은 다음과 같다.

- 사회적 이야기를 작성하는 사람의 의사가 강하게 들어가는 지시적 문장을 사용하는 데 매우 주의해야 한다. 예를 들어, '내가 ~할 거야', '내가 ~할 수 있어' 등이다. 오히려 요망하는 바람직한 행동들을 자연스럽고 긍정적인 형태로 기술하는 것이 좋다.
- 아동의 읽기 수준보다 한 단계 아래의 수준으로 작성하는 것이 유리하다. 학령기 이전 혹은 글을 읽지 못하는 아동을 위하여 가능한 한 간단하고 명료하게 사용하며 추상적인 단어보다는 객관적이고 구체적인 의미를 지닌 단어를 선택한다.
- 내용 속에 사회적 신호를 인식하거나 해석할 수 있는 도움말을 삽입한다. 예를 들어, '누가, 어디에서, 언제, 무엇을, 왜, 어떻게'의 정확한 개념들에 대한 내용들을 삽입하여 아동이 이야기의 전반적인 상황을 구체적으로 이해할 수 있게 하는 것이 유리하다.
- 상상이나 추상적인 사고를 야기하는 내용들은 아동에게 더욱 불명확하게 받아들여져 혼동하게 할 가능성이 있기 때문에 이를 피해야 한다. 현실적인 감각을 바탕으로 사고할 수 있도록 구체적이고 현재의 가능한 상황들을 사실적으로 기술하는 것이 필요하다.
- 삽화나 그림을 넣을 때 조심해야 한다. 그림 안의 내용과 관계없는 이미지가 우연히 포함될 수 있는데, 이로 인하여 아동이 내용을 파악하는 데 혼란을 초래하거나 오해하게 만들 가능성이 있다.
- 제목이나 소제목을 쓸 때에, 예를 들어, '무엇이, 왜, 어디에서' 식의 의문문을 사용하는 것이 도움이 된다.
- 애매한 용어들에 대해서는 아동이 내용을 정확하게 파악하도록 기능적으로 혹은 시각적으로 정의를 내려주어야 한다. 추상적인 개념

들에 대해서는 쉽게 이해할 수 있는 내용으로 고쳐야 한다.

- 아동이 사건을 묘사하고 있는 것처럼 일인칭 형태로 신중하게 기술하여야 한다.

- '항상' 이나 '매번' 이라는 부사를 사용하기보다는 '때때로' 혹은 '보통' 과 같은 부사를 삽입하는 것이 좋다. '토요일은 피크닉을 가는 날이다' 보다는 '보통 토요일은 피크닉을 가는 날이다' 로 표현하는 것이 바람직하다.

- 사회적 이야기를 작성할 때 아동의 주의집중력, 기능 수준, 관심, 학습 형태를 자세하게 이해해야 한다. 그리고 글자의 크기를 일률적으로 정하기보다는 아동의 읽기 정도에 따라 융통성 있게 정하는 것이 좋다.

- 아동들이 사회적 신호를 정확히 이해할 수 있도록 사람들의 동기나 행동에 대하여 약간의 설명을 추가하는 것이 좋다.

- 사람들의 모든 일과가 어떤 패턴에 의해서 움직이는 점에 중점을 두기보다는 언제라도 상황에 따라서 바뀔 수 있다는 점을 강조하면서 사회적 이야기를 작성하는 것이 유리하다.

- 사회적 이야기의 프로그램이나 교육을 실시할 장소가 아동의 주의력을 산만하게 하지 않는 곳이어야 한다.

- 일반적으로 사회적 이야기의 프로그램은 개별적인 형태로 이루어져야 하며, 교사나 부모가 아동의 옆에 앉을 때 아동보다 약간 뒤쪽에 앉는 것이 유리하다.

- 이야기가 어떻게 사용될 것인가를 미리 짧게 설명하는 것은 아동이 심리적으로 준비하는 데 큰 도움을 주게 된다.

- 1~2회 정도 작성된 내용을 아동에게 한번에 쭉 읽어준다.

다음은 사회적 이야기를 창작하기 위한 기본적인 과정이다.

- 1단계 : 사회적 이야기의 주제를 정한다. 일반적으로 이야기의 주제는 현재 아동이 보이는 부적절한 행동이나 특이한 관점을 야기하는 구체적인 사회적 상황이 되어야 할 것이다. 또는 현재 그다지 큰 문제로 대두되고 있지 않지만, 아동의 기능이나 생활 연령에 맞게 교육할 필요가 있다고 판단되는 사회적 기술이나 상황 설정도 제목이 될 수 있다.
- 2단계 : 이는 향후 사회적 이야기의 내용을 작성하기 위한 정보들을 모으는 기본 과정에 속한다. 이를 위하여 가능한 한 객관적이고 구체적이며 관찰 가능한 내용들을 찾아야 한다. 예를 들어, 문제의 상황이 언제, 어디서 발생하였고, 누가 이 상황에 관련되었으며, 일상적인 예와 규칙들, 사회적 신호, 활동의 시작과 끝에 대한 신호 등이 필요한 정보들 속에 포함되어야 한다.
- 3단계 : 아동에 관하여 실제로 관찰하지 못한 것들을 찾아서 기술한다. 현재의 상황을 변화시키거나 일상적인 패턴을 수정할 수 있는 보이지 않는 요인들을 탐색하는 것이다. 말하자면 실제로 식별하거나 관찰할 수 있는 정보는 아니지만, 실질적으로 상황을 지배하는 중요한 요인들에 대한 정보들을 탐색해야 한다. 예를 들어서, 아동들이 교육기관 내에서 이동할 때 항상 줄을 서서 가는 것이 상례이기에 체육실에 갈 때에도 줄을 서서 가고, 식당에 갈 때에도 줄

을 서서 가게 된다. 그러나 이 단계에서 얻어야 할 정보는 체육실에 갈 때와 식당에 갈 때의 차이점이 있는지에 대한 내용이다.

- 4단계 : 아동의 시각을 살핀다. 사회적 이야기를 작성하는 데 가장 중요한 요인은 사회적 이야기를 쓰는 교사나 부모가 주어진 사회적 상황에서 아동의 시각을 감지할 수 있는 능력이다. 동일한 사건이나 상황에 대하여 일반 사람들이 똑같이 생각한다 할지라도, 아동이 다른 방향에서 바라본다면 이야기의 내용도 아동의 시각에 따라 기술되어야 한다. 따라서 아동의 입장과 사고체계 및 시각을 살피는 것은 매우 중요하다.

제 **5** 장

자폐스펙트럼장애와 의학적 접근

신석호

05

자폐스펙트럼장애와 의학적 접근

1. 자폐스펙트럼장애의 신경생물학적 특성

1943년 미국 존스 홉킨스(Johns Hopkins) 대학병원의 소아정신과 주임교수였던 레오 카너(Leo Kanner)는 유아기 자폐증에 대해 묘사하면서, 그 원인으로 소위 '냉장고 엄마(refrigerator mother)'를 제시하였다. 즉, 차갑고 정이 없는 엄마가 아기에 대하여 냉혹하고 거부감을 보임으로써 아이가 발달이 지연되면서 자폐 증상을 보인다고 하였다. 그 이후의 연구에서 자폐증이 심리적인 원인으로 인해서 발생한다는 이론은 폐기되고 자폐증의 생물학적 원인에 대한 관심이 고조되었다.

자폐스펙트럼장애의 정확한 발생 원인에 대하여 어느 특정 요소를 단정 지어 말할 수는 없지만, 여러 관점에서 자폐증의 원인을 찾아보기 위하여 연구가 여전히 진행 중이다. 현재로서는 뇌의 생물학적인 이상으로 인하여 나타나는 여러 요인들이 복합적으로 작용하여 자폐스펙트럼장애를 야기한다는 것이 정설로 알려져 있다.

1) 의학적 상태

10~15%의 자폐스펙트럼장애에서 의학적 질환으로 인하여 자폐 증상이 나타난다.

선천성 대사질환으로 치료되지 못한 페닐케톤뇨증(untreated phenylketonuria, PKU)가 알려져 있다. 또한 특수한 형태의 간질 질환인 Landau-Kleffner 증후군(acquired epileptic aphasia)은 수면 상태 간질을 야기하며 이미 획득한 언어능력을 상실하게 한다. 헤르페스 뇌염, 선천성 풍진 등 감염성 질환이 악영향을 미칠 수 있다고 알려져 있다. 최근 홍역백신(MMR)이 자폐스펙트럼장애를 유발할지도 모른다는 연구가 발표되어 세계보건기구를 놀라게 하였으나, 현재로서는 여러 연구결과들이 이 가설을 지지하지 않는다.

가장 흔하게 동반되는 유전질환으로 Fragile X 증후군이 있다. X 염색체에 존재하는 FMR-1이라 불리는 유전자의 이상으로 발생되는 유전질환이다. 최근의 연구는 자폐증의 2.5~5%가 Fragile X 증후군과 관련이 있다고 보고하고 있다. 결절성 경화증(tuberous sclerosis)은 단일유전자 상염색체 우성(single gene, autosomal dominant) 유전을 하는 질환으로 7,000명당 1명꼴로 발생한다. 이들 환자의 2/3에서 간질을 보이고 2/5에서 학습장애를 나타낸다. 이 장애를 가진 약 50%의 경우에서 자폐 증상을 보인다. 염색체 9번과 16번이 연관이 있는 것으로 알려져 있다. Angelman

증후군과 Prader-Willi 증후군은 염색체 15번의 이상을 공유하는 유전질환으로서 정신지체를 동반하는 자폐 증상을 보이기도 한다.

2) 유전적 요인

자폐스펙트럼장애 아동의 형제, 자매들 중 12~20% 정도가, 자폐스펙트럼장애의 진단기준에 맞지 않는다고 할지라도, 가벼운 형태의 인지기능 장애나 사회성의 부족 등을 보인다고 알려져 있다. 1977년 시행된 영국의 쌍생아 연구에서는 이란성 쌍생아는 진단 받은 자폐스펙트럼장애에서 거의 일치되지 않았던 것에 비하여 일란성 쌍생아에서는 36%의 일치도를 보였다. 심하지 않은 정도의 인지기능과 사회적 상호관계의 문제점을 보이는 경우들을 포함하는 'Broader phenotype' 연구에서는 일란성 쌍생아에서 82%, 이란성 쌍생아에서는 10%의 일치도를 나타냈다. 이러한 'Broader phenotype'의 임상 양상을 살펴보면, 자폐스펙트럼장애에서 특징적으로 보이는 비정상적인 언어소통기술이 뚜렷하지 않고, 존재는 하지만 그다지 두드러지지 않는 상동증적인 행동, 살짝 드러내는 대인관계에서의 미숙 그리고 간질이나 정신지체의 동반이 없는 것으로 보고되고 있다.

최근의 유전 연구는 특정 질환에 국한하여 이상을 보이는 유전자를 찾기보다는 생후 초기에 나타나는 뇌발달 장애들(지적장애, 자폐스펙트럼장애, 언어장애, 학습장애, ADHD 등)에 포괄적으로 관여하리라 추정하고 있다.

또한 자폐스펙트럼장애 아동이 있는 가정에서 다른 자녀가 자폐증에 걸릴 확률은 5%라는 보고가 있었으나, 최근에는 5%보다는 약간 높을 것이라는 연구결과가 나오고 있다. 자폐스펙트럼장애 아동의 직계가족에서 정서장애가 일반인 그룹보다 3배 이상 많으며, 사회공포증(social phobia)도 훨씬 많이 발생한다.

일부 연구에서는 아빠의 연령이 고령일 때, 상대적으로 자녀에서 자폐아가 태어날 가능성이 높다고 보고하였다.

자폐스펙트럼장애에 대한 최근 연구는 유전적 원인을 이해하는 데 있어 많은 공헌을 하고 있다. 염색체의 DNA 염기서열에서 추가 및 탈락 등이 나타나는 드 노보 복제수 변이(de novo Copy Number Variation, CNV)가 자폐스펙트럼장애의 원인들 중 약 10%에 해당하는 것으로 보고된 바 있다. 저기능의 자폐스펙트럼장애는 드 노보 복제수 변이가 25%까지도 영향을 미치는 것으로 알려졌다. 반복적으로 나타나는 복제수 변이는 염색체 15q11−13, 16p11, 22q11−13에서 이상을 보이는 경우가 많은 것으로 알려져 있다.

3) 신경해부학적인 관점

자폐스펙트럼장애와 같은 복합적인 뇌 발달 장애는 뇌의 특정 부위의 문제로만 설명하기 어렵다. 여러 연구들은 뇌 전반에 걸친 해부학적 조직화의 문제일 가능성이 높다는 점을 시사하고 있다.

자폐스펙트럼장애에서 비교적 일관되게 이상을 보이는 뇌의 해부학적인 이상은 약 20%에서 나타나는 대두증(macrocephaly)이다. 또한, 전전두엽(prefrontal lobe)의 역할이 자폐스펙트럼장애를 이해하는 데 중요하리라 생각된다. 정상군에서 마음의 이론 과제를 수행하면서 시행한 PET에서 왼쪽 중간쯤의 전두엽(left medial frontal lobe)이 활성화된다. 사회적인 이해 능력, 특히 마음의 이론 과제는 전전두엽, 내측-복측 측두엽, 상측두구(Superior Temporal Sulcus, STS), 편도, 소뇌와 연관되어 있으며, 이는 모두 자폐스펙트럼장애에서 이상이 나타날 가능성이 높은 부위들이다. 마음 이론 과제들은 성인 자폐스펙트럼장애에서 상기 모든 부위에서 활성화되지 않으며, 특히 기능적 연결성이 유의하게 감소되어 있다. 이런 피질과 피질하 간의 연결성의 이상은 PET 연구를 통해서도 증명되었다.

최근의 MRI와 PET를 함께 이용한 자폐스펙트럼장애 연구에서 오른쪽 앞부분의 대상회(cingulate gyrus) 크기가 작아지고, PET를 이용한 기능검사에서 활성도가 떨어졌다는 보고를 했다. 이 부위는 전두엽의 실행기능(executive function)과 관련이 있는 것으로 알려져 있다.

자폐스펙트럼장애의 사후 부검 연구에서는 뇌의 푸르키니에 세포(Purkinje cells)와 과립세포(granular cells)의 숫자가 줄어드는 모습을 보이며, 일부 연구에서 소뇌와 변연계(limbic system)의 신경세포가 빽빽하게 찬 모습을 보이고 있다.

1980년대 후반부터 미국 캘리포니아대학교의 에릭 쿠센(Eric Courchesne)이 자폐증에 소뇌의 역할이 매우 중요하다는 연구결과를 발표하였다. 그 이후로 MRI를 이용한 연구에서 소뇌의 vermal lobules 중 VI, VII이 작아져 있다는 보고를 하였고, 추가적으로 뇌간(brain stem)이 얇아지고 두정엽(parietal lobe)의 크기가 작아진다는 연구결과를 발표하였다. 그러나 1996년경부터 미국의 조셉 피븐(Joseph Piven)은 쿠센의 연구방법이 잘못되었다고 주장하면서, MRI 연구결과 자폐증에서 소뇌의 크기는 변함이 없다고 보고하였다. 또한, 뇌의 전체적인 크기가 커지는 현상이 있는데, 이때 전두엽의 크기는 변하지 않는다고 주장하였다.

4) 생화학적인 소견

자폐스펙트럼장애의 1/3에서 혈중과다 세로토닌증(hyperserotonemia)이
있다는 것이 많은 연구를 통해 일관성 있게 보고되었다. 그러나 혈중과
다 세로토닌증은 자폐스펙트럼장애가 없이 심한 정신지체 아동의 일부
에서도 발견되므로 자폐스펙트럼장애에 특이적이지는 않다.

내인성 진통제의 이상이 자폐스펙트럼장애와 관련 있다는 보고들이
있으나, 연구들 간에 일관성이 부족하고, 인과기전이 명확하지 않다고
보아야 한다. 한편, 일부에서는 gluten-free, casein-free diet의 효과가 이
소견과 관련이 있다는 주장이 있으며, 알코올 중독과 약물 중독 치료약
물인 날트렉손(naltrexone)이 자폐스펙트럼장애에서 일부 효과가 있다
는 연구결과도 존재한다.

자폐스펙트럼장애 아동에서 혈중 옥시토신(oxytocin) 수치가 떨어진다
는 보고가 일관되게 존재한다. 옥시토신의 저하는 자폐스펙트럼장애
아동이 보이는 사회성의 저하와 애착 행위의 장해를 설명할 수 있다고
한다. 한편, 자폐스펙트럼장애 성인에서는 혈중 옥시토신 수치가 오히
려 높다는 연구결과가 있으며, 성인과 아동을 대상으로 한 연구결과에
서 차이가 있는 이유는 명확하지 않다.

5) 면역학적인 소견

바이러스 감염이 자가면역기능의 이상을 초래하여 뇌에 영향을 주었다
는 가설이 있다. 그러나 최근에는 단순히 바이러스 감염이 직접적으로

면역기능에 이상을 준다는 학설보다는 더욱 복잡한 단계를 거치는 기전을 주장하는 이론이 보다 설득력을 얻고 있다. 특정한 면역세포의 이상과 관련된 유전적 경향이 존재하며, 이는 특정한 면역기능에 관여하는 대뇌피질에 영향을 주게 된다. 특히, 세로토닌 수용체(serotonin receptor)에 대한 자가면역항체의 존재는 HLA 항원에 대한 산모-태아의 면역반응에 영향을 주어, 태아에게 유전된 부계 쪽의 항원이 자폐스펙트럼장애의 자가면역이상을 설명하는 이론이 된다. 이 소견은 면역 기능의 저하나 자가면역이상이 자폐스펙트럼장애의 원인에 해당될 수 있다는 점을 시사하는 것으로 보이지만, 정확한 인과관계는 아직 확실하지 않다

2. 자폐스펙트럼장애의 기타 의학적 특성

1) 간질

일반적으로 자폐스펙트럼장애에서는 전체의 30% 정도에서 간질을 나타내는 것으로 알려져 있다. 특히 청소년기에 간질 발작이 흔하게 나타난다. 이에 대한 평가를 위하여 종합병원에 가서 자세한 진료와 검사를 받는 것이 필요하다. 검사 결과 간질로 확인되면 약물치료를 해야 한다. 뇌파를 판독하는 것은 고도의 전문기술이 필요하고, 판독하는 의사에 따라 약간의 차이가 있을 수 있다. 하지만 뇌파소견보다는 실제 발작이 어떤 형태로 일어나는지, 얼마나 자주 하는지 등이 더 중요하다.

원칙적으로 간질의 치료목표는 발작이 일어나지 않도록 치료하는 것이다. 간질은 자폐스펙트럼장애의 예후를 나쁘게 할 수 있으므로, 매우 적극적으로 치료하기 위하여 노력해야 한다. 이러한 관점에서 특정 형

태의 간질에는 특정 약물이 잘 듣는다는 식의 기존 연구에 근거하여 잘 듣는 약을 골라서 충분한 양(대개 혈액검사로 혈중농도를 확인하면서 그 소견을 참고로 하여 용량을 정한다)을 충분한 기간(대개 4~8주 정도) 동안 사용한다. 만일 이렇게 사용했는데도 잘 듣지 않거나 부작용이 심하면 원칙적으로는 다른 약을 비슷한 방법으로 찾아보거나, 아니면 두세 가지 약물을 병용한다. 이렇게 하면 대개는 호전이 되고 간질이 조절되는데, 아직까지도 일부 환자들의 경우 잘 조절되지 않아 1년에 수차례 정도 발작이 발생하기도 한다.

이렇게 약물을 투여하여 간질발작이 일어나지 않고, 2~3년이 지나면 약물 용량을 조금씩 줄여나가면서 경과를 보게 된다. 대개는 1~2년에 걸쳐 감량하다가 약물을 끊고 난 후 1~2년이 지나도록 발작이 일어나지 않으면 완쾌된 것으로 간주한다. 완쾌되는 경우가 대략 전체 간질 환자의 50%에 해당하며, 그렇지 못하고 감량 과정 혹은 끊고 지내는 기간 중 발작이 재발되면 대개 평생 약을 복용해야 한다.

한편, 간질 증상은 나타나지 않지만, 뇌파소견에서 신경학적 이상을 보이는 경우가 자폐스펙트럼장애 아동의 30~55%의 비율로 보고된다. 이러한 경우에는 약물치료 없이 경과를 관찰한다. 아마도 이는 낮은 지능지수와 관련이 있으리라 추정된다.

2) 감각조절이상

그린스펀이 정의하는 자폐증은 다양한 감각조절이상(regulatory dysfunction)들을 특징적으로 보이는데, 여기에는 소리나 촉각에 굉장히 예민하거나 반대로 과소반응, 감각전달체계(청각적/언어적, 시각적/공간적 전

달 과정)나 정보처리과정의 이상이 포함된다. 추가적인 중요한 증상들
로 운동기능(motor tone과 motor planning)의 이상과 감정조절의 어려움
을 보이고 있다.

(1) 감각/정보에 대한 반응성(sensory reactivity) : 감각을 통하여 정보를 받아 들이는 방식

자폐스펙트럼장애 아동들은 소리나 빛, 냄새, 신체적 접촉과 같은 특정
외부자극에 과대하게 민감(hypersensitive)하거나 둔감하게 반응
(hyposensitive)하는 경우가 많다는 것은 잘 알려져 있다. 더욱이 소리와
같은 한 종류의 자극 내에서도 특정 주파수대의 소리에는 과민반응을
보이고 특정 주파수의 소리에는 둔감한 반응을 보이기도 한다. 예를 들
어 사람의 목소리에는 거의 반응을 보이지 않다가도 냉장고 돌아가는
'윙' 하는 소리에는 과도한 반응을 보일 수 있다. 소리에 둔감하게 반응
하는 자폐스펙트럼장애 아동은 일반적인 목소리에는 반응을 보이지 않
는 경우가 많다. 그들의 관심을 끌기 위하여 보다 크고 리드미컬한 목소
리를 내야 할 때가 많다. 일부 소리에 지나치게 예민한 자폐스펙트럼장
애 아동은 보통의 대화나 텔레비전 소리도 매우 자극적으로 받아들여
짜증을 부리기도 한다. 이런 경우 최대한 조용하고 부드러운 목소리로
말할 때만이 의사소통이 가능해진다.

　신체적 접촉에 현저하게 둔감한 자폐스펙트럼장애 아동은 일반적으
로 통증에 대하여도 덜 예민할 수 있다. 그러나 신체접촉에 지나치게 예
민한 아동은 가벼운 피부자극도 고통스러워하며, 의류의 섬유에서 느
끼는 자극도 예민하게 싫어한다. 의류의 라벨이 주는 촉감을 싫어해서

목의 라벨을 항상 자르고 옷을 입는 자폐스펙트럼장애 아동을 주위에서 쉽게 볼 수 있다. 또한 특정 감각자극에 대하여 일반적으로 기대되는 반응시간보다 훨씬 빠르게 반응하고 어떤 자극에 대해서는 훨씬 느리게 반응할 수도 있다고 한다. 사람의 목소리와 같은 특정 소리자극에 매우 느리게 반응하는 자폐스펙트럼장애 아동은 사람의 목소리에 어떤 반응을 보인다 하더라도 그때는 이미 늦어서 주변 사람이 그 반응의 의미를 알아채기 어려운 다른 상황으로 바뀌게 된다.

　말단 감각기관에서의 청각, 시각, 촉각에 대한 반응양상이 정상적으로 기능을 한다는 의미는 아동이 주변의 환경과 자신을 구분하여 느끼게 하는 일종의 경계(boundary)를 제공하게 된다.

(2) 감각/정보 전달 과정(sensory processing system) : 받아들인 감각/정보 를 대뇌에서 전달/처리하여 어떠한 방식으로 이해하는가의 과정

말단 감각기관을 통하여 들어온 정보들은 그 자체로는 의미 없는 정보 덩어리일 뿐이다. 예를 들어, 시각적인 정보로 들어온 빛(light)들은 색깔, 그림, 얼굴들 그리고 다른 시각적 이미지들로 대뇌에서 해석된다. 또한 음파로 들어온 소리가 단어, 음악, 신호음 등으로 해석되고 있다. 이와 같이 받아들인 정보를 우리가 이해할 수 있게끔 하는, 두뇌에서 전달 및 처리하는 과정이 감각/정보 전달 과정이다. 가장 기본적인 정보의 전달 과정은 감각기관으로 들어온 각종 데이터를 처리하고 해석하는 감각 전달 과정(sensory processing)이다. 아마도 갓 태어난 아기의 경우, 일차적인 감각적 정보 전달이 이루어지는 세계에 산다고 생각할 수 있다.

　이 과정에 이어서 특정한 패턴을 보고 여러 데이터를 연결하여 종합하고 분석하는 인지 전달 과정(cognitive processing)이 일어난다. 예를 들어, 영유아는 엄마가 자신을 안아 올리면서 보내는 미소와 부드러운 속삭임을 연결하기 시작한다. 영유아는 엄마의 목소리가 들려오면 그러한 느낌이 동반되리라 기대한다. 영유아는 소리, 신체적 접촉, 얼굴 등에 애착을 형성하기 시작한다. 아동이 자라면서 인지 전달 과정은 점차 정교해진다. 정형화된 패턴을 형성할 수 있는 능력이 인지 전달 과정의 주요 결과라 할 수 있다.

(3) 정서적/감정 정보 전달 과정(affective/emotional processing)

일반적으로 감각적 정보 전달 과정이나 인지적 전달 과정들을 주요 정보 전달 과정으로 파악하지만, 그에 못지않게 중요한 정보 전달 과정이 정서적인 정보를 전달/처리하는 과정이다. 정서적인 자극이나 정보를 어떻게 해석하는지를 나타내는 과정으로서, 예를 들어 아기가 다른 사람의 울음소리를 들었을 때 이것이 과연 어떤 의미인지를 파악하는 능력을 뜻한다. 대부분의 사람들에는 정상적으로 존재하는 정서적인 반응의 미묘한 차이를 구별하는 능력은 자폐스펙트럼장애 아동들에는 없거나 심하게 손상되어 있다.

자폐스펙트럼장애 아동은 인지적 정보나 정서적인 정보를 전달/처리하는 과정이 모두 손상되어 있는 경우가 거의 대부분이며, 이는 두 영역의 정보 전달/처리 과정에 결정적인 영향을 미치는 감각적 자극의 입력 자체가 자폐스펙트럼장애 아동의 입장에서는 혼란스럽고 무시되기도 하며 때로는 압도적이기 때문이다. 자폐스펙트럼장애 아동과 같이 정보 전달/처리 과정에 큰 어려움이 있는 경우는 들어온 정보를 잘 이해하지 못하고 부적절하게 경험하도록 한다. 이러한 어려움은 자폐스펙트럼장애 아동이 획득한 정보를 유용한 형태로 종합하고 분석하는 능력에 장해를 주어서, 결과적으로 주어진 정보가 왜곡된 형태로 인식되어 전체적인 상황을 이해하지 못하고 단지 부분적으로 정보를 받아들여 부적절한 반응을 보이게 한다. 또한 입력된 각종 정보들은 정서적인 신호를 통하여 감정반응을 이끌어내는데, 부적절한 정보의 입력은 부적절한 감정의 반응을 보이게 만든다. 소리에 예민한 자폐스펙트럼장애 아동이 진공청소기 소리를 너무 싫어하여 소리를 지르거나 주위의 물건을 집어던진다면, 감각적 정보 전달 과정이 잘 통합되지 못하여 정서적인 정보를 제대로 인지하지 못하게 되고, 결과적으로 부적절한 감정반응이 충동적이고 공격적인 행위로 나타나게 되는 것이다. 즉, 감각적 정보 전달 과정에 문제가 있는 아동은 들어오는 감정상의 정보를 통합하지 못하고, 여러 가지 관점에서 그 정보들을 해석하는 능력이 떨어져 있다. 정서적/감정상의 정보 전달 과정에 문제가 있는 자폐스펙트럼장애 아동은 상대방의 정서적인 반응을 적절하게 파악하지 못하게 되어 상대방의 얼굴 표정의 미묘한 변화가 의미하는 바를 인식하지 못하는 결과를 나타내게 된다.

그린스펀이 중요하게 여기는 사회적 상호작용은 아동의 감각적 정보 전달/처리 과정과 인지적 전달 과정 그리고 감각 반응을 처리하는 과정에 따르는 정서적인 반응상태와 모두 밀접하게 연결된 문제이다. 이러한 주요 감각/정보 전달/처리 과정상의 문제들과 관련하여 사회적 상호작용이 제대로 안 됨으로써 야기되는 문제들로 관계형성의 장해나 의사소통의 장해가 나타날 수 있다고 한다.

(4) 운동기능의 이상

외부로부터 들어온 정보를 전달/처리하는 인지적 전달 과정을 거쳐 해석한 후, 운동기능은 해석한 결과에 대하여 적절하게 반응할 수 있게 해준다. 아기를 안아들고 보살피기 위하여 몸을 사용하거나 단어를 말하기 위하여 입과 혀를 움직이거나 뛰어서 공을 잡기 위하여 다리와 팔을 움직이는 운동 행위들이 우리가 외부 세상에 뜻하는 바를 반응할 수 있도록 하게 한다. 근긴장도(muscle tone)는 특별한 노력 없이도 우리 몸을 지탱할 수 있도록 근육을 사용하는 능력을 뜻한다. 운동기획능력(motor planning)은 일련의 근육 운동을 통하여 무엇을 이룰 것인가를 생각하고, 그것을 위하여 계획을 수립하고 수행하는 능력을 의미한다. 자신의 몸이 어떻게 작용하는지, 새로운 행동을 위하여 그 기능이 어떻게 사용되는지를 파악해야 한다. 운동기획능력에 문제가 있는 경우, 아동은 어느 발을 먼저 떼어야 할지, 어느 발이 다음에 움직여야 하는지, 몸의 균형을 유지하기 위하여 어느 방향으로 기대야 할지를 제대로 파악하지 못한다.

근육의 긴장상태가 적절하게 유지되고, 일련의 근육 운동을 상황에 맞게 실행할 수 있는 능력이 자폐스펙트럼장애 아동들에게 손상되어 있는 경우가 많다. 예를 들어, 자폐스펙트럼장애 아동들 중 일부는 대근육 운동기능이 떨어져서 또래의 정상 아동에 비하여 활동성이 저하되고 나이에 적합한 놀이를 제대로 수행하지 못하게 된다. 또한 시각-운동 통합능력(visual-motor integration)이 떨어져서 글씨 쓰기나 젓가락질하기 등이 제대로 안 되는 것은 손의 소근육 운동기능이 떨어지면서, 동시에 시지각적 감각/정보의 통합 능력 저하와도 관련이 있다.

3) 감각조절이상의 평가

(1) 소리에 반응하는 양상

정상 아동은 광범위한 소리에 적절하게 반응하여 견뎌낼 수 있다. 짜증 내듯이 지르는 소리나 진공청소기의 기계음, 낮은 헛기침 소리, 호루라기의 날카로운 소리, 때로는 조용한 속삭임까지 다양한 소리를 듣는다. 자폐스펙트럼장애 아동이 크고 고음의 소리에 예민하게 반응하는 것은 부모들은 쉽게 알 수 있으나, 중간 정도의 소리나 소리에 지나치게 둔감한 경우들은 산과뇌기노 한다.

- 자폐스펙트럼장애 아동에게 속삭이거나, 큰 소리로 얘기해 보라. 일부 자폐스펙트럼장애 아동들은 큰 소리에 예민하여 피하는 모습을 보이지만, 다른 자폐스펙트럼장애 아동들은 매우 큰 소리에만 겨우 반응할 정도이다.
- 클래식 음악, 로큰롤 음악 혹은 다른 종류의 음악을 듣게 한다. 소리의 크기를 조절해본다. 아동이 조용하고 은은한 음악소리를 좋아하는지, 아니면 강한 비트의 큰 볼륨의 음악을 좋아하는지를 판단할 수 있다.

자폐스펙트럼장애 아동은 여러 소리들을 각자 독자적으로 듣는 것이 아니라, 여러 종류의 소음이 한꺼번에 들릴 수 있으며, 축적되기도 한다. 자폐스펙트럼장애 아동은 혼잡한 교실에서 시간이 지남에 따라 예민해지고 짜증이 늘어나기도 한다. 치료자는 자폐스펙트럼장애 아동이 좋아하는 소리들의 목록에 익숙하여, 놀이를 하는 동안 이를 적절하게 이용해야 한다. 특히 아동이 소리에 둔감한 경우에는 목소리의 높낮이를 다양하게 하면서 마치 구연동화 하듯이 말을 하는 것이 좋다.

(2) 감촉에 반응하는 양상

일부 아동은 남들이 자신의 몸에 손을 대는 것을 매우 싫어한다. 특히 깃털의 느낌 같은 촉감을 싫어하는 경우가 많다. 자폐스펙트럼장애 아동 중에는 목 부위에 있는 옷의 라벨이 주는 촉감이 싫어서 이를 잘라서 옷을 입는 경우가 꽤 있다. 대부분의 부모들은 아동이 보이는 촉각에 대한 반응 양상을 알고 있어야 한다. 예를 들어, 슬쩍 만지는 촉감에 예민한 아동이 곰 인형을 꼭 안는 식의 누르는 느낌을 좋아할 수 있다.

- 부모가 아동을 안아서 쓰다듬을 때, 아동이 어떻게 반응하는지를 생각해보자.
- 다양한 종류의 촉감과 신체 부위에 따른 반응을 실험해 보자. 가벼운 촉감에서 시작하여 중간 정도의 자극, 나중에는 꾹 누르듯이 압박을 가해보라. 아동의 팔과 다리, 발과 손, 등 그리고 가슴과 배를 만져보고 아동의 반응을 관찰한다.
- 아동을 만질 때 리듬을 주면서 변화를 꾀한다. 어느 아동은 누르듯이 하는 마사지를 좋아하지만, 어떤 아동들은 손가락으로 톡톡 치는 양식의 치료를 좋아하기도 한다. 이런 변화를 통하여 놀이의 형식으로 아동과 게임을 할 수도 있다.

일부 자폐스펙트럼장애 아동은 촉각에 지나치게 예민하여 부모가 안거나 쓰다듬는 것을 회피하는 모습을 보이기도 한다. 부모는 실망하지 말고, 자신의 목소리를 이용하여 자녀와의 관계형성을 향상시키는 노력을 할 수 있다. 또한 부모는 자신의 애정을 표현하는 방식으로 쓰다듬는 행위 대신 눈 맞춤, 얼굴 표정, 제스처 등을 이용하여 상호소통하는 노력을 할 수 있다.

(3) 시각적 자극에 반응하는 양상

시각적 자극에 예민한 자폐스펙트럼장애 아동은 깜빡거리는 텔레비전에 대하여 불편함을 느끼고, 차라리 숨으려고 할지도 모른다. 한편, 시각적 자극에 둔감한 아동은 아예 알아차리지도 못한다.

- 다양한 종류의 시각적 자극을 주는 환경에 노출되는 것이 필요하다. 아동이 밝은 빛이 비추어지는 환경과 다소 어둠침침한 환경 중 어느 환경에서 더 잘 적응하는 것에 대하여 판단하는 것이 우선적으로 결정되어야 한다. 왜냐하면 시각적 자극에 예민한 아동은 매우 불편한 감정을 느끼게 되고, 안절부절못하는 상태에서 이러한 불편함을 피하기 위하여 다소 산만하게 보일 수도 있다.
- 아동이 다른 종류의 색깔들과 움직이는 물체에 대하여 어떠한 방식으로 반응하는지를 살펴본다. 부모가 아동과 같이 춤을 추고 있을 때, 아동의 시선이 부모를 보기를 즐겨하는지, 아니면 눈길을 피하는지를 관찰해보자. 만약 아동이 부모의 눈길을 피한다면, 부모는 아동의 정면에 서서 아동을 그네에 태워보자. 움직이는 상황은 눈

맞춤을 보다 쉽게 하며, 좀 더 정리되는(more organized) 느낌을 주기도 한다. 그네는 아동의 신체에 일종의 압박을 가하게 되어, 아동이 자신의 몸체를 스스로 지탱하려는 노력을 불필요하게 한다. 결과적으로 아동은 자연스럽게 부모를 쳐다볼 수 있게 된다. 청각적 정보 전달이 지연된 경우에는 때때로 시각적 정보 전달 과정을 이용하여 보다 의사소통이 잘 되도록 도울 수 있다.

(4) 움직임에 반응하는 양상

일부 자폐스펙트럼장애 아동은 움직임에 대하여 둔감하기 때문에 한 자세로 그대로 있고자 하는 노력의 일환으로 특정 행동을 자꾸만 반복하게 된다. 일부 아동은 호기심 충족을 추구하거나, 점프하거나 뛰는 행위 등 동일한 행동을 반복하는 양상을 보이고 있다.

움직임에 매우 예민한 아동은 부모가 침대에서 살며시 집어 올려도 깜짝 놀라게 되며, 불안정하게 느끼는 양상을 보여서 울거나 칭얼거리게 된다. 이런 아동들은 대개 근육 강도가 떨어지는 양상을 보이게 된다. 이들은 억지로 움직이기보다는 가만히 앉아 있거나 그대로 누워 있는 양상을 나타내게 된다.

움직임에 둔감한 아동의 경우, 부모가 아동이 어지러울 것이라고 예상하는 정도보다 오랜 시간 동안 그네를 즐길 수 있다. 부모는 아동이 어떤 스타일로 그네를 타는 것을 가장 좋아하는지를 평가해야 한다. 아동이 빠른 속도, 중간 정도의 속도 혹은 느린 속도를 좋아하는지를 판단해야 한다. 부모가 아동의 욕구를 잘 파악할수록 아동을 더 잘 도와줄 수 있다. 아동이 그네를 탈 때, 시간이 지나면서 아동이 보다 잘 정리되는 느낌을 가질 수 있게 된다. 그네는 눈 맞춤, 노래, 아동의 욕구를 표현하고자 하는 의사소통을 통하여 아동이 감각 전달 과정이 보다 잘 이루어질 수 있게 한다. 즉, 전정기관을 통한 정보의 유입은 아동의 근육 강도, 균형감, 주의집중력, 정서적인 반응을 향상시킬 수 있다.

만약 아동이 마구 움직이려는 경향을 보일 때, 그것으로 인하여 아동과 다투지 말고, 놀이의 차원에서 그것에 동참하라. 같이 뛰고 점프를 하라. 아동이 뛰어서 움직일 때, 아동이 향하는 지점에서 만나 함께 손을 쥐고 점프하라.

빠르게 움직이며 뛰던 것을 서서히 느린 속도로 조절해 보자. 느린 동작으로 움직임으로써 아동이 움직임을 어떻게 조절하는지를 배우게 되고, 결국에는 운동하는 상황에서 스스로 조절할 수 있게 된다.

아동이 움직임을 싫어하면, 가능한 한 조용하고 부드러운 움직임을 통하여 놀이에 참여하게 하라. 예를 들어, 시소게임을 천천히 하거나 노래를 부르는 동안 몸을 자연스럽게 움직여보자. 거의 인지하기 어려운 정도의 움직임으로 시작한 후, 이를 아동이 좋아하는 놀이와 연결시켜 아동은 상호소통하려는 움직임에 대하여 서서히 견디어 낼 수 있게 된다.

(5) 후각 및 미각

후각 및 미각은 뚜렷한 상호 관련성이 있다. 후각은 식초, 바닐라 향, 오렌지 껍질 등으로 반응을 평가한다. 또한 부모나 치료자의 향수나 화장품에 매우 예민하게 반응하기도 한다. 미각은 아동이 식사 시에 좋아하는 것으로 판단한다. 특정 음식의 냄새나 맛으로 인하여 그 음식을 꺼려하거나 선호하기도 한다.

(6) 체성 감각체계

체성 감각체계(somato-sensory system)는 작업치료사나 감각통합훈련에 종사하는 전문가들이 주로 관심을 갖는 영역이다.

- 촉각(tactile, touch)
- 전정감각(vestibular sensation) : 머리의 위치 변화에 대하여 어떤 반응을 보이는지를 본다. 그네를 회전시킨 후, 안구 진탕이 있는지의 여부, 차에 타서 멀미를 하는지에 대하여 관찰한다.
- 고유감각(proprioception) : 위치 및 운동의 감각에 의하여 근육과 관절을 사용하여 근운동을 조절하고 평형을 유지하는 기전이다. 체조에서 양손을 높이 위로 펴도록 지시해도 양손이 펴지지 않고 팔꿈치나 어깨 관절이 굽어 있는 자폐스펙트럼장애 아동을 종종 볼 수 있다.

(7) 감각/정보 전달 과정에 기초한 반응 양상

① 청각적 전달 과정(auditory processing)

청각적 전달 과정은 청각적 정보를 대뇌에서 해석하는 능력을 의미한다. 자폐스펙트럼장애 아동이 청각 자체에는 이상이 없음에도 불구하고, 자신이 받아들인 청각적 정보를 전혀 이해할 수 없으며, 감각적 정보로서 소리의 덩어리들을 단어들로 순차배열(sequencing)하는 능력이 결여되어 있어서, 결과적으로 그 의미를 파악할 수 없다.

간단한 실험을 통하여 청각적 전달 과정을 평가할 수 있다. '둥둥 둥, 둥둥 둥, 둥둥 둥'을 반복하여 시행할 때, 아기가 마지막 '둥'을 기대하는가? 혹은 부모가 갑자기 '둥' 소리를 내는 것을 그만두었을 때, 아기가 당신을 다른 표정으로 쳐다보는지를 확인하라. 아기가 잘 반응하는 것을 확인하면, 다양하게 변화를 주어서 패턴을 복잡하게 시도하여 보라.

그 외에도 일상생활에서 아동이 부모가 말한 것을 대부분 이해하고 있는지 또는 자신의 욕구나 원하는 것과 관련된 표현 혹은 반복적이고 간단한 문장만을 이해하는지를 통하여 판단할 수 있다. 만 3~4세 된 아동에게는 다소 추상적인 질문들, '너 지금 무엇을 하고 싶니?' 또는 '너 지금 어디를 가고 싶니?' 식의 질문에 대하여 대답이 가능한지를 판단해 본다.

② 시공간적 전달 과정(visual/spatial processing)

시각적 전달 과정은 시각적 정보를 구분하고 해독하는 능력을 뜻한다. 아동이 흐트러진 장난감 조각들을 다시 모아서 상자에 담을 수 있는가, 아동이 선반이나 상자에서 물건들이 속해야 하는 각각의 장소를 구분할 수 있는가, 세모 조각을 세모 모양에 제대로 맞추어 넣는가 등을 관찰함으로써 아동의 시각적 정보처리의 수준을 비교적 간단하게 평가할 수 있다.

시각적 전달 과정에 문제가 있는 아동들은 대개의 경우 퍼즐을 맞추는 능력이 떨어지게 마련이다. 모양을 구분하여 끼워 맞추는 장난감(shape-sorter toy)을 다루기 위하여 아동은 시각적 전달 과정에 관한 능력과 적절한 운동기능이 모두 필요하다.

일부 자폐스펙트럼장애 아동은 시각적 전달 과정에 예민하게 관여하여 아빠가 평소와 다른 길로 자동차를 운전하여 집에 간다면 불편함을 드러내기도 한다. 그들은 물건들이 항상 동일한 위치에 놓여야만 편안한 느낌을 가지며, 눈으로 보는 것에 기초하여 주변 상황이 어떻게 돌아가는지를 판단한다. 일부 아동은 청각적 전달 과정이 문제가 있는 경우, 시각적 전달 과정으로 정보 처리하는 능력을 보충할 수 있다. 그러나 시각적 전달 과정 역시 손상되어 있다면, 그 아동은 반복적이고 경직된 양상으로 집착 내지는 상동증을 보일 가능성이 높아진다.

시각적 전달 과정은 엄마가 눈에 보이지 않아도 엄마를 기억할 수 있는 대상 항상성(object constancy)의 개념을 포함한다. 부모가 손에 물건을 숨길 때, 일반적으로 아동은 그것을 찾을 수 있어야 한다.

③ 인지적/정서적 전달 과정(cognitive and emotional processing)

인지적/정서적 전달 과정에서는 감각기관을 통하여 들어온 정보가 감각적 전달 과정을 통하여 다소 복잡해지고 보다 추상적인 수준의 정보처리 과정이 가능해진다. 청각적 전달 과정과 시각적 전달 과정에 문제가 있는 아동은 인지적/정서적 전달 과정에 문제가 있기 마련이다.

부모는 아동이 상대방의 얼굴 표정이 의미하는 바를 파악하는지, 아동이 부모의 목소리에서 나타나는 변화를 눈치 채는지 또는 부모가 분노, 슬픔, 즐거움 등을 표현할 때, 아동이 그것을 이해하는지에 대하여 파악해야 한다.

인지적 과제로서, 아동이 숨겨진 장난감을 찾을 수 있는가, 자신이 쌓아올린 나무 블록이 쓰러졌을 때 아동은 어떻게 대처하는가, 아동이 가상놀이(pretend play)를 하는 동안 긴 나무 블록을 자동차로 대체할 수 있는가, 아동이 '왜'라는 질문에 대하여 보다 추상적으로 대답이 가능한

가 등을 살펴보아야 한다.

④ 운동기능을 중심으로

- 근긴장도(muscle tone) : 부모가 아동을 껴안으면 아동이 어떻게 반응하는지를 살펴본다. 몸이 흐느적거리는 듯한 양상을 보이면, 이는 근긴장도가 떨어진다고 볼 수 있다. 일부 아동은 고개를 똑바로 들기가 힘들고, 놀이를 하는 동안 팔로 기대는 모습을 자주 보이기도 한다.

- 미세 운동기능(fine motor capacity) : 미세 운동기능이 적절하게 주절되어야 아동은 자신의 손가락을 정확하게 통제할 수 있다. 손가락이 어떻게 움직이고 있는가와 손으로 물건을 판별하는 능력과 손에서 사용되는 힘의 정도 같은 요소가 미세 운동기능에 필수적이다. 또한 사물을 시공간적으로 적절하게 판별하는 능력도 미세 운동기능의 정확한 발달로부터 기인한다.

- 운동기획능력(motor planning) : 발달 과정에서 이미 획득한 운동기능을 바탕으로 새로운 운동이나 움직임에 대하여 적응을 도모해가는 뇌의 전달 과정을 의미한다. 아동은 모방, 나름대로의 평가 등을 통하여 익숙한 활동을 다양하게 발달시킨다. 아동이 어느 동작이나 행동이 유별나게 서투르다면, 그 영역에 있어서 운동기획능력에 지체가 있을 가능성이 높다. 자폐스펙트럼장애 아동의 운동기획능력이 떨어질 때, 치료과정을 통하여 의미 없는 행위나 단순하고 반복적인 하나의 행위로부터 시작하여 두세 가지의 순차배열과정(sequencing)을 거쳐 문제해결이 가능한 운동기능으로 발전한다. 아동이 복잡한 수준의 가상놀이가 가능해짐에 따라 더 다양한 고차원의 운동기획능력을 요구하게

된다.

4) 감각조절이상을 대처하기 위한 일반적인 원칙

- 치료자는 첫째, 부모가 아동이 보이는 감각이상에 대한 특성을 정확하게 도와주어야 하며, 둘째, 아동에게 부정적인 의미로 감각적 자극을 주는 환경을 개선해야 하고, 셋째, 드러난 감각조절이상을 조절하기 위한 직접적인 치료적 개입을 해야 한다.

- 부모나 치료자는 아동이 감당할 수 있을 정도의 요구를 해야 하며, 이를 위하여 아동의 감각적 이상에 대한 적절한 이해가 선행되어야 한다.

- 종종 아동에게 특정 상황(자동차용 아기 의자에 앉는 상황, 잠자기 전의 상황)에서 일어나는 어려움에 대처하는 구체적인 방식을 가르쳐야 할 필요성이 있다.

- 아동이 자신의 감각조절이상을 극복하기 위하여 노력할 때, 부모나 치료자는 적절한 피드백을 주어야 한다. 이 과정에서 부모와 아동 사이에서 상호작용이 즐거운 마음으로 일어난다. 특히 이는 아동이 스스로 하는 놀이나 행위를 증진시키며, 아동의 상황대처 능력을 발달시킨다.

- 자폐스펙트럼장애 아동의 상동증은 자폐스펙트럼장애 아동이 안전하고 친근하게 느끼는 대상을 반복적으로 추구하는 행위로서 예상치 못하는 감각적인 충격이나 자신이 이해하지 못하는 미지의 요구들로부터 자신을 보호하려는 강력한 방어기제이다. 자폐스펙트럼장애 아동은 자신의 삶이라고 느끼는 경험들이 항상 변치 않고

자신에게 예측 가능한 것이어야 불안감이나 혼란감이 없이 받아들여지므로, 상동증은 자폐스펙트럼장애 아동이 혼란스럽고 불투명한 외부의 세상에 대하여 스스로 제어하려는 노력의 일환으로 일상의 경험을 한층 강화된 형태로 나타낸 것이다.

자폐스펙트럼장애 아동이 보이는 상동증(stereotypies)은 아동의 감각조절이상의 패턴에 따라 각기 다른 양상을 보일 수 있다. 감각적 자극에 예민하여 과잉행동을 보이는 경우, 손을 반복적으로 흔드는 상동행동(hand flapping)은 선택적인 집중력을 확보하고자 하는 노력이기도 하다. 그러나 저활동성을 보이는 아동은 상동행동이 스스로 각성 상태를 증가시키기 위한 노력일 수 있다. 때로는 상동행동이 긴장감을 방출하기 위한 시도이기도 하다.

자폐스펙트럼장애 아동이 주변의 변화에 적응하도록 돕는 것이 중요하다. 강박적으로 집착하는 행동은 불확실성과 불안이 있다는 신호이다. 이러한 문제는 하루의 일과표가 항상 예측가능하며 적절하게 자극을 제공하고 매우 구조화되어 있다는 점을 아동에게 확신시킴으로써 상당 부분 줄일 수 있다.

또한 매우 구조화 되어 있고 안정된 매일의 프로그램이 자폐스펙트럼장애 아동의 상동증적인 문제행동을 해결하기 위하여 필수적이지만, 실제적으로 일상적인 과정이나 일에 대한 약간의 변화는 불가피하다. 중요한 점은 자폐스펙트럼장애 아동에게 일어나는 변화가 예측 불가능한 것이 아니라 항상 자신에게 무슨 일이 일어날 것인가를 예상할 수 있다는 사실을 주지시키는 것이다. 말로 표현하는 설명보다는 시각적 효과를 이용한 방법들(글로 쓴 표, 그림달력)이 자폐스펙트럼장애 아동에게 향후 일어나는 일을 설명하는 데 매우 효과적이다.

흥분하거나 과다 행동을 보이는 아동에 대한 대처방식

감각기관을 통하여 받아들여진 정보들의 과부하를 예방하거나 조절하는 방향으로 아동의 적정한 각성(arousal)과 집중력(attention)을 성취하여 주위 환경의 대상들과 적절하게 상호교류를 증진시키는 데 목적이 있다.

첫째, 놀이를 하는 동안 아동이 스트레스를 받는지를 면밀히 관찰한다. 아동이 불편한 모습들(하품을 반복해서 하거나, 딸꾹질을 하거나, 한숨을 쉬거나, 호흡이 갑자기 가빠지거나, 안절부절못하거나 또는 깜짝 놀라는 양상)을 보이면, 즉시 놀이를 그만두고 아동에게 기분을 회복할 수 있는 기회를 제공해야 한다. 놀이를 서서히 함으로써 일부 아동의 행동을 조절할 수 있지만, 다른 경우는 즉시 하던 일체의 놀이를 그만두는 것이 바람직하다.

둘째, 아동이 흥분하거나 스트레스를 받았을 때, 부모는 자신만의 방식(가능하면, 한 가지 방식을 개발하여 꾸준히 사용하는 것이 좋다)으로 아동을 안정시켜야 한다.

• 목욕 후, 몸의 물기를 닦아주면서 지그시 피부를 누르는 방식
• 가볍게 아동의 등을 두드려 주거나, 아동을 무릎 위에 앉혀서 살며시 흔들어 주는 방식
• 아동이 호기심을 보이는 특정 소리를 내 본다.
• 부모는 아동이 좋아하는 인형(곰 인형 등)을 가지고 부모의 얼굴로부터 서서히 아동에게로 다가가도록 하여 결국 아동이 인형을 껴안게 한다.
• 기능 수준이 어느 정도 가능한 아동의 경우, 좋아하는 물건(인형, 베개, 특정 이불 등)을 이용하여 아동이 스스로 자기 조절할 수 있도록 도와

준다.

셋째, 아동이 짜증을 부리거나 흥분을 하여 산만해지면, 부모가 예민해져서 과도하게 반응하지 않도록 주의해야 한다.

넷째, 아동에게 주어지는 감각의 정도를 점진적으로 서서히 높여가야 한다 (소음을 줄이거나, 복잡한 환경을 피해야 한다).

다섯째, 지나친 감각이상을 보이는 자폐스펙트럼장애 아동은 감각적 자극들이 점진적으로 축적되는 경향을 보이기도 한다. 즉, 아동들은 기분회복을 위하여 적절한 간격으로 쉬는 시간이 필요하다.

3. 자폐스펙트럼장애에서의 약물치료

자폐스펙트럼장애는 아동의 발달수준에 비하여 언어 및 비언어적 표현 능력이 비정상적으로 발달하고, 대인관계를 형성하는 사회적 상호작용이 현저하게 저하되며, 제한된 범위의 관심영역에 강박적으로 집착하는 특이한 행동 등이 함께 나타나는 발달장애의 하나로, 대부분 만 3세 이전에 발생한다.

현재까지 자폐스펙트럼장애를 근본적으로 치료하는 약물은 없다. 그러나 자폐스펙트럼장애 아동이 지나치게 산만하여 집중력이 떨어진다든지, 공격적인 행동과 같은 행동조절이 잘 안되거나, 스스로를 해치는 행위나 어떤 특정한 것에 집착하거나 반복적으로 보이는 강박적인 행위 등, 뚜렷한 문제행동을 보이는 경우는 우선적으로 약물치료를 고려할 수 있겠다. 최근에는 부작용이 적은 신약들이 많이 개발되어서 문제행동에 대하여 선택적으로 사용할 때, 극적인 행동의 호전을 보인다. 자폐스펙트럼장애 아동들은 나이가 어려서는 분노발작(temper tantrum)과 과다활동, 자극민감성이 두드러지고, 아동기 후기에는 공격성과 자해행동이 특징적이다. 청소년기와 성인기에 이르러, 특히 높은 기능 수준을 갖는 경우에는 우울 증상이나 강박 증상이 문제가 되기도 한다. 자폐스펙트럼장애나 정신지체 아동의 부모는 약물치료 시, 신경정신약물에 대하여 몇 가지 특별한 염려를 보이고 있다.

첫째, 정신과 약물은 아이를 졸거나 축처지게 만든다고 생각하는 것이다. 사실 정신과 약물의 성분 중에는 졸리고 나른하게 하는 면이 있기도 하지만, 이는 약물의 용량이나 종류를 조절함으로써 해결이 가능하다. 즉, 아이가 약물을 복용한 후 졸려 해도, 항상 주치의와 상의하여 치료하는 것이 바람직하다.

둘째, 부모는 신경정신과 약물은 습관성이 있어서 중독이 될지도 모른다고 걱정한다. 그러나 이것은 전적으로 잘못된 선입견이다. 신경정신과에서 사용하는 약물은 많은 종류가 있다. 정신지체나 자폐스펙트럼장애와 같은 발달장애를 보이는 아동에게 사용하는 약물들은 습관성이나 의존성이 없으며, 장기복용을 하더라도 안전하다고 알려진 약물들을 처방한다.

셋째, 자폐스펙트럼장애나 정신지체 아동들이 보이는 문제행동은 여러 가지가 복합적으로 나타나는 경우가 많다. 대개는 한 가지 약물로 모든 문제행동을 다 해결할 수는 없다. 하나의 문제행동에는 특정 약물이 사용되고, 다른 종류의 문제행동에는 다른 종류의 약물이 처방되어야 한다. 그렇다 보니 아동들은 2~3가지의 약물을 적절히 배합해서 먹게 된다. 이렇듯 약물의 종류를 선택하고 적절히 배합하는 능력이 소아정신과 의사에게 필수적인 요건이다.

조기교실이나 특수학급에서 자폐스펙트럼장애 아동이 심한 행동상의 문제점을 보일 때, 그 아동의 부적절한 행동은 원만한 교육진행을 방해하게 된다. 부모나 일부 특수교사들이 정신약물에 대한 편견으로 인하여 그 필요성에도 불구하고 자폐스펙트럼장애 아동이 약물을 복용하는 것을 가로막아 오히려 그 아이의 기능저하뿐만 아니라 같은 학급에 있는 여타 특수 아동들의 교육마저도 망쳐 놓게 된다. 미국에서 자폐스펙트럼장애 환자들에 대한 정신약물치료 경험과 문헌고찰에 의하면, 상당수의 자폐스펙트럼장애 아동들이 간질치료나 행동조절 등의 이유로 신경정신약물을 복용하고 있다. 부모는 자폐스펙트럼장애 아동을 위하여 꼭 필요한 약물치료는 거부하지 않는 것이 바람직하다.

1) Clomipramine

프로작(Prozac) 이전에 나온 세로토닌(serotonin) 계열의 약물로, 강박적이고 집착하는 행위, 자해행동 등이 불면증과 함께 존재할 때 도움이 된다.

2) SSRIs(Serotonin Selective Reuptake Inhibitors)

Fluoxetine(Prozac), Sertraline(Zoloft), Paroxetine(Paxil, 한국에서는 Seroxat), Fluvoxamine(한국에서는 Dumirox), Citalopram, Escitalopram(한국에서는 렉사프로) 등은 현재 자폐스펙트럼장애의 약물치료에서 가장 관심의 대상이 되는 약물로, 뇌에서 세로토닌이라는 신경전달물질의 불균형을 개선시키는 약리기전을 갖고 있다. 자폐스펙트럼장애 아동이 강박적이고 집착을 보이며 항상 하던 일이나 의식적인 행위가 중단될 때 나타나는 불안감이나 공격적인 행동에 효과가 있다. 자해행동이나 심한 감정기복에 따르는 '짜증', '신경질' 등을 호전시키는 데 도움이 된다. 또한 소아나 청소년 우울증에도 우선적으로 사용된다.

3) Buspirone

다른 문제행동의 동반 없이 불안 증상이 주된 문제점인 경우에 Buspirone을 사용하기도 한다. 그러나 SSRI 계통의 약물들 역시 불안 증상에 효과를 보여, 오히려 임상에서 더 흔하게 처방하고 있다.

4) Naltrexone

오피오이드 길항제(opioid antagonist)로서 자해행동이나 상동증적인 행위에 효과가 있다는 일부 연구논문에도 불구하고 실제 임상에서는 잘 사용하지 않는다. 자폐스펙트럼장애 아동의 상동증이나 집착행위를 감소시키기 위하여 Prozac, Dumirox 등이 효과가 없는 경우, 이차적으로 사용을 고려할 수 있다.

5) Neuroleptics

자폐스펙트럼장애 아동이 흔히 보이는 부산하며, 공격적이거나 충동적인 행동과 상동증적인 행동을 감소시키는 데 우선적으로 사용된다. 손이나 몸의 무의미하고 반복적인 행동인 상동증에도 Risperidone과 Aripiprazole(상품명 : 아빌리파이) 등이 효과적이라고 알려져 있다. Risperidone과 Aripiprazole은 미국 FDA로부터 자폐스펙트럼장애의 문제행동 조절에 대해 정식으로 승인을 받은 약물이다. Aripiprazole은 식욕이 지나치게 항진되거나, Risperidone에 반응하지 않아서 치료가 까다로운 환자들에게 투여하여 좋은 결과를 보고 있다. 또한 Olanzapine은 Risperidone을 사용하다가 만족스러운 결과를 보이지 않거나 특히, 밤에 수면이 어려울 때 사용하는 것이 좋겠다.

6) Methylphenidate

Methylphenidate(5~60mg/day; 미국에서는 상품명이 Ritalin, 한국에서는 페니드)는 주의산만과 과잉행동이 여타 자폐스펙트럼장애 아동들에 비하여 훨씬 두드러져서 과잉행동 주의력결핍장애(ADHD)가 자폐스펙트럼장애에 동반하는 경우에 사용된다. 정신지체가 동반되지 않는 비교적 기능수준이 높은 고기능 자폐스펙트럼장애의 경우에 사용하기를 권고한다. Methylphenidate가 적절하게 사용되지 못하면, 오히려 공격적이 되고 상동증적인 행동이 늘어나기 때문이다. 동일한 Methylphenidate 성분으로 하루 1회 투여가 가능하여 치료효과가 지속적인 약물로 Concerta oros나 Metadate CD 등 신약이 임상에서 보편적으로 사용되고 있다. 최근에는 Methylphenidate에 효과가 없거나 틱 증상과 ADHD가 함께 동반하는 아동들에게 Atomoxetine(상품명 : Strattera)을 처방한다.

7) Melatonin

자폐스펙트럼장애나 레트 장애에서 심한 수면장애를 보이는 경우, 잠자기 전에 3~5mg를 투여하면 많은 경우 효과를 보기도 한다.

8) Topiramate

원래는 소아나 성인의 간질 치료제로 개발된 약물로, 자폐스펙트럼장애 아동이나 청소년에게 risperidone이나 olanzapine의 사용 시 부작용으로 나타나는 체중 증가 문제에 대한 대처 약물로 일부 사용되고 있다.

4. 기타 의학적 치료방식

1) purine autism

세포 내 purine계의 대사 작용에 장애가 있어서 자폐스펙트럼장애가 발생하는 경우를 'purine autism' 이라고 부른다. 자폐스펙트럼장애의 약 20%가 이와 관련이 있으리라는 연구 보고들이 발표되었다. 이런 경우 소변에서 purine의 대사물질인 요산(uric acid)이 많이 배설된다고 알려져 있다.

우선적으로 24시간 동안 소변을 모은 후, 소변 내 요산(uric acid)의 양을 측정하여 정상보다 높게 측정된 경우(hyperuricosuria)를 찾는 과정이 필요하다. 일단 소변 검사에서 hyperuricosuria가 발견되면, purine의 함량이 제한된 음식을 꾸준히 섭취하면 증상이 뚜렷하게 호전된다고 연구 보고되었다.

극히 예외적으로 소변 내 요산 수치가 정상보다 낮게 나오는 경우(hypouricosuria)가 있다. 솔직히 이 부분이 빈도는 낮다고 하더라도, 치료적으로 매우 유망하다. 소변 내 요산 수치가 정상보다 낮은 경우는 세포 내 효소인 cellular nucleotidase가 많이 활성화된다고 알려져 있다. 이런 경우의 자폐 환자를 대상으로 미국 캘리포니아대학교에서 경구용 uridine을 장기간 복용하도록 하여 자폐 증상을 현저하게 호전시켰다고 발표하였다.

2) 자폐스펙트럼장애의 언어발달과 'donepezil'의 실험적인 사용

미국의 소아 신경과 교수인 Michael Chez는 자폐스펙트럼장애 아동을 위한 새로운 약물치료로서 알츠하이머 치매의 치료제로 각광을 받고 있는 donepezil을 자폐스펙트럼장애 아동에게 사용하여 뚜렷한 언어발달의 호전을 보았다고 보고하였다. donepezil 투여 전과 투여 12주 후에 시행된 언어평가에서 약 8개월간의 언어연령이 투여 전보다 발달되었다는 보고를 하였다.

치매치료제인 donepezil은 뇌에서 Acetylcholinesterase의 작용을 방해하며, Nicotine 수용체를 활성화시켜 치매 증상을 호전시키는 것으로 알려져 있다. 여기서 Nicotine 수용체는 기억과 학습의 과정에 관여한다. 또한 donepezil은 장기 복용 시에도 굉장히 안전하고 부작용이 거의 없는 약물로 알려져 있다.

donepezil은 치매치료제이므로, 주로 노인 환자를 대상으로 사용되고 연구되었다. 널리 알려진 대로, 부작용이 없고 안전하여 노인 환자들에게 부담감 없이 투여된다. donepezil 자체가 매우 안전한 약물인데다, 뇌의 nicotine 수용체를 활성화시키는 기전을 이용하여, 미국 하버드 의대 소아정신과 연구진이 주의력결핍 과잉행동장애 아동들에게 donepezil을 투여하였다. donepezil이 nicotine 수용체를 활성화시켜 전두엽의 실행기능을 항진시키는 역할을 한다고 파악하였다. 또한 donepezil을 주의력결핍 과잉행동장애와 뚜렛 장애가 있는 아동들에게 투여하여 효과를 본 증례보고가 있기도 하다.

실행기능이란 일을 계획하고 그것을 조직하며(planning and organization), 상황을 관찰하여 그것으로부터 나오는 정보를 현 상황에 다시 이용하고 (monitoring performance and using feedback), 충동조절에 관여하며(impulse control), 주의관심을 다른 곳으로 바꾸는 능력(shifting attention), 언어적 활동기억(verbal working memory) 그리고 언어의 유창한 구사 등에 관여하는 것으로 알려져 있다. 자폐스펙트럼장애 아동의 경우, 인지적 과제에서 처리가 진행 중인 단기간의 정보저장 능력으로서 현재 작업 중인 정보를 일시적으로 저장했다가 활성화시켜 결론을 산출하는 기능인 활동기억(working memory)이 실행기능에 속하는 다른 기능들에 비하여 유의하게 떨어져 있다는 보고가 있다.

결론적으로, 자폐스펙트럼장애 아동에게 donepezil을 사용할 때 nicotine 수용체의 활성화를 통하여 전두엽에서 실행기능을 호전시키는 효과를 기대할 수 있다.

(1) donepezil 연구계획

- 자폐스펙트럼장애로 진단된 만 3세 이상의 아동을 대상으로 한다.
- 총 12주간 하루 1회(자기 전) donepezil 2.5~5mg을 투여한다.
- 4주마다 약물에 대한 반응을 평가한다.

(2) donepezil 투여 후 연구결과

연구에 참여한 대상 아동은 donepezil 투여 전과 투여 12주 후에 언어평가 도구인 Preschool Language Scale(PLS)을 시행하여 결과를 살펴보았다.

30명의 아동들 중에서 21명이 지속적으로 donepezil을 복용하였다. 연구에서 낙오된 9명은 이미 복용 중이던 여타 신경정신과 약물과의 상호작용으로 인하여 부작용(과다행동, 짜증을 부리거나 소리를 지르는 행위 등)이 발생하였다.

수용 언어가 6개월 이상 유의미하게 차이가 난 아동은 21명 중 9명으로 42.8%였고, 6개월 이하의 차이가 난 아동은 21명 중 12명으로 57.2%였다. 표현 언어의 경우 6개월 이상 유의미하게 차이가 난 아동은 21명 중 9명으로 42.8%였고, 6개월 이하의 차이가 난 아동은 21명 중 12명으로 57.2%였다. 또한 수용 언어와 표현 언어가 모두 유의미하게 6개월 이상 차이가 난 아동은 5명으로 23.8%였다.

지속적으로 donepezil을 복용한 21명의 아동 연령을 살펴보면, 수용언어의 사전연령 평균은 38.8개월이었고 수용 언어의 사후연령 평균은 44.8개월로 평균 연령에서 6개월의 차이를 보였다. 표현 언어의 경우, 사전연령 평균이 36.7개월에서 사후연령 평균이 41.7개월로 5개월의 차이를 보였다. 표 5.1에서 나타나듯이 개개인의 연령도 사후에 측정한 개월 수가 사전에 측정한 개월 수보다 전체적으로 조금씩 더 높은 것으로 나타났다.

| 표 5.1 | 수용 언어와 표현 언어의 언어평가 사전, 사후 평균 차이

구분	사전연령 평균	사후연령 평균	차이
수용 언어	38.8개월	44.8개월	6개월
표현 언어	36.7개월	41.7개월	5개월

(3) donepezil 투여 시 고려해 볼 수 있는 문제점들

첫째, donepezil은 성인 대상의 치매치료제이다. 그러므로 아동을 대상으로 투여된 경험이 부족한 편이다. 소아의 사용에 관련하여 몇 개의 논문이 출판된 정도이다. 그러나 donepezil 자체가 안전하고 부작용이 별로 없는 약물이므로, 소아들에게 사용하여도 부작용에 대한 염려는 크게 할 필요가 없다고 볼 수 있겠다.

둘째, donepezil이 주로 노인 환자를 대상으로 하는 치매치료제이므로 소아나 청소년은 의료보험 혜택을 받을 수가 없어서 일반 수가로 약을 사야 한다.

셋째, 50여 명의 투여 아동들 중 약 15~20% 경우에서, 정도의 차이는 있지만 donepezil을 사용한 후 아동의 언어기능, 인지기능, 충동조절 그리고 과제 집중력 등이 호전되었다고 보고하였다. 이들 중 일부는 언어 표현력에서도 복용 전과 비교하여 뚜렷한 호전을 보였다고 보고하였다.

넷째, 12주간의 실험적인 투여 후 특별한 호전이 없으면, 약물의 투여가 중단된다. 그러나 언어발달을 비롯한 증상의 호전을 보인다면, 지속적으로 약물을 복용해야 한다.

3) L-carnitine

L-carnitine은 생체에서 지방산의 대사작용에 깊이 관여하며, mitochondrial membrane과 관련이 있다. 이는 레트 증후군의 병리기전 중 하나인 mitochondrial energy production의 이상과 관련 있다는 소견과 일맥상통한다. 레트 증후군을 보이는 환자들에게 L-carnitine을 투여한 두 종류의

증례보고와 체계적이고 과학적인 방식으로 행해진 randomized, double-blind, placebo-controlled crossover trial 연구가 있다. 8주에 걸쳐서 L-carnitine을 투여한 후, 극적일 정도로 대단한 차이는 아니지만, 70%의 환자에서 눈 맞춤이나 주의집중력이 나아졌고, 낮에 멍하게 보내는 시간이 없어졌으며, 운동기능이나 언어기능의 호전을 보였다는 연구발표를 하였다.

L-carnitine을 복용한 환자들이 보인 유일한 부작용은 약 10%의 환자가 설사 증상을 나타냈으며, 이러한 부작용은 약물의 용량을 줄인 후 사라졌다고 하였다.

4) Oxytocin

Oxytocin은 산모가 분만할 때 자궁의 수축에 관여하는 호르몬으로, 뇌에서는 사회적인 친숙감과 애착행위와 관련이 있는 신경펩타이드로서 역할을 하고 있다. 자폐스펙트럼장애 아동에서 혈중 Oxytocin 수치가 떨어진다는 보고가 일관되게 존재한다. Oxytocin의 저하는 자폐스펙트럼장애 아동이 보이는 사회성의 저하와 애착행위의 장해를 설명할 수 있다고 한다.

최근에 자폐스펙트럼장애 성인들을 대상으로 Oxytocin을 4시간에 걸쳐 서서히 정맥주사를 하였더니, 사회성 인지와 반복적인 집착행위가 유의하게 개선되었다는 연구 보고가 있었다. 또한 고기능 자폐증이나 아스퍼거 증후군 성인을 대상으로 정맥주사의 어려움으로 인하여 Oxytocin을 코로 흡입하는 방식으로 연구를 시행하였으며, 사회성과 정서적인 표현이 뚜렷하게 개선되었다는 연구발표들이 잇달아 발표되고 있다.

유감스럽게도 우리나라에는 코로 흡입할 수 있는 스프레이 형태의 Oxytocin 제제가 없으며, 자폐스펙트럼장애 성인에게 4시간이라는 긴 시간 동안 Oxytocin을 정맥주사 해야 하는 부담감으로 인하여 사용에 제한을 보이고 있다.

5) 경두개 자기자극

경두개 자기자극(Transcranial Magnetic Stimulation, TMS)은 체외의 두피 표면에서 유도시킨 국소자기장 파동을 이용하여 대뇌피질을 자극할 수 있도록 하는 새로운 비침습적 시술방법으로, 최근에는 정신과 질환에 대한 치료적 적용이 다양하게 시도되고 있다. 특히 미국 FDA로부터 성인 우울증에 효과가 있는 치료방식으로 정식 승인을 받았으며, 이외에도 강박증, 운동장애, 틱 장애 등으로 치료 영역을 확대하고 있다.

2009년 만 12~27세 자폐스펙트럼장애 청소년 및 성인을 대상으로 주 2회, 3주간 TMS를 시행하여 행동의 호전을 보였다는 연구결과가 보고되었다. 현재로서는 TMS를 자폐스펙트럼장애에 치료적으로 시도하는 것은 초기적인 단계로 보이며, 특히 나이가 어린 아동에게는 아직은 이르다고 할 수 있겠다.

5. 자폐스펙트럼장애에서의 비주류 대체요법

자폐아를 가진 부모들은 치료에 지대한 관심을 갖게 마련이지만 현재까지는 자폐증을 완벽하게 치료하는 기적의 치료법은 개발되지 못했다. 상황이 이렇다 보니, 자폐스펙트럼장애를 보이는 아동의 부모들은 다른 대체 치료방식에 대하여 매우 큰 관심을 보이고 있다. 많은 부모들이 의사들과 상담하지 않고 떠도는 얘기들에 입각하여 의학적 근거도 없이 비주류 대체치료 방식들을 시도하는 실정이다.

여러 부모들이나 일부 전문가들이 인터넷 등에서 제안을 하기도 하며, 학술적으로 체계적인 검증이 안 되어 결과적으로 소아정신과 의사와 같이 소위 '자폐증 전문가'들은 권하지 않지만, 다양한 비주류 대체치료 방식들(식이요법, 비타민 및 미네랄 요법 등)에 대하여 문헌 고찰을 통하여 부모들에게 최소한의 가이드라인을 제시하고자 한다.

의학계의 주류로부터 지지를 받지 못하는 비주류 대체요법이지만, 지난 수년간 이론적으로 부분적으로나마 의미가 있다고 알려진 신경생화학적 또는 생물학적인 소견들을 바탕으로 일부 의사들이 의학적으로 시도하는 치료적 접근이다.

비주류 대체요법을 시행하면서 자폐스펙트럼장애를 치료하기 위한 기존의 정통적인 방식들로 알려진 집중적인 조기특수교육(응용행동분석 등), 작업치료(감각통합훈련 포함)나 언어치료 등을 받을 때, 아동이 치료교육 내용을 보다 쉽고 효율적으로 받아들이게 되며 더욱 집중하고 차분하게 행동한다고 주장한다.

우리나라에서는 학술적으로 체계적인 검증이 되어 있지 않아서 전문가들이 권하지 않는 비주류 대체치료 방식들에 대하여 관심이 많은 듯하다. 우선적으로 주류 치료법에 충실하면서 비주류 대체요법에 추가적인 관심을 갖는 것은 무방하지만, 주류 치료방식 없이 지속적으로 대체요법에만 관심을 갖는 것은 매우 위험한 시도라고 볼 수 있다. 미국 자폐아동의 부모들 역시 비주류 대체요법에 매우 관심이 많다고 알려져 있다. 그러나 미국에서는 국가의 공교육 시스템에서 제공하는 기본적이면서 필수적인 치료교육을 받으며 가정에서 추가적으로 비주류 대체요법을 추구하는 것이므로, 부모가 자폐스펙트럼장애를 보이는 자녀를 위하여 적합한 치료교육 시스템을 스스로 찾아다녀야 하는 우리나라와는 상황이 완전히 다르다는 점을 명심해야 한다.

1) 중금속 이상

예전부터 수은을 비롯한 중금속이 체내에 축적되면, 신경정신과적 문제를 야기할 수 있다고 알려져 왔다. 일부 자폐스펙트럼장애 아동은 생물학적 이상의 결과로 체내 중금속 대사기전(metal metabolism)에 이상이 있어서 적절하게 배출되지 못하고, 몸에 중금속(수은, 납 등)이 축적된다는 연구 보고가 최근에 발표되고 있다. 예방주사에 첨가된 물질들 중 하나인 Thimerosal이 수은의 파생물인데, 정상 아동의 경우 이것이 정상적으로 대사되지만, 자폐스펙트럼장애 아동의 경우는 세포 내 중금속 대사기전의 이상으로 Thimerosal이 축적된다는 사실이 강조되고 있으며, 치과 치료에서 사용되는 아말감이나 식수로 사용되는 수돗물, 일부 어패류 등이 중금속 이상을 야기할 수 있는 원인이 될 수 있다. 그러나 예방주사제에 첨가되는 Thimerosal에 대한 우려로 인하여 미국이나 일부 유럽국가 등 선진국에서는 Thimerosal의 성분이 포함되지 않는 예방 주사제를 2001년부터 사용함에도 불구하고, 자폐스펙트럼장애의 유병률은 감소하지 않는다는 비판이 있다.

자폐스펙트럼장애에서는 메탈로치오넨(Metallothionein)이라는 고분자 복합 물질의 생성에 결함이 있어 아연이 현저하게 감소(자폐스펙트럼장애 아동의 90%가량)하고 동시에 구리가 증가하며, 중금속의 독성을 대사하는 능력이 떨어진다는 연구결과가 있다. 그러므로 자폐스펙트럼장애 아동은 메탈로치오넨의 결함으로 인하여 중금속 대사 능력이 떨어짐과 동시에 아연이라는 미네랄의 결핍 현상을 야기할 수 있다는 점을 알아야 한다.

홈즈(Holmes) 등은 자폐스펙트럼장애 아동의 중금속 이상을 측정하기 위하여 모발분석을 실시하였고, 검사결과 체내의 중금속 대사기전 이상으로 인하여 중금속 수치가 정상보다 높게 나온 환자 400여 명을 대상으로 제독 요법(chelation therapy)을 시행하였다. 미국 FDA로부터 중금속 이상을 보이는 환자에게 중금속 제거를 위한 제독 약물(chelating agent)로 승인 받아 미국에서 시판 중인 Meso-2, 3-Dimercapto succinic acid(DMSA)와 보조 제독 약물로 alpha-Lipoic acid(LA)를 자폐스펙트럼장애 아동에게 사용하여 뚜렷한 언어발달의 호전, 자조 기술의 발달 및 사회성의 증진을 나타냈다고 보고했다. 이외에도 제임스 레이들러(James Laidler) 등도 같은 내용의 프로토콜에 따라 연구한 결과를 발표한 바가 있으며, 이러한 연구결과들을 바탕으로 보다 보편적으로 중금속 제독 요법을 시행할 수 있도록 프로토콜이 만들어졌다.

미국에서는 DMSA를 안정성과 효과 면에서 중금속 이상을 개선하기 위하여 이상적인 제독 약물로 추천하고 있다. DMSA는 미국 FDA에 의하여 소아 납중독의 제독 약물로 승인을 받아 'Chemet'이라는 상품명으로 시판되어 온 공식적으로 검증 받은 약물이다. 그러나 일부 자폐스펙트럼장애의 경우에 있어, 가끔 DMSA를 사용하여 효율적으로 중금속을 제거할 수 없을 때가 있다. 이때, 미국에서는 일부 의사들에 의하여 2, 3-dimercapto-propane-sulfonate(DMPS)를 제독 약물로 사용하기도 하는 것으로 알려져 있다. 현재 DMPS는 미국 FDA에 의하여 어떤 목적으로든지 사용되는 것을 금지 당했다.

중금속의 제독을 위한 치료 과정은 다음과 같다.

첫째, 중금속 이상 여부를 판단하기 위하여 모발분석을 우선적으로 시행해야 한다. 현재 국내에서는 여러 회사가 독자적으로 모발분석 검사를 시행하고 있다. 여러 병원들이 이 회사들 중 하나와 제휴하여 모발을 채취한 뒤, 검사 시설을 갖춘 회사에 보내면 2~3주 후에 결과가 나온다.

모발분석을 통해 두 가지 정보를 알 수 있다. 중금속 이상의 여부와 미네랄 결핍이나 과다의 상태인지를 확인할 수 있다. 즉, 아동이 수은이나 납 같은 중금속 이상을 보이면, 중금속 제독 요법을 시행하면서, 아연이나 마그네슘과 같은 미네랄 결핍을 보충해주는 노력이 병행되어야 한다. 또한 중금속 제독요법 과정에서 필요한 항산화제의 기능을 증진시키거나 소모된 비타민 보충을 위하여 비타민/미네랄 복합체를 보조요법으로 복용하는 것이 보편화되어 있다. DMSA를 주 제독 약물로 하여 LA를 추가하는 방식이 실제적으로 시행되고 있으며, 이때 비타민과 미네랄을 보조적으로 첨가하여 제독요법을 지원한다는 점을 명심해야 한다.

둘째, 모발분석의 결과 수은이나 납과 같은 중금속 이상이 존재한다고 판정되면, DMSA와 LA를 이용하여 제독요법을 시행한다.

■ 자폐스펙트럼장애 아동들을 포함한 만 12세 이하의 환자를 대상으로

한다. 미국에서의 연구결과에 의하면, 중금속 이상을 보이는 자폐스펙트럼장애 환자들에게 DMSA/LA를 투여하였을 때, 환자의 언어 기능, 상호작용, 자조기술 그리고 과제 집중력 등이 호전되었다고 보고하였다. 이들 중 일부는 언어표현력에서도 복용 전과 비교하여 뚜렷한 호전을 보였다고 하였다.

- DMSA를 투여하기 전에 간기능검사(GOT/GPT), 신장기능검사(BUN/Cr), 혈액검사(CBC with platelet)를 시행하여 신체적으로 이상이 없다는 것을 확인해야 한다. 상기 검사에 이상이 있는 경우는 DMSA 제독요법에 부적합할 수 있다.

- 1단계 : DMSA 단독으로 하루 3차례, 3일간, 3회에 걸쳐 투여한다. 1차 투여가 끝난 뒤, 11일간의 휴지기 후, 다시 DMSA 단독으로 하루 3회, 3일간 투여한다. 3일 투여하고 11일 쉬는 방식으로 3회 동안 DMSA를 단독 투여한다. 이때, 신체의 세포 내에 축적된 수은이나 납과 같은 중금속들이 소변을 통하여 배출된다.

- 2단계 : DMSA/LA를 병합하여 하루 3차례, 3일간 투여하고 11일간의 휴지기를 갖는 방식으로 9회를 더 투여하여, 총 12회를 투여한다. LA를 추가적으로 투여하는 이유는 DMSA 자체로는 blood-brain barrier를 통과하지 못하여 뇌에 작용할 수 없기 때문이다. LA를 첨가하여 제독 약물이 뇌에 작용하여 뇌의 신경세포에 축적되어 있을 중금속을 제독하도록 돕는 것이 효과적이다.

- 제독 요법의 효과를 확인하기 위하여 10회의 치료 후에 모발분석을 다시 시행하여 중금속 수치의 변화를 확인한다.

셋째, 제독제로 사용하는 주 치료약물인 DMSA는 국내에서 시판을 하지 않아 미국으로부터 수입을 해야 한다. 문제는 DMSA가 매우 비싸다는 점이다. 소아정신과 전문의가 약물이 치료에 필요하다는 소견과 약물의 이름과 수량을 포함한 진단서를 작성한다. 부모가 직접 진단서를 한국 식품의약품안전청 산하 정부투자 기관인 '희귀의약품센터'에 제출하여, 그곳을 통해 DMSA를 구입해야 한다. 만약 환자가 과체중이라면, DMSA는 체중에 비례하여 많은 용량이 사용되어야 한다. 한편, 정식 승인된 약품은 아니지만, DMSA나 LA는 인터넷으로 상대적으로 저렴하게 구할 수도 있다고 한다.

넷째, DMSA의 부작용으로 과다행동이 일시적으로 증가할 수 있으며, 자기 자극행위도 약간 늘어나기도 하며, 가끔 변이 묽어지는 경우도 있다. 그러나 이러한 부작용들은 일시적인 경우가 대부분이며, 후유증을 우려할 만한 부작용은 거의 드물다고 알려져 있다.

다섯째, 제독 요법을 받는 아동의 나이가 어릴수록 또는 아동의 발달 과정에서 어려서는 정상적인 양상을 보이다가 갑자기 퇴행하는 모습을 보였던 경우에서 보다 효과적이라고 한다.

마지막으로, 모발분석 결과에 따르면 대부분의 자폐스펙트럼장애를 보이는 아동들은 아연이 결핍되어 있다. 따라서 아연을 보충해 주어야 하며, 필요에 따라 마그네슘 등을 추가적으로 보충해야 하는 경우도 있다. 자폐스펙트럼장애 아동에게 DMSA와 LA를 사용하여 수은이나 납과 같은 중금속을 제독하는 과정에서 많은 활성산소(free radical)가 발생하므로, 항산화 작용을 증진시키고 소모된 체내 비타민을 보충하기 위하여 여러 비타민이나 일부 미네랄 등을 보조 요법으로 첨가하는 것을 권고하고 있다. 유의할 점은 자폐스펙트럼장애 아동들이 흔히 복용하는 비타민 – 미네랄 복합체에는 구리 성분이 포함되면 안 된다는 것이다.

2) 식이요법

최근 먹을거리에 대한 관심이 매우 높아지고 있으며, 비만이나 건강과 관련하여 음식을 조절하는 경향이 뚜렷해지고 있다.

자폐스펙트럼장애는 여러 독소들의 영향으로 아동의 위장관에 염증이 발생하는 빈도가 높아서 음식물로부터 영양소가 적절하게 흡수되는 과정에 문제를 보이는 경우가 많다. 결과적으로, gluten(우유 등 유제품)이나 casein(밀가루 음식)과 같이 자폐스펙트럼장애 아동에게 유해한 단백질이 부적절하게 많이 흡수될 수 있다고 한다. 또한 설사나 변비를 하는 장애 아동의 비율이 상대적으로 높아 이에 맞추어 별도의 영양소 섭취를 필요로 하고 있다.

casein이나 gluten이라는 단백질에 과민반응을 보이는 경우에 이러한 음식들에 대하여 엄격하게 제한하는 것이 필요하다. 그러나 모든 자폐스펙트럼장애 아동의 경우에 있어서 일률적으로 식이요법(Gluten-Free & Casein-free Diet, GFCF diet)을 시도하는 것이 과연 타당한지에 대해서는 의문이 존재한다.

이론적으로 자폐스펙트럼장애의 신경생화학적인 이상으로 opioid (endorphin) excess hypothesis에 근거하여 GFCF diet를 시도하고 있다. 즉, gluten이나 casein이라는 단백질에 과민한 자폐스펙트럼장애 아동이 우유 등 유제품이나 밀가루 음식을 먹게 되면, 위장관에서 음식이 분해되어 opioid 전구물질로 변하게 되고, 체내에 흡수된 후에는 opioid 수준을 상승시키게 된다고 한다.

　개인적으로는 별로 찬성하지 않지만, 미국에서 일부 식이요법 찬양론자들은 모든 자폐스펙트럼장애 아동에게 이 방법을 시도할 가치가 있다고 주장한다. 적어도 2주일에 걸쳐 서서히 유제품이나 밀가루 음식을 끊어 가야 한다. 이러한 식이요법이 효과가 있는지를 판단하기 위하여 세 달 정도의 기간이 필요하다고 알려져 있다. 만약 GFCF 식이요법이 효과가 있는 경우라면, 체내에서 gluten이나 casein이 사라지면서 일종의 금단 증상이 나타날 수 있으며, 이때 짜증이 심해지거나 퇴행행동을 보일 수 있다. 다시 말하면, GFCF 식이요법을 실시하고 얼마의 시간이 지난 후부터 아동의 행동이 퇴행하는 현상을 보인다면, 이러한 식이요법적인 접근이 효과를 보이는 것이라 생각할 수 있겠다. 꾸준히 식이요법을 시행하는 노력을 통하여 자폐스펙트럼장애 아동의 상호작용하는 능력이나 자조기술 및 의사소통능력 등이 호전된다는 보고가 있었으나, 이후 시행된 체계적인 연구에서는 객관적인 호전이 증명되지 못했다.

3) 비타민 요법

이 방식은 과학적인 검증에 의하기보다는 개인적 경험에 입각한 논의가 거의 대부분이다. 의학적으로는 검증이 안 되었다고 간주된다.

(1) Mega-vitamin 요법

현 단계에서 용량 과다로 인한 비타민 중독에 대한 우려 때문에 여러 종류의 비타민들을 한꺼번에 대량으로 복용하는 방법은 피하는 경우가 많다. 최근에는 자폐스펙트럼장애 아동들이 보이는 뇌 발달 자체의 문제보다는 최근의 연구결과로 알려진 신체적인 결핍이나 문제들을 보완하기 위하여 건강기능식품으로 비타민－미네랄 복합제를 권하고 있다.

(2) Vitamin B6

Vitamin B6은 뇌신경계에서 두 가지 종류의 효소(transaminase & L-amino acid decarboxylase)에 작용하여 신경전달물질(neurotransmitters)의 전환에 있어서 중요한 역할을 하는 것으로 알려져 있다.

이 중 도파민의 대사물인 homovanillic acid(HVA)가 자폐스펙트럼장애 아동의 소변에서 높게 검출된다는 일부 연구 보고가 있었다. 이 연구에서 Vitamin B6을 투여하여 HVA의 소변검출이 감소되었다는 보고가 함께 동반되었다. 그러나 이 연구결과가 이후 시행된 추가적인 광범위하고 체계적인 연구에서는 입증되지 못했다.

하지만 이러한 이론적 근거들을 바탕으로 Vitamin B6이 자폐스펙트럼장애를 비롯한 신경정신과 장애에 효과가 있을 것이라는 추론을 해온 것이 사실이다. 이러한 기전이 자폐스펙트럼장애의 치료뿐만 아니라 정신분열증, 치매 등 다른 신경정신과 장애에 사용되는 Vitamin B6의 투여에도 동일하게 적용되므로, 반드시 자폐스펙트럼장애에만 국한된 고유의 이론적 근거라고 보기는 어렵다.

체내에서 Vitamin B6이 결핍되면, 마그네슘(Mg)을 체외로 배출하여, 결과적으로 Mg 부족현상에 이르게 될 수 있다. 요즘에는 Vitamin B6-Mg을 함께 복용하는 경향이 많은 듯하지만, 의학계의 주류에서는 이 방식의 효용성에 대하여 강력한 의구심을 갖고 있다.

일부에서는 이러한 시도를 통하여 호전이 기대되는 증상은 상동증적이거나 집착행위, 짜증이 심하거나 주의집중력이 떨어지는 경우이며, 부작용으로는 과다행동, 구역이나 설사 등이 있고, 과다 복용 시에는 손발이 저리거나 감각이 둔해질 수 있다.

(3) Vitamin C(Ascorbic acid)

하나의 논문에서 Vitamin C가 자폐스펙트럼장애의 상동적 증상에 도움이 된다는 보고가 있었으나, 이후 그 효과가 재검증되지 못했다. 일부에서는 청소년이나 성인 자폐스펙트럼장애 환자를 위하여 8,000mg/day을 권고하는 방식이 있으나, 단지 250mg/day를 권고하는 방식도 있다. 과다 복용하는 경우, 설사가 있을 수 있다. 일부에서는 항산화 효과가 있다고 주장하기도 한다.

(4) 엽산(Folic acid)

권고된 용량이 무척이나 다양하다. 일부에서는 20mg/day 정도까지 복용을 권하지만, 400mcg/day까지 복용량을 권고하기도 하는 등 매우 격심한 차이를 보이고 있다. 최근에는 folic acid를 vitamin B12와 함께 복용하는 방식이 효과를 상승시킨다고 하여 일부에서 권장되는 추세이다. 자폐스펙트럼장애에 도움이 된다는 의학적인 근거는 확실치가 않다.

(5) Vitamin B12(Methylcobalamin)

Vitamin B12를 피하주사를 하였을 때, 의사소통과 행동조절과 같은 자폐 증상이 호전되었다는 초기 단계의 연구 보고가 있다. 또한 40명의 자폐스펙트럼장애 아동을 대상으로 Vitamin B12와 엽산을 함께 투여하였을 때, 일부 아동에서 효과가 있었다는 개방 연구의 결과가 있다. 하지만 광범위하고 체계적인 연구가 추가적으로 이루어지지 않아 자폐스펙트럼장애에 대한 효과를 검증하기가 어렵다.

4) 미네랄 요법

혈액검사나 모발분석을 통하여 미네랄 결핍 등의 이상이 존재할 때 필요성분을 보충한다.

(1) 마그네슘(Mg)

Mg이 결핍된 경우, 상동증과 같은 이상행동을 보일 수 있으며, 가끔 소리나 촉감에 매우 예민하게 반응하는 감각이상을 보이기도 한다. 일반적으로 10mg/day의 복용을 주장하여 대략 180mg/day를 권고하지만, 다른 한편으로는 400mg/day 또는 600mg/day 정도를 복용하는 것이 권고되기도 한다. 개인에 따라 용량의 차이가 매우 다양하다고 하며, Vitamin B6과 함께 복용하는 것이 상호 상승작용을 한다는 일부 보고가 있다. 그러나 Mg-Vitamin B6의 사용이 자폐스펙트럼장애에 효과가 있다는 일부 보고에 대하여 정신의학계는 지지하지 않고 있다.

(2) 칼슘(Ca)

과거에 칼슘이 결핍된 자폐스펙트럼장애 환자에게 이를 보충하였더니 자폐스펙트럼장애 증상이 호전되었다는 증례 보고가 있었다. 최근에는 Vitamin D와 함께 복용하는 방식이 자주 사용되는 경향이 있다. 그러나 칼슘이 구체적으로 자폐스펙트럼장애에 얼마나 효과가 있는지에 대하여 논란의 여지가 많다.

(3) 아연(Zn)

자폐스펙트럼장애 아동에게 가장 흔히 추천되는 미네랄 중 하나이다. 자폐스펙트럼장애에서는 메탈로치오넨(Metallothionein)이라는 고분자 복합물질의 생성에 결함이 있어 아연이 감소하고 동시에 구리가 증가하며, 중금속의 독성을 대사하는 능력의 결여 등을 보이는 것으로 알려져 있다. 체내에서 아연과 구리는 서로 길항작용을 하며, 자폐스펙트럼장애의 경우 아연이 떨어짐(자폐스펙트럼장애 아동의 90%)으로 인하여 구리는 증가하게 된다. 따라서 Zinc(Zn)/Copper(Cu)의 비율은 감소하게 된다. 아연이 결핍될 때는 기억력 감퇴 등 인지기능의 저하를 나타낼 수 있다. 그러므로 아연을 보충하는 것이 자폐스펙트럼장애 아동들에게 필요한 경우가 많다고 알려져 있다. 아연의 권고 용량은 12.5~25mg/day 혹은 20~40mg/day이다.

(4) 구리(Cu)

자폐스펙트럼장애에서 구리는 증가한다. 이때 상대적으로 감소하는 아연을 보충하거나, Vitamin B6-Mg를 복용하는 것이 도움이 된다고 알려져 있다는 일부 연구 보고가 있으나, 정신의학계의 지지를 받지는 못하고 있다.

5) DMG(Dimethylglycine)

Rimland는 자폐스펙트럼장애의 치료에 있어서 DMG의 사용을 적극 권장하고 있으며, 그 용량은 학령전기에서는 아침에 한 번 125mg 알약의 반 알 용량으로 시작하여 하루 1~4알까지 서서히 증량할 것을 권고하고 있지만, 부작용으로 종종 과잉행동을 보이기도 한다. 그러나 Rimland를 제외한 다른 연구 보고들에는 DMG가 자폐스펙트럼장애에서 효과가 있을 어떤 이론적 근거도 밝혀지지 않았으며, 실제적인 효과에 대해서도 회의적인 내용들이 거의 대부분이다.

6) 오메가-3 필수지방산

자폐스펙트럼장애 대부분의 경우는 오메가-3 필수지방산이 결핍되어 있거나, 저하되어 있다. 많은 부모가 cod oil과 같은 생선 기름의 형태 또는 건강기능식품으로 오메가-3 필수지방산을 더 많이 이용하고 있다. 일부 연구에서는 심각한 문제행동이 있는 자폐스펙트럼장애 아동에게 오메가-3 필수지방산을 투여한 결과, 행동 증상의 개선이 있었다는 보고가 있기는 하다. 유감스럽게도 오메가-3 필수지방산이 자녀의 자폐스펙트럼장애의 증상을 직접 개선시키지 않았다는 것이 일반적인 정신의학계의 이해이다.

7) Anti-Yeast 요법 : Nystatin

일부에서는 위장관 내 Yeast 감염으로 Candidiasis라는 곰팡이 감염이 발생할 수 있으며, 이것이 자폐스펙트럼장애와 관련이 있다는 주장을 하고 있다. 이러한 Candida 감염을 치료하기 위하여 Yeast-free diet를 하거나, anti-fungal 약물인 Nystatin 복용을 권고하고 있지만, 대부분의 의사들은 이 방식의 과학적 근거나 실제적 효과에 대하여 동의하고 있지 않다.

8) Secretin

1998년 10월 7일 미국의 텔레비전 시사프로그램인 〈Dateline NBC〉에서 secretin을 정맥주사한 자폐스펙트럼장애 환자들이 좋은 효과를 보았다는 내용의 방송을 하였다. 미국 메릴랜드대학교의 소아과에서 발표된 논문에 따르면, 3명의 자폐스펙트럼장애 아동들이 췌장의 분비이상에 따른 소화기 증상을 함께 보일 때 췌장 호르몬의 이상을 검사하기 위한 검사시약으로 secretin 주사를 맞은 후, 자폐스펙트럼장애 증상이 매우 호전되었다는 보고를 하였다.

그동안 Ferring에서 생산하던 secretin 주사제가 RepliGen이라는 제약회사로 판권이 넘겨진 후, 자폐스펙트럼장애의 치료를 위하여 3~4회 secretin을 주사할 수 있는 방식으로 FDA로부터 인증을 받기 위하여 임상실험을 하였다. 실험은 위장관 장애(만성적인 설사나 변비 또는 구토 증상 등)를 보여 온 자폐스펙트럼장애 아동들에 한하여 부모의 동의하에 시행하였다. 그러나 2002년 이후에 나온 체계적인 논문들(double blind, placebo-controlled study)에 의하면, 정기적으로 반복 투여된 secretin의 효과가 위약(placebo)에 비교하여 나은 면이 없다고 한다.

9) 고압 산소요법(hyperbaric oxygen therapy)

미국에서 만 2~7세인 자폐스펙트럼장애 아동을 대상으로 산소실에서 1.3기압, 24%의 고압 산소를 1일 2회, 각 회당 4시간 정도를 주 5일 연속적으로 4주간(총 40회 치료) 투여하였더니, 아동들이 보이는 수용 언어, 사회적 상호작용, 눈 맞춤, 인지적 인식능력 등이 전반적으로 호전되었다고 보고하였다. 미국에서는 이러한 고압 산소요법에 적합한 맞춤형 산소실이 개발되어 자폐스펙트럼장애 아동에게 많이 시행하고 있다고 한다.

그러나 연구논문에서 자폐 증상들이 호전되었다고 주장하는 임상 척도가 그다지 뚜렷한 차이를 보이는 것은 아니라는 반론이 나왔으며, 이 방식의 효과가 과대평가되었다는 지적들이 많이 존재한다.

6. 자폐스펙트럼장애에서 권고하지 않는 치료방식

기존의 자폐스펙트럼장애에서 시행하는 여러 전문적인 치료 방식들 중 소아정신과 영역에서 추천하지 않는 치료방식에 대하여 다양한 논의가 있다.

여기에서는 영국의 소아정신과 의사로서 저명한 자폐증 전문가인 마이클 러터(Michael Rutter) 박사가 펴낸 소아청소년 정신과 교과서인 『Rutter's Child and Adolescent Psychiatry 5th ed』(2008, p. 769)를 인용하도록 하겠다. 'Ineffective or unproven treatments'에 해당하는 치료방식은 다음과 같다.

1) 촉진적 의사소통

촉진적 의사소통(facilitated communication)은 촉진자가 자폐스펙트럼장애 아동의 손, 손목 또는 팔 등을 지지해 줌으로써 아동이 키보드나 글자판에 단어, 구, 문장을 칠 수 있게 지원해 주는 방법이다.

실제로 촉진적 의사소통이 자폐스펙트럼장애 아동의 독립적인 의사소통을 개선시킨다는 연구결과는 보고된 바가 없다. 현재 학술적으로나 제반 학술단체들(미국 소아청소년 정신의학회, 미국심리학회, 미국 소아과학회, 미국 정신지체협회)로부터 전혀 공식적인 지지를 받지 못하고 있다.

이 방식이 연구자들 사이에서 광범위하게 불신되고 있음에도 불구하고, 일부에서는 아직도 지지하는 사람들이 존재하며, 관련 논문들이 자폐스펙트럼장애 전문 학술잡지에 여전히 게재되고 있고, 다양한 인터넷 사이트에서 소개하고 있는 실정이다.

2) secretin

secretin은 자폐스펙트럼장애 영역에서 가장 체계적이고 광범위하게 연구된 주제라고 할 수 있다. 2002년 이후에 나온 최신 논문들(double blind, placebo-controlled study)에 의하면, 정기적으로 반복 투여된 secretin의 사용이 자폐스펙트럼장애에 효용이 있다는 점을 증명하는 데 실패하였다.

3) 청지각 통합훈련(auditory integration training)

현재 미국 소아과학회는 공식적으로 자폐스펙트럼장애의 치료에 AIT를 사용하는 것을 반대하고 있다. 그러나 일부에서는 비교적 높은 IQ, 상대적으로 발달된 언어능력 그리고 소리에 지나치게 예민하게 반응하는 등 이상 세 가지 조건이 모두 갖추어졌을 경우, 예외적으로 청지각 통합훈련으로부터 효과를 기대할 수 있다고 주장하기도 한다.

4) Vitamin B6과 마그네슘

도파민의 대사물인 homovanillic acid(HVA)가 자폐스펙트럼장애 아동의 소변에서 높게 검출된다는 일부 연구 보고가 있었다. 이 연구에서 Vitamin

B6을 투여하여 HVA의 소변검출이 감소되었다는 보고가 함께 동반되었다. 그러나 이 연구결과는 이후에 시행된 추가적인 광범위하고 체계적인 연구에서 입증되지 못했다.

이러한 기전이 자폐스펙트럼장애의 치료뿐만 아니라 정신분열증, 치매 등 다른 신경정신과 장애에 사용되는 Vitamin B6의 투여에도 동일하게 적용되므로, 반드시 자폐스펙트럼장애에만 국한된 고유의 이론적 근거라고 보기는 어렵다. 의학계의 주류에서는 이러한 방식의 효과에 강한 회의를 표명하고 있다.

5) GFCF diet

일부에서는 casein이나 gluten이라는 단백질에 과민반응을 보이는 경우 이러한 음식들에 대하여 엄격하게 제한하는 것이 필요하다고 주장하고 있다. 이론적으로 자폐증의 신경생화학적인 이상으로 opioid(endorphin) excess hypothesis에 근거하여 GFCF diet를 시도하고 있다. 그러나 모든 자폐 아동의 경우에 있어서 일률적으로 GFCF diet를 시도하는 것이 과연 타당한지에 대하여 의문이 있으며, 이러한 식이요법이 다소 증상의 호전을 보였다는 보고가 있었지만, 이후에 시행된 체계적인 이중맹검 연구에서는 객관적인 증명이 이루어지지 않았다.

6) 필수지방산(essential fatty acids)

자폐스펙트럼장애 아동에서는 오메가-3 필수지방산의 혈중 농도가 정상 대조군에 비하여 23% 정도 낮았다는 연구결과가 있다. 자폐스펙트럼장애 아동이 지방산을 대사하는 과정이 정상 아동과는 다를 것으로 추론할 수 있다. 유감스럽게도 오메가-3 필수지방산이 아동의 자폐스펙트럼장애의 증상을 직접 개선시켜 주지는 않는 듯하다.

7) Son-Rise program

자폐스펙트럼장애 아동을 호전시키기 위하여 가정에서의 아동 중심 프로그램이 개발되었다. 교사가 아동의 행동에 대하여 좋거나 나쁨을 판단하는 것이 아니라, 아동이 스스로 학습하고 상황을 주도하도록 교사는 촉진자(facilitator)의 역할을 해야 한다.

자폐스펙트럼장애 아동의 세계에 참여하여 함께 세상을 보기 위해 노력해야 한다. 이 프로그램에서는 부모가 자폐스펙트럼장애를 보이는 자녀를 이해하기 위하여 아동의 입장이 되어 보도록 가르친다. 아동이 보이는 반복적인 행동의 패턴을 따라하도록 가르친다. 외딴 시골에 이러한 프로그램을 시행하기 위한 공동체를 만들어 함께 지내고 있다. 그러나 미국의 전문가들이나 연구자들은 공교육에서 제공하는 자폐스펙트럼장애를 위한 집중적인 치료교육프로그램을 포기하면서, 격리된 공동체에서 시행하는 이러한 치료방식의 효과에 대하여 회의적이다.

8) cranial osteopathy

자폐스펙트럼장애 아동의 두개골과 경추를 마사지하거나 신체적인 자극을 주어 증상을 개선시킨다고 주장하는 방식이다. 한편, 이러한 치료방식을 연구실에서 실험으로 재현하였을 때, 치료효과를 뒷받침하는 객관적인 소견을 확인할 수 없었다.

제 6 장

자폐스펙트럼장애와
주요 치료중재법

양문봉

06

자폐스펙트럼장애와
주요 치료중재법

우 리 인체의 각 부위들은 융합적으로 그리고 통전적으로 기능한다. 신체의 한 부위에 이상이 생기면 이내 다른 부위에도 영향을 주게 되어 있다. 마찬가지로 하나의 심리적인 증상이 다른 종류의 심리적 병리 현상을 초래한다는 것도 같은 원리이다. 이와 같이 우리의 신체와 정신체계가 통전적으로 서로 영향을 미치면서 기능하고 있다. 이런 인체의 융합적 원리는 인지 및 학습적인 영역에도 적용되는데, 여러 가지 학습 및 감각 경로가 서로 통합-조합하여 다양한 기능을 나타내고 있다. 따라서 어느 한 학습과 감각 경로의 지체와 장애는 곧바로 다른 학습과 감각 경로에도 영향을 주게 된다. 상상 능력의 지체는 곧 놀이기술의 습득에 지장을 초래할 뿐 아니라 언어 인지 능력과 적용 능력이나 일반화 능력 발달에도 부정적인 영향을 미치게 되는 것이다.

이러한 융합적 인체의 원리는 교육과 치료적 접근방법에서도 고려되고 있다. 여러 분야의 전문가들, 즉 의사나 치료사, 교사들이 종합적 치료체계를 위하여 팀(multidisciplinary team)을 구성하여 협력하는 것이 현대적 치료중재에 있어서 대세가 되고 있다. 이미 선진국에서는 이러한 추세에 발맞추어 자폐스펙트럼장애 영역에서 최적의 치료 효과를 창출하기 위해 과학적이며 종합적인 치료중재체계인 ABA를 통한 집중적 조기중재(EIBI), TEACCH, IEP에 의한 치료중재기법을 최우선적으로 적용해 왔다.

이 장에서는 현재까지 시중에 소개된 자폐스펙트럼장애 아동을 위한 주요 치료중재법들을 살펴보면서 그중에서 학계에서 검증된 치료중재법들을 소개하려고 한다.

우선 자폐스펙트럼장애라고 하면 가장 중요한 치료법이 집중조기중재(EIBI)이며, 이미 제3장에서 개요를 소개한 바와 같이 현재 소개된 치료중재법 중에서 단연 최상이라고 할 수 있다. 이미 미국에서는 조기에 진단을 받은 자폐스펙트럼장애 아동들은 치료중재를 위해서 거의 EIBI로 처방되고 있다. 그러나 단점도 존재한다. 미국이나 한국에서도 EIBI의 비용부담은 상당한 수준이며 대기 순번이 긴 약점이 있다. 필요하다면 이보다 좀더 비용부담이 덜한 차선의 치료중재법인 조기덴버모델(Early Start Denver Model) 혹은 중심축 반응 중재(Pivotal Response Therapy)도 소개되고 있다.

일반적으로 학계에서 검증하였고 시중에 소개된 치료중재방법들을 다음과 같이 크게 네 가지 유형으로 나누어서 생각해볼 수 있다.

네 가지 치료중재모델 유형은 다음과 같다.

- 종합적 접근 모델 유형(주 치료로서 필수) : 집중조기중재(EIBI), TEACCH, IEP에 의한 치료중재기법, 치료육지법
- 준종합적 접근 모델 유형(차선책으로 주 치료로서 가능) : Pivotal Response Therapy(중심축반응치료), ESDM(Early Start Dever Model), Peers(고기능군 아동을 위한 14주 사회성 훈련프로그램)
- 방법론적 접근 모델 유형(주 치료와 병행 가능) : DTT(Discrete Trial Teaching, 변별시도학습), 우발적 교육과 시간지연(Incidental Teaching, Time Delay)
- 개별적 접근 모델 유형(주 치료로서 불가능, 백업치료로서 가능) : Verbal Behaviors(언어행동), Floortime, 행동치료, 작업치료, 발달놀이치료(사회성훈련), 언어치료, PECS(Picture Exchange Communication System, 그림교환의사소통체계), 몬테소리를 통한 감각교육, 감각통합훈련, 특수체육, 예술치료(음악 및 미술), 놀이훈련, 약물치료

1. 종합적 접근 모델 유형

앞서 제3장에서 소개한 집중적 조기중재(EIBI), TEACCH, IEP에 의한 치료중재기법, 치료육지법이 본 유형에는 속하며 이들은 필요적인 주 치료(major interventions)이기에 자폐스펙트럼장애로 진단받은 아동은 이 중에 적어도 하나의 프로그램에 속하여 서비스를 받아야 한다. 이는 단일적으로 사용되는 치료법이 아니고 ABA, TEACCH, IEP 교육, 치료중재 육지법과 같은 종합적 치료체계의 기초 위에 다른 개별적인 치료중재법들 혹은 각 기술 영역의 치료교육 교과과정들과 유기적인 맥락에서

첨가하여 수행하는 프로그램이다. 예를 들어 집을 꾸밀 때 가장 중요한 것은 벽, 바닥, 천장을 형성할 골격을 세우는 것이다. 그 후 골격 위에 다양한 벽지, 천장재, 바닥재 혹은 마루자재들을 선정하여 구체적으로 장식하는 것이다. 여기에서 벽, 바닥, 천장에 세우는 기초 골격은 전적으로 다른 것과 대체할 수 없는 가장 핵심적이고 필요한 조건이다. 이것이 바로 종합적 치료중재체계인 집중적 조기중재(EIBI), TEACCH, IEP에 의한 치료중재기법, 치료육지법일 것이다. 그 위에 개별적으로 장식하는 벽지, 천장 및 바닥재들을 첨가하여 완성하게 되는데, 여기에 사용되는 각종 개별적인 건축 및 마감 자재들도 이미 품질과 견고성이 검증된 것들을 사용하여야 바른 건축물이 완성될 것이다. 여기에 첨가되는 개별적인 마감자재들이 바로 다음의 세 가지 유형인 준종합적 접근 모델 유형, 개별적 영역 접근 모델 유형, 방법론적 접근 모델 유형에 속하는 치료중재법들이 될 것이다.

2. 준 종합적 접근 모델 유형

본 유형은 바로 앞서 소개한 필수적인 치료중재 유형인 종합적 접근 모델 유형와 유사하면서 가정과 연계하여 사용하거나 특정 기간에만 서비스를 제공하기에 비교적 경제적인 부담이 적다는 장점을 갖고 있다. 따라서 아동의 기능 수준에 따라서 주치료중재로서 사용해도 무방하나 필요하다면 백업으로서 몇 가지 개별 치료중재를 추가하는 것이 유리할 것이다.

1) 중심축 반응치료(Pivotal Response Treatment, PRT)

(1) PRT의 개요

중심축 반응치료(Pivotal Response Treatment, PRT)는 응용행동분석이론을 접목하여 자폐스펙트럼장애를 치료중재하기 위한 풍부한 이론적 배경과 실험연구결과에 근거하여 미국의 자폐학자인 코겔(Koegel)부부에 의해서 개발된 치료중재법 중에 하나이다. 현재 코겔 부부가 창설하고 운영하는 코겔 자폐증센터(Koegel Autism Center, 산타바버라의 캘리포니아대학교 내)에서는 PRT를 핵심 중재체제로 적용하면서 운영하고 있다. 본 중재치료법은 놀이 기반이고 아동의 자발적 반응에 초점을 맞추어져 있기에 자연적인 중재 방법으로 평가되고 있다. 치료적 효과에 대해서 긍정적 평가를 받고 있지만 한편으로는 단점도 있다. 예를 들어, 이를 종합적인 중재체제보다는 준 종합적인 중재체제로 분류한 이유는 본 중재치료의 목적이 전반적인 기술영역의 학습에 있기보다는 일부 영역인 언어, 의사소통, 긍정적 사회적 행동과 상동행동의 경감의 일부 한정된 영역에만 집중하고 하고 있기 때문이다.

(2) 중심축 행동의 정의

PRT는 개인의 행동 특성에 대해서 목표로 중재하기보다는 아동이 성장해나가면서 아동발달상 핵심적인 기술 영역들, 즉 "중심축 반응들 혹은 기술 영역(pivotal responses or areas)"에 초점을 맞추었다. 네 가지로 분류한 중심축 반응과 영역들은 사실상 아동이 성장하면서 특별히 가장 중요한 기술영역이라고 할 수 있는 사회성(sociability), 의사소통(communication), 행동극복(behavior overcome)과 인지적 기술(academic skills) 형성과 확장에 있어서 가장 역동적인 동력과 같은 역할을 하고 있다는 철학에 기초하고 있다. 다음 네 가지가 중심축 반응들이면서 자폐스펙트럼장애를 가진 아동들이 보이는 가장 결손된 영역이기도 하다.

- 동기부여(motivation)
- 다양한 자극에 대한 반응도(response to multiple cues)
- 자기관리(self-management)
- 사회적 상호작용의 시도(initiation of social interactions)

(3) 원리와 효과성

PRT는 동기부여라는 차원에서 시작하기 때문에 상황 가운데 행동 혹은 반응하고 나서 자연스럽게 성취되거나 얻어지는 자연적 보상에 초점을 맞추고 있다. 말하자면 어떤 반응을 하고 인위적으로 강화하기 위해서 연관성은 없지만 단지 선호도가 있는 강화제를 제공하면서 목표 반응을 늘리는 일반적인 보상양상을 넘어서서 실제로 아동이 원하는 대상물(예 : 자동차, 인형, 사탕 등)들을 직접 말로 표현하여 해당 대상물을 실제로 강화제로 습득하게 하는 것이다. PRT는 일반적으로 영유아 혹은 초등학교 시기 아동들에게 주로 사용되는 중재방법으로 알려져 있지만 실제로 사춘기 아동과 청년기에도 사용될 수 있다. 구미 지역의 많은 기관에서는 자폐스펙트럼장애를 가진 모든 연령의 사람들에게도 PRT를 효과적으로 사용하고 있기에 어느 연령대에 한정적이지 않고 보편적으로 효과성을 나타내고 있다.

2) ESDM(Early Start Denver Model)

(1) ESDM의 개요

미국의 심리학자인 샐리 로저스(Sally Rogers)와 제럴드 도슨(Geraldine Dawson) 박사가 개발한 ESDM(The Early Start Denver Model)은 과거에 소개되었던 Denver Model의 조기중재를 위해 좀더 업그레이드한 최신 치료모델로서, 12~48개월에 해당하는 자폐스펙트럼장애 아동들을 대상으로 제공할 수 있는 종합적인 행동치료중재 체제 중에 하나이다(Rogers & Dawson, 2009). ESDM 프로그램은 아동에게 적절한 교육 내용들을 기초로 하여 구성한 발달적 커리큘럼과 더불어 교육절차 및 교육내용을 포함하기에 준 종합적 치료중재 체계로서 충분히 사용될 수 있다. ESDM 은 특정한 물리적 장소에 구애 받지 않고 임상적 현장 혹은 학교 교실, 아동의 침실에서도 실행할 수 있어서 자연적인 사회적 맥락에서 언어 및 사회성 발달을 촉진시킬 수 있는 장점이 있다. 또 다른 장점은 자격 있는 전문가에 의존하는 집중적인 EIBI와 달리 부모도 참여할 수 있기에 비용 면에서 훨씬 저렴하게 진행할 수 있다 그러나 단점이라면 집중성에서 EIBI에 비하여 산만하다는 것이기에 이런 점만 보완할 수 있다면 훌륭한 모델이 될 것이다.

(2) ESDM의 특성

ESDM 프로그램은 근거 기반의 응용행동분석 기법을 사용하면서 관계 중심의 발달모델을 접목하여서 종합적인 모델로 승화하였다. ESDM의 장점이면서 핵심적인 특성은 다음과 같다(Rogers & Dawson, 2009).

- 자연주의적 응용행동분석 전략을 사용하였다.
- 일반적인 발달 순서에 민감하게 구성되어 있다.
- 프로그램 진행과 실행에 부모가 적극적으로 참여한다.
- 사람 간의 교환과 상호작용과 아울러 수반되는 긍정적인 효과에 초점을 맞추었다.
- 공유적 활동에 적극적으로 개입한다.
- 언어와 의사소통을 긍정적이고 감정 기반의 관계 속에서 교육한다.

(3) 효과성과 효과적 중재시간

ESDM 프로그램은 어린 아동들을 위한 현재 종합적인 행동중재 체제로서 다양한 학습특성과 능력수준에 관계없이 자폐스펙트럼장애 영유아에게 효과적인 것으로 나타나있다. 특히 생후 12~48개월 아동들에게 적용될 수 있다.

현재 진행 중인 연구실험에 의하면 주당 20시간 정도의 중재시간을 요구하고 있으며, 그중 3/4, 즉 15시간은 훈련된 치료사에 의해서 제공되어야 하고 1/4, 즉 5시간은 부모에 의해서 제공되어야 한다. 적어도 2년 이상 실행할 때 인지적 혹은 언어적 역량이 향상되고 문제행동도 경감된다고 보고하고 있다(Rogers & Dawson, 2009).

3) PEERS®

(1) PEERS®의 개요

PEERS®는 사회기술 교육과 계발 프로그램(The Program for the Education and Enrichment of Relational Skills)으로서 프로그램 브랜드 이

름이다. PEERS®은 UCLA PEERS® Clinic의 창설자이면서 현재 원장인 엘리자베스 로지슨(Elizabeth Laugeson)과 프레드 프랭클(Fred Frankel) 박사가 2005년에 UCLA PEERS® CLINIC에서 계발하여 시작하였다. 현재는 더욱 확장되어 미국과 세계 곳곳에 여러 지부를 두고 있고 한국에서도 분당서울대병원 소아정신 내에서 이를 시행하기 시작했다. PEERS®는 사회성에 있어서 역량 부족 혹은 어떤 형태든지 일종의 문제를 경험하고 있는 젊은이들을 위한 매뉴얼화한 사회기술 훈련 및 중재 프로그램이다. 특별히 사회성 지연를 경험하고 있는 자폐스펙트럼장애 유아, 청소년기 학생, 청년기 성인들에게 효과가 검증된 훈련프로그램으로 인정받고 있다(Laugeson & Frankel, 2010).

일반적으로 사회성과 의사소통 기술의 특정 영역의 훈련에 집중하고 있는 프로그램이지만 고기능 혹은 일반 아동들을 대상으로 하는 만큼 다른 종류의 치료 중재를 병행할 필요가 없다는 차원에서 준 종합적인 집중 중재 프로그램으로서 실행할 수 있다. PEERS®는 16주로 구성된 한 라운드의 중재과정에 참여하고 졸업하는 유형이기에 지속성을 가지고 서비스 받지 못한다는 것이 하나의 단점이기도 하다. PEERS®는 다음 세 가지의 서비스로 구성되어 있으면 대상아동의 나이에 따라 다음과 같이 구분되어 있다(Laugeson & Frankel, 2010).

- 청소년기 학생을 위한 PEERS®
- 청년을 위한 PEERS®
- 유아들을 위한 PEERS®

(2) PEERS®프로그램 대상

PEERS®은 자폐스펙트럼장애를 가진 청소년과 청년들의 중재효과에 대해서 강력한 근거기반을 갖고 있다. 그러나 ADHD, 우울증, 불안증과 다른 사회-감정적 증후군을 가진 영유아, 청소년기, 청년들에게도 적절한 중재효과를 보여 주고 있을 뿐 아니라 진단범주 안에 들어 있지 않은 일반 학생, 성인들도 사회적 문제로 인하여 일상생활에 위기를 맞았다면 본 프로그램의 참여를 통해서 유익한 결과를 경험할 수 있을 것이다. 혹은 본 프로그램에서 성인들에게 데이트 기술과 에티켓 훈련도 포함되어 있어서 관련 문제로 고민하고 있는 경계성 성인들에게도 적극 권장될 수 있는 프로그램이다(Laugeson & Frankel, 2010). 세 가지 서비스에 참여할 수 있는 대상들은 적어도 고기능 수준의 인지능력과 의사소통 능력을 소지해야 하기 때문에 자폐스펙트럼장애 아동에게 보편적으로 적용되는 프로그램은 아니다. 그러나 그동안 고기능 대상자들을 위한 특성화된 프로그램이 전무한 토양에서 신선한 프로그램으로 평가받고 있다.

(3) 청소년기 학생을 위한 PEERS®(PEERS® for Adolescents)

청소년기 학생을 위한 PEERS®는 친구를 사귀거나 유지하는 데 도움을 주는 다양한 방법을 배우는 것에 도전하고 싶은 중고등학교 학생들을 위한 16주 과정의 사회기술훈련과정이다. 프로그램 내용에는 실제적이고 기능적인 중요한 사회적 기술에 대해서 학습하고 나서 세션에 포함되어 있는 스포츠 혹은 보드게임과 같은 사회성 활동 중에 실제로 실습하도록 구성되어 있다(Laugeson & Frankel, 2010).

학부모는 매주 제시되는 사회성 활동 숙제와 과제를 수행하는 중에 자녀가 피드백을 제공하면서 친구를 사귀거나 유지하는 데 도움을 주는 방법에 대해서 코칭을 받게 된다.

본 과정 다음과 같은 교육 내용이 포함되어 있다(Laugeson & Frankel, 2010).

- 적절하게 대화기술 사용하는 방법
- 정보를 교환하면서 공동의 관심사를 발견하는 방법
- 유머를 적절하게 사용하는 방법
- 친구와의 대화에 끼어들거나 빠지는 방법
- 친구들과 모여 있는 동안에 적절히 호스트 역할을 하는 방법
- 친구에게 전화를 거는 방법
- 알맞은 친구를 선택하는 방법
- 공정하게 처신하는 방법
- 논쟁과 갈등을 대처하는 방법
- 부정적인 평가를 바꾸는 방법
- 거절, 놀림, 위협하는 것을 대처하는 방법
- 소문과 험담을 대처하는 방법

(4) 청년들을 위한 PEERS®

청년들을 위한 PEERS®는 친구를 사귀거나 유지하는 데 도움을 주는 다양한 방법을 배우기를 원할 뿐 아니라 로맨스 관계를 발전시키는 일에 깊은 관심이 있는 청년들을 위한 16주 과정의 사회기술훈련과정이다. 프

로그램 내용을 설명한 이미 매뉴얼과 교재가 출간되어 있으며(Laugeson & Frankel, 2010) 교재 속에는 실제적이고 기능적인 중요한 사회적 기술을 포함한 중재 프로그램들을 학습하고 나서 제공되는 세션 중에 실제로 실습할 수 있도록 프로그램이 구성되어 있다. 참가자들은 부모, 가족 구성원, 형제자매, life coach, job coach, 동료 멘토 등과 같은 사회적 코치(social coach)와 같이 매주 세션에 참석해야 한다. 사회적 코치는 매주 제시되는 사회성 활동 숙제와 과제를 수행하는 중에 담당하는 소비자들이 피드백을 제공하면서 친구를 사귀거나 유지하는 데 도움을 주는 방법에 대해서 코칭을 받게 된다. 본 과정 다음과 같은 교육 내용이 포함되어 있다.

- 적절하게 대화기술을 사용하는 방법
- 정보를 교환하면서 공동의 관심사를 발견하는 방법
- 유머를 적절하게 사용하는 방법
- 친구와의 대화에 끼어들거나 빠지는 방법
- 친구들과 모여 있는 동안에 적절히 호스트 역할을 하는 방법
- 친구에게 전화를 거는 방법
- 알맞은 친구를 선택하는 방법
- 공정하게 처신하는 방법
- 논쟁과 갈등을 대처하는 방법
- 데이트 예절과 기술
- 거절, 놀림, 위협하는 것을 대처하는 방법

본 프로그램에 참석하기 위해서 다음과 같은 자격조건을 충족해야 한다.

- 친구 교제에 문제를 호소하는 자
- 고등학교 졸업자 혹은 동등한 자격을 소지하면서 나이는 18~30세 인 성인
- 본 프로그램에 참여하려는 의지가 있어야 하고 참여하는데 동의한 자
- 매주 같이 프로그램에 같이 참석할 의지가 있는 사회적 코치를 동 행할 수 있는 자

(5) 유아들을 위한 PEERS®

유아들을 위한 PEERS®는 자폐스펙트럼장애로 진단받았으며 친구와 상 호작용하거나 친구관계를 맺는 데 어려움이 있는 유아들을 위한 16주 과정의 사회기술훈련과정이다. 본 프로그램도 이미 개발자들이 저술한 매뉴얼과 교재로 출간되어 있고, 자세하게 절차들이 소개되어 있다 (Laugeson & Frankel, 2010). 세션이 진행되는 동안에 아동은 아동의 수 준과 선호도에 맞는 라이브 인형쇼를 통해서 기본적인 놀이 기술과 이 를 실행하는 데 필요한 기본적인 사회성 기술을 학습하게 되며, 또한 자 연적 상황과 활동 중에도 새롭게 습득한 기술들을 실습할 수 있는 다수 의 게임과 활동들도 프로그램 구안에 포함되어 있다. 본 프로그램에 아 동과 함께 학부모도 같이 참여하게 되며 정기적으로 자녀에게 다양한 사회적 기술과 요령을 가르칠 수 있도록 코칭 수업을 받게 된다. 프로그 램 교육 내용에는 다음과 같은 기술들이 포함되어 있다.

- 친구들의 이름을 묻고 사용하기
- 친구들에게 인사하기
- 친구들과 공유하고 순서 지키기
- 놀이 중 화가 날 때 참아내기
- 놀이 중 융통성을 발휘하기
- 놀이 중 협력하기
- 공정하게 행동하기
- 친구에게 같이 놀기를 요청하기
- 현재 진행하는 놀이에 참여하기
- 새로운 놀이 활동으로 전환하기
- 도움을 청하기
- 도움을 주기
- 상대 신체 접촉 경계를 지키기
- 대화 중 적절한 목소리와 톤을 유지하기

3. 방법론적 접근 모델의 유형

1) 변별시도학습(단일시도학습, Discrete Trial Teaching, DTT)

(1) DTT의 개요

이미 제3장에서 이미 설명된 바와 같이 DTT(변별시도학습)는 조기집중
중재(EIBI or EIBEI)에서 가장 핵심적으로 사용하는 교육방법이다. 이
는 언어 및 인지 역량이 부족한 자폐스펙트럼장애 아동들에게 비언어적

이며 비인지적인 전략을 사용하기에 현재까지 자폐스펙트럼장애 아동들을 위해 소개된 교수법 중에 최적(choice)으로 평가되고 있다.

일반적으로 이러한 행동 습득 공식(A→B→C)을 사용하여 교사가 교육할 때 적용할 수 있는데(S^D→R^+→S^R, S^D→R^-→ER), 선행자극에 해당하는 변별자극 혹은 변별지시(Discriminative Stimulus, DS)를 주었을 때 아동이 바른 반응(R, Reponse$^+$)을 보인다면 후속자극에 해당하는 보상자극(Stimulus Reinforcer, SR)을 주면서 바른 반응을 강화시키고 학습시키는 방법이 바로 응용행동분석의 핵심인 변별시도학습 혹은 단일시도학습(DTT, Discrete Trial Training)이다. 만약에 변별자극을 제시했지만 오류반응(Reponse$^-$, R)을 보인다면 이 오류를 수정하는 연습자극(Error Correction, ER)을 제공한다. 변별시도학습 혹은 단일시도학습을 실행하면서 매번 지시와 교육을 시행할 때마다 바른 반응 혹은 틀린 반응에 대한 데이터를 모아서 후에 발전 평가(progress evaluation)의 자료로 사용할 수 있다.

(2) 두 가지 변별자극: S^D와 S^{-Delta}

- S^D : 이는 이어지는 반응과 연합하여 강화되어 후에 S^D가 나타날 때마다 같은 반응을 증가하도록 유도하는 선행변별자극이다.
- S^{-Delta} : 이는 이어지는 반응과 연합하여 강화받지 못하여 후에 S^{-Delta}가 나타날 때마다 같은 반응이 소멸되게 하는 선행변별자극이다.

예를 들면, 현관문에 스위치가 나란히 2개가 있는데, 왼쪽 스위치가 현관의 등을 켜는 스위치고 오른쪽 스위치는 단지 현관 송풍기를 켜는 스위치라고 가정하자. 매번 현관에 들어갈 때마다 현관 불을 켜야 하기 때문에 왼쪽 스위치를 올려야 하는데, 초기에는 램덤하게 스위치를 사용하게 된다. 실수로 오른쪽 스위치를 올렸다가 내리기도 하고 운이 좋게 왼쪽 스위치를 오려서 한 번에 현관 불을 켜기도 한다. 시간이 지나면서 수차례 실수를 반복하다가 어느 순간에 왼쪽 스위치만 올리는 습관이 형성되게 된다. 이러한 과정이 바로 DTT과정이고 이때 사용된 두 가지 선행변별자극(S^D와 S^{-Delta})이 작동하게 된다.

예를 들어 우연히 왼쪽 스위치를 보고 그것을 올리면 현관불이 바로 환하게 켜져 편하게 집안으로 들어갈 수 있게 된다. 여기서 '왼쪽 스위치'가 바로 S^D 선행변별자극이 되고, '왼쪽 스위치를 올리는 행동'이 정반응($response^+$)이 되며, '불이 밝혀지는 상황'이 바로 보상자극(S^R)되는 것이다. 따라서 시간이 흐르면서 왼쪽 스위치를 올리는 반응이 증가하게 되고 그렇게 유도하는 선행변별자극이 바로 S^D가 되는 것이다.

반면에 우연히 오른쪽 스위치를 보고 그것을 올리면 현관불이 여전히 꺼진 채로 있고 다시 다른 스위치를 올려야 하는 불편함을 겪게 된다. 여기서 '오른쪽 스위치'가 바로 S^{-Delta}선행변별자극이 되고, '오른쪽 스위치를 올리는 행동'이 오류반응($response^-$)이 되며, '오른쪽 스위치를 다시 내리고 왼쪽 스위치를 다시 올리는 행동'이 바로 오류수정(error correction)되는 것이다. 따라서 시간이 흐르면서 보상자극(S^R)이 수반되는 왼쪽 스위치(S^D)를 올리는 반응(R^+)이 증가하게 되고, 반면에 보상자극이 수반되지 않는 오른쪽 스위치(S^{-Delta})를 올리는 반응은 오류반응(R^-)이 줄어들게 되는 것이다.

(3) DTT가 나타내는 세 가지의 의미

- 단일시도(one round trial) : 자폐스펙트럼장애를 가진 아동들은 발달
  지연적 특성으로 인하여 연속과제를 지속적으로 수행하는 것을 상
  당히 어려워한다. 따라서 이러한 연속과제를 한 라운드씩 분절하여
  제시하면 잘 수행할 수 있다. 모든 과제 수행과정을 3단계 습득공식
  의 한 라운드($S^D{\rightarrow}R^+{\rightarrow}S^R$)를 거치면, 즉 일단 한 라운드 과제 수행을
  잠시 종결하고 다음 시도에 들어가기 전에 휴지기를 갖는다. 이렇
  게 한 라운드의 분절된 패턴이 있기에 학습효과를 극대화시킬 수
  있다.

- 단일과제로의 과제분석(task analysis into one task trial) : 단일시도학
  습은 바로 앞서 소개한 바와 같이 연속과제를 한 라운드로 분절하
  여 단일시도화하여 교육하기도 하지만, 크거나 복잡한 과제를 난이
  도별로 단계를 나누어 단일과제화하여 학습시키는 과정도 포함하
  고 있다. 예를 들어, 영아에게 마라톤을 가르치려면 처음부터 마라
  톤을 학습할 수 없기에 첫 단계에서 '기는 법'을 가르치고, 둘째단
  계에서 '앉는 법', 셋째 단계에서 '서는 법', 넷째 단계에서 '걷는
  법', 다섯 단계에서 '뛰는 법'을 교육시키고 마지막 단계에서 '마라
  톤'을 교육시키는 절차가 단일과제로의 과제분석이다. 각 단계별
  로 손쉽게 과제분석한 단일단계를 순서대로 교육시키면 마지막 단
  계에서 완성과제를 수행할 수 있게 된다.

- 변별과제(discriminative task) : 앞에서 소개한 바와 같이 두 가지 변
  별자극 S^D와 S^{-Delta}을 사용하여 바른 반응을 유도하는 방식을 사용
  하기에 대부분의 변별과제를 제공하여 학습시키는 것이 DTT의 핵

심이 되고 있다. 다양한 기술을 습득하게 할 수 있는데, 노란색(SD)을 교육할 때 파란색(S^{-Delta})과 변별하게 하거나, 고양이 소리 '야옹'(S^D)을 교육할 때 강아지 소리 '멍멍'(S^{-Delta})을 변별하게 하거나, 동그라미 모양(S^D)을 교육할 때 세모 모양(S^{-Delta})과 변별하게 할 수 있다.

(4) DTT가 자폐스펙트럼장애 아동들에게 효과적인 이유들

일반적으로 자폐스펙트럼장애를 가진 아동들에게 있어서 가장 크게 부각되는 문제점들은 아동이 보이는 자폐적 경향(autistic tendency)이라기보다는 학습적 문제로 인하여 유발되는 발달지연이 문제이다. 다음에 소개되는 것은 ASD아동들이 학습에 영향력을 미치는 특성들과 이를 극복할 수 있는 DTT전략들이다.

- 인지능력과 실행기능의 지연(cognition or executive function delay) : 뇌 발달장애의 일환인 자폐스펙트럼장애를 갖고 있는 아동들에게 실행기능과 연관된 인지능력에서 지연을 보이고 있기에 자기 역량 범위를 벗어나는 과제를 수행하는 것이 불리할 수밖에 없다. 이를 극복하기 위한 전략은 바로 위에서 소개한 대로 모든 과제 수행 절차와 과정을 하나의 라운드 시도(one round trial)로 분절하여 실시, 교수한다면 아동은 주어진 분절된 과제를 수행하고 완료할 수 있는 가능성이 훨씬 높아지게 된다.
- 다과제 기능 부재(multitasking incompetency) : 전전두엽과 연관된 다과제 기능에 있어서 지연을 보이는 자폐스펙트럼장애 아동들에게

다양하게 혹은 복잡한 구성으로 이루어진 과제를 과제분석에 의거해 한 가지씩 단계를 나누어 제시할 경우 이를 수행할 수 있는 가능성이 높아질 수 있다.

- 주의력 산만(attention deficit) : 주의력(attention)과 집중력(concentration)에서 지연을 보이는 자폐스펙트럼장애 아동들에게 DTT가 사용하는 교수방법과 같이 1 : 1 접근법으로 진행할 경우 주변의 주의를 산만하게 이끄는 혼란자극들을 통제할 수 있어서 아동이 더욱 학습에 집중하게 도울 수 있다.

- 구조적 환경과 패턴적 활동에 의존 : 발달지연을 보이는 자폐스펙트럼장애 아동들에게는 독자적으로 과제수행이 어려운 경우 환경적인 큐, 스케줄, 규율 등과 같이 과제 진행상 안내 역할을 하는 환경적 자극들을 구조화시켰거나 혹은 일정한 패턴화 과정을 통해서 환경을 체계화시켜주면 아동들이 더욱 높은 수행역량을 발휘할 수 있다. DTT는 모든 교수과정을 공식화과정(A→B→C, S^D→R^+→S^R)을 통해서 패턴화 시켰기에 자폐스펙트럼장애 아동들에게 가장 효과적인 교육환경체계를 제공할 수 있다.

- 대인관계보다 대물관계에 더 관심 : 교육은 아동이 교사와 함께 사회적 상호작용이라는 활동과정 가운데에서 경험과 지식 전달을 받는 절차가 가장 큰 핵심이 될 것이다. 그런데 대인관계보다는 대물관계에 더 관심이 있는 자폐스펙트럼장애 아동들은 교육과 학습과정에서 사회적 상호작용이 원만하게 이루어지기 어렵기에 발달지연을 더 재촉하게 된다. 이런 차원에서 교사가 아동에게 가장 최소단위의 분절된 반응을 유도할 목적으로 기초적이고 정확한 변별자

극(S^D 와 S^{-Delta})을 사용하는 DTT는 교사와 아동 간에 일종의 자극 제공과 반응조작 과정을 통해서 학습에 필요한 기본적인 상호작용을 유도하게 만들어준다.

■ 비인지적 습관형성을 담당하는 기저핵은 정상적으로 발달 : 사람에게 학습과 관련된 뇌 부위로는 실행기능을 담당하는 전두엽 이외에 습관 학습을 담당하는 기저핵이 있다. 연구에 의하면 자폐스펙트럼장애 아동들은 전두엽의 발달에는 지연이 있는 것으로 나타나 있지만 기저핵의 발달에는 일반아동과 크게 다르지 않는 것으로 나타나 있다. DTT는 사실 변별자극을 통해서 반복하여 교육시키는 습관학습의 일환이기에 사실 기적핵과 더 밀접한 관계를 갖고 있다. 그래서 DTT에 의한 교육이 전두엽의 지연이 있는 아동들에게 효과적일 수 있는 것이다.

2) 우발적 교육과 시간지연(Incidental teaching and time delay)

(1) 우발적 교육과 시간지연의 개요

우발적 교육(incidental teaching)은 사람들 간의 대화 속에서 자연적인 사회적 상호작용을 유발시키는 가운데 의사소통기술을 배우는 교육방법이다. 일반적으로 아동으로 하여금 정교한 언어의 사용을 촉진하도록 상황에 맞는 다양한 언어행동들을 인식하게 하고, 그에 따라 실제적으로 상황에 맞게 언어를 사용하도록 도움을 준다. 더 중요한 부분은 상황에 맞는 다양한 언어행동 혹은 의사소통 기능을 실행할 때마다 보상자극이 주어진다는 것이다. 따라서 아동이 대화의 상황과 상호작용의 활동을 즐길 수 있다는 장점을 갖고 있기에 앞으로 이러한 의사소통 행동들과 언어행동을 더 실행할 수 있는 가능성을 높여준다(Hart & Risely, 1982).

우발적 언어 훈련은 예를 들어 옷에 대한 언어 능력을 늘리기 위해 아침 시간에 옷과 관련된 시각과 환경(아동이 옷 갈아입는 침실에서)에서 아동의 관심을 옷으로 돌리면서 정교하게 언어 및 의사소통 능력을 향상시키기 위한 언어 교육방법이다.

시간 지연 훈련은 아동의 동기가 요구로 표현되도록 기다려주는 교육방법이다. 아동이 TV에서 좋아하는 프로그램을 시청하고 있는데 교사가 잠시 TV를 끄고는 옆에 서서 기다린다. 이는 아동이 실제로 교사에게 다시 TV 켜기를 자발적으로 요청하는 정교한 의사표현을 할 때까지 기다리는 것이다. 이외에도 아동이 그네를 타고 있을 때 그네를 중지시키고 아동이 다시 밀어 줄 것을 요청하기를 기다린다. 혹은 종이 찰흙을 좋아하는 아동에게 찰흙을 부족하게 제공한 후에 더 요청하기를 기다린다. 이와 같이 시간 지연 방법은 아동의 자발적 의사표현 능력을 향상시키는 언어 교육 방법이다.

(2) 우발적 교육과 시간지연의 목적과 원리

자연적 상황에서 언어 훈련을 하는 우발적 언어교육(incidental teaching)이나 표현언어의 자연적 프롬프팅(prompting, 촉구)을 통한 시간 지연 훈련(time-delay)을 사용하는 가장 큰 목적은 상대의 의사표현 의지를 향상시키고 이러한 기능적인 언어들을 실제적인 상황에서 재사용할 가능성을 높이는 것이다.

이는 정해진 시간에 실시하기보다 일상생활에서 수시로 적절한 상황이 일어날 때마다 융통성 있고 자연스럽게 실시해야 한다. 예를 들어,

놀이에 관한 언어는 아동들이 놀이하는 시간과 놀이 현장에서 배울 때 가장 기능적이고 실제적인 언어를 습득하는 것이며, 운동하면서 배우는 언어는 체육시간에 체육관에서 배워야 한다는 것이다. 이런 언어를 교실에서 특별한 인위적 환경에서 배우면 기능성과 적용 능력이 크게 지체된 자폐스펙트럼장애 아동들에게는 오히려 언어 학습에 대한 흥미를 상실하는 결과를 낳을 수 있고, 또한 기계적인 언어 사용의 결과를 낳게 되는 것이다.

(3) 시간지연 방법

시간지연 방법은 아동이 자발적으로 적절하게 대답할 수 있도록 여러 가지 언어적인 자극을 최소화하면서 자발적으로 반응을 할 때까지 중립적으로 기다리는 방법이다. 예를 들면 아동이 가장 좋아하는 과자들을 뚜껑을 열기 힘든 투명 플라스틱 용기에 넣은 채로 아동이 보는 앞에 놓아두고 교사는 중립적인 입장이나 무관심한 자세를 취한다. 그리고 적절한 시간을 지정해 놓고(약 1분) 아동이 교사에게 도움을 청하는 의사표시를 할 때까지 아무런 촉구(prompting)나 암시적 자극(que)을 주지 않은 채로 기다리는 것이다. 이런 방식으로 아동의 자발적 의사 표현 능력을 높여 주는 것이다. 비슷한 방법으로는 아동이 재미있게 보고 있는 비디오를 리모트 콘트롤을 이용하여 꺼놓고 아동이 자발적으로 도움을 청하는 표현적 의사소통을 할 때까지 기다리는 것도 하나의 방법이 될 수 있다. 또는 타고 있던 그네를 잠시 잡아 멈추게 하고 무관심하게 다른 곳을 응시하면서 아동이 다시 밀어줄 것을 요청하는 의사소통 표현을 할 때까지 기다리는 것이다.

(4) 우발적 교육의 방법

우발적 교육방법은 시간 지연 방법과 같이 자연적 언어 교육방법의 일환으로서 아동의 자발 의사를 향상시킬 수 있을 뿐 아니라 상황과 문맥에 맞는 의사 표현 능력을 발전시킬 수 있는 교육방법이다. 흔히 언어 치료센터에서 주로 사용하는 직접적 교육방법은 여러 가지 언어 훈련의 맹점으로 지적받는 기계적 언어 사용과 문맥에 맞지 않는 언어 습관을 낳게 하지만 우발적 교육은 이러한 모든 맹점들을 보완하여 적절한 자발어와 상황어를 유발하게 하는 방법이기에 자폐스펙트럼장애 아동에게는 가장 필요한 교육방법이다. 또한 한정된 시간을 정해서 실시하는 직접적 교육방법과는 달리 24시간 체계에서 가장 알맞은 상황이 허락될 때마다 실시해야 하는 교육방법이다. 그러므로 이 우발적 교육을 실시할 수 있는 가장 좋은 교육장은 아동과 많은 시간을 보내는 집중조기중재현장과 가정이 되어야 하고, 담당교사는 집중조기교육현장에 있는 교사와 가정의 부모가 될 때 가장 효과적으로 수행할 수 있다.

그 방법으로서는 현 상황에 맞는 언어와 대화를 유도하거나 비록 아동이 문맥에 관계없는 이야기를 할지라도 관련된 주제로 이끌면서 의미 있는 대화로 이끌어 내는 방법이다. 예를 들어 아동이 교실에서 상황과 아무런 관계가 없는 말을 했을 때 다음과 같이 대화를 유도하면서 아동의 의사소통 능력을 향상시킬 수 있다. 우발적 교육은 정해진 시간에 이를 행하기보다는 어떠한 자연스러운 상황에서 창조적으로 운용할 수 있다. 중요한 것은 의미 없이 이야기하는 어떤 말일지라도 의미 있는 상황으로 전이하면서 언어에 대한 표현 의지를 더욱 섬세하고 실질적으로 발전시켜 주는 것이다.

| 사례 1 |

아동 : "코끼리." (상황에 아무런 관련 없는 말일 경우)

교사 : "지금 코끼리라고 말했니? 코끼리는 코가 무척 길단다. 자! 우
리 교실에 있는 장난감 사물함 안에 긴 것이 있는데 너 그게 무
엇인지 아니?"

아동 : "코끼리……."

교사 : "이것 봐"(야구 방망이를 든다) "이 방망이가 길지. 코끼리 코
가 긴 것처럼 이것도 길단다."

| 사례 2 | (종이 접기 시간)

교사 : "우리 이제 파란 색종이를 접어서 종달새를 만들거야."

아동 : "사과."(상황에 맞지 않은 말일 경우)

교사 : "사과? 사과는 빨간색이니까 이 색종이와 같은 색이지"(빨간
색종이를 보여주면서)

아동 : "사과……."

교사 : "그래, 빨간 사과와 이 색종이와 색이 같지?" "먼저 새를 만들
고 나중에 선생님하고 이 빨간 색종이로 사과를 접어서 만들자!"

4. 개별적 접근 모델 유형

본 유형에 속한 개별 치료중재법들은 이것만을 전적으로 주 치료로서
사용하는 것은 절대 추천하지 않지만 EIBI와 같은 종합적인 치료중재
서비스를 받는 아동이 특정 기술영역의 역량강화를 위해서 백업(back-

up)치료로서 사용하도록 추천되는 치료중재법들이다. 본 유형에 속한 치료중재법들은 한정적이거나 특정 기술영역이기에만 강조하기에 이들은 주요(main)치료중재로 사용하는 것을 추천하지 않으며 오히려 비효율적일 수 있다. 본 장에 소개하는 백업 개별치료 중재법들은 이미 학계에서 검증된 것들이며 다음과 같다. Verbal Behaviors(언어행동), Floortime, 발달놀이치료(사회성훈련), PECS(Picture Exchange Communication System, 그림교환의사소통체계), 행동치료, 언어치료, 작업치료, 몬테소리를 통한 감각교육, 놀이훈련, 특수체육, 감각통합훈련, 예술치료(음악 및 미술), 약물치료, 등이다.

1) 언어행동(Verbal Behaviors)

언어행동(verbal Behaviors)중재법은 응용행동분석(ABA)과 우발적 학습(incidental teaching)을 사용하여 자폐스펙트럼장애 아동이 말을 사용하려는 동기를 조작적으로 유발시키는 과정인 동기조작(motivation operation)을 통해서 발화를 유발시키는 일종의 발화(speech)를 위한 화용적 언어중재법이다. 의사소통을 위한 발화에 있어서 기능적인 중재방법이라는 장점은 있지만 단지 발화의 영역에서만 사용될 뿐 다른 영역에서는 유효하지 않아 사용이 제한적이라는 단점이 있어 종합적인 치료중재 체제로 실행하는 것은 어렵다.

(1) Verbal Behaviors의 종류

일반적으로 Verbal Behaviors 프로그램을 실행하는 기관에서는 다음의 내용을 가장 많이 교육하고 있다.

- 맨드(mands) : 얻고자 하는 것을 표현한 말, "내가 말할 때 나는 그 것을 얻는다."

- 택트(tacts) : 환경에서 만나는 보이는 사물의 명칭을 명명한 말, "(이건) TV!, (저건) 사탕!, (요건) 자전거!"

- 지시어(receptives) : 내가 행할 일을 지시한 말, "(다른 사람이) 말한 지시어만을 수행한다."

- 에코익(imitation/echoics) : 얻고자 발화하기보다 다른 사람의 말을 그대로 모방하는 말, "무의식적으로 따라하는 반향어와 다른 점은 의식적으로 모델 삼아 발화하는 것. 말하는 대상의 사물을 보상으로 줄 필요가 없고, 사회적 보상(칭찬)을 제공한다."

- 인트라버벌(intraverbal) : 문장을 완성시키기 위해서 기다리면서 유발시키는 말, "(인형을 보여주면서) '이거는____?' 하고 질문하고 아동이 '인형'이라는 말로 문장을 완성하게 유도한다. 그리고 차를 줄 필요는 없지만 보상자극을 제공한다."

(2) DTT를 이용하여 Verbal Behaviors를 교육하는 방법들

일반적으로 Verbal Behaviors 프로그램을 진행하는 대부분의 기관들은 우발적 학습방법(incidental teaching)과 병행하여 DTT 절차에 의해서 교육하고 있다.

교육내용	변별자극 S^D	아동반응(R)	보상자극(S^R)
맨드	"차"를 얻기 위한 동기유발	"차"(라고 말하기)	"차" 제공
에코익	"'차'라고 말해봐!"	"차"(라고 말하기)	"칭찬" 제공
택트	"차"를 아동 앞에 등장	"차"(라고 말하기)	"칭찬" 제공
인트라버벌	"——타고 갈까?"	"차"(라고 말하기)	"칭찬" 제공

2) Floortime

누구든지 매일 정기적으로 방문하는 치료교실의 환경일지라도 치료교육 시작 첫 시간에는 환경 적응 훈련이 필요하다. 그날 진행되는 치료교육과 교육환경에 자연스럽게 적응하도록 치료교실에 도착한 후 10~15분 동안 자신이 원하는 적절한 놀이기구를 선택하고 가지고 즐길 수 있는 시간이 필요하다. 세션 첫 시간에 주어지는 이런 자유 놀이시간은 환경과의 라포(rapport, 친밀감)를 형성해주면서 그날의 일정 진행을 정신적으로, 심리적으로, 정서적으로 준비시켜 준다. 이런 자유놀이시간에 때로는 아동이 원하는 공간을 차지하고 놀이를 할 수 있도록 허용할 뿐 아니라 자신이 원하는 장난감을 선택하게 하면 그날 학습이 이루어질 공간에 대한 심리적인 친밀감과 애착을 형성할 수 있다.

이러한 자유선택의 시간을 실행할 때 미국 조지워싱턴 의과대학 소아정신과 교수인 스탠리 그린스펀이 주장하듯이 교사나 부모들은 아동이 추구하는 관심사에 깊은 관심을 기울이고 아동이 자발적으로 자신이 원하는 것을 표현하도록 최대한의 기회를 주는 것이 중요하다. 예를 들어 아동의 반응이 부족하고 의사소통이 지체되어 있다는 이유로 교사나 부모들이 아동이 원할 것이라고 생각하고 인위적으로 선정한 놀이기구나 사물을 우선 제공하는 것은 아동이 주도하는 자유놀이를 방해하는 것이다. 이것은 오히려 반응성이 부족한 아동의 자발의지를 개발할 여지와 기회를 차단하는 것이다. 그러므로 교사나 부모는 아동이 원하는 것과 관심 갖는 것을 표현할 수 있도록 도움을 주기 위해서 아동이 갖고 있는 관심사에 대해 깊이 이해할 필요가 있다.

실제 연구에 의하면 이러한 아동 자유의지를 충분히 발휘하게 하면서 환경과의 라포를 형성하고 학습에 들어가는 아동과 그렇지 않은 아동 간의 학습 능률 간에 큰 차이를 나타낼 뿐 아니라 아동이 보이는 부적절 행동의 빈도에도 차이가 난다.

3) 발달놀이치료(사회성훈련)

(1) 발달놀이치료의 개요

발달놀이치료는 놀이라는 매체를 사용하여 적절한 사회성과 사회적 상호작용을 유도하는 치료중재방법이다. 용어 내에 놀이치료가 들어있어서 놀이치료와 혼동하기도 하지만 전적으로 다른 치료중재방법이다. 과거에 자폐증을 애착 및 정서적 장애로 잘못 인식했을 때에는 아동의 정서와 심리치료의 일환으로 놀이치료를 권했던 시절이 있었다. 이제는 정신 질환이 아니고 발달지연의 일환으로 간주하는 자폐스펙트럼장애를 위해 놀이치료를 권하지 않고 있으며, 오히려 사회성 지연을 보충하기 위한 발달놀이치료를 권하고 있다. 다른 말로 표현하면 사회성치료라고도 부른다.

앞서 소개한 Floortime도 일종의 발달놀이치료에 속하지만 유일한 차이점이 있다면 부모님이 같이 동반하느냐 여부일 뿐이다. Floortime은 부모와 같이 하면서 부모에게도 중재방법을 전달하는 방식이지만 발달놀이치료는 교사와 아동 간에 상호작용기술과 기능을 교육하는 것이다. 일반적으로 발달놀이치료는 자폐스펙트럼장애를 가진 아동에게 사회성 행동을 교육하는 것을 가장 큰 목적으로 삼고 있다. 따라서 놀이를 통해서 상대와의 상호작용을 하는 영유아들의 접근방식을 기초로 하고 있다.

(2) 발달놀이치료의 내용

발달놀이치료를 구성하는 교육내용을 크게 두 가지로 나눌 수 있다. 이 두 가지는 사회성 행동 훈련과 놀이 훈련이며, 사실상 실제 교육 및 치료현장에서는 경계선 없이 실행하기도 한다. 사회성 행동훈련을 실시할 때 놀이라는 매체를 사용하기에 아동에게 놀이에 대한 훈련과 교육을 당연히 실시해야 할 것이다. 아울러 놀이훈련을 실시할 때에도 놀이방법을 가르치는 가운데 상대와 상호작용하는 방법을 가르치게 되기 때문이다.

중요한 것은 사회성 기술과 놀이기술은 적정 수준의 인지능력이 필요하기 때문에 발달놀이치료에서 일정 수준의 인식훈련도 동반해야 한다.

(3) 사회성 행동 훈련

최근 노인들의 재활치료인 치료레크리에이션과 같이 본 치료에 놀이를 병행하는 것 같이, 아동의 사회성 훈련을 위해서 놀이를 적용하는 경향이 늘어나면서 발달놀이치료, 일명 사회성 치료가 탄생한 것이다.

일반적으로 발달놀이치료의 일환인 사회성 행동 훈련의 교육내용은 낮은 단계에서는 기능적 언어행동 훈련을 위시하여 순서 지키기, 룰 지키기, sharing, 요구하기, 상대 교정시키기, 거절하기, 감정표현하기, 자기의 선호도를 소개하기, 공동놀이, 공동작품 활동 등이 들어갈 것이다. 그러면서 점점 높은 단계에서는 social reference(사회적 참고능력), joint attention(공동관심), theory of mind(마음이론)와 연관된 활동들이 소개된다. 가장 중요한 부분은 대부분의 자폐스펙트럼장애 아동들은 놀이기술의 레퍼토리가 부족하기에 놀이훈련을 같이 병행하는 것이 중요하다.

(4) 놀이 훈련

놀이와 여가 기술과 관련되어 자폐스펙트럼장애 아동들에게 실시하는 발달놀이치료에서는 크게 두 가지로 구분하여 접근할 수 있는데, 하나는 놀이 훈련적 접근이고 다른 하나는 놀이치료적 접근이다. 그런데 자폐스펙트럼장애 아동들을 교육하는 치료교육기관에서 더 중요시하는 영역은 놀이 치료적 접근보다는 놀이 훈련적 접근 방법이다.

① 놀이훈련의 필요성

놀이(play)는 개인 혹은 집단행동의 일환으로, 감정이나 정서를 담고 있으면서 특별한 목적과 목표가 설정되지 않은 자연적 여가 행동이다. 놀이는 아동이 발육해가면서 질적인 변화를 거듭하는 데 있어서 개인의 특성을 반영한 독특성을 갖고 있다. 놀이 행동의 가장 중요한 특성이 있다면 발달하는 아동의 내면적인 필요성에 의해서 실행된다는 것이다. 따라서 발달적인 문제가 있는 아동에게는 놀이에 있어서 두 가지의 문제가 발생한다.

첫째, 놀이에 대한 내면적인 필요성이 결여된다. 따라서 놀이기구나 놀이시간에 대한 요구나 필요성이 부족하게 된다. 이러한 차원에서 발달적 장애로 인하여 놀이에 대한 욕구가 부족한 아동에게 심리적인 치료의 일환으로 아동의 놀이적 욕구를 만족시켜 가면서 실시하는 놀이치료(play therapy)는 다른 장애를 가진 아동들에 비하여 크게 효과를 거두지 못한다. 이러한 아동에게 가장 필요한 우선순위는 아동에게 각종 놀이기술을 가르치고 이에 대하여 흥미를 갖고 이용할 수 있도록 놀이훈련을 시키는 것이다.

둘째, 놀이기술과 놀이 가지 수는 아동의 발달 수준과 비례하는데, 발달지체 아동의 놀이기술이 지체되어 있어서 나이가 들어서도 놀이기술 수준은 영아 때 수준에 머무르는 경향이 있다.

② 네 가지의 놀이

피아제는 놀이의 종류를 다음과 같이 네 가지로 분류했다. 그는 일반적으로 아동의 지적 수준이 발달해가면서 다음의 네 가지 놀이기술을 차례대로 익혀간다고 말한다. 그러나 자폐스펙트럼장애 아동들은 반드시 이러한 순서에 따라 발달하지 않는다.

첫째, 기능적 놀이이다. 이는 아동이 인식 능력(cognitive capability)을 어느 정도 소유하였기에 행동적으로 혹은 인지적으로 습득한 놀이기술을 발휘하며 놀 수 있는 놀이 일체를 의미한다. 예를 들어 아동이 어느날 질문하기 기술을 배우고 난 후부터 질문하면서 즐기는 놀이를 하게된다. 아동이 돌을 집어 들고 호수에 던지는 기술을 배운 후에는 호수에 있는 비단 잉어에게 돌을 던지는 것을 즐기면서 놀이를 하게 된다. 팔 근육이 발달하면서 줄이나 사물을 잡아당기는 기술을 습득하였다면 아동은 줄다리기나 낚시와 같은 놀이에 참여하여 즐길 수 있을 것이다. 자폐스펙트럼장애 아동들에게 놀이훈련을 가르친다면 이러한 놀이를 가르치는 것이 가장 적절하고 실제적이다.

둘째, 상징적 놀이이다. 아동이 손에 갖고 있는 것을 실제와는 전혀 다른 사물로 가상하며 즐기게 된다는 것이다. 아동이 갖고 있던 골무를 실제 골무의 기능대로 놀이를 하기보다는 자기가 소유하는 인형의 컵으로 사용할 때 상징적 놀이라고 할 수 있다. 여러 연구 보고에 의하면 자폐스펙트럼장애 아동들이 다른 사람의 사고와 생각을 이해할 수 있는 인식적 능력인 마음 이론이 준비되지 않았거나 실제적 영상만으로 사물을 바라보는 특성 때문에 상징적 놀이에 가장 취약점을 보인다.

셋째, 규칙을 가진 게임이다. 규칙을 가진 다양한 게임들을 실제로 아동들이 선호하는 공기놀이나 고무줄놀이와 같이 동작을 요구하는 게임(behavioral combinations)과 카드놀이, 스크램블 등과 같이 깊은 사고력과 적용 능력을 이용하는 지적 게임(intellectual combinations)으로 나눌 수 있다. 자폐스펙트럼장애 아동들이 이러한 게임을 배우는 것이 처음에는 쉽지 않지만 한번 배우고 나면 다른 사람 못지않게 뛰어난 기술을 발휘하기도 한다.

넷째, 구성적인 놀이이다. 이는 어떤 의미에서 상징적인 놀이가 확장되어 더욱 실제적인 놀이로 전환된 것으로, 단체적인 문맥에서 실시된다. 예를 들어 아동이 학교 학예회에서 연극을 할 때, 한 역할을 맡게 되는 경우가 여기에 속한다고 할 수 있다. 이러한 놀이를 익히거나 즐길 수 있기 위해서는 역할놀이치료가 필요할 때가 있다.

③ 놀이 훈련적 접근방법

자폐스펙트럼장애를 가진 아동들은 자기에게 주어진 자유시간을 효과적으로 관리할 수 있는 능력이 크게 지체되어 있다. 아동이 자유시간 관리에 어려움을 갖는 것은 놀이나 여가를 위해 할 수 있는 인지적 혹은 행동적 기술이 부족하거나 아동이 즐길 수 있는 놀이기술의 종류가 지극히 한정되어 있기 때문이다.

따라서 레크리에이션과 여가를 의미 있게 즐길 수 있기 위해서는 아동의 생활 연령이나 기능에 맞는 많은 수의 놀이기술들을 습득해야 할 뿐 아니라 시간적 관리 능력이나 조직능력까지 갖추어야 할 필요가 있다. 특별히 협동, 상호작용 그리고 팀워크를 필요로 하는 단체적 놀이나 게임을 위해서는 기본적인 사회성 기술도 필요로 한다. 따라서 놀이시간을 통하여 선호하는 놀이기구나 놀이종목의 리스트를 확장하여 여가능력의 폭을 넓일 수 있으며, 이것이 바로 놀이훈련의 주요 목적이 되는 것이다. 이러한 의미에서 놀이치료라는 말보다는 놀이훈련이라는 말이 더욱 적절한 표현이라고 할 수 있다. 많은 연구 보고에 의하면 놀이기술의 범위와 수준이 높아지면서 아동의 부적응적 행동과 산만행동이 줄어드는 효과가 있다고 한다. 따라서 놀이훈련이나 놀이치료 프로그램을 운영할 때에는 특정한 놀이치료시간을 따로 배정하는 것도 중요하지만 아동의 기능성과 실제성을 충족시키기 위해서 수시로 자유시간이 주어질 때 놀이훈련과 놀이치료를 기능적으로 실행하는 것이 중요하다. 만약 교실 현장이나 치료교육기관 세션에 놀이기술을 훈련하는 시간을 따로 편성하여 실행한다면 자폐스펙트럼장애 아동은 이를 놀이로 즐기거나 습득하기보다는 일이나 과제로 생각하는 경향이 있기 때문에 오히려 실제 자유시간이나 놀이시간에는 배운 놀이기술을 사용하지 못할 가능성이 높다. 따라서 기능성과 실제성을 살리기 위해서 심리적으로 가장 부담감이 적은 실제적인 놀이시간이나 자유시간을 놀이훈련과 놀이치료의 장으로 최대한 이용하는 것이 중요하다.

(5) 역할 놀이치료

다른 사람들의 입장에 서서 사고를 할 수 있는 능력인 마음의 이론에 장애가 있는 자폐스펙트럼장애 아동에게는 역할 놀이치료가 크게 효과를 나타낼 수 있다. 역할 놀이치료를 위한 프로그램을 구안할 때 개인의 특성에 맞추어 창의성 있게 준비하는 것이 유리하며, 독특한 개성을 가지고 있는 자폐스펙트럼장애 아동들에게는 너무 정해진 패턴을 사용하는 것을 피하는 것이 좋다. 가족에 대한 개념을 가르치기 위한 역할 놀이치료를 실시할 때, 아동이 여아일 경우 소꿉놀이를 사용할 수 있고 남아의 경우에는 로봇가족을 사용하는 것이 좋다. 이때 치료교사가 아동과 같이 소꿉놀이나 로봇놀이를 하면서 하루 일과 중에서 각 가족들의 활동을 실제로 인형이나 로봇을 조작해가면서 가족 각 구성원의 개념, 의미, 기능, 하루의 기본적 일과를 이해하도록 도움을 주는 것이다.

특히 이 역할 놀이치료는 현실 감각에 둔감하거나 혹은 지역 사회에 대한 이해가 부족한 아동이 현실 감각을 이해할 수 있고 지역 사회에서 제복을 입은 사람들의 기능을 이해하는 데 도움을 줄 수 있다. 예를 들면 역할 놀이를 통하여 경찰, 간호사, 의사, 우체부의 활동에 대한 개념을 확장할 수 있는 것이다.

4) PECS(Picture Exchange Communication System, 그림교환 의사소통체계)

(1) PECS의 개요

PECS(The Picture Exchange Communication System, 그림 교환 의사소통 체계)는 자폐스펙트럼장애를 가진 아동이나 성인들이 손쉽게 자발적이며 실제적인 의사소통 기술을 습득할 수 있도록 도와줄 수 있는 획기적인 의사소통체계(epochal communication system)이다. 이 의사소통 체계의 주된 장점은 기존의 언어중재법과 응용행동분석학의 두 학문적 체계를 통합하였기 때문에 아동이 원활한 의사소통 기술을 더욱 빠르고 기능적으로 습득할 수 있다는 것이다. 현재 일반적으로 인식 능력(cognitive capability)의 지체로 인하여 학습하는 데 어려움을 보이는 자폐성 및 전반적 발달 장애 아동들에게 가장 효과적이며 각종 기술 습득을 가능케 하는 응용행동분석의 체계를 의사소통 기술을 습득하는 데 적용한 것이다. 여기에다 자발성 의사소통의 기능을 극대화할 수 있는 교환방식을 도입하여 현재까지 소개된 어떤 모델보다 탁월한 결과를 창출하는 의사소통 체계로 인정받고 있다. 또한 아동의 자발성을 높이는데 초점을 두었기 때문에 종래의 고전적인 언어 및 의사소통 치료에서 흔히 지적받았던 비기능성, 비실제성, 비자발성의 약점들을 일거에 보완한 모델이라 하겠다. 말하자면 우선적으로 선호하는 실제적인 사물을 교환하면서 즉각적으로 아동에게 보상의 역할을 하게 되어 자발성을 강화시키는 것이다. 거기에다 응용행동분석의 주요 기법들인 촉구(prompting), 용암법(fading), 세이핑(shaping) 등을 사용하면서 아동으로 하여금 이 체계의 사용을 용이하게 만들어 준다. 이 분야의 전문가인 잰첸(Janzen, 1996)은 PECS를 사용하는 데 세 가지 점에서 유리한 점이 있다고 한다.

첫째는 교환의 개념을 쉽게 이해하고 언제든지 의도적으로 행할 수 있게 된다. 아동이 교환의 의미를 쉽게 이해하게 되면 교환성의 의사소통의 개념을 갖게 되는 데 큰 도움을 준다.

둘째는 아동이 먼저 상호작용을 유발하게 된다. 아동들은 누구든지 자신이 선호하는 사물을 보았을 때 그것을 취하기 위하여 손을 뻗게 되는데 PECS의 시작은 바로 이러한 선취동작에서 시작된다. 이것은 인위적인 상황이 아니기 때문에 교육 시간 내에서도 자연적인 상황(naturalistic situation)을 언제든지 연출할 수 있다는 장점이 있다.

셋째는 아동이 원하는 것을 얻기 위해 실제로 해당 그림 언어를 주는 교환방식을 취하기 때문에 상호간의 의사소통이 기능적이고 의미를 갖게 된다. 그뿐 아니라 자신이 원하는 대상을 의사소통의 한 방법인 그림 언어 교환을 통해서 얻었기 때문에 다음에 또 자발적으로 의사소통을 할 수 있는 동기를 부여해 주는 것이다.

(2) PECS 연구결과

PECS프로그램은 미국 델라웨어 주에서 여러 해 동안 여러 가지의 형태의 의사소통 훈련 프로그램을 자폐성 및 전반적 발달 장애 아동들에게 실시해 보았지만 그다지 큰 효과를 보지 못한 '델라웨어 자폐증 프로그램(Delaware Autistic Program)'이라는 기관에서 개발한 의사소통 프로그램이다. 이 분야의 전문가인 본디 박사 팀(Bondy & Frost, 1994)에 의하면 PECS프로그램은 델라웨어 주와 뉴저지 주에 있는 교육기관에서 교육받고 있던 5세 미만의 유아들에게 사용되어 왔고 또한 사춘기 아동들과 성인들에게도 사용되어 왔는데 획기적인 효과를 나타내고 있다고 했다. 일정 기간 후에 많은 어린 아동들이 언어를 사용할 수 있게 되었고 특이한 점은 언어를 사용하지 못하던 청년이 자발어를 시작하기도 하였다는 것이다. 여러 곳에서 많은 좋은 결과를 낳았는데 가장 두드러진 연구 결과는 언어를 사용하지 못하는 66명의 유아 자폐스펙트럼장애 아동에게 5년 동안 PECS프로그램을 사용한 결과 그 중에서 44명이 언어를 시작하게 되었고 44명 중에서도 12명은 일정 기간의 PECS프로그램 훈련 후에 비자폐성으로 재진단받게 되는 결과를 낳았다. 또한 26명의 다른 유아 자폐스펙트럼장애 아동들에게 3년간 PECS프로그램의 훈련을 시킨 결과 그중에서 7명이 후에 교육적으로 비자폐성으로 재진단 받는 쾌거를 보였다. 이외에도 미주 지역에서 수많은 긍정적인 결과를 보인 연구가 활발히 이루어져 왔으며 현재 자폐스펙트럼장애 아동의 언어 및 의사소통 훈련의 전문가들이나 언어치료사들은 이구동성으로 자폐스펙트럼장애 아동에게 PECS프로그램만큼 효과적인 언어 훈련 및 언어 중재방법이 소개된 적이 없다는 점에 동의하고 있다.

　이러한 괄목할 만한 연구 결과가 보고된 이후에 미국을 비롯한 전세계의 자폐 기관에 큰 파장을 일으키게 되었고 많은 치료기관이나 교육기관에서 앞다투어 이의 실시를 서두르고 있다. 우리나라에서는 과거 메이아카데미에서 국내에서는 처음으로 교사들과 부모들에게 연수하였고 1999년 9월부터 10여 년간 치료교실에서 100여 명의 아동들에 대해 실제로 사용해왔고, 현재도 그 후신인 에듀비전에서 주된 의사소통체계로 사용되고 있다.

(3) PECS의 장점

첫째, 의사소통 훈련이나 언어 치료를 담당하는 교사가 PECS프로그램의 사용 및 운영법을 쉽게 배울 수 있고 복잡한 훈련 자료나 장비가 필요치 않다. 그래서 부모들에게도 쉽게 연수할 수 있어서 가정에서도 연계하여 사용할 수 있기 때문에 아동이 일관성 있는 실제적인 의사소통 능력을 단시일에 습득할 수 있다.

둘째, 다른 종류의 의사소통 체계를 배운 아동일지라도 빠른 시일 내에 PECS프로그램으로의 전환이 수월하며 더욱 폭넓은 의사소통 기능을 갖게 된다.

셋째, PECS를 사용하는 아동이 자신이 원하는 것을 요구한 즉시 얻을 수 있기 때문에 학습에 대한 더 많은 동기와 흥미를 얻게 된다. 자신이 실행한 의사소통 방법의 결과가 즉시 나타나고 또한 자신이 원하는 사물이 주어지기 때문에 가장 강력한 보상이 제공되는 것이다. 따라서 계속적인 학습 동기를 부여하게 된다.

넷째, PECS를 사용하는 아동이 자신이 원하는 것을 요구한 즉시 대화의 상대가 제공하기 때문에 다른 사람에 대한 신뢰감을 발전시키는 데 도움을 얻게 된다. 아동은 자신의 필요를 채워주는 사람에게 쉽게 라포를 형성하고 위험한 일을 느낄 때 의존하는 경향이 있다. PECS프로그램은 자신의 필요를 상대가 즉시 제공하는 체계를 가지고 있기 때문에 상대에 대한 신뢰도가 자라게 되는 것이다.

다섯째, 아동이 자기의 필요가 즉시 관철되기 때문에 부적절한 행동의 빈도수가 급격히 줄어드는 효과를 얻게 된다. 일반적으로 자폐스펙트럼장애 아동들은 자신의 요구를 표현할 길이 없어서 좌절감을 느끼면 텐트럼, 자해행동, 파손행동 등을 동반하게 된다. 그런데 PECS프로그램을 사용하면 자신이 원하는 사물의 그림을 교사나 부모에게 주는 즉시 목표 사물로 교환되면서 자신의 필요가 채워지게 되는 것이다. 이런 면에서 간접적인 행동치료 효과를 얻을 수 있다.

(4) PECS의 각 단계

다음에 소개하는 PECS프로그램 실행을 위한 여섯 단계는 처음에 본디
-프로스트 팀이 구안한 PECS 매뉴얼(Frost & Bondy, 1994)에서 소개한
여섯 단계와는 약간의 차이점이 있음을 먼저 말해 둔다. 본 단원에서는
비록 그 체계와 프레임을 그들의 매뉴얼에서 참고를 하였지만, 필자가
현장에서 적용하면서 더욱 필요하다고 판단한 기다리기 훈련을 5단계로
첨가하였으며 원래의 모델인 4단계와 5단계를 통합하였다(양문봉, 2000).

- **제1단계 : 교환행동 습득**

대화 인도 교사(communicative partner)가 아동이 좋아하는 과자를 들
어보이면 아동이 손을 들어 잡으려 할 때 뒤에 있는 프롬프팅 교사(prompter)
가 아동의 손을 안내하면서 탁자 위의 해당 그림카드를 집어서 인도교
사에게 건네 주도록 도와 준다. 이는 본래 아동이 생득한 원하는 사물을
집는 행동을 자연스럽게 교환행동으로 전환시켜준다.

- **제2단계 : 일반화와 자발의지 향상**

이미 배운 교환행동을 우선 대화 인도 교사와 거리를 두면서 자발의
지를 향상시키고, 다음에는 그림카드를 멀리 위치시켜서 이를 찾아와
서 교환하도록 유도한다. 이런 과정에서 여러 교사, 여러 장소, 여러 사
물에 대해서 일반화를 시켜준다.

- **제3단계 : 변별을 위한 학습**

아동이 선호하는 것과 선호하지 않는 사물을 동시에 제시하면서 그림

을 선택하는 대로 교환하게 한다. 이러한 과정에서 아동이 그림을 보게 하거나 그림단어의 분별력을 향상시키는 훈련에 집중하게 한다.

▪ 제4단계 : 문장단계

본 단계에서부터는 문장 띠와 선호사물을 교환하는 것을 교육한다. 문장 띠에서 사용하는 동사는 "___주세요"를 사용하게 된다. 따라서 초기에는 이미 "___주세요" 카드가 이미 부착된 문장 띠에 선호사물 카드를 목적어로 붙여서 문장 띠와 선호사물을 교환하게 해주고, 후에 선호사물 카드와 "___주세요" 동사카드를 동시에 단어카드 모듬에서 찾아 문장 띠에 붙여 교환하도록 교육한다.

▪ 제5단계 : 요구에 응하기

제4단계에서는 아동에게 선행자극 없이 단지 선호사물을 보여주고 교환을 유도했다면 본 단계에서 교사는 아동이 주변에 위치한 사물들에 관심을 보일 때마다 "무엇을 원하니?"하고 물어 봐주고 아동은 원하는 사물에 대해서 "___(을)를 주세요"의 문장 띠를 교환하게 한다.

▪ 제6단계 : 종합화

본 단계에서부터는 동사를 다양화 시켜준다. 예를 들어, "종소리가 들려요!", "하늘이 보여요!". 아울러 형용사의 서술도 가르칠 수 있다. "꽃이 예뻐요!", "코끼리가 커요!", 다양한 동사와 형용사를 서술하게 한 다음에는 형용사와 부사의의 수식 표현에 대한 학습을 시작할 수 있다. "빨간 마이쮸 2개 주세요!", "동그란 카드를 빨리 주세요!"

5) 행동치료

앞서 소개한 응용행동분석(ABA)과 행동치료는 같은 의미가 아니다. ABA는 종합치료중재 체계이며 행동치료는 ABA에서 사용되는 한 개별적 치료기법이다. 발달지연을 갖고 있는 아동들은 생활연령(chronological age)과 사회성숙도(social maturity) 연령의 차이로 인하여 적지 않은 부적응행동을 보이게 된다. 따라서 이런 부적응행동들을 교정하거나 적절한 행동으로 바꾸어주는 방안으로 행동치료가 큰 역할을 할 수 있다. 행동치료는 환경의 조건을 바꾸어주면서 행동을 교정하는 것이기에 부적응행동이 관찰될 때마다 행동치료를 철저하고 일관성 있게 적용하는 것이 중요하다. 학계에서는 원인에 관한 기능적 분석(functional analysis)에 근거한 행동치료법이 가장 바람직하다고 말한다. 말하자면 아동이 행하는 각각의 부적응행동은 나름대로 정당한 이유로 일어나기 때문에 아동이 보이는 부적응행동의 원인과 이유를 정확히 분석하면 부적응행동의 전제적 조건을 알 수 있고, 그런 전제적 조건들을 바꾸어 주는 것은 행동치료의 한 방법으로서 합당하며 효과적으로 행동이 변화되는 것을 관찰할 수 있다. 이런 이유에서 행동 원인에 관한 기능적 분석이 우선적으로 이루어져야 하고, 그 후에 후속자극(결과유발)을 겸하여 제공하는 행동치료 방법을 실행하는 것이 행동치료의 올바른 순서이고 필수적인 과정이다. 아울러 부적응행동을 유발하는 기회와 원인 제공을 차단할 수 있는 엄격하고 구조적인 환경(strict and structured environments)을 조성하는 것도 예방적인 차원에서 효과적 행동치료를 운용하는 데 중요한 필요조건이 될 수 있다.

6) 언어치료와 의사소통 훈련

자폐스펙트럼장애 아동은 의사소통 능력, 사회성 능력, 부적절 행동 극복 능력 면에서 지체를 보일 뿐 아니라 이들과 유기적 관계가 있는 연산(association), 적용(application), 상징(symbolization) 및 인지 능력(cognitive capability)의 지체를 포함한 전반적인 학습장애(learning disability)를 보인다. 예를 들어, 한 아동이 사회성 기술의 지체를 보이게 되면 이어서 의사소통 능력에도 유기적 영향을 주고 나아가 여가 기술 영역의 하나인 협동 놀이기술과 학습 과정에서 기본적인 기술 조건으로 여겨지는 연상, 상징, 인지, 적용 능력에도 부정적인 영향을 끼친다. 어린 아동의 성장 과정을 관찰해보면 한 기술영역, 즉 언어를 터득해 가는 과정이 속도가 다른 여타 기술영역의 발달 과정과 보조를 맞추고 있다는 사실을 발견할 수 있다. 따라서 자폐스펙트럼장애 아동을 치료 교육할 때 어느 한 기술 영역만을 발달시키기 위해 집중적으로 접근하는 것은 바람직하지 못하다. 여러 영역에 걸친 종합적인 치료법들을 유기적으로 사용하며 접근하는 것이 지혜로운 방법이다. 자폐스펙트럼장애 아동들은 종합적으로 접근하는 문맥에서 의사소통 및 언어 치료를 하는 것이 효과적이다. 여러 영역에서 고르게 발달하는 가운데 언어 능력도 그에 발맞추어 발달하게 되는 것이다.

이러한 근거에서 다른 기술 영역과 균형 있는 발달을 이루기 위해 여러 전문 치료사들이 팀(multidiisciplinary team)을 이루어 접근하는 것이 합리적이다. 이러한 관점에서 전통적인 언어치료 방법과 자폐스펙트럼장애 아동을 위한 언어치료 방법은 시간틀(time frame)과 방법론에서 큰 차이가 있어야 하는 것이다. 시간틀에 관해서는 특정 언어치료시간에

만 언어훈련이 이루어지는 것이 아니라 교실과 생활현장 모두가 언어치료의 장이 되어야 한다. 방법론에 관해서는 언어장애 아동에게 적용하는 고전적인 언어치료 프로그램을 자폐스펙트럼장애 아동에게 실시할 경우 기계적인 언어 표현이나 지연적 반향어 유발과 같은 부작용이 따를 수 있다. 때에 따라서는 단어 발화와 구화 향상을 위한 직접적 언어교정과 반복적 연습이 필요한 경우가 있는 것도 사실이다. 그렇지만 자폐스펙트럼장애 아동들에게 가장 적절한 방법은 일단 다양한 기술 영역의 치료중재와 연합하여 언어치료중재법을 제시해야 한다.

이러한 언어치료중재법은 절대로 인위적 상황보다는 자연적 상황에서 행해야 하며 목표 언어가 절실하게 필요한 가장 적합한 실제적 현장(real setting)에서 교육이 이루어져야 한다. 현재 구미 지역에 소재한 자폐스펙트럼장애 아동을 위한 유수의 특수 교육기관에서는 언어치료사가 직접 시간을 내어 언어를 치료하는 것이 아니라 치료교사가 직접 자연적 상황에서 언어 훈련을 수행하고 있다. 언어치료사의 주 업무는 치료교사들이 담당하는 IEP의 언어 프로그램의 주요 내용을 제공하거나 효과적인 방법론을 제안하는 것이며, 때때로 훈련 방법이 올바른가를 확인하는 것이다. 말하자면 직접적인 언어 치료나 훈련은 아동에게 직접 치료 교육하는 교사나 치료교사(direct service therapist or teacher)의 일차적 책임으로 되어 있다.

(1) 종합적 접근

언어 의사소통 치료 혹은 훈련과 관련하여 기억해야 할 일은 실제적이고 질적인 의사소통 능력의 향상과 발전은 아동의 전반적인 영역에서의 균형 있는 발달이 동시에 이루어질 때 가능해진다는 것이다. 말하자면 언어 발달을 위해서는 언어를 도구로 사용하는 사회적 인지적 기능도 향상되어야 한다는 것이다. 게다가 신체적 모방 기술도 향상되어야 할 뿐 아니라 학습 기술 중에서 적용 능력, 공간 및 시간적 인식-구별 능력, 상징 능력 등이 더불어 발달되어야 한다. 이외에도 주의력, 지역 사회 기술과 기타 여러 방면의 지식을 풍부히 습득해야 하는 필요조건을 충족시킬 때 발화가 가능하기 때문에 '종합적인 접근'을 시도하는 것이 가장 효과적인 언어 훈련 방법이다.

　사실 자폐스펙트럼장애 아동은 원칙적으로 언어장애를 갖고 있다고 말하기는 어렵다. 언어는 자신이 갖고 있는 지식 수준과 인식능력에 비례한다. 우리가 말하는 언어의 어휘력은 우리의 지식 수준과 비례하기 때문에 아동의 언어 능력 향상을 위한다면 아동의 지식의 폭을 넓혀야 하는 것이 선결 과제일 것이다. 영어 실력을 갖춘 사람이 처음으로 미국을 방문했을 때 제대로 의사소통이 어려웠다는 경험담을 많이 들었을 것이다. 미국에 대한 문화적 배경에 대한 지식이 없기 때문에 미국인들이 문화적 의미를 가진 말을 사용했을 때 어리둥절할 수밖에 없는 것이다. 따라서 환경에 대한 무관심한 자폐스펙트럼장애 아동은 당연히 주변 환경과 그가 살고 있는 문화에 대한 지식이 부재할 것이다. 이러한 지식의 빈곤이 자폐스펙트럼장애 아동의 언어 사용과 표현에 큰 지장을 주고 있는 것이다. 결국 아동의 이러한 지식의 확장 없이 이루어지는 단어 반복식의 언어치료는 적절한 의사소통을 구사하는 데 아무 도움을 주지 못한다. 이를 해결하기 위해서는 아동의 전반적인 인식능력을 발달시키고 아동의 지식과 개념을 확장시키는 학습과정과 더불어 이루어지는 의사소통 훈련을 병행하며 실시해야 한다.

(2) 보완 대체언어(augmentative/alternative language)

의사소통 훈련과정에서 언어구사 이전 단계에 있는 아동들에게 쉬운 '제
스처 방법, 그림언어, 간단한 수화'와 같은 기본적인 보완대체언어를 교
육하여 의사소통에 자신감을 심어주는 것이 유리하다. 최근에는 자폐스
펙트럼장애 아동의 자발의지를 최대한 자연스럽게 일으키면서 효과적으
로 의사소통을 할 수 있도록 훈련할 수 있는 '그림교환의사소통시스템
(Picture Exchange Communication System, PECS)'이 소개되어 선풍을 일
으키고 있다. 이 PECS는 자폐스펙트럼장애 아동에게 가장 지체된 자발
의지나 자발어를 극적으로 향상시키는 효과를 나타내는 의사소통 훈련
프로그램이다. 댈러웨이 주에서 실시한 파일럿 연구에 의하면 PECS 프
로그램을 사용한 자폐스펙트럼장애 아동 66명 중에서 44명이 5년 내에 발
화가 가능하게 되었으며 그중에서 14명은 거의 일반 아동 수준의 언어력
과 인식 능력을 갖게 되었다고 보고하고 있다.

7) 작업치료

작업치료(occupation therapy)의 목표는 독특한 건강과 재활 서비스의 일
종으로, 그 목표는 자폐스펙트럼장애 아동이나 성인이 매일 일상적인 과
제를 가능한 한 독립적으로 수행할 수 있도록 훈련하는 것이다. 그리고
작업치료는 아동과 성인에 관계없이 여러 연령대의 사람들에게 두루 적
용될 수 있다. 예를 들어, 영아의 경우에는 음식을 잘 삼키고 적절히 빨
수 있는 기능이나 반사 신경을 훈련시키는 것이 작업치료의 목적이 될

수 있을 것이다. 자폐스펙트럼장애 아동이 작은 핀셋으로 미세한 사물을 집어 병에 넣거나 종이에 점으로 표시된 도형을 그리게 하는 것도 작업치료의 목표가 된다. 뇌성마비 아동이 손을 펴서 공을 집어 드는 기술을 훈련하는 것도 작업치료의 목표이자 영역이 되는 것이다.

최근의 추세에 의하면 자폐스펙트럼장애를 가진 사람들에게 어린 시기부터 작업치료를 권하는 경향이 있는데, 아동이 가정과 학교생활 속에서 모든 활동과 학습의 행위의 일체를 독립적으로 성취할 수 있도록 도와주고 자신의 활동의 질을 높이고 준비시켜 주기 때문이다. 일반적으로 아동의 영유아 때의 미성숙한 행동이 특정 시기에 이르면 신경계 운동 기능이 발달하게 되면서 점차적으로 사라지게 되어 있다. 만약 아동의 이러한 미성숙한 행동이 장기간 계속 관찰된다면 신경계의 발달에 지체 혹은 장애를 갖고 있는가를 평가한 후에 그에 적합한 작업치료프로그램을 포함하여 실시할 필요가 있다.

8) 몬테소리를 통한 감각교육

(1) 몬테소리 교육 자료의 활용도

인식 능력(cognitive capability) 면에서 크게 지체를 보이는 자폐스펙트럼장애 아동들에게 아동이 갖고 있는 탁월한 감각의 통로와 장점들을 이용하여 몬테소리(Motessori) 교육 자료를 통해 교육을 실시할 때 더 효과적인 결과를 거둘 수 있다. 주로 촉각과 시각적인 자극을 더불어 사용하는 교육 자료를 제시하면 수 개념, 도형개념, 공간개념 등을 쉽게 학습할 수 있다. 이러한 몬테소리 교육 자료들은 감각적 측면에서 아동들에게 좋은 효과를 창출할 수 있기 때문에 자폐스펙트럼장애 아동들에게

재래적인 학습보다 유리한 점이 있다. 또한 몬테소리 교육 자료와 교육 방법은 기본적인 공간, 크기, 색, 무게, 피륙 종류, 연계성, 논리, 조합, 추상 개념들이 아동의 관심을 손쉽게 이끌어내기 때문에 교육에 적합한 자료가 될 수 있다.

(2) 몬테소리를 통한 교육의 장점

첫째, 학습에 관한 흥미를 고취하며 오래 유지시킬 수 있다는 것이다. 몬테소리 교구는 아동의 흥미를 유발할 수 있을 정도로 아름답고 매혹적이고 조화롭게 만들어져 있다. 일반적으로 아동들이 몬테소리 교구 실에서 보여 주는 열정도 아동들에게 이러한 미학적인 조건이 충족되기 때문이다. 이러한 점에서 주의집중력이 떨어지는 자폐스펙트럼장애 아동들에게 더 오랜 시간 교구 학습에 관심을 가지면서 집중시킬 수 있다.

둘째, 몬테소리 교육은 합리적인 이론 연구결과 위에 정립된 과학적인 교육이라는 점이다. 또한 교구들이 유아의 신체와 정서의 결합에서 오는 정신적인 발달 단계에 철저하게 맞추어 제작되었다. 특히 과학적인 자료와 정보를 기초로 실시된 인간 두뇌에 대한 연구 결과에서 기인하였고 발달 심리학적 접근 방법을 최대한 적용하여 수립한 교육 프로그램이다. 따라서 발달적 지체를 보이는 자폐스펙트럼장애 아동들의 특성과 인지 수준에 맞게 다양하게 선택하면서 사용할 수 있다는 장점이 있다. 셋째, 몬테소리 교구의 구성이나 물리적 조건이 아동의 개인적인 특성에 알맞게 제작되어 있다. 예를 들면 교구들의 이동이 간편하여 아동에게 가장 편안한 장소로 옮겨서 교육할 수 있다는 장점이 있기 때문에 환경적인 라포르의 형성이 자폐스펙트럼장애 아동들에게 유리하다. 또한 모든 교구가 아동의 성장 발달에 맞는 규격으로 제작되어 아동의 조작과 작업을 용이하게 한 이점이 있다. 아동에게 신체적으로 치수가 맞을 때 아동은 심리적으로 편안감을 갖고 조작할 수 있기 때문이다.

(3) 교사의 역할

몬테소리 교육을 담당하는 교사는 아동 위주의 교육적 접근 원리를 적용할 수 있는 특별한 자질을 보유하고 있어야 하고 다음과 같은 역할을 소화하여야 한다. 첫째, 아동을 학습활동의 주관자로 생각하며 수업을 이끌어가야 한다. 일반적인 교육에서 교사의 역할은 학급의 교육을 주도해 가는 것인 데 반하여 몬테소리 교사는 아동의 요구와 필요의 특성을 살피면서 아동의 자발성에 초점을 맞춰 수업을 이끌어야 한다. 실제로 몬테소리 여사는 "교사의 역할은 말하는 것이 아니고 아동을 위해 조성한 특별한 환경에서 문화적 활동에 대한 동기를 유발하도록 조성하고 준비하는 일이다"라고 하였다. 둘째, 아동들에게 주어진 자유를 잘 이용하도록 격려해야 한다. 간혹 아동이 자신에게 주어진 자유를 이용하지 못하면 교사가 대신 일을 주도하려는 유혹을 받기도 한다. 이럴 때 오히려 교사는 아동이 자발적으로 일하도록 안내하는 데에만 주력해야 한다. 가장 효율적인 교사의 이미지는 아동이 몬테소리 수업에 참여하는 동안 교사가 교실 안에 있다는 느낌을 받지 않도록 처신하는 것이다. 셋째, 아동에게 가장 적합한 교육적 환경을 준비하고 조성하기 위해서 아동을 면밀히 관찰해야 한다.

(4) 감각적 교육 자료의 목적

몬테소리의 감각적 교육 자료에는 '교육하기 위해서 고안된' 이라는 의미가 담겨 있는 '디댁틱(Didactic)' 라벨이 붙어 있다. 이러한 감각적 교육 자료를 사용하는 데에는 다음과 같은 세 가지의 목적이 있다. 첫째, 아동들이 그들의 생각을 교육 자료의 특별한 성질이나 특성에 초점을 맞추도록 아동들의 감각을 훈련시킨다. 예를 들어 빨간 막대(red rods) 자료를 통하여 길이의 특성을 가르치고, 분홍 탑(pink tower)으로 크기의 특성을, 음조 벨(tonal bells)을 통하여 음악적 리듬을 가르칠 수 있다. 아동들은 유입되는 여러 가지의 감각적 자극들을 분별하는 방법을 학습할 경우 이러한 감각적 자극들과 관련된 교육 자료들의 도움으로 외부에서 받아들이는 각종 감각적 자극들에 대하여 신체적으로 잘 기능하고 대처하게 된다. 둘째, 아동들은 사물의 구체적인 특성이나 구성에 대한 관찰 및 감지 능력이 준비되어야 읽기 능력이 발전할 수 있다. 이는 아동들이 읽기 능력을 개발하기에 앞서서 관찰력과 시각적 분별력을 먼저 갖추어야 한다는 발달적 이론에 근거한 것이다. 셋째, 감각적 자료들은 모양과 더불어 색채도 다르게 만들었기 때문에 아동이 쉽게 구별하고 분류하며 관리할 수 있도록 도와주어 사고 능력의 발달을 촉진시키는 효과를 나타낸다. 예를 들어 아동은 블록을 쌓는 과정에서 다음에 올려 놓을 블록을 선정할 때 추측에 의존하지 않고 아동이 스스로 각종 색감이나 질감을 살피고 관찰하며 또한 앞의 블록과 잘 어울리는가를 판단한 후에 선정할 수 있기 때문에 사고 능력과 관련된 영역의 발달이 촉진될 수 있다.

(5) 몬테소리 교육의 단점

몬테소리 교육 활동 시 주의할 점은 주의집중력이 심하게 지체된 일부 아동에게 오히려 지루함을 줄 수 있으며 워낙 크기가 작은 교육 자료가 많기 때문에 pica(사물을 입에 대는 행동)가 심한 아동들은 특히 감독을 철저히 해야 한다.

위험의식이나 위생의식이 부족한 아동들이 교구를 다루다가 사고가 발생하기도 한다. 구슬이 치수별로 여러 가지가 있는데 아동의 식도의 크기와 같을 경우 이를 삼켰을 때 호흡곤란 사고를 유발할 수 있다.

아동의 특성과 기능 수준에 맞추어 아동만의 커리큘럼인 개별화교육프로그램(IEP)을 작성할 때 기능과 특성의 스펙트럼이 더욱 다양하게 나타나는 자폐스펙트럼장애 아동들의 미세한 개인적인 성향을 몬테소리 교구만으로는 충족할 수 없음을 기억해야 한다. 흔히 몬테소리의 교구 안에서만 아동의 프로그램을 맞추려고 의도할 때 아동의 개인적인 특성들이 우선적으로 고려되지 못할 가능성이 높다. 따라서 몬테소리 교육은 자폐스펙트럼장애 아동들을 위한 보충적인 교육 프로그램이기 때문에 주 프로그램으로 사용하는 것을 피해야 한다.

마지막으로 몬테소리 교구실 안에서 특정한 질서와 통제 속에서 교육이 이루어져야 최선의 효과를 얻을 수 있다. 그러나 자폐스펙트럼장애 아동들이 이 안에서의 질서 개념이 희박하거나 교사의 지시를 잘 따르지 않을 경우 쉽게 혼란 상황에 빠지기 쉽다.

9) 특수 체육

학계에서는 강렬한 육체적 움직임을 필요로 하는 체육활동을 정기적으로 실시할 경우 아동의 운동력을 향상시킬 뿐 아니라 신체의 생화학물질(biochemical)의 신진대사를 활성화하면서 안정된 정서를 갖는 데 일익을 담당한다고 보고하고 있다. 따라서 이는 감각신경의 미세한 움직임과 통합에 대해 훈련시키는 감각통합훈련과는 근본적으로 다른 것이다. 우선적으로는 프로그램 내용에 아동의 대근육 운동을 빠르게 유발하는 동작을 포함시켜서 호흡과 맥박도 활발히 움직이게 하는 것이 좋다. 가장 적절한 체육 치료를 위해서는 땀을 흘릴 정도로 전신의 움직임을 요구해야 할 뿐 아니라 흥미를 가질 수 있는 프로그램으로 구성해야 한다.

여러 가지 체육활동을 위해서는 기초적인 기능 훈련부터 시작해야 한다. 예를 들어 기본적인 높이뛰기, 달리기, 공 던지기, 공 다루기(공 차기, 골 넣기, 공 받기 등), 뜀틀, 철봉 등 기초 체육활동 기술 훈련과정을 과제분석을 통해 실시한다. 재활체육치료는 평소에 취하지 않는 신체적 자세나 몸가짐을 연습하면서 몸동작에 대한 자신감을 고취시키지만 특수 체육 치료는 자신의 신체적 단련과 건강 유지를 관리할 수 있는 기술과 여가 기술의 습득에 주안점을 두고 있다.

(1) 자폐스펙트럼장애 아동에게 유리한 점

첫째, 정기적인 활발한 운동은 앞서 설명한 대로 우리의 소화기능을 향상시키고 신진대사를 촉진시키고 아동의 인내력의 한계와 근력의 수준을 높여 주기 때문에 신체적 부담감에서 오는 텐트럼이나 짜증을 줄이는 역할을 하게 된다. 특히 신체의 균형을 이루어주기 때문에 학습이나 정서적인 면에서 안정감을 찾게 해 준다.

둘째, 정기적인 운동은 쉽게 불안감이나 초조감에 젖는 자폐스펙트럼장애 아동의 스트레스와 불안감을 떨쳐주는 역할도 해 준다. 사실 환경과 상황적인 지식이 부족하고 발달적 지체로 인하여 갖게 되는 심리적 강박의식이나 공황적 반응들은 자폐스펙트럼장애 아동들이 부적응행동을 보이는 주된 이유이다. 이러한 심리적 병리현상은 신체적인 여러 가지 병인이 될 수 있기 때문에 아동을 위하여 정기적인 체육 프로그램을 실시하는 것이 좋다.

셋째, 이러한 체육훈련은 아동이 자주 보이게 되는 방만한 과잉행동을 억제(control)하는 효과를 나타내기도 한다. 아동이 환경적으로 혹은 자신이 시간의 관리능력 부족으로 인하여 자극이 부족하게 되면 이를 충족하기 위해 여러 가지 방만한 과잉행동을 시작하게 되는데 체육훈련은 이러한 필요를 충족시켜줄 뿐 아니라 적절한 건강을 관리하는 기술도 향상시켜 준다.

넷째, 각종 연구 결과에 의하면 아동의 기분과 무드를 상승시키는 역할을 하기 때문에 우울증적 증세들을 호전시키고, 아동이 자기 자신의 육체적 편안감을 느끼면서 안정감을 찾는 데 도움을 준다.

다섯째, 체육활동을 통하여 아동들이 각종 여러 가지 몸의 움직임에 대해서 자신감이 생기기 시작하면 생소한 환경을 포함하여 여러 환경 안에 들어가서도 자신감을 갖는 데 도움을 준다. 이러한 자신감은 학습에 관련된 활동에서 학습 능력의 향상을 일으키는 견인적 역할을 하게 된다.

(2) 특수 체육의 내용

특수 체육에는 여러 가지의 움직임과 활동을 포함하고 있는데 크게는 두 가지로 분류된다. 여가적 체육(recreational exercise)과 치료적 체육(therapeutic exercise)으로 나눌 수 있다. 여가적 체육은 전적으로 아동이 즐거움과 편안함을 추구할 수 있도록 참여하는 것이며, 치료적 체육은 아동의 특정 문제를 치료하는 목적으로 행하는 것이다. 그러나 수영과 같이 두 가지의 목적을 갖고 있는 경우도 많다. 예를 들어, 아동이 물을 좋아해 여가로 즐길 수도 있지만 때로는 근육통이나 관절에 고통이 있거나 혹은 수시로 찾아오는 불안감을 해소하는 방법으로도 사용한다. 특수 체육이 진행하는 주된 프로그램의 내용은 에어로빅 혹은 인내력, 스트레칭 혹은 최대 한계 동작 유도 체육 활동(range-of-motion), 근력 강화 운동(strengthening exercise)의 목적으로 실행된다.

(3) 재활체육치료

자폐스펙트럼장애 아동들은 대근육 기술이 일반아동에 비하여 크게 떨어지는 편은 아니지만 평소에 자주 사용하지 않는 운동 자세나 움직임을 모방하거나 유지하는 데에는 어려움이 있다. 따라서 이 재활체육치료를 실시하는 주목적은 부자연스럽고 자신 없는 자세나 동작들을 조율하거나 연관된 뇌신경을 골고루 발달시키는 것이다. 실제로 우리가 사회 속에 속하면서 나의 모든 가능한 동작이나 몸놀림이 자유롭고 기민할 때에 자신이 종사하는 일이나 학습에 자신감과 확신을 가질 수 있다. 이러한 이유에서 몸가짐이 느리거나 지체된 아동일수록 학교생활이나 사회생활에 자신감과 흥미를 상실할 가능성이 높은 것이다. 그것은 우리가 사회나 학교에서 생활할 때 우리의 기민한 몸동작을 무수히 요구하기 때문이다.

또한 재활체육치료는 대부분의 동작들 중에서 스트레칭도 포함되어 있기 때문에 일반적으로 한 시간 이상 진행되는 IEP 학습 후에 쌓인 스트레스 적체를 해소할 수 있다. 만약 쌓였던 스트레스를 해소하지 않은 채로 다음 활동이나 치료 교육 시간으로 넘어가면 효과 면에서 큰 지장이 될 수 있다. 일반적으로 IEP 학습 시간에는 제자리에 앉아서 하는 활동이 많아서 다음의 학습 활동이 다양한 몸의 움직임을 요할 경우, 재활체육치료는 자연스럽게 연결시켜주는 중간 가교 역할을 하기 때문에 무리 없는 교육의 진행과 리듬을 줄 수 있다.

10) 감각통합훈련

최초로 감각통합의 이론적 체계가 장 에이어스(Jean Ayers)에 의해서 세워졌고 실제적 모델이 소개되었다. 그녀는 많은 자폐스펙트럼장애 아동들이 여러 감각기관들을 통합하는 데 어려움이 있기 때문에 일부 감각적 기능에 문제가 발생하면서 학습과 일상생활에 부정적인 영향력을 행사한다고 주장한다. 특별히 이런 문제를 보이는 아동들을 감각통합장애(sensory dysfunctional disorder)라고 부르는데, 자폐스펙트럼장애 아동들 중에서 적지 않게 관찰되고 있다고 주장한다. 특히 그들이 보이는 주요 감각 기능의 문제점들은 촉각감각(접촉), 평형감각(전정기관과 관련), 고유수용계(몸 움직임) 감각들과 관계가 깊다고 보고 있다.

(1) 감각통합 문제의 결과

감각통합이론가들은 만약 우리의 신체 내에서 감각들이 정상적으로 통합하지 못할 경우에는 다음과 같은 문제점이 발생한다고 주장한다. 첫째, 촉각, 몸 움직임, 시각적 반응 혹은 소리들에 지극히 민감해진다. 둘째, 다른 감각적 자극에 대해서는 둔감하게 반응하게 된다. 셋째, 행동적 반경이나 움직임의 속도가 특이하게 너무 높은 수준이거나 너무 낮은 수준으로 나타나게 된다. 넷째, 근육운동 간에 혹은 특정 운동신경과 다른 감각적 신경과의 통합이 필요한 협응 능력(poor coordination)에 문제를 보인다. 다섯째, 언어, 말 그리고 운동 기능이 지체된다. 여섯째, 부적응행동을 유발한다. 일곱째, 자아의식이 낮아진다(poor self-concept).

(2) 감각통합 훈련의 내용

구체적인 훈련 내용을 살펴보면 중력장애의 어려움을 갖고 있는 아동의 평형감각과 회전 감각을 집중적으로 훈련하여 자신의 몸동작이나 몸 위치 선정에 자신감을 갖도록 도와준다. 이를 위해 주로 사용하는 감각통합훈련의 도구들은 치료 공(therapeutic ball), 전정기관 그네(vestibular swing), 평균대(balance bar), 스케이트보드(skate board), 스쿠터(scooter) 등이다. 감각통합훈련을 실행할 때 가장 중요한 것은 교사가 아동에게 가장 동기를 많이 부여하는 활동이 무엇인가를 잘 관찰하는 것이다. 그 이유는 아동에게 가장 효과를 주는 활동들을 집중적으로 사용하는 것이 유리하기 때문이다. 어느 정도의 시간이 흐르면서 아동은 감각적 정보들을 효율적으로 통합하는 능력을 발전시킬 수 있게 되는데, 이러한 변화를 통해 아동은 운동 협응 능력 향상, 언어 발달, 감각적인 자극에 대한 양극화된 반응의 감소, 더 나은 정서적 적응력, 감각방어의 극복, 자신감의 확장과 같은 효과를 보인다.

현재 우리나라와 일본에서 자폐스펙트럼장애 치료 분야에서 크게 각

광을 받고 있는 감각통합훈련은 비록 이론적인 근거에 기초하여 실행되고 있지만 구미 지역 의료계에서는 치료적 효과에 관한 검증된 연구 자료들이 여전히 빈곤한 상태임을 인정하고 있다. 따라서 중점적인 치료 중재보다는 보조적인 치료중재법으로 사용하는 것이 좋다.

11) 예술치료(음악치료, 미술치료)

(1) 음악치료의 개요

최근 유럽을 중심으로 전 세계적으로 실행되고 있는 음악치료(music therapy)는 청각적 반응도가 높은 자폐스펙트럼장애 아동들에게 적지 않은 치료적 효과를 보이고 있다. 음악치료는 음악을 하나의 치료적 매개로 사용하여 아동의 발달을 촉진시키거나 심리적 안정감을 찾아주는 데 그 목적이 있다.

아동에게 여러 가지 악기나 사람의 목소리를 포함하여 특별한 관심을 끌 수 있는 음악을 사용하면 아동에게 동기를 불어넣어주고 주의를 집중케 하여 학습하는 데 도움을 줄 수 있다.

원래 음악은 우리의 신체와 정신적인 건강을 향상시킬 수 있도록 바람직한 변화를 창출해내는 정서적인 가치와 물리적인 속성을 지니고 있다. 이러한 의미에서 음악은 자연적인 보상을 줄 수 있으며 또한 인간 심리는 특별한 소리에 대하여 예리하게 반응하는 특성이 있기 때문에 아동이 학습 활동을 하는 데 있어서 배경에 들려주는 음악에 따라 학습에 대한 진취도와 성과가 크게 달라질 수 있다. 예를 들어 경쾌하며 아동이 뛰는 속도와 비슷하거나 활동성을 재촉해주는 음악을 들으면서 단체 활동을 하는 아동들은 그렇지 않은 경우의 아동들보다 훨씬 학습 헌신도가 높게 나타날 수 있다. 반대로 오히려 단체 활동에 부정적인 영향을 줄 수 있는 음악을 배경으로 들려주면 참여하는 아동들의 학습 헌신도는 음악을 듣지 않는 아동보다도 떨어진다. 이러한 연구 결과는 음악이 긍정적이건 부정적이건 인간 행동에 영향을 미치고 있음을 보여 주는 것이다. 따라서 음악을 학습 활동에 적절히 이용할 경우에는 큰 효과를 볼 수 있으므로 음과 아동의 특성에 관한 연구가 뒤따라야 한다. 각각의 아동마다 선호하는 음과 두려운 반응을 보이는 음이 다르기 때문에 모든 아동에게 같은 종류의 음악을 일률적으로 적용하는 것은 효과적인 면에서 떨어진다.

따라서 단지 심리적 평안을 위한 도구로 음악을 사용하거나 특별한 시간을 음악 치료 시간으로 정하는 것도 중요하지만 학습 활동에 사용하고 준비해야 할 교육 자료로 음악을 사용하는 것이 필요하다.

또한 집중력이 떨어지는 자폐스펙트럼장애 아동들에게 사용하는 음악치료 세션을 이러한 초점에 맞추어 실시할 경우 집중력과 수용언어능력을 향상시키는 효과를 낼 수 있다. 여타 물리치료, 작업치료, 무용치료, 미술치료와 병행할 경우 기대 이상의 효과를 거둘 수 있다.

이러한 학습적인 면에서뿐만 아니라 사회성, 관계형성 기술 함양에도 음악을 사용하면 큰 효과를 얻을 수 있다. 아동에게 언어적 지시를 내릴 때 지극히 주의 집중이 어려운 아동과 상호작용하기가 쉽지 않다. 그러나 음악치료의 일환으로 상호작용을 위한 언어적 지시를 노래로 만들어 들려주면 아동들이 더 잘 반응할 수 있다. 이는 사람의 언어자극보다 음악이나 특별한 악기의 음이 아동의 관심과 흥미를 끌기 때문이다.

(2) 음악치료의 유익성

첫째, 음악치료 혹은 음악은 언어적인 준비가 필수적 조건이 아니다. 아동과 치료사 간에 의사소통이 적절해야 효과를 낼 수 있는 치료법들은 적지 않다. 그런데 음악치료는 오히려 의사소통을 발달시켜주는 역할을 하면서도 오히려 음악이라는 중요한 의사소통의 매체를 사용하기 때문에 자폐스펙트럼장애 아동들 중에 언어적 지체가 있는 아동들에게도 적절한 효과를 낼 수 있다.

둘째, 음악은 여러 종류의 청각적 자극을 통하여 전달되기 때문에 특정한 청각적인 자극을 혐오하는 아동들에게 적절한 적응력을 향상시킬 수 있다. 일례로 아동이 싫어하는 음질의 소리와 유사한 음악적 자극을 수시로 경험하게 하면서 목표 소리자극에 적응하게 하는 데 유리하게 사용될 수 있다.

셋째, 음악치료의 매개로 사용되는 음악은 그 자체가 박자, 리듬, 멜로디라는 구조적인 특성을 갖고 있어서 다른 여타 교육적 환경을 구조화하는 데 크게 도움을 준다. 따라서 구조화된 환경에서 반응을 잘 보이는 자폐스펙트럼장애 아동에게 효율적인 방법이 될 수 있다.

넷째, 음악은 놀이기술이 부족한 자폐스펙트럼장애 아동들이 놀이에 관심을 갖고 몰두하는 데 큰 도움을 주기 때문에 놀이치료와 병행하여 사용하면 큰 효과를 얻을 수 있다. 놀이에 더욱 관심을 갖게 되면서 학습에 대한 아동들의 관심을 고조시킬 수 있는 것이다.

다섯째, 음악은 대인관계에 무관심한 아동들에게 활발한 상호작용을 유발할 수 있고 또한 다른 시간보다 덜 부담스럽고 심리적으로 안정감을 주기 때문에 부적절행동의 빈도수도 줄이는 효과를 나타낸다. 원래 음악은 다른 교육 환경에 비하여 부담감이 적고 유쾌하기 때문에 자연스러운 관심을 끌어낼 수 있다.

여섯째, 음악치료는 자폐스펙트럼장애 아동의 불안감을 해소하여 환경에 잘 적응하게 하는 효과가 있다. 자폐스펙트럼장애 아동들은 주변 환경과 상황을 이해하는 데 어려움이 있고 아울러 환경적 문맥을 다른 방식으로 사고하는 특성이 있기에 일반 사람들과 사뭇 다른 행동 및 감정적인 반응을 보이는 경향이 있다. 음악은 이러한 자폐스펙트럼장애 아동들이 보이는 심리적인 강박 혹은 불안반응을 누그러뜨릴 수 있다. 음악은 감정적으로 호소하면서 직접적인 정서적 영향을 끼칠 수 있는 장점이 있기 때문에 이러한 불안감을 해소하고 환경에 잘 적응하도록 도와준다.

(3) 음악치료의 주요 네 가지 방법

즉흥연주식 음악치료(improvisational music therapy)는 음악치료사가 아동을 관찰하고 아동의 필요, 특성, 증상에 가장 알맞은 음악을 즉흥적으로 만들어 가면서 치료시간을 진행하는 방법이다. 아동의 정서나 행동이 순간적으로 변화되는 모습을 구체적으로 관찰하고 또한 바로 전에 사용한 음악에 대한 반응과 변화되는 추이를 살펴가면서 다음 단계의 음악 활동을 즉흥적으로 창출하면서 치료 세션을 주의 깊게 진행해야 한다.

성악을 통한 음악치료(vocal music therapy)는 노래를 통하여 아동들로부터 특정한 소리음이나 음성 반응을 일으키게 하는 방법이다. 기존에 작곡된 음악을 사용할 수 있는데 조음 장치의 미성숙이나 언어 표현력이 떨어지는 아동에게 발성이나 노래를 통한 의사표현을 훈련시킬 수 있다.

응용 음악치료(adaptive music therapy)는 음악을 아동의 인지적, 신체적, 심리적 재활에 적용하는 것이다. 스트레스 경감 훈련이나 중독증 치료 중에 아동의 생리적인 반응을 관찰해가면서 더 효율적인 효과를 얻고자 음악을 도입하는 것이다.

통합적 음악치료(multimodal music therapy)는 앞에 소개된 여러 가지의 방법들을 모두 동원하고 때에 따라서는 다른 종류의 치료 방법도 병행한다. 이는 치료 시간을 진행하는 데 최고의 치료적 효과를 얻게 하기 위해 사용되는 종합적인 음악치료 방법이다. 이 방법이 전반적 발달 지체를 갖고 있는 자폐스펙트럼장애 아동에게는 최상의 방법이라 생각한다.

(4) 미술치료의 개요

미술치료(art therapy)는 미술에 관련된 시각적, 촉각적 매체를 사용하여 자폐스펙트럼장애 아동의 학습과 정서 및 생활 영역의 제반 증상적 영역을 진단하고 아동의 필요에 따라 내면의 사고를 표현하게 하여 외향적인 활성화를 촉진하면서 치료효과를 얻는 데 목적이 있다. 미술치료는 미술의 예술성에 초점을 맞추기보다는 자폐스펙트럼장애 아동들이 시각적 큐와 공간적 개념에 대한 지각이 뛰어난 점을 이용한다. 그들이 내면의 세계를 시각 혹은 촉각 매체를 통하여 표출하는 과정에서 창의성을 개발하고 자신의 문제를 바람직한 방향으로 승화(카타르시스)시키면서 치료하는 것이다.

(5) 미술치료가 자폐스펙트럼장애 아동에게 유리한 이유

자폐스펙트럼장애를 가진 사람들 중에는 언어적 기술이 지체되어 자신의 내면에서 느끼는 감정이나 요구를 표현하기가 쉽지 않다. 이렇게 의사소통의 적절한 매개체가 부재한 상황에서 주변 사람들도 그들의 삶의 저변을 이해하기 어렵기 때문에 상호작용의 기회도 줄어들게 된다. 이에 따라 자폐스펙트럼장애를 가진 사람들은 더욱 외부와 단절된 생활을 할 수밖에 없는 것이다. 이런 점에서 자신의 미묘한 심리 세계를 표출할 수 있는 방법으로 미술적 기법을 사용할 수 있으며, 이를 통해 어느 정도 아동의 감정의 전이가 성취될 수 있다.

　수많은 자폐스펙트럼장애를 가진 사람들이 고백했듯이 그들은 사고할 때 머릿속에 대상의 정확한 이미지를 떠올려야 하는 시각적 사고를 갖고 있다. 따라서 비록 말로 표현하지는 못하지만 혼자 무언가를 사고하고 있을 때에는 항상 사고의 대상을 머릿속에 설정한 화폭에 정확한 영상을 파노라마처럼 그려내고 있다. 이런 점에서 그들에게 자신이 느끼고 있거나 사고하고 있는 것을 표현하라고 한다면 자신의 내면세계를 그대로 화폭에 드러낼 수 있다. 그리고 규율에 제한된 언어적 의사소통의 도구만을 사용하여 표현하는 것보다는 아무런 규율이나 제약 없이 무한한 자유를 구가하며 미술적으로 표현할 수 있기 때문에 자신의 제약된 정서적인 경직성이 회복될 수 있다. 미술치료는 미술이라는 예술의 한 장르를 사용하는 것이기 때문에 일종의 숙달이 필요하다. 따라서 미술적 표현 기술(performing arts)이 숙달되어 가면서 아동은 자신의 욕구나 감정의 표현 기법이 더욱 숙련되어가는 과정을 밟게 된다. 그런 가운데 의사소통의 의지가 발전하게 되어 후에 언어 훈련을 병행할 경우 자발어나 구화 능력을 습득하고 발전시키는 데 훨씬 수월해진다. 또한 주의집중력이나 착석 행동이 크게 지체된 자폐스펙트럼장애 아동들에게는 동적인 활동보다는 미술치료와 같은 정적인 활동을 통해 아동의 장시간 착석하는 행동을 패턴화시켜 주면서 향상시킨다. 또한 미술활동에서 선호하는 많은 시각적 자극을 받기 때문에 행동도 차분해지고 특히 상동행동이나 자기 자극 행동들이 많이 줄어들게 된다.

무엇보다도 착석행동이 두드러지게 향상되는 것을 관찰할 수 있다. 마지막으로 미술치료는 주로 손을 이용하는 창작 및 표현 활동이 대부분이어서 소근육 기술이 약한 자폐스펙트럼장애 아동들에게 소근육 훈련이나 작업 치료를 병행할 수 있다는 장점을 갖고 있다.

(6) 미술치료의 내용

자폐스펙트럼장애 아동들을 위한 미술치료는 그 프로그램 내용을 중심으로 하여 일반적으로 크게 다음과 같이 세 가지 유형으로 나눌 수 있다.

첫째, 시각적 미술치료이다. 이는 회화나 데생과 같이 자신의 내면을 화폭에 담는 종류의 활동을 중심으로 실시된다. 평면적인 화폭에만 내용을 담아야 한다는 한계점은 있지만 가장 수월하게 실시할 수 있다는 장점도 있다. 특히 여러 가지의 색감을 많이 이용할 경우에 다양한 시각적 자극을 통하여 아동이 자연적인 보상을 얻게 되면서 더욱 친밀하게 환경에 대한 자각 효과를 기대할 수 있다.

둘째, 촉각적 미술치료이다. 이는 입체적인 형상을 만들거나 각종 색감이나 질감들을 직접 느끼면서 행할 수 있는 활동이어서 즉각적인 정서적 전이가 이루어지는 장점이 있지만 때로 환경적 관리 능력이 부족한 아동의 경우에는 주의하면서 실시할 필요가 있다. 가장 많이 사용할 수 있는 프로그램 내용이라면 조각이나 조형 활동, 각종 크래프트(craft)나 장식 제작 활동들도 포함시킬 수 있다. 플레이 도우(play dough)를 사용한 입체적인 자기 내면 표현 방법도 많이 쓰는 방식이다. 성취도의 향상을 위해 몇 단계의 조립 활동들을 구조적인 환경에서 실시하는 것도 하나의 방법이 될 수 있다.

셋째, 종합적 미술치료이다. 미술치료는 시각적으로나 촉각적인 자극이 유입될 때 오히려 높은 학습 혹은 인식적 역량을 나타내는 자폐스펙트럼장애 아동들에게는 가장 큰 장점이 된다. 손으로 질감을 느끼고, 이를 화폭에도 표현하는 방법은 자폐스펙트럼장애 아동에게 입체적이고 통합적인 자기표현의 장이 될 수 있다. 기후나 날씨의 변화에 민감한 자폐스펙트럼장애 아동들은 일반적으로 꾸물거리는 기후나 환절기에 심리적인 동요를 많이 일으키게 되는데 이럴 때 종합적이고 통합적인 미술치료 활동을 통하여 그들의 창조적인 에너지를 발산시켜서 심리적이고 정서적인 전환을 이룰 수 있다. 예를 들어 손을 점액질 물감 통에 집어넣었다가 그대로 넓은 도화지에 찍어내는 활동인 핑거 프린팅(finger printing)과 물감 대신에 초콜릿 푸딩에 손을 담갔다가 먹기도 하면서 화폭에 표현하는 초콜릿 푸딩 프린팅(chocolate pudding printing) 활동은 이 부문에 있어서 자폐스펙트럼장애 아동에게는 이상적인 활동으로 손꼽히고 있다.

12) 약물치료

자폐스펙트럼장애의 구체적이고 개인적인 원인에 대해서 학계에서 아직도 밝혀낼 수 없을 뿐 아니라 이에 대한 일치된 이론과 정설이 없기 때문에 전반적인 자폐스펙트럼장애의 보편적인 효과를 나타낼 약물을 개발한다는 것이 불가능하다. 따라서 신체 내 호르몬과 같은 생화학 물질(biochemical)의 정상적 신진대사를 도와주는 약물들이 대체로 신경 계통의 이상에서 오는 정신질환에 대해서 직접적인 효능을 보이는 데 반하여 자폐스펙트럼장애와 같은 발달적 장애에는 간접적 효과를 나타낸다. 즉 발달장애 아동에게 있어서 약물은 특정한 부적절행동을 억제하거나 유발하는 역할을 하는 신체 내의 생화학 물질의 대사를 균형 있게 조절해 줌으로써 간접적인 효과를 얻을 수 있다. 이는 특히 아동이 학습하거나 사회적 관계를 형성하는 데 지장을 주는 문제 행동의 처리와 심리적 긴장감 혹은 충동적 행동을 조절해주는 역할을 하고 있다.

따라서 특정 행동에 대한 약물의 영향력에 관한 정보와 아동의 체질과 특성을 잘 이해하고 약물을 사용한다면 언어 인지, 학습, 각종 재활 기술 습득에 큰 장애가 되는 부적절행동, 격한 감정, 주의력 산만, 과잉행동을 줄이는 데 효과를 기대할 수 있다. 즉 약물요법(drug therapy)이 자폐스펙트럼장애의 총체적인 치료를 담당하지는 못하지만 다른 요법들과 병행하면서 사용할 경우 치료의 극대화를 성취할 수 있다. 현재까지 학계에서 자폐스펙트럼장애 아동에 대해 치료 효과를 나타내고 있다고 보고된 주요 약물들은 흥분제(stimulants), 항우울성 약물(antidepressants), 항마취성 약물(opiate antagonists), 항불안성 약물(antianxiety drugs), 항정신의약물(antipsychotics), 항경련 약물(anticonvulsants), 무드진정제(mood stablizer), 베타 차단제(beta-blockers)의 영역으로 분류할 수 있다.

5. 치료중재의 최신 경향

1) 1990년대의 경향

1990년대 미국에서 각 공립학교에 속해 있는 자폐성장애 아동의 통계조사를 착수한 후부터 자폐스펙트럼장애를 가진 유아 및 학령기 아동에 대한 교육과 치료중재의 관심이 높아지기 시작했다. 아울러 미국 소아정신의학회에서는 조기진단에 대한 연구와 열의가 깊어지면서 치료에 대한 처방에 관한 프로토콜이 필요하게 되었다. 일반적으로 자폐증의 가장 현저한 증상(hallmark symptom)이 바로 사회성 지연이기에 이에 대한 중재접근이 트렌드가 되었다. 당시에 자폐증으로 진단되면 너도나도 유치원이나 어린이집 통합이 당연하고 보편적인 처방이었다. 사회성 증진은 일반아동과의 상호작용 속에서 가능하다는 일반론에 의해서 나타난 일률적인 판단이었다. 그런데 학술적으로 자폐스펙트럼장애 아동들이 보이는 발달지연은 전반적인 기술영역에서 나타나는 경향이 있고, 실제로 일상생활에서 두드러지게 관찰되는 사회성과 의사소통 지체만 관찰되는 증후군으로 여겨지다 보니 전적으로 언어치료와 통합교육만으로 치료적 접근을 시도하려는 경향이 생겨나기 시작했다. 이는 전반적 발달장애를 보이는 자폐스펙트럼장애 아동들에 대해서 종합적인 치료 중재 접근을 시도하면서 통전적으로 발달을 촉진해야하는데, 오히려 분절되고 편향된 일부 영역만을 강조하면서 불균형적인 발달 결과를 초래하는 역효과도 나타내게 되었다. 이러한 추세는 친ABA치료중재법(ABA-Friendly Interventions)에도 반영되게 되었다.

2) 친ABA치료중재법(ABA-Friendly Interventions)

일반적으로 학계에서 가장 핵심적인 여덟 가지 친ABA치료중재법들을 두 가지 영역으로 분류하는 경향이 생겼다. 전통적(traditional) 중재법의 네 가지, 즉 Lovaas Method, EIBI, Behavior Management, DTT(변별시도학습)와 현대적(contemporary) 중재법의 네 가지, 즉 Verbal Behaviors, PRT(Pivotal Response Therapy), ESDM(Early Start Dever Model), PECS(Picture Exchange Communication System)로 분류했다.

여기서 알 수 있는 것은 전통적인 ABA는 전반적인 기술영역에 영합하는 경향이 있는 반면에 현대적인 중재법이라고 불리는 네 가지 방법은 좀 더 사회성과 의사소통적인 영역에 많이 한정되어 있는 느낌을 갖게 한다. 이러한 경향이 2000년 새 밀레니엄시대를 맞이하여 뇌 연구과 관련된 수많은 실험의 결과에 의해서 자폐스펙트럼장애의 현저한 특성(hallmark characteristics)을 사회성과 의사소통 지연의 측면에서 한정적으로 보기보다는 전반적인 영역에서의 발달지연 측면에서 보는 경향으로 회귀하면서 EIBI와 같은 다시 종합적인 치료체계에 초점이 옮겨지기 시작했다.

3) 최근 경향

2000년대 이전에 많은 미국의 소아정신과의사들은 자폐스펙트럼장애로 진단했다면 우선적으로 통합유치원 교육현장을 처방했던 경향이 2000년을 넘어서면서 서서히 EIBI와 같은 집중조기중재에로 전환되게 된 계기가 있다. 바로 미국 NIMH의 보고와 Boston Public Schools 보고서를 포함한 여러 임상 및 연구실험 결과 보고서들이 큰 영향을 미쳐왔다.

최근에 미국의 국립정신건강연구원(National Instistute of Mental Health)의 보고에 의하면, 조기(2~3년)에 가장 적절하며 집중적이고 치밀하게 운영되는 집중조기교육을 2~3년간 받으면 '자폐스펙트럼장애'를 가진 아동들이 크게 개선되는 효과를 보인다고 실험결과가 입증하고 있다.

"According to the NIMH, evidence indicates that intensive early intervention in optimal educational settings for at least two years during the preschool years results in improved outcomes in most young children with ASD."

위의 NIMH에서 보고한 내용은 한동안 NIMH홈페이지 전면에 게시되기까지 했는데, 이런 보고 이후로 ASD 영역에 속한 조기 아동들에게 2~3년간의 치밀한 IEP에 의한 집중조기중재 및 교육을 처방하는 것이 의료계의 일반적인 경향이 되었고 아울러 이로 인하여 큰 효과와 개선을 보였던 것도 사실이다.

그 외에 1990년대 말 Boston Public Schools보고서는 "조기에 통합교육을 받은 아동들에게서 집중조기중재 및 교육을 받은 아동들보다 초등학교 취학 후에 특수교육적 서비스가 필요한 학생의 수가 더 많이 나왔다"고 보고했다.

아울러 초기 집중조기중재의 창시자 중의 한 사람인 이바르 로바스(Ivaar Lovass)와 미국응용행동분석학회 임원인 하워드 존스(Howard Jones) 박사들도 자폐스펙트럼장애로 진단받은 아동들 중에서 2~3년 정도 조기집중치료를 받은 아동들 중에 평균적으로 47% 이상 정상범주로 상향되었다고 보고했다.

19년 전 한국에서 처음으로 EIBI교육을 시작한 May Academy(에듀비전의 전신)에서 배출한 첫 교육생들 중에서 5년 이상 DTT에 의거한 EIBI교육을 받은 아동(모두 ASD로 진단) 총 11명 중에 조사 중이었던 2013년 당시 3명이 대학생이었고(그중 한 명은 미국대학에서 수학 중), 2명은 독립적으로 직장생활을 하고 있으며, 나머지도 성인이 되어 각종 교육 및 직업재활 프로그램에서 활약하고 있다. 거의 50% 가까이 정상범주의 성인의 삶을 살아가고 있는 것으로 나타났다.

이것이 바로 집중조기중재의 힘이라고 여러 임상보고와 연구보도들은 입증해왔던 것이다. 따라서 ASD로 진단받았다면 단지 언어 및 일부 개별 치료에만 의존하는 것은 그다지 바람직하지 못하다. 물론 언어치료와 여러 개별 치료는 종합적인 중재를 받은 가운데 일부 백업으로 지원받으면 좋은 방법이 될 수 있다. 비록 사회성과 의사소통 지연이 두드러지더라도 이는 종합적인 발달지연 중에서 눈에 띄는 영역일 뿐이지 언어와 사회성만 지연된 것이 아니라는 것이다. 따라서 ASD 중재를 위해서 EIBI와 같은 종합적인 치료중재가 절대적으로 필요할 것이다.

제 7 장

자폐스펙트럼장애와
성인기

양문봉

07

자폐스펙트럼장애와
성인기

1. 전환교육

최근 관련 학계와 특수교육학계에서는 자폐스펙트럼장애를 가진 청소년들이 성인기에 이르렀을 때의 진로문제와 함께 자활을 준비하기 위한 실제적이고 실천적인 교육에 관심을 많이 갖기 시작했다. 이러한 추세에 발맞추어 특수교육 분야에서는 '전환교육(transitional education)'이라는 용어를 사용하기 시작했다.

아동들이 청소년기를 지나 성인기에 들어가는 문턱에서 특수고등학교를 졸업하고 사회에 나가는 시기를 전환기(transition period)라고 생각하여 '전환'이라는 말을 사용하게 되었다. 최근 장애를 가진 적지 않은 수의 청소년들이 나름대로 질적인 특수교육을 제공하는 특수학교를 졸업하고 나서 작업 현장에로의 원활한 전환이 되지 않고 대부분 가정, 보호수용시설에 머물러 있거나 혹은 직업을 가졌어도 불안한 고용상태로 인하여 열악한 환경에 처함으로써 여전히 지역사회와 격리된 상황에 처하게 된다. 이러한 상황을 반복하지 않고 기능적인 결과를 창출하고자 질적인 전환교육의 필요성에 대한 목소리가 높아지고 있으며, 각 중등특수교육 프로그램을 구안하는 교사나 관련 학자들은 장애를 지닌 청소년과 청년을 기능적으로 훈련하기 위한 역사적인 시도와 모델 구축을 위해 활발하게 논의하고 있다. 이러한 전환교육 철학을 중등특수교육 프로그램의 중심교육 원리로 자리매김할 것을 추구하고 있다. 특별히 장애학생의 진로교육을 전환교육이라고 칭하는 것은 장애학생들이 갖는 특성 때문에 그들의 진로가 매우 취약하므로 이를 강화하기 위한 시도로 보인다. 이와 같은 맥락에서 장애학생을 위한 진로교육으로서의 전환교육이 강조되었고 장애 청소년의 장애 특성과 필요 그리고 현행 수준을 고려한 교육 자료의 개발도 이루어지고 있다. 특수교사와 가족들은 장애학생들이 머지않은 미래에 다가올 성인생활을 영위하는 데 필요한 전반적인 기술과 능력을 준비할 수 있도록 전환교육 과정을 중고등학교 IEP 프로그램에서 중요하게 다루도록 해야 할 필요가 있다.

그런데 이러한 전환교육에 대한 필요성이 크게 인식되고 있으며 이를 실행하기 위한 프로그램과 준비과정은 순차적으로 잘 진행되어 왔지만 현실적으로 이를 실행하는 데 적지 않은 어려움도 있다. 미국 전환교육의 전문가인 골드스타인 박사는 전환교육을 수행하는 데 다음과 같이 세 가지 어려움이 있다고 주장한다.

첫째, 최근 고도 산업기술의 발달로 인하여 비숙련 부문의 취업 및 채용률이 지극히 낮아졌기 때문에 전환교육 후 실제적으로 직업전선에서 보이는 낮은 취업가능성이 문제로 대두되고 있다.

둘째, 세계적인 경기침체가 주기적으로 반복되어 찾아오면서 사회적인 행동이 지체되고 부적응행동을 보이는 자폐스펙트럼장애 청소년과 청년들의 이직률이 높아지게 되어 기존의 높은 실업률과 맞물리게 된 것이다.

셋째, 사회 전반에 고용주들이 장애 특성에 대한 인식이 여전히 낮기 때문에 지속적인 채용가능성이 낮은 것으로 평가되고 있다.

이와 같은 세 가지 방해요소들을 잘 인식하고 대처방안을 제시할 수 있을 때 올바른 전환교육과 효과적인 직업재활이 잘 융화될 수 있다. 따라서 전환교육의 성공 여부는 정책적인 지원, 사회적인 인식, 아울러 개인적인 개발의 병행에 좌우될 것이다. 세계적인 경기침체가 와도 불안한 고용상황을 개선하기 위해서는 정부 차원에서 고용인들의 특정 부분에 대해서 장애인 고용을 현실화시키는 정책과 법제화가 필수적이다. 아울러 장애를 가진 사람들의 필요를 인식할 수 있는 사회적 인식운동이 일어나야 할 것이다. 또한 장애 청소년 개인도 자기개발과 사회적 기능적인 의사소통과 상호작용의 기술들을 터득하여 통합사회에서의 적절한 적응력을 키워나갈 필요가 있다. 이와 같이 전환교육의 IEP를 구안할 때 실제적 직업재활 교육프로그램과 함께 여전히 사회인지 기술 영역의 개발을 위한 교육프로그램도 병행하여 구안되어야 할 것이다.

2. 성인기 준비 방법

1) 청년기를 맞이하는 자폐스펙트럼장애 성인

청년기가 시작되는 20대의 문턱에서 자폐스펙트럼장애 아동들은 막 학령기를 끝내고 이제 성인기에 들어서게 된다. 의무교육 기간, 즉 학령기 동안에는 누구나 누리고 행사할 수 있는 권리로서 교육에 관련된 서비스를 국가로부터 부여받는다. 그러나 졸업 후에는 이러한 혜택과 국가의 책임이 해제된다. 지방자치단체별로 직업재활센터 혹은 성인을 위한 보호작업장들이 운영되고 있기는 하지만 혜택의 대상이나 정도는 의무교육 기간 동안 누구나 혜택을 제공받게 하는 공교육과는 사뭇 다르다. 그래서 자폐스펙트럼장애 아동의 부모는 자녀가 20대에 들어서기 훨씬 전부터 성인기를 위한 준비를 시작할 필요가 있다. 일단 학령기 때와 성인기 때 받는 교육, 훈련, 치료교육 서비스의 차이를 세 가지 측면에서 살펴보도록 한다.

첫째, 학령기 때 혜택받는 공교육 서비스는 정해진 조건에 해당되는 아동 모두에게 무상으로 주어지는 혜택이며, 아동의 필요와 현행 수준에 기초하여 짜인 개별화 교육프로그램(IEP)에 의거하여 진행된다. 즉 프로그램의 수혜 대상은 등록된 장애아동이기에 누구든지 이 조건만 충족하면 예외 없이 혜택을 받을 수 있다.

반면에 성인기 때 혜택 받을 수 있는 직업재활, 작업장, 잡코치, 공동작업센터 등과 같은 훈련 및 직업지원 서비스는 개인의 필요보다는 지방정부나 기관이 확보하는 재원에 기초하여 짜인 경직되고 집단적 프로그램에 의해서 진행된다. 따라서 누구나 혜택을 받을 수 있는 것이 아니고 예산 확보, 지역적인 특성, 시설규모, 확충계획, 지자체기관장의 비전 등 다양한 요인들에 의해 수혜 대상이 정해지게 된다. 따라서 부모는 자녀가 졸업하기 전에 미리 이에 대한 준비로서 치밀한 정보 탐색 및 리서치에 힘써야 할 것이다.

둘째, 학령기에 주어지는 치료교육 서비스는 철저히 아동 발달을 겨냥한 학습/인지 기술영역, 언어/사회성, 소근육/협응, 자조/생활 기술영역 등 교육과정 전반에 관한 학습에 목표를 맞추고 있다. 반면에 성인기에 주어지는 직업재활 및 지원 서비스는 교육적인 차원보다는 주로 공동사회에서의 자활적인 영역과 개인의 행복, 직업기술과 같은 질적인 생활 향상에 목표를 맞추고 있다. 말하자면 중점적인 훈련 및 교육영역에서 차이가 있다.

셋째, 학령기에 일부 아동들은 공교육 혜택을 받는 것 이외에 추가적으로 개별적으로 부담하면서 더 집중적인(intensive) 사설 치료교육을 받기도 한다. 사설 치료교육은 아동의 필요와 현행 수준에 기초하여 짜인 개별화 교육프로그램에 의거해 교육이 진행되는 점에서 일반 공교육 특수교육과 유사하지만 좀 더 구조화된 환경에서 실행하고 있기 때문에 단기적인 발달목표를 성취하는 데 큰 도움을 제공하는 프로그램이다. 그런데 이러한 심층적이며 집중적인 개별화 교육프로그램이 여전히 자활적 삶을 목표로 하는 성인들에게도 필요하지만 현재 성인을 위한 이러한 사설 IEP 치료교육은 거의 전무한 상태다.

최근에는 사회복지의 비약적인 발전으로 발달장애 성인들을 위한 새롭고 다양한 혜택들이 계속 공시되고 있기 때문에 이러한 부문의 정보를 미리 챙겨두어 자녀가 성인기가 되어서도 주도적인 활동과 다양한 혜택을 추구할 수 있도록 준비하는 것이 중요하다.

아울러 자녀가 성인기에 접어들면서 어떤 직업 분야가 유리한지 미리 유념하여 조사해 둘 필요도 있다. 먼저 자녀의 특기와 현행 수준 및 직업적 적성들을 살펴보고 그에 알맞고 가능한 직업을 선정해야 하는데, 사춘기 때부터 관련 정보들의 데이터베이스를 구축해 둘 필요가 있다. 이 장에서 자폐스펙트럼장애 성인들에게 유리한 직업 부문을 소개하고 있다. 아니면 특별한 기능과 탁월한 기술을 보유하고 있는 자녀의 경우, 더 전문화 시킬 수 있는 대학 과정을 고려해보는 것도 유리하다. 현재 수시모집에서 전국 규모 대회의 수상자들에게 입학특전을 주는 대학들이 늘어나고 있는 추세이고, 적지 않은 수의 발달장애 아동들이 대학에 입학하여 졸업까지 성공한 예가 꾸준히 늘고 있다. 최근에는 장애등록이 되어 있는 입학생들에게만 특전을 주는 대학교도 속속 설립되고 있기 때문에 앞으로 발달장애를 가진 입시생들의 대학입학 기회가 확장될 것으로 기대된다.

앞서 소개한 것과 달리 성인들을 위한 직업재활 및 지원 서비스 분야에서는 아직도 직업재활과 작업장 훈련 서비스의 폭과 기회가 태부족이며, 성인들을 위한 지속적인 교육서비스의 기회는 거의 주어지지 않고 있는 실정이다. 자폐스펙트럼장애 아동이 특수교육기관을 졸업함과 동시에 모든 개별화 교육프로그램 교육이 중단되는 것은 성인으로서 지속적인 자활노력 과정에서의 가장 큰 걸림돌이 되고 있다. 앞서 소개한 세 가지의 특성을 고려해보면 앞으로 성인을 위한 교육적 차원에서 IEP에 의한 치료교육 서비스를 제공하는 기관들이 많이 세워질 필요가 있다. 자폐스펙트럼장애는 일종의 전반적 발달지연이기에 직업훈련만으로 직업생활에 독립성을 확보할 수 없다. 직업생활을 영위하기 위해서 필요한 인지/의사소통 및 사회성/여가 기술 등의 체계적인 교육도 지속적으로 병행될 필요가 있기 때문이다.

자폐스펙트럼장애를 가진 자녀가 학령기를 마치고 졸업한 후에도 여전히 자활하지 못하는 상황이라면 성인기에 접어드는 기간이 부모와 가족들에게 상당히 도전적이고 스트레스의 시기가 될 것이다. 그렇지만 자녀를 위해 최선을 다해 미리 꾸준한 리서치와 탐색을 통해 수많은 정보를 축적하여 최고 수준의 발달을 성취하려는 열정을 지속한다면 자녀가 성인기 때에 자활 목표의 시기를 당기고 목표의 수준을 조기에 달성하게 하는 데 큰 도움을 줄 수 있다.

2) 성인기를 위한 여덟 가지 성공 요소

현재 자폐스펙트럼장애의 발생률이 지속적으로 늘어나고 있다. 앞 장에서 소개했듯이 진단기준의 변화와 진단기회의 확장이 가장 큰 원인으로 작용한 것이다. 이러한 통계는 자폐스펙트럼장애 성인들의 수도 크게 늘어난다는 것을 의미한다. 성인시설이 태부족인 현재 상황에서 전보다 더 경쟁이 심화된다는 것이다. 말하자면 소비자의 증가로 서비스의 질과 기회가 상당히 낮아질 가능성을 배제할 수 없다. 앞서 설명했듯이 자폐스펙트럼장애를 가진 아동과 성인들은 각각 독특성을 갖고 있기 때문에 경직되고 집단적인 서비스 체계하에서 바르게 반응하거나 발전하는 것이 쉽지 않다. 개인의 특성을 충분히 반영한 훈련 및 지원 서비스 체계가 절대적으로 필요하다.

　다음에서는 성인서비스 기관의 전문가와 부모들이 자폐스펙트럼장애 성인들을 위한 서비스를 제공하거나 탐색할 때 숙지해야 할 여덟 가지의 성공 요소를 소개한다.

　첫째, 개별화 교육프로그램에 의한 계속교육의 기회를 지속적으로 제공해야 한다. 적어도 매년 평가된 현행 기능수준을 기초로 하여 인지/학습기술, 사회성/의사소통기술, 자조/소근육기술, 개인위생기술 영역의 교육프로그램을 포함시킨 개별화 교육프로그램을 구안하여 훈련할 필요가 있다. 개별화 교육프로그램 안에는 장단기 목표를 포함하여 분기별로 발달 성향을 점검하고 현재의 교육과 훈련방법의 효과성을 점검하게 되어 있다. 이러한 개별화 교육프로그램에 의한 계속교육은 직업재활과 지원 프로그램에 얼마든지 접목할 수 있으며, 그러한 배려가 조기 자활의 성취와 목표달성 시기를 앞당길 수 있는 유일한 방법이다.

　둘째, 가장 적절한 거주 환경과 생활훈련 기회를 제공해야 한다. 최근에 성인 생활교육을 위한 그룹홈과 포스터홈 시설이 점점 확장되고 있기 때문에 지방정부의 관련 부서에 확인하면 관련된 서비스 혜택 여부에 관한 정보들을 수월하게 얻을 수 있다. 이러한 시설의 혜택을 받지 못해도 가족들이 협력하여 지역사회의 문화센터와 복지관과 연계하여 필요한 생활 및 여가 훈련을 제공할 수 있다면 이는 그룹홈을 대체할 수 있는 방법이 된다. 간혹 뜻이 있는 부모들이 모여서 거주공간을 확보한 후 감독 전문가를 고용하여 공동생활훈련원을 운영하기도 한다. 아무튼 생활현장과 거주공간이 가장 중요한 계속교육의 현장이 되고 조기 자활을 성취하기 위해 지속적인 지원이 필요한 공간이다.

셋째, 최적의 직업훈련과 주간훈련 프로그램을 제공한다. 최근에 일대일 감독체계에서부터 잡코치에 의한 소그룹 훈련에 이르기까지 다양한 직업재활 훈련프로그램 모델들이 소개되어 왔다. 그중에서 개인의 특성, 기능 수준, 관심, 적성을 고려해서 가장 적합한 모델과 직업부문을 설정할 필요가 있다. 전문 직업재활 혹은 보호 작업장 운영 기관에서는 자폐스펙트럼장애 성인에게 훈련프로그램을 제시할 때 일관성과 집단성을 피하고 개인적인 특성과 기능을 고려한 특성 훈련을 제공하는 것이 중요하다.

넷째, 생활의 질을 높이기 위해서 정기적인 여가 및 레크리에이션 활동을 고려해야 한다. 예를 들어, 가정 내에서 자녀가 수시로 홀로 요리하고 즐길 수 있는 몇 가지의 요리기술을 습득하도록 도와주며, 혼자서도 여가시간을 즐길 수 있도록 선호하고 즐기고 들을 수 있는 음악을 제공하고 그런 환경을 만들어 줄 필요가 있다. 아울러 수시로 가족 혹은 친지들과 영화를 감상하러 가거나 혹은 가족 여행의 계획을 세워서 다양한 지역과 환경에 대한 경험을 갖게 해 줄 필요가 있다. 이러한 다양한 여가와 레크리에이션 활동의 기회를 제공함으로써 자녀의 정서적인 면에서도 크게 안정감을 찾도록 도움을 줄 수 있다.

다섯째, 필요하다면 이성교제에 대한 계획을 세워야 하고 이에 따른 바른 성교육을 실시해야 한다. 최근에는 성공적인 결혼생활을 하는 자폐스펙트럼장애 성인들이 늘어나고 있으나, 이성교제에 대한 관심과 열정은 있지만 그 방법을 몰라서 포기하는 성인들도 있다. 따라서 적절한 이성교제의 기초 기술과 대화법에 대한 교육이 절실히 필요하다. 현재 장애 결혼 정보기관이나 이성교제 훈련기관들이 많이 있고 이 분야의 전문가들이 늘고 있기 때문에 이런 기관의 자문을 얻는 것도 유익할 것이다.

여섯째, 성인기의 성공적인 삶을 위해서는 형제자매들의 지원도 절대적으로 필요하다. 가족 구성원의 팀워크가 성인 자활의 성공에 이르는 지름길이기 때문에 적절한 형제자매들의 협력 의지가 필수적이다. 그러나 형제자매에 대해서 기준치 이상의 희생을 강요하지 않는 것이 중요하며, 부모의 활동을 보조하는 수준에서 협력하는 것이 유리하다.

일곱째, 지속적인 의료전문가와의 협력이 필요하다. 성인기에도 성공적인 자활목표를 달성하기 위해서는 부적응행동이나 정신과적 증후군 치료를 위한 지속적인 약물치료가 필요하다. 아울러 전문가로부터 성인병이나 영양 및 취식에 관한 체계적인 자문을 제공받을 필요가 있다. 이러한 상담과 자문은 성인이 된 자녀가 올바른 건강과 위생 상태를 유지하도록 도와줄 수 있다.

여덟째, 현재 특정 기관에 속하여 직업재활훈련 혹은 지원 서비스를 받고 있다면 기관에 속한 담당전문가나 직원들과 늘 의사소통할 수 있는 협력 통로를 열어두어야 한다. 질적이며 가장 적합한 서비스를 창출하기 위해서 자녀의 구체적인 특성을 가장 잘 알고 있는 부모와 직업훈련 전문성을 가진 전문가와의 협력이 중요하며, 이를 건강하게 유지하기 위해서 수시로 갖는 토의와 협력과정은 무엇보다도 중요하다.

3. 대학교와 직업의 선택

1) 대학교 진학의 선택

고기능 자폐스펙트럼장애 성인인 경우 대학교 진학을 선택하는 사례가 증가하고 있다. 인지/학습역량이 탁월하여 대학에서 수학할 능력이 충분하다고 인정되어 입학의 특전을 받는 사례가 계속 늘고 있지만 성공적으로 졸업장을 따내는 비율은 상대적으로 저조한 것이 현실이다. 학령기 아동을 대상으로 하는 공교육기관들은 학생들의 교육현장 이탈을 막기 위한 다양한 지원환경이 조성되어 있지만, 일부 극소수의 대학을 제외하고는 개인의 수학능력 유지를 학생의 독립적인 재량에 맡기는 것이 상례이다. 따라서 캠퍼스라는 고도의 복잡한 사회집단에서 일어나는 수많은 이슈와 사건들을 스스로 처리해야 하고 주어진 학업 책무와 학사 업무를 독립적으로 수행해야 한다. 이러한 수행 능력 없이는 대학에서의 학업성취 비전은 요원한 문제가 된다. 따라서 대학 진학을 원하는 자녀를 두었거나 그런 목표를 추구하는 부모나 진학 지도 교사들이 성공적인 대학생활을 지원하기 위해서 다음의 내용을 숙지할 필요가 있다.

첫째, 대학교보다는 전공에 초점을 맞출 필요가 있다. 적성과 현재의 관심 분야와 전공의 일치는 대학생활의 성공에 가장 큰 요인이 될 것이다. 대학이라는 상아탑에서의 생활의 목표도 일반 대학생들이 세우는 보편적 비전과 계획보다는 좀 더 전공기술이 지향하는 구체적인 장단기 목표에 의한 계획을 세울 필요가 있다. 학령기 공교육 현장의 구조적 특성하에서는 자기의 창의적 능력을 계발할 기회가 어느 정도 차단당했을 가능성이 높은 반면에 대학의 교육환경과 분위기는 개인의 능력을 무한히 창의적으로 개발하도록 허락하고 있다. 따라서 대학의 학우들이 소정의 도움을 줄 수 있는 서포터스 그룹을 형성한다면 얼마든지 자폐스펙트럼장애를 가진 대학생이라도 자신 있는 분야에서 성공적인 학업이 가능하다. 현재까지 자폐스펙트럼장애를 가진 대학생들이 가장 진학을 선호하는 네 가지 전공 분야는 기계 및 건축 분야의 공학 학부, 음악과 미술의 예술학과, 수학 물리 화학의 기초과학계열, 산업 의류 인테리어 컴퓨터의 그래픽 디자인 학부로 알려져 있다.

둘째, 최근에는 진학할 수 있는 고등교육의 범위가 다양해졌다. 다문화권 가정 출신과 동남아 및 중국 유학생들의 수가 늘어가면서 학내에서 필기 서비스를 제공하는 대학교의 수가 늘어나고 있으며, 신체적 장애뿐 아니라 심리적 장애를 가진 대학생에 대한 상담서비스도 확충하고 있는 추세이다. 또한 장애를 가진 대학생들이 일반 대학생들과 함께 통합하여 수학할 수 있는 대학교도 전국 곳곳에 설립되어 과거에 비해서 대학교육의 다양한 기회가 제공되고 있다. 또한 통신과정과 학점운영 기관을 비롯하여 온라인 학사과정 대학교들도 많이 설립되어 장애를 가진 수험생의 대학 입학과 선택의 폭이 훨씬 넓어졌다.

셋째, 입학이 결정된 학생들은 입학하기 한 달 전에 캠퍼스 견학을 실시하여 미리 캠퍼스 환경과 분위기를 체험하면서 친밀감을 갖게 할 필요가 있다. 아울러 캠퍼스 지도와 각 시설과 그 용도들에 대한 설명서를 만들어 미리 숙지시키고 항상 소지하게 할 필요가 있다. 강의 스케줄과 교실 위치와 약도를 미리 받아서 먼저 교실 견학을 실시하고, 각 강의의 교수에 대한 인적사항과 선호하는 교수법, 교수들의 사진을 미리 제공하여 친밀감을 갖게 해 줄 필요가 있다. 이러한 친밀감이 형성되면 학기 초에 분주하고 혼란스러운 학사 진행 과정에서도 대학 분위기에의 적응력을 최대한 높일 수 있다. 수강신청을 할 때 강의 시간 사이가 벌어지지 않게 하고 강의 장소도 서로 멀지 않게 정하는 것도 중요하다. 만약 기숙사 생활을 하게 된다면 기숙사의 시설을 미리 익히고, 필요하다면 룸메이트에 대한 정보를 미리 알아내서 쉽게 적응하도록 준비시킬 필요가 있다. 특정한 시간대나 필요 시 등교 도우미가 필요한지 여부도 평가하여 이에 대한 도움서비스를 준비할 필요도 있다.

다섯째, 장거리 통학 시 구체적인 통학 경로와 통학 수단에 대해 미리 숙지시킬 필요가 있다. 그리고 대중교통을 이용할 때 가져야 할 자세들(Do's)과 가져서는 안 될 자세들(Don's)을 인지시키고, 아침부터 귀가하기까지의 하루 일과에 대한 구체적인 스케줄을 만들어 주고, 아침에 집을 나설 때 꼼꼼하게 점검하게 하는 것이 필요하다. 미국의 리앤 할리데이 위리(LeAnne Holiday Weary)는 자폐스펙트럼장애를 가진 대학생들이 바르게 통학하면서 성공적으로 학교에 적응할 수 있도록 다양한 환경, 즉 대중교통, 학교 식당, 교실 안, 거리 등에서 바른 삶의 모습을 보일 수 있는 다양한 전략을 제시한 저서인『정상적으로 보이기 위한 전략(Strategies to look normal)』을 발간했는데, 대학진학을 앞둔 자폐스펙트럼장애를 가진 신입생들에게는 필독서가 되었다.

2) 직업의 선택

최근 자폐스펙트럼장애를 가진 사람들을 위한 다양하고 탁월한 직업 교육 및 훈련프로그램이 개발되어 소개되어 왔기에 기능 수준에 관계없이 취업을 희망하는 자폐스펙트럼장애 성인들이 늘어가고 있다. 특히 자폐스펙트럼장애를 가진 성인들이 선택할 수 있는 유망한 특정 직업 분야들이 널리 알려지고 있어서 사춘기부터 이에 대한 준비프로그램을 실시하는 것이 대세이다. 특별히 개인의 적성과 성향에 맞춘 직장 혹은 보호 작업장의 특성에 대한 정보를 잘 숙지하게 된다면 최적의 직장과 직업을 선택할 수 있는 가능성이 높아진다. 개인의 적성과 직업 특성들을 기초로 하여 적절한 직업을 선정할 수 있는 전략들은 다음과 같다.

첫째, 개인의 성향을 파악하여 취업할 작업장과 직장의 특성을 잘 살펴야 한다. 자폐스펙트럼장애 성인이 특별히 개인적 공간을 선호한다면 많은 사람들이 한 공간에 모여서 작업하는 공동작업장 성격의 직장보다는 개별작업실이 제공되는 직장을 택하는 것이 유리할 것이다. 반대로 폐쇄된 공간보다는 확 트인 작업공간에서 더 잘 기능하거나 그러한 공간을 선호한다면 열린 공간이 있는 작업장을 제공하는 직장을 선택할 때 더 높은 생산성을 나타낼 수 있다. 미국 굴지의 유통업체 월마트에서는 자폐스펙트럼장애 성인들의 이런 성향을 고려하여, 개별적 공간을 선호하면 매장보다는 사무실이나 개인 작업실 혹은 보관소에 근무처를 배치하고, 열린 공간에서 근무하는 것을 선호하면 매장에 배치하고 있다.

둘째, 대부분의 자폐스펙트럼장애를 가진 아동과 성인은 사물과 환경의 전체적인 윤곽을 인식하기보다는 구체적이고 세밀한 부분을 인식하는 공통된 경향이 있다. 이를 '숲을 보기보다는 그 안의 한 그루의 나무를 본다'거나 '전체보다는 일부를 본다'라는 성향으로 해석한다. 따라서 이러한 공통된 경향을 하나의 직업적인 적성으로 해석해서 알맞은 직업 분야를 선정하는 것이 중요하다. 자폐스펙트럼장애 성인들이 보이는 이러한 공통된 성향은 전체를 파악하는 업무에는 적합하지 않지만 우주 성운의 미세하고 특별한 활동을 관찰해 내면서 그들의 특성을 밝혀내는 우주학자에게는 가장 적합한 적성이 된다. 혹은 세균이나 종의 특징의 차이를 분별해내거나 세포의 독특한 움직임이나 차이점을 찾아내는 생물학자에게도 가장 적합한 적성이 된다. 세밀한 부분의 특성을 통해 고예술품의 제작연도를 알아내거나 진품과 가짜를 가려내는 고예술품 평가사에게도 가장 필수적인 적성이 될 수 있다.

셋째, 대부분의 자폐스펙트럼장애 성인들은 팀원들과 더불어 팀워크를 이루고 협력하는 일에 익숙하지 않다. 협력하여 무언가를 해냈던 적이 있다면 가족과 함께 한 기억밖에 없을 수도 있다. 이러한 성향으로 인하여 대학이나 직장에서 하는 파티에도 참석하지 않았을 것이다. 그런데 이러한 성향을 적성으로 고려한다면 탁월한 장점이 될 수 있다. 이런 적성은 산악구조나 산림보호를 위해 온 산을 다녀야 하는 산악 레인저에게는 가장 필요한 조건이 될 것이다. 정원사나 원예업자, 소규모 식당 주방장, 시계수리 전문가, 베이커리 파티셰, 고문화 발굴을 위해 구석진 곳을 탐험하는 고고학자 등에게 가장 필요한 적성이기도 하다. 다른 사람과 협력하는 일에 흥미를 느끼지 않는다고 자기의 업무를 등한시하는 것이 아니다. 오히려 자신이 관심을 깊이 두고 있는 분야가 있다는 의미이다. 예를 들어 대학교 실험실에서 불철주야 실험에 빠져 있는 과학자나 24시간 컴퓨터 앞에 내내 앉아서 게임이나 소프트웨어를 만들어내는 컴퓨터 프로그래머들도 이러한 성향의 소유자로 분류할 수 있다. 사람들과 함께 근무하는 것이 불편했던 템플 그랜딘 교수는 동물들에게는 특별한 애착을 보였는데, 이런 그녀의 성향이 그녀를 탁월한 동물학자로 만들어주었다. 이와 같이 사람보다 동물에게 더 친밀감을 느끼는 성향을 가졌다면 템플 그랜딘 교수처럼 동물전문가나 수의사, 동물 조련사, 축산업 종사자, 나비 전문가에 대해서 생각해볼 가치가 있을 것이다. 따라서 사람과 잘 어울리거나 협력하는 것이 불편하지만 혼자 업무를 수행할 때 탁월한 결과를 창출할 수 있는 것은 결코 장애가 아니고 하나의 전문적인 성향으로 해석될 수 있음을 기억해야 할 것이다. 이는 특정 분야에 대한 깊은 관심이 사람에 대한 관심보다 더 크기 때문에 나타나는 현상이다. 따라서 이러한 성향과 잘 맞는 직업 분야를 찾는다면 오히려 큰 장점과 역량으로 사용될 수 있는 것이다.

넷째, 자폐스펙트럼장애 아동과 성인들은 대체로 상징적인 내용과 관련된 언어와 형이상학적인 이론들을 표현하고 이해하는 데 어려움이 있는 시각적 사고자들이다. 적지 않은 고기능 자폐스펙트럼장애 아동과 성인들은 여러 해 전에 한 번 봤던 것을 기억하고 다시 그려내라면 별 실수 없이 재현해낼 수 있지만 방금 전에 들은 유명 시인의 작품을 다시 읊으라면 해내지 못한다. 그렇지만 이념적이거나 상징적인 것에 대한 이해부족을 야기하는 시각적 사고체계가 절대 약점이 되지는 않는다. 컴퓨터 디자인 분야의 탁월한 CAD 전문가들은 시각적 사고 없이는 자신의 업무를 제대로 수행할 수 없다. 시각적인 선을 이용해서 건축물의 윤곽들을 표현해 내는 건축기사와 시각적 효과를 창출하기 위해 고가의 예술품들을 적절하게 배치할 책임을 갖고 있는 박물관 큐레이터들에게도 이런 시각적 사고체계의 적성은 필수적이다.

다섯째, 자폐스펙트럼장애 아동과 성인들의 공통된 성향은 하나의 패턴을 쫓거나 원칙, 규정과 규칙을 철저하게 지키는 것이다. 일반적으로 사람들은 지키려고 세운 규정과 규칙을 융통성의 형평을 내세우면서 쉽게 깨고 어기면서도 전혀 불편함을 느끼지 않는다. 특정한 패턴과 유행을 따르다가도 필요에 의해서 패턴을 바꾸거나 무너뜨려도 거리낌 없이 평안할 수 있다. 그러나 자폐스펙트럼장애 아동과 성인들은 하나의 패턴을 어기는 것을 절대 용납하지 못하며 룰과 규정을 지나칠 정도로 지켜낸다. 따라서 쉽게 규정과 패턴을 바꾸고 어기는 일반 사람들은 룰을 지키며 패턴대로 살아가는 자폐스펙트럼장애 아동과 성인들의 생활모습을 인내하지 못한다. 그런데 이들이 패턴과 룰대로 살아가는 것이 성공적인 직업 활동의 열쇠가 될 수 있다. 자폐스펙트럼장애 성인들에게 다양한 자극을 제공하면서 자칫 혼란감을 야기할 수 있는 직업현장에서 조금이라도 구조적 환경과 패턴 그리고 정해진 규칙을 제시하면 그들은 그 안에서 평안하게 자기의 업무를 수행할 수 있다. 더욱이 규정대로 업무를 처리하는 직종의 사람에게 이러한 적성은 필수불가결하다. 안전과 안보가 최우선적인 회의장의 안전요원들은 지극히 사소한 규정위반의 여지를 허락하지 않는다. 매뉴얼대로 한 치의 오차도 허용하지 않는 미생물실험실에서의 연구원들에게도 이런 적성이 필요하다. 또한 규정을 강조하는 군사요원과 중화기 무기를 다루는 전문요원들도 규정에 충실해야 할 책무와 적성이 필요하다. 규정을 준수하고 패턴을 중요하게 여기는 성향은 절대 약점이 아니라 직업선정에 있어서 큰 장점과 적성이 될 수 있다.

앞에서 소개한 것처럼 현재의 취업전선은 스펙트럼처럼 계층별로 다양하기 때문에 자폐스펙트럼장애 아동과 성인의 적성과 특성을 깊이 연구해 보면 그들에게 가장 적합한 직업과 직장을 찾을 수 있을 것이다. 먼저 개인의 특성을 깊이 그리고 신중하게 평가해보는 것이 중요하다. 어릴 때부터 특정 분야에 깊은 관심과 집착을 가졌었다면 이것은 미래의 직업을 수행할 최적의 적성이 될 수 있다. 아동의 관심과 집착이 자동차 바퀴이든, 공룡이든, 컴퓨터이든, 리모트 컨트롤이든, 어느 하나라도 미래의 직업적 연관성에서 배제될 수 없으며 자신만의 삶의 열정과 필요가 담겨 있음을 간과할 수 없는 것이다.

4. 지역사회에서 만나는
  자폐스펙트럼장애 성인 이해하기

이제는 대학교, 교회활동, 봉사활동, 직장, 대중교통, 세미나 현장, 운동경기장 등에서 자폐스펙트럼장애 아동이나 성인들을 적지 않게 만날 수 있다. 그만큼 장애를 가진 사람들에 대한 인식이 높아졌고 복지서비스의 향상으로 자폐스펙트럼장애를 가진 사람들의 지역사회 참여도가 높아진 것이다. 그렇지만 여전히 걸림돌이 곳곳에 산재해 있기 때문에 그들이 일상생활에서 무리 없이 적응하며 통합 환경에서 살아가는 데 성공할 수 있는 가능성은 일반인들이 그들의 삶을 얼마나 이해하느냐에 달려 있다. 한 대학교수는 자신의 수업에 아스퍼거증후군 학생이 등록한 사실을 알게 되었을 때, 즉시 전문가에게 문의한 후 그들의 세계를 이해하고 적절한 방법으로 학생에게 접근하여 필요한 도움을 주었더니 결국 그 학생은 학기말에 성공적으로 수업을 마칠 수 있게 되어 보람을 느겼다고 토로했다.

하지만 적지 않은 사람들은 여전히 자폐스펙트럼장애를 가진 사람들을 만나면, 그들이 보이는 특이한 목소리 톤과 언어 사용, 대화할 때 보이는 독특한 주제 선정과 특이한 관심 분야, 부적응적으로 보이는 행동 등 그들의 특성을 이해하지 못하기 때문에 대면을 꺼린다. 그래서 주변에 있는 다른 사람들뿐 아니라 자폐스펙트럼장애를 가진 사람 역시 당혹감을 감추지 못하고 그 상황과 현장을 떠나 버리는 사태가 발생하곤 한다.

일반 사람들은 그룹 속에서 서로 상호작용하는 과정에서 비언어적 의사소통도 적지 않게 사용하는데, 자폐스펙트럼장애를 가진 사람들은 이러한 비언어형태 의사소통에 대한 이해도와 대응도가 떨어지기 때문에 자칫 부적응적 인물로 비춰지게 되어 대화나 주제에서 소외되는 경향이 높은 것이 현실이다. 그래서 일반인들은 그룹 내의 자폐스펙트럼장애를 가진 사람들의 성향을 이해할 필요가 있으며, 그들을 이해함으로써 적절히 그들과 상호작용할 수 있고 아울러 그들이 모임에 참여하여 잘 적응하고 좋은 교제권을 형성할 수 있도록 도울 수 있다. 자폐스펙트럼장애에 대한 일반인의 인식과 이해를 높이고 알릴 수 있는 몇 가지 전략들은 다음과 같다.

1) 언어습관에 대한 인식과 대응

자폐스펙트럼장애를 가진 사람은 수업이나 토론, 파티석상에서 유별나게 질문을 많이 하기도 하고 아니면 전혀 말을 하지 않을 수 있다. 흔히 구석이나 다른 사람들의 눈에 띄지 않는 공간을 찾아가서 그곳에 홀로 앉아 있기도 하고 때로는 대화중인 소그룹의 사람들에게 느닷없이 끼어들어 말을 꺼내려고 하는 경향도 있다. 너무 많은 질문을 던진다고 그 질문에 무작정 무관심해지는 것은 그들을 좌절시킬 수 있다. 이럴 때 규칙에 민감한 그들에게 규칙을 설명해주는 것이 좋은 전략이 될 것이다. 강의 시간 전에 강사가 수업 중간에 한 사람이 두 개의 질문만 할 수 있다는 룰을 먼저 설명해 준다면 그 룰을 벗어나지 않을 것이다. 만약 대화하는 그룹에 느닷없이 끼어들기를 한다면 대화중인 사람들이 겸연쩍은 표정이나 분노의 표정을 보이기보다는 대화중이기에 잠시 기다릴 것을 요구하는 것도 하나의 방법일 것이다. 대화 시 너무 가까이 혹은 너무 멀리서 이야기하려 하면 친절하게 거리를 유지할 것을 요구하는 것도 좋을 것이다. 너무 크게 이야기하면 목소리를 부드럽게 좀 더 낮출 것을 요구하는 것도 좋을 것이다. 이와 같이 정확하고 구체적으로 요청을 하면 그런 요청에 잘 순응한다. 구체적인 지시어나 설명을 하지 않고 인상을 쓰거나 비웃는 듯한 시선과 같은 비언어적인 반응으로 답한다면 자폐스펙트럼장애를 가진 사람은 절대 이해하지 못하고 당황할 것이다.

2) 비언어 습관에 대한 인식과 대응

자폐스펙트럼장애 아동과 성인들은 대화하면서 상대를 보지 않고 말하기도 하고 눈을 거의 깜빡거리지 않거나 너무 자주 깜빡거리면서 말을 하는 경향이 있다. 아니면 손 제스처를 너무 쓰지 않고 말하거나 부적절한 자세로 말을 하기 때문에 일반인들에게 사회적으로 어설픈 모습으로 비치는 경향이 있다. 그러나 그들이 보이는 어눌한 비언어적인 표현은 익숙하지 않기 때문에 나타나는 현상일 뿐, 일반인들이 생각하는 정도의 부정적인 감정과 정서가 실려 있는 것이 아니다. 따라서 그들의 이러한 비언어적 행동 성향을 이해하는 것만으로도 대화나 강의 중에 그들이 보이는 특이 동작을 관찰하였어도 그런 특성에 초점을 맞추지 않고 화자의 주제에만 충실할 수 있다.

3) 감각적 특성의 인식과 대응

자폐스펙트럼장애를 가진 사람들은 많은 사람들이 모이는 장소에 들어가기를 꺼려하는 여러 가지 이유가 있는데, 사회적 상호작용에 대한 자신감 부족과 실패감 이외에 감각적인 문제도 있다. 많은 사람들이 모이는 곳에는 당연히 감각적 자극들이 넘쳐나기 때문에 이런 엄청난 감각적 유입을 한번에 처리하지 못한다. 이것이 대화나 강의 등 활동 참여에 지장을 준다. 이런 이유로 일단 그룹에 참여했지만 감각 유입으로 인하여 힘들어하고 초조해하는 모습을 눈에 띄게 나타낸다. 따라서 그들의 감각적 상황을 이해한다면 주변을 좀 더 친감각적 환경으로 만들어 줄 필요가 있을 것이다. 강의 중이라면 마이크 볼륨을 살짝 낮추거나 내부 조도를 어둡게 해 주는 배려를 통해 그들의 주의집중을 어렵게 하는 요소들을 줄여 줌으로써 그들의 활동 참여도를 높일 수 있다.

4) 이해능력 특성의 인식와 대응

자폐스펙트럼장애를 가진 사람이 대화그룹, 회의석상, 강의실 안에 있다면 대화, 회의, 강의의 주제와 내용도 그들이 용이하게 이해할 수 있도록 수정할 필요도 있다. 즉 대화 내용 중에 그들이 이해하기 어려운 풍자, 은유 등의 완곡표현을 줄일 필요가 있으며, 만약 강의나 회의 중이라면 소근육기술 지연으로 노트필기가 어렵기 때문에 충분한 강의 내용 숙지를 위해 유인물을 준비해주거나 녹음 기록을 제공하는 것이 좋다. 만약 숙제나 과제를 주게 되면 마감 시간을 늦춰주는 것도 그들의 성공적인 참여를 이끌어낼 수 있는 요소가 된다.

자폐스펙트럼장애를 가진 사람이 특정 모임이나 행사에 왔다는 것 자체가 현재 진행되는 일에 대한 열정이 있음을 인식할 필요가 있다. 그들은 이 모임을 통해서 무언가 성취하려는 목표를 갖고 참석했음을 인지하고 최대한 그들에 대한 특성을 이해하면서 그들의 활동 참여가 성공하도록 도와줄 때 그들의 통합적 자활은 더 빨리 성취될 수 있다. 일반인들이 이해할 수 없는 그들의 특이 행동으로 인하여 좌절감을 표현해서는 안 되며, 일반적인 시각과 관점에서 대응하지 말아야 한다. 그들이 표현하는 표면을 보지 말고 보이지 않는 내면의 열정을 바라볼 줄 알아야 한다. 그들의 주류사회에서의 성공 여부는 같이 참여한 모든 사람들의 배려와 협력에 달려 있다.

5. 발달장애인 권리보장 및 지원에 관한 법률(이하 '발달장애인법')

[시행 2015.11.21.] [법률 제12618호, 2014.5.20., 제정]

1) 개요

그동안 발달장애인은 일반사회로부터 관심을 받아오지 못했을 뿐 아니라 장애인 복지정책에서도 소외된 '사각지대' 속 갇혀진 존재였다. 특별히 장애 특성상 지속적인 부적응적 삶의 특성과 일상생활 속에서 자활의 삶의 어려움을 갖고 있기 때문에 성인기 이후에도 지속적인 도움과 지원을 필요로 한 대상들이었다. 게다가 차별을 받아왔고 다양한 인권침해 피해에 노출되기 쉬운 취약계층임에도 불구하고, 그동안 이들을 배려하고 인격적인 삶을 지원해줄 복지정책이나 지원체계는 부재해 왔다. 따라서 발달장애인의 성인기의 삶의 책임과 부담은 발달장애인 당사자 혹은 평생의 보호자인 부모들의 몫이 되어 왔던 것이다.

이러던 중에 발달장애 당사자와 가족 그리고 많은 관심 있는 전문가들이 합심하여 그들의 바램을 실현하기 위해서 모든 노력을 경주해온 결과, 기존 장애인복지 관련 법률의 한계를 뛰어넘어, 발달장애인이라는 특정 장애유형을 지원하기 위한 법이 제정될 수 있는 쾌거를 이루게 되었다.

따라서 자폐스펙트럼장애 성인기를 가치 있게 보내기 위해서 발달장애인법의 목적과 내용을 잘 숙지할 필요가 있기에 본 장에 이에 대한 내용을 첨가하였다. 본 장의 내용은 2014년 5월 20일에 제정한 발달장애인 권리보장 및 지원에 관한 법률(이하 '발달장애인법')과 최복천(2014)의 전문가 컬럼을 중심으로 작성하였다.

2) 발달장애인법의 목적과 취지

본 법안은 2014년 국회를 통과하여 2014년 5월 20일 제정되었다. 여러 해 동안 발달장애인 당사자와 특히 부모들이 주축이 되어 적극적인 법 제정 노력의 고귀한 결실이 맺어진 것이다. 발달장애인들의 어려움에 대한 사회적 공감과 각성을 얻어냈고, 또한 이들의 필요에 영합하는 복지 이념과 염원을 실천할 열정을 담아 본 법안을 제정한 것은 너무도 큰 성과이며 그 자체가 큰 의미가 있다고 할 수 있다.

이 법안은 제1조(목적)에서 다음과 같이 제정 목적과 취지를 잘 설명하고 있다.

> "제1조(목적) 이 법은 발달장애인의 의사를 최대한 존중하여 그들의 생애주기에 따른 특성 및 복지 욕구에 적합한 지원과 권리옹호 등이 체계적이고 효과적으로 제공될 수 있도록 필요한 사항을 규정함으로써 발달장애인의 사회참여를 촉진하고, 권리를 보호하며, 인간다운 삶을 영위하는 데 이바지함을 목적으로 한다(발달장애인 권리보장 및 지원에 관한 법률, 총칙1장, 제1조)."

여기에는 발달장애인들이 자활의 삶을 주체적으로 일궈나갈 수 있는 토양과 사회적 지원체계를 만들어주는 것이 발달장애인법의 목적이다.

3) 발달장애인의 정의

본 법안 제2조(정의)에서 발달장애인에 대해서 정확하게 정의를 내려줌으로써 본 법안이 혜택과 서비스를 제공하는 대상을 구체적이고 정확하게 한계를 정하여 대상을 세 가지로 명확하게 해주었다.

첫째, 정신 발육이 항구적으로 지체되어 지적 능력의 발달이 불충분하거나 불완전하여 자신의 일을 처리하는 것과 사회생활에 적응하는 것이 상당히 어려운 '지적장애인'을 첫째 대상으로 포함했다.

둘째, 소아기 자폐증, 비전형적 자폐증에 따른 언어 · 신체표현 · 자기조절·사회적응 기능 및 능력의 장애로 인하여 일상생활이나 사회생활에 상당한 제약을 받아 다른 사람의 도움이 필요한 자폐성 장애인을 두 번째 대상으로 포함했다.

셋째, 그 밖에 통상적인 발달이 나타나지 아니하거나 크게 지연되어 일상생활이나 사회생활에 상당한 제약을 받는 사람으로서 대통령령으로 정하는 유형의 발달장애인들을 세 번째 대상으로 포함했다.

4) 발달장애인법의 구성

발달장애인법은 총 7장 44개 조항으로 구성되어 있고 크게 네 가지 큰 축으로 나뉘어져 있다.

첫째, 발달장애인의 '권리 보장'으로서 8~17조에 이르고 있다.

둘째, '복지지원 및 서비스'로서 발달장애인들의 복지욕구를 반영하였으며 18~29조에 이르고 있다.

셋째, 발달장애인 '가족 및 보호자 지원'으로서 30조~32조에 이르고 있다.

넷째, 지원센터로서 이러한 정책 및 서비스가 효과적으로 지원될 수 있도록 하는 전달체계로서 '발달장애인 지원센터'의 설치 및 역할도 명시하고 있는데 33~38조에 이르고 있다.

5) 권리보장영역

발달장애인을 위해서 중요한 사회 권리적 보장 내용을 포함하고 있는 권리보장 영역에는 자기결정권의 보장, 성년후견제 이용지원, 의사소통

지원, 자조단체의 결성, 형사 . 사법절차상 권리보장, 발달장애인에 대한 전담조사제, 발달장애인 대상 범죄방지, 신고의무, 현장조사, 보호조치 등의 조항이 포함되어 있다.

예를 들어, '자기결정권의 보장(제8조)'을 원칙으로 주거지, 의료행위, 타인과 교류, 복지서비스 이용 등에 대해 발달장애인이 스스로 선택할 수 있는 권리를 인정하게 하였고, 권리의 침해를 방지하기 위해서 보호자의 개입을 최소화하도록 규정하고 있다. 자기결정권 행사가 어려운 발달장애인을 위해 성년후견제 이용지원(제9조) 내용도 명시했다. 법령 및 정책, 교육, 민원 서비스 등에서 발달장애인에 맞는 의사소통지원(제10조)과 함께 자기권리옹호의 기반이 되는 자조단체 결성(제11조) 지원 내용도 포함하고 있다.

이어서 발달장애인의 인권침해 예방 및 피해구제를 위한 조항들도 다음과 같이 추가하였다.

- 형사 · 사법절차상에서 발달장애인을 위한 보조인을 둘 수 있게 한 제12조(형사 · 사법절차상 권리보장)
- 발달장애인을 전담하는 검사, 사법경찰관을 지정하도록 한 제13조(발달장애인 전담조사제)
- 학대 등 발달장애인 인권침해 사실 신고 의무 대상자를 규정한 제15조(신고의무)
- 수사기관 외에 '발달장애인지원센터'를 신고기관으로 명시하고 발달장애인지원센터의 직원에게도 관련 조사권을 부여함으로써(제16조 현장조사) 발달장애인 인권침해와 범죄 피해에 대한 예방과

최소화를 위한 기반을 마련했다.

6) 복지지원 및 서비스 영역

복지지원 및 서비스 영역에서는 핵심적으로 개인별지원계획, 조기진단
/개입, 재활/발달지원 세 가지를 언급할 수 있다.

　개인별지원계획의 수립(제19조)에 대한 내용은 등급이나 소득수준 등
에 따라 결정된 서비스 종류와 양을 개인의 복지욕구에 따라서 조정하
여 이용할 수 있도록 규정하고 있다. 즉, 지자체 의뢰에 따라 발달장애
인지원센터에서 수립한 개인별지원계획이 본인의 요구에 맞지 않는다
고 판단할 경우, 이에 대한 변경 및 수정을 요청할 수 있도록 명시하고
있다(제19조 6항).

　또 다른 복지서비스로는 발달장애 의심 영유아에 대한 정밀 진단비
지원과 검사도구의 개발(제23조 조기진단 및 개입), 발달장애인 거점병
원과 행동문제에 대한 지원을 위한 행동발달증진센터의 설치(제24조 재
활 및 발달지원), 발달장애인 특화 직업훈련시설 운영과 평생교육기관
지정(제25조 고용 및 직업훈련 지원, 제26조 평생교육 지원) 외에 소득
수준이 상대적으로 낮은 발달장애인의 생활수준 유지를 위한 연금제도
등의 관련 복지제도 개선(제28조 소득보장) 등이 명시되어 있다.

7) 가족지원 영역

발달장애인법 가족지원영역은 30~32조에 이르기까지 발달장애인의
보호자 및 비 장애형제 · 자매를 위한 정보제공과 교육, 상담, 휴식지원
등의 내용을 포함하고 있어서 장애 당사자뿐 아니라 가족에 대한 지원

정책도 수립하였다.

8) 발달장애인지원센터 영역

본 영역에서는 명시한 발달장애인을 위한 서비스의 제공을 위해 별도의 전달체계인 '발달장애인지원센터'를 중앙과 지역(전국 17개 시·도 설치 의무)에 설치하도록 의무화하고 있다. 센터는 개인별지원계획 수립과 복지서비스 제공기관과의 연계, 권리구제 지원업무를 중심으로 맡게 될 예정이다.

1. 국내

이름	홈페이지 주소	내용
밀알연구소	http://www.autistic.co.kr	자폐스펙트럼장애 연구 및 치료센터
신석호 소아정신과	http://www.autism.co.kr	자폐스펙트럼장애 전문소아정신과
밀알학교	http://miral.sc.kr	자폐스펙트럼장애 전문 특수학교
육영학교	www.yukyoung.sc.kr	자폐스펙트럼장애 전문 특수학교
한국자폐협의회	http://cafe.daum.net/empchurch	자폐스펙트럼장애 관련 학술 및 연수 기관
한국자폐인사랑 협회	http:// www.autismkorea.kr	자폐스펙트럼장애 관련 부모단체
한국자폐학회	http://www.autism.or.kr	자폐스펙트럼장애 관련 학술단체
자폐스펙트럼 연구회	http://cafe.naver.com/autismspectrum	자폐스펙트럼장애를 공부하는 소아정신과 의사들의 학술연구회

2. 국외

이름	홈페이지 주소	내용
Autism Society of America	http://www.autistic.co.kr	자폐스펙트럼장애 관련 부모 단체
National Institute of Mental Health(NIMH)	http://www.nimh.nih.gov/	자폐스펙트럼장애 관련 정부 리서치 기관
National Institute of Child Health and Human Development (NICHD)	http://www.nichd.nih.gov/	자폐스펙트럼장애 아동 관련 정부 리서치 기관
Autism Speaks, Inc.	http://www.autismspeaks.org/	자폐스펙트럼장애 전문 연구, 자문, 치료기관
MAAP Services for Autism, Asperger Syndrome, and PDD	http://aspergersyndrome.org/	아스퍼거장애 관련 전문 연구, 자문, 치료기관
Autism Research Institute(ARI)	http://www.autism.com/	자폐스펙트럼장애 관련 연구, 자문기관
Autism Links.	http://www.autism-resources.com/	자폐스펙트럼장애 관련 모든 홈페이지 링크
ICDL	http://www.ICDL.com/	Stanley Greenspan의 치료 모델, floortime/DIR model
Yale Child study Center	http://medicine.yale.edu/childstudy/autism/index.aspx	Autism program at Yale
Autism at UCLA	http://www.semel.ucla.edu/autism	Center for autism research and treatment
Kennedy Krieger Institute(Center for autism and related disorder)	http://www.kennedykrieger.org	존스 홉킨스 의과대학의 발달장애 연구기관

부록 2
보편적 행동 중재를 위한 교실내규

다음에 소개되는 보편적 행동 중재를 위한 교실내규(Classroom Rule)는 문제행동을 보이는 자폐 스펙트럼장애 아동들이 치료교실이나 학급에 처음으로 편성되어 아직 현행수준을 위한 평가를 하기 전이어서 행동치료 혹은 행동중재법이 구안되지 않았을 때 즉시 실행할 수 있도록 도표화된 내규이다. 두 가지로 구성되어 있는데, 하나는 기초적 행동중재치료법이며 다른 하나는 주요보편원칙이다. 주요보편원칙은 6가지를 포함하고 있는데, 상충될 경우 우선순위에 따라 적용하도록 되어 있다. 기초적 행동중재치료법은 5가지의 레벨(level)로 나뉘어 있어서 낮은 레벨의 중재법부터 실행하면서 여의치 않을 때 레벨을 높여가며 중재할 수 있도록 체계화되어 있다.

1. 기초적 행동중재치료법

단계	기초적 행동중재법	약자	적용할 행동 혹은 절차
	정적연습(2X + 1)	PP	지시불이행(Noncompliance), 과제회피/중단 시 Sd를 준 후 불이행할 때
	5초간 양손을 허벅지에	SOH	이탈행동 및 그에 대한 시도
	큐(아동과 눈 맞춤 시, 포인트만 하고, 눈맞춤이 없으면, 지시어와 함께 포인트를 한다)	CUE	백일몽(Day-dreaming) 주의집중 부재(Lack of Concentration) 자기자극행동(Self-Stim) PICA & mouthing 부적절한 자세와 몸놀림(Inapp. Posture and Motion) 각종 집착행동(Any obsessive & complusive behav.) 부적절한 touch(자신의 신체 일부, 허락 받지 않은 사물)(Inapp. Touch) 기타 소극적이지만 타인에게 혼란을 주지 않는 부적응행동

단계	기초적 행동중재법	약자	적용할 행동 혹은 절차
Level II	단순반복과제 (chips, utensils, cards, envelopes)	MT	레벨 I을 주어도 지속할 때(한 에피소드 내 혹은 급속 네 차례 Cue 제공 후) 무의미한 소리(고함, 웃음, 울음, 소리자극 포함) 소극적 파손행동(소극적 수준-이웃에게만 혼란 제공) 소극적 공격행동 소극적 텐트럼 행동 반사적 집착언어(Perseverative Speech) 부적절한 접촉(타인의 몸, 허락 받지 않은 위험하거나 중요한 사물) 기타 단발적인 소극적이지만 타인에게 혼란을 주는 부적응행동
Level III	활동타임아웃 (Activity Time-Out)	ATO	부적절한 취식행동(Turn away) 단순반복과제를 거부하거나 2회 실시 후에도 중지되지 않을 때(Mundane Task에서 ATO로 전환 시, 단순반복과제로 종결)
Level IV	환경타임아웃 (Environmental Time-Out-till 10" quiet)	ETO	적극적 파손행동, 공격행동, 텐트럼 행동(적극적 -그룹의 절반 이상에 혼란 제공) ATO가 지속되어도 평정이 어려운 행동(Mundane Task에서 ATO로 전환 시, 단순반복과제로 종결)
Level V	행동억제(Restraint)	RE	위험이 판단되는 공격행동, 텐트럼 행동, 자해행동 등, 포악하거나 격한 행동 시(Matt 위에, ATO-Cool down으로 종결)

2. 주요 보편 원칙

우선 순위	원칙의 종류	절차 및 설명
P-I	5분 간격 차별강화(DRO-5')	최우선적으로 적용될 원칙
P-II	복귀 혹은 회귀	파손 시-청소 실행, 던지가-복귀, 공격-사과, 쓰러뜨리가-세우기 등
P-III	재지시(Redirection)	위의 Level I 중재가 반복될 때 이따금씩 재지시를 사용
P-IV	신체적 촉구의 최소화	행동중재 시 필요하면 최소한 실행. 촉구의존증의 경감효과
P-V	신속한 동작(Brisk Action)	모든 이탈행동에서 복귀 시, 화장실 사고 수습 시 실행
P-VI	무관심(Ignoring)	관심을 끌기 위해서거나 각종 과제 이탈 목적 부적절행동 시 실행. 그러나 지속적으로 타인에게 혼란을 주면 ATO로 갔다가 본래 과제로 복귀

김혜리(1997). 아동의 마음에 대한 이해 발달: 틀린 믿음에 대한 이해로 살펴본 마음이론의 발달. 한국심리학회시: 발달; 10(1):74-91.

김혜리(1998). 자폐증에 대한 새로운 시각: 마음 이해의 결함. 심리과학; 7(2):33-50.

손봉호(1995). 고통 받는 인간: 고통문제에 대한 철학적 성찰. 서울: 서울대학교 출판부.

신석호(2008). 아스퍼거 증후군 진단에 있어 혼돈들. 신경정신의학; 3:230-238.

이소현(2009). 자폐 범주성 장애 아동의 사회성 및 의사소통 발달. 서울: 시그마프레스.

양문봉(2000). 내가 만난 성공적인 자폐인들. 서울: 도서출판 자폐연구.

_____(1999). 밀알커리큘럼가이드테스트. 서울: 도서출판 자폐연구.

_____(1992). 약체 X 염색체 증후군과 자폐증과의 연관. 소아 청소년 정신의학, 3(1), pp. 147-157.

이숙형 외(1996). 꼭 다문 입술이 미소로 바뀔 때. 서울: 도서출판 기가연.

정보인(1997). 행동수정을 통한 어린이 문제 행동 지도. 서울: 중앙적성 출판사.

최복천(2014). 발달장애인지원법 제정의 의미, SurplusGlobal 전문가 컬럼(우리들이야기)

Adams, L.(1998). Oral-motor and motor-speech characteristics of children with autism. *Focus on Autism and Other Developmental Disabilities*, 13(2), pp. 108-112.

Allen, J., S. Baron-Cohen, & C. Gillberg(1993). "Can autism be detected at 18 months? The needle, the haystack, and the CHAT", *British Journal of Psychiatry, vol. 161*, 1992, pp. 839-843[Reviewed in Autism Research Review International, vol. 7, no. 1, p. 1].

Alvin, Julliette & Warwick, Auriel(1991). *Music Therapy for the Autistic Child*. New York: Oxford University Press.

American Psychiatric Association(APA)(2000). *Diagnostic and Statistical Manual of Mental Disorders*. Textbook Revision. Washington, DC.

American Psychiatric Association(APA)(1994). *Diagnostic and Statistical Manual of Mental Disorders*. Fourth Edition Washington, DC.

Anderson, E. & Emmons, P.(1996). *Unlocking the Mysteries of Sensory Dysfunction*. Arlington, TX: Future Horizons.

Astington, J. W. & Jenkins, J. M.(1995). Theory of mind development and social understanding. *Cognition and Emotion, 9*, pp. 151-165.

Attwood, T.(1998). *Asperger's syndrome*. London: Jessica Kingsley.

Ayres, A. Jean(1979). *Sensory Integration and the Child*. Los Angeles: Western Psychological Services.

Ayres, A. J., & L. S. Tickle(1980). "Hyper-reasonability to touch and vestibular stimuli as a predictor of positive response to sensory integration procedures by autistic children", *American Journal of Occupational Therapy, vol. 34*, pp. 375-386.

Baird, G., S. Baron-Cohen, M. Bohman, M. Coleman, U. Frith, C. Gillberg, P. Howlin, G. Mesibov, T. Peters, E. Ritvo, S. Steffenburg, D. Taylor, L. Wing, & M. Zapella(April. 1991), "Autism is not necessarily a pervasive developmental disorder"(letter), *Developmental Medicine, Vol. 33*, no. 4, pp. 363-364.[Reviwed in Autism Research Review International, vol. 5, no. 2, 1991, p. 2]

Baron-Cohen, Simon(1995). *Mind Blindness: An Essay on Autism and Theory of Mind*. Cambridge. MA: MIT Press.

Baron-Cohen, S.(1994). How to build a baby that can read minds: Cognitive mechanisms in mindreading. *Current Psychology of Cognition, 13*, pp.513-552.

Barthelemy, C., et al.(1981). Behavioral and biological effects of oral magnesium, vitamin B6, a combined magnesium-B6 administration in autistic children. *Magnesium Bulletin, 3*, pp. 150-153.

Bellack, Allan S., Michael Hersen, & Alan E. Kazdin[eds](1990). *International Handbook of Behavior Modification and Therapy*. New York: Plenum Publishing.

Becker, W., Engelman, S., & Thomas, D. R.(1971). *Teaching: A Course in Applied Psychology*. Chicago, Il: Science Research Associates, Inc.

Berard, Guy(1982). *Hearing Equals Behavior*. New Canaan, CT: Keats Publishing, Available through the Georgiana Organization and the Autism Research Institute.

Berkell, Diane[eds](1992). *Autism: Identification, Education, and Treatment. 365* Broadway, Hilsdale, NJ 07642: Erlbajm Publishers.

Blake, Alison(1988). "Asperger's Syndrome: Is it autism?", *Autism Research Review International, vol. 2*, no. 4, pp. 1, 7.

Bond, A. & Frost, L.(1994a). The Picture-Exchange Communication System. *Focus on Autistic Behavior. 9*, pp. 1-19.

Bondy, A. & Frost, L.(1994b). The Delaware Autistic Program. In S, Harris & J. Handleman(eds), *Preschool Programs for Children with Autism*. pp. 37-54 Austin. TX: *] Pro-Ed.

Bonisch, A. E.(1968). Erfahrungen met pyrithoxin beihirngeschadigten kindern mit autistichem syndrom. *Praxis der Kinderppsychologie, 8*, pp. 308-310.

Brown, L., Sherbenou, R. J, & Johnsen, S. K.(1997). *Manual for the test of nonverbal intelligence*(3rd ed.). Austin, TX: PRO-ED.

Bruscia, Kenneth E.(1989). *Defining Music Therapy*. Phoenixville, PA: Barcelona Publishers.

Bryen, D. N., & Joyce, D. G.(1985). Language intervention with the severely handicapped: A decade of research. *Journal of Special Education, 19*, pp. 7-39.

Cafiero, J.(1998). Communication power for individuals with autism. *Focus on Autistic Behavior. 13*(2). pp. 113-122.

Carr, E. G.(1997). The motivation of self-injurious behavior: A review of some hypotheses. *Psychological bulletin, 84*, pp. 800-811.

Cohen, Donald J., & Anne M. Donnellan(1987). *Handbook of Autism and Pervasive Developmental Disorders.* New York: John Wiley and Sons.

Coleman, M. & Gillberg, C.(1985). *The Biology of the Autistic Syndromes*, New York: Praeager.

Coleman, M. C., & GILLLAM, J. E.(1983). Disturbing behaviors in the classroom: A survey of teacher attitudes. *Journal of Special Education, 17*, 121-129.

Cray, M. A.(1993). *Developmental motor speech disorders.* San Diego: Singular Publishing Group.

Crook, William G.(1987). *Solving the Puzzle of your Hard-To Raise Child.* New York: Random House.

Davis, H. L. & Pratt, C.(1995). The development of children theory of mind: the working memory explanation. *Australian Journal of Psychology, 47*, pp. 25-31.

DeMeyer, M. K., Barton S., et al.(1973). Prognosis in Autism: A follow-up study. *J Aut Child Schiz., 3*, pp. 199-246.

Doll, E. A.(1965). *Vineland Social Maturity Scale.* Circle Pines, MN: American Guidance Service(Originally published in 1953).

du Verglas, Gabrielle(1988). "Autism subgroups", *The Advocate, vol. 19*, no. 1, pp. 8-11, 19.

Dunn, L., & Dunn, L.(1981). *Peabody Picture Vocabulary Test-Revised.* Circle Pines, MN: American Guidance Service.

Edelson, Stephen, & Lucinda Waddell(1994). "*Auditory Integration Training and the Auditory Training Project*", Center for the Study of Autism Publication.

Ellfeldt Louis(1976). *Dance from Magic to Art.* Dubque, IA.

Erikson, E.(1963). *Childhood and Society.* New York: Norton.

Erikson, E.(1968). *Identity, youth and crisis.* New York: Norton.

Felix, Robert H.(1962). *Preface to Recreation in Treatment Centers.* Washington, DC.

Fisch, G. S., Cohen, I. L., Wolf, E. G., Brown W. T., Jenkins E. C., & Gross

A.(1985). *Autism and the fragile X syndrome Am J psychiatry.*

Foxx, R. M.(1971). *The use of overcorrection procedure in eliminating self-stimulatory behavior in a classroom for retarded children.* Unpublish.

Foxx, R. M., & Azrin, N. H.(1973). The elimination of autistic self-stimulatory behavior by over correction. *Journal of Applied Behavior Analaysis, 6,* pp. 1-14.

Freeman, B. J., Ritvo, E. R., Guthrie, D., Schroth, P., & Ball, J.(1978). The Behavior Observation Scale for Autism: Initial methodology, data analysis, and preliminary finding. *Journal of the Academy of Child Psychiartrists, 17,* pp. 576-588.

Frith, U.(1989). *Autism: Explaining the enigma.* Oxford: Blackwell.

Frith U.(2004). Emanuel Miller lecture: confusions and controversies about Asperger syndrome. *J Child Psychol Psychiatry.* May; 45(4):672-86

Frost, L. & Bondy, A.(1994). *The Picture Exchange Communication System Training Manual.* Cherry Hill, NJ: PECS, Inc.

Garvey Catherine(1990). *Play: The Developing child.* Cambridge, MA: Harvard University Press.

Gerlach, E. K.(1998). *Autism Treatment Guide.* Eugene, Oregon: Four Leaf Press.

Gillberg, Christopher[ed.](1989). *Diagnosis and Treatment of Autism.* New York and London: Plenum Press.

Gillberg IC, Gillberg C.(1989). Asperger syndrome-some epidemiological considerations: a research note. *J Child Psychol Psychiatry.* Jul; 30(4):631-8.

Gilliam, J. E., Webber, J., & Twombly, M.(1980). *Fundamentals of identification and assessment of autism.* Austin, TX: Texas Society for Autistic Citizens.

Glasser, W.(1965). *Reality therapy: A new approach to psychiatry.* New York: Harper & Row.

Gleason, J. Berko(1988). Language and socialization. In F. Kessel(eds.), *The development of language and language researchers.* Hillside, N. J.: Erlbaum.

Grandin, Temple(1990-1991). "An autistic person's view of holding therapy", *The Advocate, vol. 22,* no. 4, pp. 6-8.

Grandin, Temple(1995). *Thinking in Pictures: And Other Reports from My Life with Autism*. New York: Doubleday.

Grandin, Temple, and Margaret Scariano(1986, updated 1989). *Emergence: Labeled Autistic*. Arena Press, 20 Commercial Blvd, Novato, CA.

Greenspan, Stanely I(1994). Diagnostic Classification for Mental Health and Developmental Disorders of Infancy and Early Childhood. *Zero to Three*, 15(1), pp. 34-41.

Greenspan, S. I(1992). *Infancy and Early Childhood: The Practice of Clinical Assessment and Intervention with Emotional and Developmental Challenges*. Madison, CT: International Universities Press.

Greenspan, Stanley I. & Wider, S.(1998). *The Child With Special Needs: Encouraging Intellectual and Emotional Growth*. Reading, MA: Persens Books.

Hall, W. D., Frank, R. & Ellison, C.(1995). The development of pretend language: Toward an understanding of the child theory of mind. *Journal of Pscycholinguistic Research, 24*, pp. 231-254.

Hamaguchi, P. M.(1995). *Childhood Speech, Language & Listening Problems: what every parent should know*. New York: John Wiley & Sons, Inc.

Happe, F., & Frith., U.(1996). The neuropsychology of autism. *Brain*. 119:1377-1400.

Happe, F.(1995). Autistic children-psychology: verbal ability in children, *Science News, 147*(24), pp. 381-383.

Happe, F. & Frith, U.(1994). Theory of mind in autism. In E. Schopler & G. B. Mesibov(Eds.), *Learning and Cognition in Autism*. New York: Plenum Press.

Harlan, Jane E.(1990). "The Use of Art Therapy for Older Adults with Developmental Disabilities-Special Issue: Activities with Developmentally Disabled Elders and Older Adults". *Activities Adaptation and Aging, 15*, pp. 67-77.

Harris, Sandra L., and Jan S. Harris, Sandra L., & Jan S. Handleman[eds](1990). *Aversive and Nonaversive Interventions*. New York: Springer Publishing.

Hart, Betty M., and Risley, Todd R.(1982). *How to Use Incidental Teaching for Elaborating Language*. Lawrence, KS: H & H Enterprises, Inc.

Heider, F.(1958). *The psychology of interpersonal relations.* New York: Wiley.

Hobson, R. P.(1990a). Beyond congnition: A theory of autism. In G. Dawson(Ed.), *Autism: New perspectives on diagnosis, nature and treatment.* New York: Guilford.

Hodgdon, Linda(1997). *Visual Strategies for Improving Communication.* Troy, MI: QuirkRoberts Publishing.

Holmes, Daid L.(1995). *Autism Through the Lifespan: The Eden Model.* Rockville, MD: Woodbine House.

Horvath, K., et al.(1998). Improved social and language skills after secretin administration in patients with autistic spectrum disorders. *Journal of the Association for Academic Minority Physicians. 9*, pp. 9-15.

Hughes, C., Russell J., & Robbins T. W.(1994). Evidence for executive dysfunction in autism.; *Neuropsychologia. 32*: 51-87.

Hutchinson, Carol(1995). "Interview with Lorna Jean King", *The Advocate, vol. 27*, no. 5, pp. 18-19.

Hutt, S., Hutt, C., Lee, D., & Ounsted, C.(1964). Arousal and childhood autism. *Nature, 204*, pp. 908-909.

Hymes, D.(1972). On communicative Competence. In J. Pride and J. Homes(eds.), *Sociolinguistics.* Hammondsworth, G. B.: Penguin.

Imamura, K. N., T. Wiess, & D. Parham(19990). "The effects of hug machine usage on behavioral organization of children with autism and autistic-like characteristics", *Sensory Integration Quarterly, vol 27*, pp. 1-5.

Kaplan, M.(1994). Role of vision in autism. *Paper presented at the Geneva Centre Symposium*, Toronto, Canada.

Kaufman, Barry Neil(1994). *Son-Rise: The Miracle Continues.* Tiburon, CA: H. J. Kramer.

_____(1977). *To Love is To Be Happy With.* New York: Ballantine Books.

_____(1979). *Giant Steps.* New York: Ballantine Books, Random House.

_____(1981). *A Miracle To Believe In.* New York: Ballantine Books, Random House.

_____(1991). *Happiness Is A Choice*. New York: Ballantine Books, Random house.

Kauffman, J. M.(1977). *Characteristics of children's behavior disorders*. Columbus, OH: Chas. E. Merrill.

Kauffman, J. M.(1981). *Characteristics of children's behavior disorders*(2nd ed.). Columbus, OH: Chas. E. Merrill.

Kinderman, P., & Dunbar, R. et al.(1998). Theory of mind deficits and causal attributions. *British Journal of Psychology, 89*, pp. 191-204.

King, L. J.(1991). "Sensory integration: An effective approach to therapy and education", *Autism research Review International, vol. 5*, no. 2, pp. 3, 6.

Koegel, Lynn K., Robert L. Koegel, Christine Hurley, & William D. Frea.(Summer 1992). "Improving social skills and disruptive behavior in children with autism through self-management", *Journal of Applied Behavior Analysis, 2*, pp. 341-353.

Klin A., Sparrow S. S., de Bildt A., Cicchetti D. V., Cohen D. J., & Volkmar F. R.(1999). A normed study of face recognition in autism and related disorders. *J Autism Dev Disord.; 29*: 497-507.

Klin, A., Volkmar, F., & Sparrow, S.(Eds)(2000). *Asperger Syndrome*. New York: Guilford Press.

Kozloff, M. A.(1974). *Educating Children with learning and behavior problems*. New York: A Wiley-Interscience Publication.

Kurg, D. A., Arick, J. R., & Almond, P. J.(1980) *Autism Screening Instrument for Educational Planning*, Revised. Portland, Oregon: ASIEP Educational Co.

Kru, D. A, Arick, J. R., & Almond, P. J.(1979). Autism screening instrument for educational planning: Background and development. IN J. Gilliam(Eds), *Autism: Diagnosis, instruction, management and research*. Austin: University of Texas at Austin Press.

Lane, H.(1979). *The wild boy of Aveyron*. Cambridge, Mass: Harvard University Press.

Laugeson, E.A. & Frankel, F.(2010). Social Skills for Teenagers with

Developmental and Autism Spectrum Disorders: *The PEERS Treatment Manual*. Oxford, UK: Routledge.

Leslie, A. M.(1987). Pretence and representation in infancy: The Enigma of theory of mind. *Psychological Review, 94*, pp. 84-106.

Leslie, A. M., & Frith, U.(1998). Autistic children's understanding of seeing, knowing and believing. *British Journal of Developmental Psychology; 6*: 315-324.

Leventhal, Marcia B., ed.(1980). *Movement and Growth Dance Therapy for the Special Child*. New York.

Linda Hutchinson., Troyer, & Ann Gillespie(1991). *Therapeutic Recreation-The First Steps to Reimbursement: An Overview*.

Lloyd, L. L.(1985). Comments on terminology. *Augmentative and alternative communication, 1*, pp. 95-97.

Lovaas, O. Ivar.(1980). *Teaching Developmentally Disabled Children: The ME Book*. Austin, TX: Pro-Ed Publishers.

Lovaas, O. I.(1966). Program for establishment of speech in schizophrenic and autistic children. In J. K. Wing(Eds.), *Early childhood autism: Clinical, educational, and social aspect*. London: pergamon press.

Lovaas, O. I.(1977). *The autistic child*. New York: lrvington.

Lovaas, O. I.(1981). *The Me Book: Teaching Developmentary Disabled Children*. Austin, Texas: Pro-Ed.

Lovass, O. I., Koegel, R., Simmons, J., & Stevens, J.(1972). Some generalizations and follow up measures on autistic children in behavior therapy. *Journal of Applied Behavior Analysis, 34*, pp. 17-23.

Lovass, O. I., Schaeffer, B., & Simmons, J. A.(1965). Experimental studies in childhood schizophrenia: Building social behaviors by use of electric shock, *Journal of Experimental Studies in Personality, 1*, pp. 99-109.

Lovass, O. I., & Simmons, J.(1969). Manipulation of self-destruction in three retarded children. *Journal of Applied Behavior Analysis, 2*, pp. 143-157.

Love, R. J.(1992). *Childhood motor speech disability*. New York: Macmillan

Publishing Company.

Mason, Janet.(Sept. 1987). "Child of silence: Retrieved from the shadow world of autism, Katy finds her voice", *Life Magazine, 10*, pp. 84-89.

Maslow, A. H.(1954). *Motivation and personality.* New York: Harper & Row.

Maslow, A. H.(1967). A theory of metamotivation: The biological rooting of the value life. *Journal of Humanistic Psychology, 7*, pp. 93-127.

Matilla M, Kielinen M, Jussila K, Linna S, Bloigu R, Ebeling H, & Moilanen I.(2007). An epidemiological and diagnostic study of Asperger syndrome according to four sets of diagnostic criteria. *J Am Acad Child Adolesc Psychiatry. May;46(5):636-46.*

Maurice, Catherine(1993). *Let Me Hear Your Voice.* New York: fawcett Columbine.

Melton, David(1968). *Todd.* Englewood Cliffs, NJ: Prentice-Hall.

Menninger, William C.(1948). "Recration and Mental Health", *Recreation, 42*, pp. 340-346.

Merrill, Susan Cook[ed.](1990). *Environment: Implications for Occupational Therapy Practice, A Sensory Integrative Perspective.* Rockville, MD: The American Occupational Therapy Association.

Miller, L. K.(1980). *Principles of Everyday Behavior Analysis.* Monterey, CA: Brooks/Cole Publishing Co.

Minshew, N. & Goldstein G.(2000). Autism as a disorder of complex information processing. *In Clinical Practice Guidelines: refining the standards of care for infants, children, families with special needs.* edited by The Interdisciplinary Council on Developmental and Learning Disorders(ICDL), pp. 671-687.

Mitchell, P.(1997). *Introduction to Theory of Mind.: Children, Autism, and Apes.* New York: Arnold.

Moreno, S. J.(1991). *High-functioning individuals with autism: Advice and infor-mation for parents and others who care.* Crown Point, IN: Maap Services.

Neil, A. S.(1960). *Summerhill.* New York: Hart.

Nihira, K., Foster, R. Schellhaas, M., & Leland, H.(1975). *AAMD Adaptive*

Behavior Scale for Children and Adults, 1974 Revision. Washington DC: American Association on Mental Deficiency.

Nordoff, Paul, & Clive Robbins(1980). *Music Therapy in Special Education of Handicapped Children and Youth*, Report of The National Association for Music Therapy. Lawrence, KS.

Pennington, B. F., Ozonoff, S.(1996). Executive functions and developmental psychopathology. *J Child Psychol Psychiatry. 37*: 51-87.

Perry, A.(1991). Rett syndrome: A comprehensive review of the literature. *American Journal on Mental Retardation, 96*, pp. 275-290.

Powers, Michael D., & Carolyn A. Thorwarth(1985). "The effect of negative reinforcement on tolerance of physical contact in a preschool autistic child", *Journal of clinical Psychology, 14*(4), pp. 299-303[Reviewed in Autism Research Review International (1987), vol. 1, no. 1, p. 5].

Prizant, B.(1983). Language acquisition and communicative behavior in autism: Toward an understanding of the "whole" of it. *J Sp Hearing Dis, 48*, pp. 296-307.

Quill, K. A.(1995). *Teaching Children with Autism: Strategies to Enhance Communication and Socialization*. New York: Delmar Publishers Inc.

Reiche, J., & Yoder, D. E.(1985). Communication board use in severely handicapped. *Language, Speech, and Heaing Services in Schools, 16*, pp. 146-157.

Reich, Wilhem(1972). *Character Analysis*. Reprint. New York.

Reynolds, E. H.(1967). Effects of folic acid on the mental state and fit frequency of drug treated epileptic patients. *Lancet, 1*, pp. 1086-1088.

Rimland, Bernard(1964). *Infantile Autism: The Syndrome and Its Implications for a Neural Theory of Behavior*. New York: Appleton Crofts(Available through the Autism Research Institute).

Rimland, B.(1984). Diagnostic chicklist form E2: A reply to parks(Letter). *J Aut Dev Disorder, 14*, pp. 343-345.

Ritvo, E., & Freeman, B. J.(1977). National Society for Autistic Children: Definition of autism. *Journal of Pediatric Psychology, 4*, pp. 146-148.

Rossignol, D. A. et al.(2009). Hyperbaric treatment for children with autism: a multicenter, randomized, double-blind, controlled trial. *BMC Pediatrics*. 9:21.

Rubin, Judith Aaron(1990). Art Therapy Today. *Art Education*, p. 8.

Rutter, M.(1965). The influence of organic and emotional factors on the origins, nature, and outcome of childhood psychosis. *Developmental Medicine and Child Neurology, 7*, pp. 518-528.

Rutter, M.(1978). Language disorder and infantile autism. In M. Rutter & E. Schopler(Eds), *Autism: A reappraisal of concepts and treatment*. New York: Plenum.

Rutter, M.(1978). Diagnosis and definition. In M. Rutter & E. Schopler(Ed). *Autism: a Reappraisal of Concepts and Treatment*. New York; Plenum Publishing Corporation.

Rutterberg, B. A., Dratman, M. L., Frankno, J., & Wenar, C.(1966). An instrument for evaluating autistic children. *Journal of the American Academy of Child Psychiatrists, 5*, pp. 453-478.

Rogers SJ and Dawson G. (2009) *Play and Engagement in Early Autism: The Early Start Denver Model. VolumeI: The Treatment*. NewYork: Guilford Press.

Schopler, Eric, Robert J. Reichler, & Mararet Lansing(1980). *Individualized Assessment and Treatment for Autistic and Developmentally Disabled Children, vols. 1 & 2*. Baltimore: University Park Press.

Schopler, Eric, Robert J. Reichler, Ann Bashford, Mararet Lansing, & Lee M. Marcus(1990). *Individualized Assessment and Treatment for Autistic and Developmentally Disabled Children, vol 1*. Austin, TX: Pro-ed.

Schopler, Eric, Reichler R. J., DeVellis, R. F., & Daly, K.(1980). Toward objective classification of childhood autism: Childhood Autism Rating Scale(CARS). *Journal of Autism and Developmental Disorders, 10*, pp. 91-103.

Schopler, E., and G. Mesibov(eds)(1987). *Neurobiological Issues In Autism*. New York: Plenum Press.

Schopler, Eric, & Gary, Mesibov(1988). *Diagnosis and Assessment in Autism*. New York: Plenum Press.

Schreibaman, Laura(1988). *Autism*. Newbury Park, CA 91320: Sage Publications.

Seifert, C.(1990). *Theories of autism*. Lanham, MD: University Press of America.

Sensory Integration International(1991). *A Parent's Guide To Sensory Integration*. Torrance, CA.

Siegel, Bryna(1996). *The world of the autistic child: understanding and treating autistic spectrum disorders*. Oxford, England: Oxford University Press.

Siegel, Bryna(2008). *Getting the best for your child with autism: An Expert's Guide to Treatment*. New York, NY: The Guildford Press.

Siegel, Bryna(2003). *Helping Children With Autism Learn: Treatment Approaches for Parents and Professionals*. Oxford, Enland: Oxford University Press.

Simpson, Richard L., & Gary M. Sasso(1992). "Full inclusion of students with autism in general education settings: Values versus science", *Focus on Autistic Behavior, 7*(3), pp. 1-13. [Review International (1992), vol. 6, no. 4, p. 1]

Silverman, F.(1995). *Communication for the speechless*(3rd ed). Boston: Allyn & Bacon.

Smalley, S. L., Tanguay, P. E., Smith, M., & Gutierrez, G.(1992). Autism and tuberous sclerosis. *J. Autism and Dev. Disorder, 22*, pp. 339-355.

Sparrow, S., Balla, D., & Cicchetti, D.(1984a). Interview edition, expanded form manual, *Vineland Adaptive Behavior Scales*. Circle Pines, MN: American Guidance Service.

Sparrow, S., Balla, D., & Cicchetti, D.(1984b). Interview edition, survey form manual, *Vineland Adaptive Behavior Scales*. Circle Pines, MN: American Guidance Service.

Stainback, S., & Stainback, W.(1980). *Educating children with severe maladaptive behaviors*. New York: Grune & Stratton.

Stanton-Jones, Kristina(1992). *Dance Movement Therapy in Psychiatry*. New York.

Tager-Flusberg, H.(2000). Language and understanding of minds: connections in autism. In S. Baron-Cohen, H. Tager-Flusberg, and D. Cohen(eds.), *Understanding other minds: Perspectives from developmental cognitive neuro-*

sciences. *2nd. edition*. Oxford: Oxford University Press.

Tanguay, P. E.(2000). Pervasive Development Disorders : a 10-year Review. *Journal of American Academy of Child and Adolescent Psychiatry. 39*: 9.

The American Speech, Language and Hearing Association(1981). *Position statement on nonspeech communication*. ASHA, 23, pp. 577-581.

Thivierge, J., C. Bedard, R. Cote, & M. Maziade(1990). "Brainstem auditory evoked response and subcortical abnormalities in autism", *American Journal of Psychiatry, 147*, pp. 1609-1713.

Thorndike, R., L., Hagen, E., & Sattler, J.(1985). *Stanford-Binet Intelligence Scale*. Chicago, IL: The Riverside Publishing Company.

Thorndike, R., L., Hagen, E., & Sattler, J.(1986). *Technical manual, The Stanford-Binet Intelligence Scale*: Fourth edition. Chicago: The Riverside Publishing Co.

Tinbergen, Niko, & Elizabeth A. Tinbergen(1983). *Autistic Children: New Hope for a Cure*. London: Allen and Unwin,

Volkmar, F. R., Paul, R., Klin, A. & Cohen, D(Eds)(2005). *Handbook of Autism and Pervasive Developmental Disorders*, 3rd ed., Hoboken: Wiley.

Trot, Maryann, Marcie K. Laurel, & Susan L.(1993). *Sensabilities: Understanding Sensory Integration*, Tucson, AZ : Therapy Skill Builders.

Truss, C. Orian(1984). "Metabolic abnormalities in patients with chronic Candidiasis", *Journal of Orthomolecular Psychiatry, 13*(66).

U. S. Department of Labor, Bureau of Labor Statistics(1996). *Occupational Outlook Handbook*(1994-1995) Edition. Washington, DC.

Warren S. F. & Rogers-Warren, A. K.(1985a). Preface. In S. F. Warren & A. K. Rogers-Waren(Eds), *Teaching functional language: Generalization and maintence of language skills*(pp. xi-xii), Baltimore: University Park Press.

Warren S. F. & Rogers-Warren, A. K.(1985b). Warren, S. F. & Rogers-Warren, A. K. eaching functional language: An introduction. In S. F. Warren & A. K. Rogers-Warren(Eds), *Teaching functional language: Generalization and maintence of language skills*(pp. xi-xii), Baltimore: University Park Press.

Wechsler, D.(1967). *Manual for the Wechsler Preschool and Primary Scale of*

Intelligence. Cleveland: The Psychological Corporation.

Wechsler, D.(1974). *Manual for the Wechsler Intelligence Scale for Children-Revised.* New York: The Psychological Corporation.

Wechsler, D.(1981). *Manual for the Wechsler Adult Intelligence Scale-Revised.* New York: The Psychological Corporation.

Weintraub, Skye(1995). *Minding Your Body: A comprehensive Guide to Healthy Living.* Portland, OR: Complimentary Publishing.

Wellman, H. M.(1990). *The Childs Theory of Mind,* Cambridge, MA: MIT Press.

Werker, J. E., & Tees, R. C.(1984). *Cross-language speech perception: Evidence for perceptual during the first year of life. Infant Behavior and Development, 7,* pp 49-64.

Wing, Loana(1988a). *Aspects of Autism: Biological Research,* London, England: Gaskell.

Wing, Loana(1988b). The continuum of autistic disturbances. In E. Schopler & G. M. Mesibov(eds). *Diagnosis and Assessment in Autism.* New York: Plenum Press, pp. 91-110.

Wing, L.(1981). Asperger's syndrome: A Clinical Account. *Psychological Medicine, 11*:115-129.

Young, J. A., & Wincze, J. P.(1974). The effects of the reinforcement of compatible and incompatible alternative behaviors on the self-injurious and related behaviors of aprofoundly retarded female adult. *Behavior Therapy, 5,* pp. 614-623.

Ysseldyke, J. E., & Algozzine, B.(1982). *Critical in special and remedial education.* Boston: Houghton Mifflin.

Ysseldyke, J. E., & Christenson, S. L.(1987). *The Instructional Environment Scale.* Autistin, TX: Pro-Ed.